講座

現代の契約法

各論 1

編集代表 内田　貴
　　　　 門口正人

編集委員 大村敦志
　　　　 岡　正晶
　　　　 近藤昌昭
　　　　 中原利明

青林書院

はしがき

　本講座は，その題名のとおり，現代の契約法の分野における実務の状況と学問的業績を顕すもので，3つの特色を持つ企画である。

　1つは，契約法の全般にわたる現代的課題を取り上げる。あたかも2017年には民法が改正され，その施行が2020年に迫っている。改正法の制定過程における問題意識を背景に実務の現場において生じている様々な課題に焦点を当て，一般の契約はもとより，スポーツ・芸能，システム開発，国際売買から各種企業活動における契約に至るまで，現代日本の契約実務を総覧するテーマを選択した。

　2つは，契約法の領域における理論と実務の架橋を目指す。民法の改正の過程では，学界と実務界の間で，当初，学者グループより学問的観点から斬新な改正案が提示されたのに対し，実務界から反発が巻き起こるなどせめぎ合いが見られたが，ここで見られた対立は，120年間の民法運用の過程で知らぬ間にできた学界と実務界の間の溝の深さを感じさせた。本講座では，この溝に橋を架け，相互理解を促進するための道をつけることを期した。

　3つは，執筆者に人を得たことである。法曹界からは現役裁判官と各専門分野の弁護士，各業界からは第一線で活躍する実務家，そして学者からは気鋭の研究者が選抜された。各執筆者は，それぞれの分野で最新の情報を掌握し，卓抜した専門的知見を有する方々である。

　先行して刊行される各論3巻（実務編）では，現代日本の契約実務におけるテーマごとに多角的な視点から最新の実務の状況を解説するとともに，今後の展望を示す。実務編は，日本の実務の最新の到達点を示す実務的解説として幅広く活用されるであろう。続いて刊行される総論（理論編）では，各論で示された日本の契約実務の実情を踏まえて，それを横断的に俯瞰することによって，従来の理論が反省されるとともに，実務を踏まえた理論の再構築が試みられる。理論編は，単に学問的に意味があるにとどまらず，現実に対応できる理論として，実務，とりわけ裁判実務において有益であるに違いない。こうして理論と

実務のひとつの対話が実現され，この対話は，さらなる対話へのスタートとなるものと確信する。

　本書が，現代日本の契約法に関心のある実務家，研究者の双方にとって，有用な講座となることを期待している。同時に，2017年改正民法の施行に伴い，改正法が実務にどのようなインパクトを与えるかについての充実した解説書としても有用性を見出していただけるであろう。

　本書は，編集委員各位をはじめ，多忙な中，企画の趣旨に賛同して貴重な原稿を寄せられた執筆者の方々の熱意の産物である。ご協力に感謝したい。また，野心的な大型企画ゆえの困難も多かったが，担当編集者として獅子奮迅の活躍をしてくださった長島晴美さんにも厚くお礼申し上げる。

　　2019年4月3日

内　田　　貴
門　口　正　人

編集代表・編集委員・執筆者紹介

編集代表

内 田　　貴　　早稲田大学特命教授，東京大学名誉教授，弁護士
門 口　正 人　　弁護士，元名古屋高等裁判所長官

編集委員

大 村　敦 志　　学習院大学法務研究科教授
岡　　正 晶　　弁護士
近 藤　昌 昭　　東京高等裁判所部総括判事
中 原　利 明　　株式会社三菱ＵＦＪ銀行法務部部長

執 筆 者

柴 田　龍太郎　　弁護士
和 智　洋 子　　弁護士
琴 浦　　諒　　弁護士
牧 野　達 彦　　弁護士
堀 田　次 郎　　広島法務局訟務部長
堀　　　弘　　弁護士
井 上　博 史　　株式会社三菱ＵＦＪ銀行法務部次長
寺 岡　洋 和　　高松高等裁判所判事
中 原　利 明　　上掲
堀　　天 子　　弁護士
谷 本　大 輔　　弁護士
島 田　充 生　　弁護士
宮 坂　昌 利　　山口地方裁判所・家庭裁判所長
浅 田　　隆　　株式会社三井住友フィナンシャルグループ監査委員会室長
　　　　　　　　株式会社三井住友銀行監査役室長
小 林　明 彦　　中央大学法科大学院教授，弁護士
宮 島　哲 也　　弁護士
石 田　明 彦　　札幌高等裁判所判事
黒 木　和 彰　　弁護士

（執筆順，2019 年 4 月 1 日現在）

凡　例

1．用字・用語等

(1)　本書の用字・用語は，原則として常用漢字，現代仮名づかいによったが，法令に基づく用法，及び判例，文献等の引用文は原文どおりとした。

(2)　見出記号は，原文引用の場合を除き，原則として I 1 (1) (a)……の順とした。

2．本文の注記

判例，文献の引用や補足，関連説明は，脚注を用いた。法令の引用，例示などは，本文中にカッコ書きで表した。

3．関係法令

関係法令は，原則として平成 31 年 1 月末日現在のものによった。

4．法令の引用表示

(1)　本文解説中における法令の引用表示は，原則として正式名称とした。

(2)　カッコ内における法令条項のうち主要な法令名は，後掲の〔主要法令略語表〕の見出し掲載の略語によった。また，同一法令の条項番号は「・」で，異なる法令の条項番号は「，」で併記した。

ただし，民法は，原則として，平成 29 年法律第 44 号，平成 30 年法律第 59 号，平成 30 年法律第 72 号による改正の対象となった条文を「改正民法○条」（カッコ内における引用・参照の場合は「新民」），改正前の条文を「改正前民法○条」（カッコ内における引用・参照の場合は「旧民」），同改正の対象とならなかった（改正前と同じ内容の）条文を「民法○条」（カッコ内における引用・参照の場合は「民」）とした。

5．判例の引用表示

判例・裁判例の引用は，原則として次のように行った。その際に用いた略語は，後掲の〔判例集・主要雑誌等略語表〕によった。

〔例〕昭和 39 年 5 月 27 日最高裁判所大法廷判決，最高裁判所民事判例集 18 巻 4 号 676 頁
　　　→　最大判昭 39・5・27 民集 18 巻 4 号 676 頁

〔例〕平成 9 年 3 月 12 日東京地方裁判所判決，判例時報 1618 号 43 頁
　　　→　東京地判平 9・3・12 判時 1618 号 43 頁

6．文献の引用表示

引用した文献については，著者（執筆者）及び編者・監修者の姓名，『書名』（「論文名」），巻数又は号数（掲載誌とその巻号又は号），出版者，刊行年，引用（参照）頁を掲記した。

主要な雑誌等は後掲の〔判例集・主要雑誌等略語表〕によった。

〔主要法令略語表〕

一括清算法施行規則	金融機関等が行う特定金融取引の一括清算に関する法律	手	手形法
		電子債権	電子記録債権法
		動産債権譲渡特	動産及び債権の譲渡の対抗要件に関する民法の特例等に関する法律
会更	会社更生法		
会社	会社法		
貸金業	貸金業法	独禁	私的独占の禁止及び公正取引の確保に関する法律(独占禁止法)
割賦	割賦販売法		
割賦令	割賦販売法施行令	特定融資枠	特定融資枠契約に関する法律
銀行	銀行法	取引等規制府令	有価証券の取引等の規制に関する内閣府令
金商	金融商品取引法		
金商業	金融商品取引業等に関する内閣府令	破	破産法
		風営法	風俗営業等の規制及び業務の適正化等に関する法律
金販	金融商品の販売等に関する法律		
金販令	金融商品の販売等に関する法律施行令	法税	法人税法
		法税令	法人税法施行令
憲	憲法	法適用	法の適用に関する通則法
国際売買約	国際物品売買契約に関する国際連合条約	民	民法
		民再	民事再生法
個人情報	個人情報の保護に関する法律	民再規	民事再生規則
出資取締	出資の受入れ，預り金及び金利等の取締りに関する法律	民執	民事執行法
		民執規	民事執行規則
商	商法	民保	民事保全法
消費契約	消費者契約法	預金保険	預金保険法
製造物	製造物責任法	利息	利息制限法
税徴	国税徴収法	労基	労働基準法
宅建業	宅地建物取引業法	労契	労働契約法
宅建業則	宅地建物取引業法施行規則		

〔判例集・主要雑誌等略語表〕

大	大審院	高	高等裁判所
最	最高裁判所	地	地方裁判所
最大	最高裁判所大法廷	簡	簡易裁判所

支	支部	労判	労働判例
判	判決	労経速	労働経済判例速報
決	決定	銀法	銀行法務21
民録	大審院民事判決録	ジュリ	ジュリスト
民集	大審院民事判例集・最高裁判所	判評	判例評論
	民事判例集	法セ	法学セミナー
下民集	下級裁判所民事裁判例集	曹時	法曹時報
家月	家庭裁判月報	法時	法律時報
刑集	最高裁判所刑事判例集	民商	民商法雑誌
裁判集民	最高裁判所裁判集民事	法協	法学協会雑誌
裁時	裁判所時報	論究ジュリ	論究ジュリスト
金判	金融・商事判例	立命	立命館法学
金判増刊	金融・商事判例増刊号	龍谷	龍谷法学
金法	金融法務事情	RETIO	一般財団法人不動産適正取引推
最判解民	最高裁判所判例解説民事篇		進機構 RETIO 判例検索システ
判時	判例時報		ム
判タ	判例タイムズ	WLJ	ウエストロー・ジャパン
新聞	法律新聞		

凡　例　　　　vii

目　次

第1章　売買交換

1　不動産売買契約　　1

柴田　龍太郎

Ⅰ　売買契約書の変遷────────────────────────1

Ⅱ　標準内容の売買契約書の浸透──────────────────2

Ⅲ　不動産売買契約の成立時期───────────────────2

Ⅳ　標準内容によらない売買契約書を使用したために発生したトラブル───2

　　1　解除の要件が不備な契約書 ……………………………………………2

　　2　読み上げるのに時間がかかるとして危険負担の条項を削除して契約書を作成した

　　　　ためトラブルになった事例 ……………………………………………3

　　3　標準内容の売買契約書使用のすすめ ………………………………4

Ⅴ　宅建業者売主用の売買契約書─────────────────4

Ⅵ　宅建業者研修用テキストの普及────────────────5

Ⅶ　民法（債権関係）改正の影響─────────────────7

Ⅷ　最近よく使用される特約事項・容認事項──────────────8

　　1　はじめに …………………………………………………………………8

　　2　特約事項・容認事項の解説 …………………………………………8

Ⅸ　高齢社会と意思能力の確認──────────────────12

Ⅹ　改正民法（債権関係）施行後に問題となる契約条項──────────13

　　1　民法改正後の売買契約書改正試案 …………………………………13

　　2　試案へのコメント ……………………………………………………15

Ⅺ　売主の告知書の重要性─────────────────────20

Ⅻ　増大する外国人との取引に向けた対応────────────────20

2　クレジットカードによる取引と役務提供業者の破綻　　21

和智　洋子

Ⅰ　はじめに───────────────────────────21

Ⅱ　クレジットカード取引の契約関係───────────────23

　　1　総　　論 …………………………………………………………………23

目　次　　ix

2　抗弁権接続（支払停止の抗弁）……………………………………24
　　3　カード会社の販売業者に対する購入代金の支払義務の発生時期及び
　　　支払期限 ……………………………………………………………26
　　4　抗弁権の接続（支払停止の抗弁）がなされた場合についての加盟店契約上
　　　の規定 ………………………………………………………………27
　　5　カードによる販売が取消しないし解約等された場合についての加盟店契約上
　　　の規定 ………………………………………………………………28
Ⅲ　本件事例についての検討────────────────────28
　　1　ツアー料金を現金で支払っていた場合 …………………………28
　　2　ツアー料金をクレジットカードで支払っていた場合 …………30
　　3　ツアー料金をクレジットカードで支払っていたが支払方法につきマンスリー
　　　クリアを選択していた場合 ………………………………………36

3　国際売買契約　　　　　　　　　　　　　　　　　　　　38

琴浦　諒＝牧野　達彦

Ⅰ　はじめに──────────────────────────38
　　1　導　　入 ……………………………………………………………38
　　2　法　規　範 …………………………………………………………38
Ⅱ　国際売買契約の問題点，課題の概説──────────────44
　　1　国際売買契約の締結にあたっての視点 …………………………44
　　2　ウィーン統一売買法条約の適用 …………………………………45
　　3　契約書に通常盛り込まれる主要条項 ……………………………48
Ⅲ　主要な論点──────────────────────────49
　　1　商品（品名，品番等）（Products），数量（Volume），仕様（Specification）……50
　　2　対価（Consideration）……………………………………………50
　　3　品質保証（Warranty）……………………………………………50
　　4　引渡し（Delivery）・危険負担（Transfer of Risk）………………52
　　5　所有権の移転（Transfer of Title）………………………………55
　　6　支払（Payment）…………………………………………………55
　　7　損害賠償（Damage）や補償（Indemnity）………………………56
　　8　基本契約と個別契約の関係を規律する規定（基本契約＋個別契約型のみ）
　　　（Master Agreement and Individual Agreements）……………58
　　9　準拠法（Governing Law）………………………………………60
　　10　紛争解決（Dispute Resolution）………………………………60
　　11　一般条項（Miscellaneous）………………………………………62
　　12　そ　の　他 …………………………………………………………62
Ⅳ　おわりに──────────────────────────63

第2章　賃貸借・使用貸借

4　建物賃貸借契約　　65

柴田　龍太郎

Ⅰ　現在の建物賃貸借市場――――――――――――――――――65
Ⅱ　賃貸業と宅建業法――――――――――――――――――――66
Ⅲ　「賃貸住宅標準契約書」について―――――――――――――66
Ⅳ　建物賃貸借契約書の定めで事前に一切の紛争を防止できるか――68
Ⅴ　建物賃貸借契約で効力が問題となる特約――――――――――68
Ⅵ　原状回復義務に係る特約―――――――――――――――――70
　　1　「原状回復をめぐるトラブルとガイドライン」について………70
　　2　事業用建物賃貸借の原状回復特約の危うさ………………72
Ⅶ　消費者契約法で問題とされたその他の特約―――――――――73
Ⅷ　関東でも使用され始めた敷引特約（敷金控除特約）――――――75
Ⅸ　民法（債権関係）改正と「敷引特約」――――――――――――76
Ⅹ　最近問題となっている特約について――――――――――――78
　　1　反社・ドラッグ・詐欺・民泊に関する表明文………………78
　　2　事業用賃貸借で留意すべき最近のトラブル事例と特約例………79
　　3　民泊，シェアハウス，DIY 等…………………………………81
Ⅺ　ま　と　め――――――――――――――――――――――――87

5　不動産媒介契約　　89

柴田　龍太郎

Ⅰ　媒介契約の歴史――――――――――――――――――――――89
Ⅱ　当初の宅建業法と改正経過――――――――――――――――90
Ⅲ　仲介（媒介）契約の現状―――――――――――――――――93
Ⅳ　インスペクションと媒介業者の責任範囲の純化――――――――95
　　1　意　　義……………………………………………………………95
　　2　中古物件の活用と流通の促進に関する国の施策の転換…………95
　　3　インスペクションと瑕疵担保保険制度……………………………96
　　4　民法（債権関係）の改正による「契約不適合責任」の導入とインスペクション…97
　　5　アメリカとの2国間貿易協定（FTA）とインスペクション…………98
　　6　エスクローで重要なタイトルインシュアランスとは何か……………101
　　7　インスペクションの今後について…………………………………101
Ⅴ　媒介契約の内容の純化と法的性質の明瞭化――――――――――102

目　　次　　xi

Ⅵ　消費者契約法における媒介の位置づけ————————103
Ⅶ　平成 28 年の宅建業法改正による標準媒介契約書の追加事項のまとめ————104

6　レンタル契約とリース契約　　　　107

堀田　次郎

Ⅰ　レンタル契約及びリース契約の意義————————————107
　　1　レンタル契約とは ……………………………………………………107
　　2　リース契約とは ………………………………………………………107
　　3　レンタル契約とリース契約との異同 …………………………………107
Ⅱ　レンタル契約について—————————————————————109
　　1　賃貸借契約（典型契約）としてのレンタル契約 ……………………109
　　2　レンタル契約の内容 …………………………………………………110
Ⅲ　リース契約について——————————————————————111
　　1　リース契約の仕組みと特徴 …………………………………………111
　　2　ユーザーの法的倒産手続とリース契約 ……………………………114
Ⅳ　最　後　に——————————————————————————120

7　ファイナンス・リース契約　　　　122

堀　　弘

Ⅰ　ファイナンス・リース契約の意義・特徴————————————122
Ⅱ　リース契約の沿革————————————————————————123
Ⅲ　ファイナンス・リース契約を利用するメリット—————————125
Ⅳ　リース料債権の流動化・証券化—————————————————126
Ⅴ　ファイナンス・リース契約の締結及び規定内容—————————128
　　1　ファイナンス・リース契約の締結 …………………………………128
　　2　ファイナンス・リース契約における規定内容 ……………………130

第 3 章　消費貸借等

8　預金契約　　　　139

井上　博史

Ⅰ　はじめに————————————————————————————139
　　1　預金契約とは …………………………………………………………139
　　2　預金契約の特色 ………………………………………………………139

xii　　　　　目　次

Ⅱ　預金取引規定の全体像―――――――――――――141
1　普通預金取引規定の構成 ……………………………… 141
2　定期預金取引規定の構成 ……………………………… 142
3　預金取引規定の内容，規定趣旨と関連する諸問題 … 144

Ⅲ　個別の文言例―――――――――――――――――154
1　預金契約の特性を示した条項 ………………………… 154
2　印鑑照合等 ……………………………………………… 154
3　自動継続 ………………………………………………… 157
4　証券類の受入れと受入証券類の決済，不渡り ……… 159
5　振込金の受入れ ………………………………………… 161
6　譲渡，質入れ等の禁止 ………………………………… 163
7　反社会的勢力との取引拒絶，取引停止・解約 ……… 166
8　規定の変更等 …………………………………………… 171

Ⅳ　おわりに――――――――――――――――――173

9　預金契約
175

寺岡　洋和

Ⅰ　預金の概要――――――――――――――――――175
1　預金と預金契約 ………………………………………… 175
2　預金契約の性質等に関する議論の深化 ……………… 175

Ⅱ　平成 29 年改正の概要―――――――――――――176
1　消費寄託契約における改正の概要 …………………… 176
2　預貯金債権に係る譲渡制限の意思表示の効力 ……… 177
3　預貯金口座に対する払込みによる弁済 ……………… 178

Ⅲ　民法（債権関係）改正と預金債権をめぐる裁判実務の交錯――179
1　従来から存在する紛争事例 …………………………… 179
2　今回の民法改正が影響を与える紛争事例 …………… 180

Ⅳ　執行実務との観点――相続預貯金の差押え等に関する規律――180
1　相続預貯金の差押え …………………………………… 180
2　本件最高裁判例の概要――分割債権から準共有へ … 181
3　強制執行の方法 ………………………………………… 182
4　差押えの効力が及ぶ範囲 ……………………………… 183
5　換価方法 ………………………………………………… 184

Ⅴ　相続法改正に関する預金債権の規律―――――――185
1　保全処分の要件緩和 …………………………………… 185
2　家庭裁判所の判断を経ずに払戻しが得られる制度の創設 ……… 185

Ⅵ　ま と め――――――――――――――――――――186

目　次　　xiii

10 銀行取引約定書　　187

中原　利明

Ⅰ　銀行取引約定書の意義────────────── 187
　1　銀行取引約定書の締結理由 ………………………………… 188
　2　銀行取引約定書の法的性質 ………………………………… 189
Ⅱ　銀行取引約定書（全銀協ひな型）の制改定，廃止───── 191
Ⅲ　銀行取引約定書の条項の概説───────────── 192
　1　銀行取引約定書の利用範囲 ………………………………… 192
　2　銀行取引約定書の適用範囲 ………………………………… 192

11 銀行代理業と電子決済等代行業　　214

堀　天子

Ⅰ　銀行業務の意義──────────────────── 214
Ⅱ　銀行業務の担い手に関する規制─────────────── 215
Ⅲ　銀行代理業────────────────────── 216
Ⅳ　顧客のために営む業務───────────────── 219
Ⅴ　電子決済等代行業─────────────────── 219
Ⅵ　API 利用契約と API 利用規定──────────────── 223
　1　契約関係 …………………………………………………… 223
　2　API 利用契約 ……………………………………………… 224
　3　API 利用規定……………………………………………… 249

12 デリバティブ契約　　255

谷本　大輔＝島田　充生

Ⅰ　はじめに────────────────────── 255
　1　「デリバティブ契約」とは ………………………………… 255
　2　ドキュメンテーションの現状 ……………………………… 256
Ⅱ　ISDA MASTER AGREEMENT──────────────── 256
　1　構　成 ……………………………………………………… 256
　2　ISDA MASTER AGREEMENT 及び CSA について ………… 257
　3　デリバティブ取引に係る裁判例 …………………………… 261
　4　近時の規制動向 …………………………………………… 266

13 デリバティブ取引関係訴訟 269

宮坂　昌利

Ⅰ　デリバティブの意義─────────────────────────269
 1 デリバティブの本質 ···269
 2 デリバティブ取引の目的 ··270
Ⅱ　デリバティブ取引に係る規制───────────────────271
 1 商品先物取引と金融デリバティブ ······································271
 2 金商法による規制 ··271
Ⅲ　最近のデリバティブ関係訴訟の主な類型──────────────272
 1 概　　観 ···272
 2 最近の訴訟に現れた主な紛争類型 ······································272
Ⅳ　デリバティブ関係訴訟における実体法上の諸問題────────279
 1 最近の訴訟の特徴 ··279
 2 説明義務違反をめぐる議論の整理と展望 ······························280
 3 適合性原則違反をめぐる議論の整理と展望 ··························282

14 シンジケートローンにおける約定内容と契約法の機能 285

浅田　隆

Ⅰ　はじめに────────────────────────────285
Ⅱ　シンジケートローンの概要────────────────────285
 1 基本的な仕組み ···285
 2 経済的意義 ··287
 3 契約書上の特徴とその法的意義（総論）······························288
Ⅲ　資金供与に関する契約──────────────────────295
 1 シンジケートローン約定内容と特徴 ···································295
 2 貸付契約 ···296
 3 コミットメントライン契約 ··297
 4 我が国にない概念を用いた貸付関連条項 ······························301
 5 各参加金融機関の関係（個別独立性）·································309
Ⅳ　契約による平等性・団体性の設計───────────────312
 1 総　　論 ···312
 2 平等性を確保する条項 ··312
 3 団体性を確保する条項（意思結集条項）·······························315
 4 平等性・団体性条項の維持 ··320
Ⅴ　シ団の組成・管理に係る役務契約───────────────321
 1 アレンジメント契約 ··321

目　　次

2　エージェントに係る契約 ……………………………………………… 331
Ⅵ　貸付債権売買取引——————————————————————— 338
　　1　譲渡性向上への指向 …………………………………………………… 338
　　2　シンジケートローン契約上の仕組み ………………………………… 338
　　3　貸付債権売買等に係る契約書 ………………………………………… 341
　　4　改正民法の影響 ………………………………………………………… 345
Ⅶ　ま と め————————————————————————————— 349
　　1　契約としての特徴 ……………………………………………………… 350
　　2　改正民法の影響 ………………………………………………………… 352

15　ファクタリング契約　　　　　　　　　　　　　　354

小林　明彦

Ⅰ　ファクタリングとは——————————————————————— 354
Ⅱ　一括ファクタリング（支払企業主導型ファクタリング）————— 355
　　1　経　　緯 ………………………………………………………………… 355
　　2　一括ファクタリングの仕組み ………………………………………… 357
　　3　将来債権譲渡型一括ファクタリングにおける留意点 ……………… 359
　　4　その他の一括決済方式 ………………………………………………… 366
Ⅲ　納入企業主導型ファクタリング————————————————— 366
　　1　基本的な仕組み ………………………………………………………… 366
　　2　買取代金の一部留保 …………………………………………………… 367
　　3　診療報酬・介護報酬など ……………………………………………… 367

第4章　雇用・労働

16　有期労働契約——平成24年労働契約法改正以降の状況を踏まえた実務的対応　369

宮島　哲也

Ⅰ　平成24年労働契約法改正—————————————————————— 369
Ⅱ　無期労働契約への転換制度に対する各社の対応————————— 370
Ⅲ　無期転換後の処遇・労働条件に関する留意事項————————— 371
　　1　既存の就業規則との関係 ……………………………………………… 371
　　2　「別段の定め」において検討すべき事項 …………………………… 372
　　3　無期転換にあたっての労働条件の明示 ……………………………… 373
Ⅳ　「通算5年を超えないように運用する」場合の留意事項————— 374
　　1　当初の有期労働契約の締結時から更新限度を明示する方法 ……… 374
　　2　就業規則を変更し更新限度を設ける方法 …………………………… 375

3　不更新（更新限度）条項を記載した個別の労働契約を締結する方法 ……………… 375
Ⅴ　有期労働契約と無期労働契約との間に労働条件の相違を設けるに
　　あたっての留意点————————————————————————— 376
　　1　基 本 給 ……………………………………………………………… 377
　　2　賞　　　与 ……………………………………………………………… 378
　　3　手　　　当 ……………………………………………………………… 379
　　4　福利厚生 ………………………………………………………………… 380
Ⅵ　民法（債権関係）改正法と有期労働契約————————————————— 381
　　1　民法の雇用の節の改正に関する事項 ………………………………… 381
　　2　民法のその他の箇所の改正に関する事項——定型約款（改正民法 548 条の 2
　　　ないし同条の 4 関係）………………………………………………… 383

17　雇用労働　　　　　　　　　　　　　　　　　　　　　　　　　384

石田　明彦

Ⅰ　はじめに——————————————————————————————— 384
　　1　労働契約の定義 ………………………………………………………… 384
　　2　労働契約関係の特色とこれに対する法的規制のあり方 …………… 385
　　3　裁判所の対応 …………………………………………………………… 385
Ⅱ　契約ないし合意の認定について————————————————————— 386
　　1　近時の最高裁判決 ……………………………………………………… 386
　　2　平成 28 年判決が示す法理 …………………………………………… 387
　　3　平成 28 年判決の法理の適用範囲 …………………………………… 390
Ⅲ　契約内容の解釈について————————————————————————— 391
　　1　労働関係における契約内容の解釈 …………………………………… 391
　　2　問題となる例その 1——固定時間外手当 …………………………… 391
　　3　問題となる例その 2——私傷病休職 ………………………………… 397
Ⅳ　契約の有効性の検討について—————————————————————— 401
Ⅴ　おわりに——————————————————————————————— 402

第 5 章　保証契約

18　個人保証　　　　　　　　　　　　　　　　　　　　　　　　　405

黒木　和彰

Ⅰ　はじめに——————————————————————————————— 405
　　1　個人保証の問題点 ……………………………………………………… 405
　　2　平成 16 年の民法改正 ………………………………………………… 406

目　　次　　　xvii

3　民法（債権関係）の改正に関する中間試案 …………………………… 406
　　4　民法の一部を改正する法律における個人保証制度の概要 ……………… 407

Ⅱ　すべての保証人に適用される保証人保護の制度————411
　　1　一般的な保証人保護制度 ……………………………………………… 411
　　2　主たる債務の履行状況に関する情報の提供義務 ……………………… 412
　　3　主たる債務者が期限の利益を喪失した場合における情報の提供義務 …………… 413

Ⅲ　個人根保証契約————414
　　1　個人根保証契約の定義 ………………………………………………… 414
　　2　個人根保証契約の存続期間と元本確定事由 ………………………… 414
　　3　主たる債務の範囲に貸金等債務が含まれる場合 ……………………… 417

Ⅳ　事業に係る債務についての保証契約の特則————418
　　1　事業のために負担した（負担する）貸金等債務の意味 ………………… 419
　　2　保証意思宣明公正証書 ………………………………………………… 421
　　3　公正証書の適用除外の対象者 ………………………………………… 423
　　4　契約締結時の情報提供義務 …………………………………………… 424

Ⅴ　連帯保証と請求————427

Ⅵ　その他の論点————427
　　1　根保証契約の譲渡 ……………………………………………………… 427
　　2　保証人の責任制限（経営者保証のガイドライン） ……………………… 428

　事項索引 ……431
　判例索引 ……437

『講座　現代の契約法』各論●目次

〔第1巻〕

第1章　売買交換

1　不動産売買契約　〔柴田龍太郎〕
2　クレジットカードによる取引と役務提供業者の破綻　〔和智洋子〕
3　国際売買契約　〔琴浦諒＝牧野達彦〕

第2章　賃貸借・使用貸借

4　建物賃貸借契約　〔柴田龍太郎〕
5　不動産媒介契約　〔柴田龍太郎〕
6　レンタル契約とリース契約　〔堀田次郎〕
7　ファイナンス・リース契約　〔堀　弘〕

第3章　消費貸借等

8　預金契約　〔井上博史〕
9　預金契約　〔寺岡洋和〕
10　銀行取引約定書　〔中原利明〕
11　銀行代理業と電子決済等代行業　〔堀天子〕
12　デリバティブ契約　〔谷本大輔＝島田充生〕
13　デリバティブ取引関係訴訟　〔宮坂昌利〕
14　シンジケートローンにおける約定内容と契約法の機能　〔浅田隆〕
15　ファクタリング契約　〔小林明彦〕

第4章　雇用・労働

16　有期労働契約—平成24年労働契約法改正以降の状況を踏まえた実務対応
　　〔宮島哲也〕
17　雇用労働　〔石田明彦〕

第5章　保証契約

18　個人保証　〔黒木和彰〕

〔第2巻〕

第6章　請負・委任

19　建設請負契約・プラント契約　〔寺田昌弘〕

20 請負契約における瑕疵概念 〔本村洋平〕

21 旅行契約 〔三浦雅生〕

22 製作物供給契約 〔荒井正児〕

23 教育関係の契約 〔北澤純一〕

24 診療契約 〔近藤昌昭＝鈴木和彦〕

25 コンサルティング契約 〔松井秀樹〕

第7章 知的財産

26 共同研究開発契約，映画製作委員会契約 〔池村聡〕

27 知的財産のライセンス契約 〔齋藤浩貴〕

28 知的財産侵害訴訟における和解について 〔沖中康人＝廣瀬達人〕

29 知的財産権譲渡契約 〔山内真之＝佐藤亮太〕

30 クラウドサービス契約 〔中崎尚＝出井甫〕

第8章 会社設立・出資・提携

31 出資契約 〔齋藤宏一＝小野愛菜〕

32 株主間契約・合弁契約 〔戸倉圭太＝姜明訓＝菅野龍太郎＝塩越希＝
生島芙美〕

33 業務提携契約 〔齋藤宏一＝佐賀洋之〕

第9章 組織再編・出資以外のM＆A

34 合弁契約 〔齋藤宏一＝白石佳壽朗〕

35 会社分割契約 〔齋藤宏一＝長野秀紀〕

36 株式交換契約 〔齋藤宏一＝高橋祐太朗〕

37 事業譲渡契約 〔齋藤宏一＝柴田育尚〕

38 株式譲渡契約 〔齋藤宏一＝野村菜々〕

第10章 組織型取引

39 代理店契約 〔岡田淳＝平田憲人〕

40 フランチャイズ契約 〔原悦子＝西向美由＝中林憲一〕

〔第3巻〕

第11章 消費者契約

41 有料老人ホーム入居契約 〔山本健司（清和法律事務所）〕

第12章 組 合

42 任意組合（民法上の組合） 〔小林英治＝福井佑理〕

43 民法上の組合とマンション管理組合―組合契約と関連する管理組合運営の諸課題の整理と一考察 〔佐藤貴美〕

44 投資事業有限責任組合契約 〔小林英治＝佐藤絵美香〕

45 匿名組合契約 〔小林英治＝中島浩斗〕

46 有限責任事業組合契約 〔小林英治＝中島浩斗〕

第 13 章 家族・相続

47 遺産分割協議書 〔市川静代〕

48 死因贈与契約 〔市川静代〕

49 夫婦関係の契約 〔戸部直子〕

50 任意後見契約及び財産管理等委任契約 〔相原佳子〕

第 14 章 信 託

51 信託契約 〔吉谷晋〕

第 15 章 環境・エネルギー

52 電力関連契約 〔武内則史＝牛之濱将太＝鈴木圭佑＝阿井崇宏〕

第 16 章 エンタテインメント・スポーツ

53 タレントをめぐる契約 〔柴野相雄＝稲垣勝之〕

54 プロスポーツ選手の選手契約 〔髙山崇彦＝栗山陽一郎〕

第 17 章 Ｉ Ｔ

55 システム開発契約 総論―現状と課題・新しい潮流と進むべき方向性 〔渕崎正弘〕

56 システム開発契約 各論―多段階契約のモデル条項・Ｔ＆Ｍ契約 〔大谷和子〕

57 システム開発契約 〔遠藤東路〕

58 電気通信サービス契約 〔横山経通〕

第1章　売買交換

1　不動産売買契約

柴田　龍太郎

I　売買契約書の変遷

　法律相談を受けていると時々昔の売買契約書を目にすることがある。売買契約書というより「売渡証」という簡単な書面であり、「目的物件を金○円で売り渡す。買主○○殿　売主　署名・押印」の形式である。多くは権利証に綴じられており、他に契約書が作成された様子はない。このようなシンプルな合意で、トラブルが発生した場合どうするつもりだったのか、公租公課の精算等はどうしたのかなど心配になるが、多くの場合はトラブルになることもなく話合いで円満に遂行・解決したのであろう。ところが、第二次世界大戦後、不動産取引が活発化し、多くのトラブルや消費者の深刻な取引被害が発生すると、昭和27年に宅地建物取引業法（以下「宅建業法」という。）が制定、施行され、その後、数次の宅建業法の改正を経て売買契約書はかなり詳細なものに進化していった。特に昭和42年の宅建業法の改正では、宅建業者の契約成立後の書面（宅建業37条書面）の交付が義務づけられた。業界ではこの37条書面を売買契約書と兼ねる形式を採用したことから、国土交通省とともに契約書の形式の整備や内容面の検討を行うようになり、徐々に取引実務にトラブルを防止するための内容が検討され、問題の少ない売買契約書が浸透するようになった。

1　不動産売買契約

Ⅱ　標準内容の売買契約書の浸透

　不動産取引がバブル経済の様相を呈してきた昭和63年5月に，一般財団法人不動産適正取引推進機構（略称RETIO）から「不動産取引契約書研究委員会」の長年の研究結果であった「不動産取引契約書（媒介用）の解説―（土地売買契約書）」が発行され，その後更に，同研究会において「土地・建物売買契約書」，「借地権付建物売買契約書」，「区分所有建物売買契約書」に関する検討が終わると平成2年2月，同推進機構から合冊本である「標準売買契約書の解説―媒介用」が公表された。これを受けて各業界団体では，その成果を参考にしながら会員向けに独自の売買契約書を制定するようになり，公益社団法人・東京都宅地建物取引業協会でも平成7年「不動産売買契約書Q＆A」の発行とともに売買契約書のひな型を公表した。上部団体である公益社団法人・全国宅地建物取引業協会（以下「全宅連」という。）では，平成13年に不動産売買契約に関する書式とともに「不動産売買の解説」を発行し，全会員に同契約書使用の徹底を求め現在に至っている。

Ⅲ　不動産売買契約の成立時期

　このような売買契約書の普及も影響してか，判例は，不動産売買契約の成立は，売買契約書に署名・押印した時であるとしている[1]。

Ⅳ　標準内容によらない売買契約書を使用したために発生したトラブル

　筆者の経験した標準内容によらない売買契約書を使用したことから発生したトラブルを紹介する。

1　解除の要件が不備な契約書

---

[1]　東京地判昭59・12・12判タ548号159頁，奈良地葛城支判昭60・12・26判タ599号35頁，東京地判平26・12・25（平成26年（ワ）第6864号）RETIO 2015.10（NO.99）60頁，東京地判平26・12・18（平成25年（ワ）第1211号）RETIO 2015.10（NO.99）62頁等。

筆者はある宅建業者から自らが発した解除通知が有効か否か見てほしいと依頼されたことがある。そこで，まず，契約書を見せてもらったところ仲介業者が作成した独自の契約書を使用しており，解除の条項には，簡単に「相手方が契約の履行をしなかった場合には，契約を解除できる。」と書かれていた。次に解除通知を見ると，「貴殿は，残金決済日に残金を持参されなかった。よって本書をもって貴殿との売買契約を解除する。」とあった。相談者である宅建業者は，解除通知発信後に新たな買受け希望者があらわれたので，その者に譲渡したいが，万が一解除通知に問題があると二重譲渡となり，かえって自らが契約違反になるので念のために筆者に有効性の判断を求めてきたのであった。いうまでもなく，この解除通知書では，自ら履行の提供をしたか否かは不明であり，何よりも「相当の期間の催告」もせずいきなり解除しているため，解除は無効といわざるを得ない。このような間違いが起きないように標準内容の売買契約書では，解除に際して，解除のすべての要件を網羅し得るよう下記のような条項としている。

（契約違反による解除）
第〇条　売主又は買主がこの契約に定める債務を履行しないとき，その相手方は，
　自己の債務の履行を提供し，かつ，相当の期間を定めて催告したうえ，この契約
　を解除することができる。

2　読み上げるのに時間がかかるとして危険負担の条項を削除して契約書を作成したためトラブルになった事例

　地方の業界団体のある支部で，標準内容の契約書では，すべて読み上げるのに時間がかかるのでできるだけ簡素化したいとの方針から，標準内容の契約書の危険負担に関する下記条項を削除したものを独自に作成し使用していた。確かに，契約後，引渡し前に売買目的物件が滅失・毀損することはめったにないし，結構長い条項であることは事実なので削除したい気持ちは理解できないではないが，かかる契約書を使用していた取引で，不幸なことに引渡し前に東日本大震災がおきてしまった。同契約条項がなければ民法の債権者主義（旧民534条*2）に戻ってしまうので，買主が危険を負担することになる。これは当事者

＊2　改正前民法534条は，当事者の通常意思に合致しないとして改正後の民法では削除された（法

1　不動産売買契約

の通常の理解に反する予想外の結論であった。

　このような危険負担特約のない契約書を使用して契約する場合，そのような契約であることについての仲介業者に説明義務があったか問題となるが，不動産売買において「危険負担付特約」を付するのがごく一般であり，付けないことの方が稀であることからすると，仲介業者が助言も行わず，説明もしなかった場合は，民法上の注意義務違反が認定される可能性も否定できない。

●標準内容の売買契約書の危険負担に関する条項

（引渡し前の滅失・毀損）
第○条　本物件の引渡し前に，天災地変その他売主又は買主のいずれの責にも帰すことのできない事由によって本物件が滅失したときは，買主は，この契約を解除することができる。
2　本物件の引渡し前に，前項の事由によって本物件が毀損したときは，売主は，本物件を修復して買主に引き渡すものとする。この場合，売主の誠実な修復行為によって引渡しが標記の期日を超えても，買主は，売主に対し，その引渡し延期について異議を述べることはできない。
3　売主は，前項の修復が著しく困難なとき，又は過大な費用を要するときは，この契約を解除することができるものとし，買主は，本物件の毀損により契約の目的が達せられないときは，この契約を解除することができる。
4　第1項又は前項によってこの契約が解除された場合，売主は，受領済の金員を無利息で遅滞なく買主に返還しなければならない。

3　標準内容の売買契約書使用のすすめ

　標準内容の売買契約の各条項は，従前の種々のトラブルを防止するために内容は練られている。以上のような間違いを防止するためにも標準内容の売買契約書の使用をすすめるものである。

V　宅建業者売主用の売買契約書

　全宅連では，宅建業者売主用の売買契約書を別途作成している。その理由は，宅建業者が売主で買主が宅建業者以外の場合の取引では，宅建業法により禁止されたり，宅建業法に違反すると契約が無効になることもあるからだ。その意

制審議会民法（債権関係）部会資料68 A・33頁以下）。

■表　宅建業法により禁止あるいは義務化されている事項

禁　止，無　効，義務化の別	いずれも売主が宅建業者で買主が宅建業者以外の場合に適用されるもので，宅建業者間の売買契約には不適用（宅建業 78 条 2 項）	条　文（宅建業法）
禁　止	自己の所有に属しない宅地又は建物の売買契約締結の制限	33 条の 2
義務化	事務所等以外の場所においてした買受けの申込みの撤回等（クーリング・オフ）	37 条の 2
無　効	損害賠償額の予定等の制限	38 条
無　効	手附の額の制限等	39 条
無　効	瑕疵担保責任についての特約の制限	40 条
義務化	手付金等の保全	41 条 41 条の 2
無　効	宅地又は建物の割賦販売の契約の解除等の制限	42 条
禁　止	所有権留保等の制限	43 条

味で，宅建業者が売主の場合において，一般の標準内容の売買契約書を使用すると買主に誤解を与え，思わぬトラブルに発展する可能性がある。そのため，宅建業法の要請に合う契約内容としているのである。

Ⅵ　宅建業者研修用テキストの普及

　全宅連では，平成 19 年に「望ましい売買契約書作成のポイント」を発行し，会員研修向けのテキストとして現在も使用している。その冒頭には「契約書作成の目的と効用」の項目があり，契約書を作成することの目的と効用として，①契約条件の整理，②契約内容の確認，③権利義務の明確化による取引の円滑化，④紛争の防止，⑤証拠としての機能があることとしている。特に，最近では⑤を強調し，特約も口頭でしたのでは，裁判所は合意に至っていないと認定をするのが通例であり，もし，特約をしたのであれば誰にでもわかる表現で書面化しておくべきとしている。特に大手の不動産業者を中心に，下記のような詳細な特約・容認事項を記載するスタイルをとっており，これが今後のスタンダードになると思われる。

●特約・容認事項の例

＜特約条項＞

1．本件売買代金の残金は，買主負担にて売主指定の金融口座に振り込み送金とし，

1　不動産売買契約

買主の残代金にて売主の本契約条項第〇条（負担の消除）記載の「抵当権の抹消」を行うことを買主は予め承諾する。

2．売主は，平成〇〇年〇月〇日までに確定測量図を作成し，買主に交付するものとするが，隣地所有者の協力が得られない等，売主の責めに帰さない事由により平成〇〇年〇月〇日までに買主に交付できない場合には本契約は当然白紙になるものとし，その場合は，売主は直ちに手付金を無利息で返還し，買主は売主に対し，違約金等一切の金銭的請求，法的請求をなし得ないものとする。

3．物件敷地内において，平成〇年頃，死亡事件（殺人）が発生したが，事件当時の建物は，「お祓い」をして取り壊しをしているとのことである。以上の点は「隠れたる瑕疵」（民法改正後は「契約不適合」）に該当するものではなく，買主は売主に対し，損害賠償その他法的請求をなし得ないものとする。

4．売主は，第〇条のとおり，瑕疵担保の解除又は請求は引渡しから1年間とするが，本物件は築20年を経過しており屋根等の躯体・基本的構造部分や水道管，下水道管，ガス管，ポンプ等の諸設備については相当の自然損耗・経年変化が認められるところであって買主はそれを承認し，それを前提として本契約書所定の代金で本物件を購入するものである（それらの状況を種々考慮，協議して当初予定していた売買代金から金50万円を値引きしたものである。）。買主は，それぞれの設備等が引渡し時に正常に稼働していることを現地で確認したが，引渡し後に自然損耗，経年変化による劣化・腐蝕等を原因として仮に雨漏り，水漏れ，ポンプ等の設備の故障等があったとしても，それらは隠れた瑕疵（改正民法（債権関係）施行後は「契約不適合」）に該当するものではなく買主の責任と費用で補修するものとし，売主に法的請求・費用負担等を求めないものとする。

5．買主は，下記の容認事項を確認・承諾のうえ，購入するものとし，下記事項について売主に対し，損害賠償等の一切の法的請求をなし得ないものとする。

＜容認事項＞

1．本物件周辺は第三者所有地となっており，将来開発事業及び建物（中高層建築物等）の建築又は再築がされる場合があります。その際，周辺環境・景観・眺望・及び日照条件等が変化することがあります。

2．「法令に基づく制限」については，重要事項説明時点における内容であり，将来，法令の改正等により本物件の利用等に関する制限が附加，又は緩和されることがあります。

3．本物件の電波受信状況によっては，良好な電波受信を確保するためにアンテナやブースターの設置，ケーブルテレビの引込み等が必要になる場合があります。それらの費用は買主の負担となります。

4．本件土地の地盤・地耐力調査は行っておらず，本物件上に新たに建物を建築す

る際，その建築会社等から地盤・地耐力調査を要請されることがあり，その結果によっては地盤補強工事等が必要になる場合があります。その場合には買主の負担となります。

5．本物件地域には自治会（町会）等があります。よって自治会（町会）費用や取り決め等がありますので，買主はそれを継承し，遵守するものとします。またゴミ出しも自治会（町会）等の指示に従ってください。

6．本物件東側道路に〇〇市の街路灯があります。

7．本物件の北側隣接地（地番：〇番〇）の甲野太郎氏所有の建物の屋根の雨樋部分（幅約 10 cm，長さ 5 m）の塀の一部が越境してきております。なお，この越境物の撤去については別添の覚書が売主と甲野太郎氏間で交わされています。

8．7番5と7番6の境界上の現況の塀は隣地との共有物であり，修繕・やり替え等を行う際，その所有者と協議及び承諾が必要となります。

9．本物件北側隣接地は現在コインパーキングのため，利用に伴い振動，騒音，臭気等が発生する場合があります。

（以下余白）

Ⅶ　民法（債権関係）改正の影響

　改正民法（債権関係）施行後は次の理由から詳細な特約・容認事項重視の傾向は更に強まると思われる。すなわち，民法改正後は，取引上の社会通念を原則的に前提とした「瑕疵担保責任制度」[*3]が廃止され，当事者の合意を原則的に前提とする「契約の内容に適合しない場合の売主の責任」（以下「契約不適合責任」という。）に転換することになるからだ。このように，当事者の合意が重視され，個々の契約において「特約・容認事項」が活用されるようになると，契約締結前にトラブルの芽を当事者が認識しあうことになるので，「特約・容認事項」は予防法学的な機能も果たすことになると思われる。その意味で合意重視の民法

[*3] 最判平 22・6・1 民集 64 巻 4 号 953 頁は，売買契約の目的物である土地の土壌に，上記売買契約締結後に法令に基づく規制の対象となったふっ素が基準値を超えて含まれていたことは，上記売買契約締結当時の取引観念上，「ふっ素が土壌に含まれることに起因して人の健康に係る被害を生ずるおそれがあるとは認識されておらず」，上記売買契約の当事者間において，上記土地が備えるべき属性として，その土壌に，「ふっ素が含まれていないことや，上記売買契約締結当時に有害性が認識されていたか否かにかかわらず，人の健康に係る被害を生ずるおそれのある一切の物質が含まれていないことが，特に予定されていたとみるべき事情もうかがわれない」など判示の事情の下においては，「民法 570 条にいう瑕疵に当たらない」とし，瑕疵に当事者の合意等も前提とした主観説を採用することを明らかにした。

■図　瑕疵担保責任と契約不適合責任の構造比較[*4]

改正前民法の瑕疵担保責任

売買契約の当事者間において目的物がどのような品質・性能を有することが予定されていたかについては
①　契約時の社会通念に照らし通常有すべき性状・性能を有しない（第一判断）

②　当事者の合意，予定した内容に適合しない（第二判断）

改正後民法の契約不適合責任

①　契約（合意）の内容に適合しない（第一判断）

②　合意があいまいなときに社会通念に照らし通常有すべき性状・性能を斟酌する（第二判断）

＊前掲注（＊3）最判平22・6・1の構造。

改正はかえって裁判を減らす要因になると期待される。

Ⅷ　最近よく使用される特約事項・容認事項

1　はじめに

　以下，実務上，上記のような特約・容認事項が必要な理由を分析すると次のようになる。

①　標準型売買契約書の条項は当事者の公平を図るために必要であるが，実際のケースでは実務の要請や実態に合わないことがあるため（上記特約1の類型等）

②　法令の改正により，現実的対応が必要なため（上記特約2の類型等）

③　トラブルが多発しているため特約への明記が必要なため（上記特約3の類型等）

④　実務で従前使用されていたテクニカル・タームでは不十分であるため，契約書上明確な表現が必要なため（上記特約4，容認事項8の類型等）

下記に要点を解説する。

2　特約事項・容認事項の解説

*4　契約不適合責任では瑕疵担保責任の第一判断と第二判断の構造が逆転していることがわかる。

(1) 代金決済時の抵当権の抹消（上記特約１）

　例えば全宅連の売買契約書では，他の標準型売買契約書と同様に，買主の正当な利益を確保するため，「**（負担の消除）第〇条**　売主は，本物件の所有権移転の時期までに，抵当権等の担保権及び賃借権等の用益権その他買主の完全な所有権の行使を阻害する一切の負担を消除する。[*5]」と記載している。ところが，実際の実務では，買主の残代金支払をもって売主の住宅ローン等の債務を完済し抵当権を抹消するというのが一般的であり，決済日において残代金支払と抵当権抹消及び買主への所有権移転の手続が同日に行われることが多いのが実情である。しかし，買主の中には，上記契約条規を文字どおり読み，売買代金決済時に抵当権が消除されていない場合に，「抵当権が消除されてからでないと残金を支払わない」と主張する人がいる。以上のようなことから，無用のトラブルを避けるため上記１の特約を設けることが有用である。

　しかし，買主に不安を与える特約であることは間違いないので，事前の配慮が重要である。すなわち，きちんとした理想的決済の場面では，売主，買主，仲介業者，司法書士，銀行関係者が取引銀行等の決済場所に集まり，所有権移転登記手続，抵当権抹消登記手続の委任を受けた司法書士が，売主口座への着金の確認，売買物件に設定された抵当権抹消の確実性を銀行関係者に対して確認して後，一連の決済手続を完了することにしている。このようにすれば決済の安全性は確保されるが，しかし，それを確実に実現するには事前に売主，買主，金融機関（債権者）及び司法書士と十分な打合せを行い，また，買主には売買契約締結時に以上の段取りを丁寧に説明し，明確に容認してもらうことであり，そのための段取りを確実に準備することである。

(2) 確定測量図交付を合意する場合（上記特約２）

　平成17年３月施行の不動産登記法（平成16年６月18日法律第123号）改正に伴う同準則の改正により，分筆手続における残地測量が義務づけられたが，分筆手続をスムースに行うために，いわゆる確定測量図[*6]の交付を売主に義務づけることが多くなっている。特に買主が建売業者の場合は，自らも土地購入後に直ちに土地を分筆して販売する必要があるので，スムースな建売販売のためには確定測量図の取得は必須のものとなる。そこで最近は買主の要請で「売主は，

＊5　公益社団法人全国宅地建物取引業協会連合会売買契約書式。
＊6　確定測量図とは，すべての隣地所有者の立会いを得て境界確定されたもの。官有地に接する場合は，官民査定手続も経たものをいう。ただし，測量図は１枚である必要はない。

残金決済の平成〇〇年〇月〇日までに確定測量図を作成し，買主に交付するものとする。」との特約が挿入されることが多くなっている。しかし，この記載のみでは，万一，売主の責めに帰さない事由により交付ができない場合は，売主の違約金支払等のトラブルに発展しかねない。そこで，それに備えて交付できないことを解除条件にしておくことが必要となる。最近頻発する大規模地震災害の被災地では，地殻変動により境界の測量の基点が移動してしまって予定していた確定測量図の作成が困難となった事例もあるのでぜひ入れておくべき特約である。

(3) 心理的瑕疵の場合（上記特約３）

　売買物件内で自殺，事件等があった場合，売主においては心理的瑕疵，説明義務違反が，仲介業者においては重要事項不告知に関する宅建業法47条違反が問題となる。しかし，契約締結のためには，かかる事態はできれば告知したくないというのが人情であるが，判決に至った過去の事例を見ても，契約後に近所の人が買主に告げに行くことで深刻なトラブルに発展している。上記特約は，事件等を契約締結前に心理的瑕疵に該当する重要事項として明示するものである。買主が契約締結後に近所の人々から聞かされてはじめて事件等を知った場合，騙されたと感情的なトラブルに発展するのが常でそれを予防するためのものである。なお，建物が取り壊されていても，建物内の50年前の猟奇殺人を土地売買の瑕疵とした事例[7][8]もあるので留意が必要である。

(4) 中古物件を売買する場合（上記特約４）

　中古物件の売買の場合，従前は「現状有姿売買」で契約を締結する事例が多く見られたが，かかる慣用句の使用だけではトラブルを防止できないのが最近の傾向である。上記特約４は，なるべく経年変化を明示し，潜在的瑕疵を明らかにして「隠れたる瑕疵」の該当外にしようとするものである。この場合には，相当額の代金減額を明示しておくことが妥当である。

　なお，筆者は，中古物件の売買に際しては内覧を徹底し，その際発見した不具合等を売買契約の付属書式である付帯設備一覧表等の備考欄に記載し，引渡し時の状況を証拠化することなどを宅建業者にすすめているが，平成28年に宅建業法が改正され，全国で820万戸に達するといわれる中古物件市場を活性

＊7　東京地八王子支判平12・8・31判例集未登載。
＊8　渡辺晋『不動産取引における瑕疵担保責任と説明義務―売主，賃借人および仲介業者の責任〔改訂版〕』（大成出版社，2012）181頁に掲載されている。

化させるための施策の一つとして，中古物件の売買にあたっては，宅建業者は国の登録を受けた既存住宅状況調査技術者講習を修了した建築士が実施する建物状況調査のあっせんの有無を媒介契約に明記することで，専門家による調査の普及を図るとともに，建物の構造耐力上主要な部分等の状況について当事者双方が確認した事項を前記37条書面に記載することが義務づけられ，平成30年4月1日から施行されている。このような流れも，かかる特約例の趣旨を制度的にも採用し，進化させるものとして評することができよう。

● 中古物件売買の場合の手順

1．引渡し時までに買主との内覧の徹底。
2．設備稼働状況を引渡し時までに「付帯設備及び物件状況確認書（告知書）」で確認・確定する。

　　その際，専門家による調査によらなければ明らかにならない不明事項は，「不明。ただし，専門家による調査が未了」と明記しておく。
3．重要事項説明でも以上の点を十分説明する。ただし，宅建業者の立場で知った重要事項は説明しなければならない（宅建業47条）。

　　また，買主から依頼を受けた宅建業者は，売主の言動や告知書だけでは調査不十分という判例もあるので留意されたい。
4．事案に合わせて上記のような特約を検討する。
5．建物状況調査の実施の検討。

（5）　容認事項

（a）　数々の容認事項（上記特約5）

容認事項については単に「容認」するというだけでなく，買主からの損害賠償や修繕請求などの追完請求を遮断するために「買主は，下記の容認事項を確認・承諾のうえ，購入するものとし，下記事項について売主に対し，損害賠償等の一切の法的請求をなし得ないものとする。」と明記しておくものである。特に改正民法（債権関係）施行後は，契約不適合責任制度の下，「契約内容」は多様化するのでかかる明示が必要となる。

（b）　環境変化等への容認事項（上記容認事項1，2）

このように容認事項を記しても，隣接地で進められている建築計画を知りながら告げなかった場合には，宅建業法47条違反となり，また，消費者契約法が適用される場合には，消費者契約法4条の不利益事実の不告知となって，取消

1　不動産売買契約

事由となることは留意を必要とする[9]。

(c) 地盤耐力補強工事費用負担に関する容認事項（上記容認事項4）

ハウスメーカー系が建物を新築する場合に地盤耐力補強工事[10]が求められることがあり，その場合の容認事項である。

(d) 隣地から越境物がある場合の容認事項（上記容認事項7）

隣地から越境物がある場合，直ちに撤去してもらえればよいが，実際にはそれが困難なことが多いので，隣人には取壊しの際に越境物を取り壊してもらう合意をしておくことになる。これにより，取得時効中断の効果も期待できることになる。

(6) 隣地との境界上に塀がある場合の容認事項（上記容認事項8）

隣地との境界上にどんなに目障りな塀がある場合でも相隣者との共有が推定されるので勝手には撤去はできない（民229条）。実務では「更地渡し」[11]という言葉が多用され，当事者間で更地の解釈をめぐるトラブルが多発している。その中で，隣地との塀が問題にされることがよくあるので，容認事項で明確にしておくべきである。

Ⅸ　高齢社会と意思能力の確認

契約の条項の問題ではないが，最近，高齢者の契約時における意思能力が否定され，転買人に対する所有権移転登記抹消請求が認容されている事案が目につく[12]。本人確認の際，意思能力喪失・減退が疑われる場合は，診断書の徴求等慎重な対応が必要である。

また，成年後見人等が代理して居住用不動産を処分（売却・賃貸・抵当権の設定

---

[9] 東京地判平18・8・30（平成17年（ワ）第3018号）WLJ参照。

[10] 「住宅の品質確保の促進等に関する法律」（以下「品確法」という。）に規定する瑕疵担保責任の特例の適用対象には「地盤の瑕疵」は含まれないが，地盤の不同沈下は住宅自体の基礎の瑕疵とされている。平成21年10月1日から施行された「特定住宅瑕疵担保責任の履行の確保等に関する法律」によって新築住宅建築の請負業者，販売する宅建業者には「品確法」上の瑕疵担保責任について資力確保措置（瑕疵担保保険への加入又は保証金の供託）が義務づけられたが，同瑕疵担保保険の加入条件に地盤の状況調査があり，その結果，必要に応じて地盤の補強を行わなければならないことになっている。

[11] 「更地渡し」は「現況有姿」と同様，法律用語でないため，売主と買主が想定する「更地」の状態に齟齬が生じがちである。売主は，既存の建物を取り壊せば「更地」であると主張する例が多い。

[12] 例えば東京地判平21・10・29（平成20年（ワ）第25627号）WLJ・RETIO 2010.10（NO.79）98頁。

等）するには家庭裁判所の許可が必要である（民859条の3）。この点は，保佐，補助の場合も同様であり，成年後見監督人（保佐監督人・補助監督人）が，成年後見人（保佐人・補助人）に代わって，これらの処分・運用をする場合も同じである（民876条の3，876条の5，876条の8，876条の10，852条）。したがって，宅建業者が成年被後見人等の居住用不動産売却の媒介をする場合には次のような特約を入れておく必要がある。ただし，家庭裁判所によっては許可前の停止条件付契約そのものを許さないという実務もあるようであり，契約の前に事前に家庭裁判所の後見センターに確認をとってからの方が無難である。

● 成年被後見人の居住不動産を売却する場合の特約例

> 1. 売主〇〇氏は成年被後見人であり，平成〇年〇月〇日に□□氏が東京家庭裁判所において成年後見人に選任されているが（別添「成年後見人選任決定書」写し参照），本件売買物件は売主〇〇氏の居住のための物件であり，その売却には家庭裁判所の許可が必要であるところ（民法859条の3），本売買契約は上記許可決定を停止条件として効力を生ずるものとする。
> 2. 平成〇年〇月〇日までに前項の家庭裁判所の許可を取得できない場合には，本売買契約は当然に白紙解除されるものとし，売主は受領済みの手付金を直ちに買主に返還するものとし，その場合，買主は売主に対し何らの金銭的請求，法的請求をなし得ないものとする。

X 改正民法（債権関係）施行後に問題となる契約条項

今回の民法（債権関係）改正の論議を見ていると，現在の標準内容の売買契約書が改正内容に影響したものもある。例えば，危険負担については，標準内容の売買契約書では従前より売主にリスクを負わせる債務者主義を採用していたが，それも一つの根拠として改正民法でも債務者主義が採用された。一方，今回の改正法では，従前の瑕疵担保責任から契約不適合責任に転換したことから，この点に関する売買契約書の条項も大きな転換が必要となる。以下は筆者の試案であるが示しておきたい。

1 民法改正後の売買契約書改正試案[*13]

[*13] この改正試案については，筆者が所属する深沢綜合法律事務所の大川隆之弁護士，大桐代真子弁護士とともに検討したものである。

1 不動産売買契約

改正前	（表題部の記載）瑕疵担保責任（第 20 条）	
	瑕疵担保責任の有無及び期間	□負担する（物件引渡し後　　　　間）・□負担しない

（瑕疵担保責任）

第 20 条　買主は，売主が標記において瑕疵担保責任を負担する場合は，本物件に隠れた瑕疵があり，この契約を締結した目的が達せられない場合は契約の解除を，その他の場合は損害賠償の請求を，売主に対してすることができる。

2　契約の解除をした場合においても，買主に損害がある場合には，買主は売主に対し，損害賠償請求をすることができる。

3　本条による解除又は請求は，本物件の引渡し後標記の期間を経過したときはできないものとする。

業者・非業者間売買の場合

（瑕疵担保責任）

第 20 条　買主は，本物件に隠れた瑕疵があり，この契約を締結した目的が達せられない場合は契約の解除を，その他の場合は損害賠償の請求を，売主に対してすることができる。

2　契約の解除をした場合においても，買主に損害がある場合には，買主は売主に対し，損害賠償請求をすることができる。

3　本条による解除又は請求は，本物件の引渡し後 2 年を経過したときはできないものとする。

改正案	（表題部の記載）契約不適合責任（第 20 条）	
	第 20 条に規定する契約不適合責任の負担の有無及び期間	□負担する（物件引渡し後　　　　間）・□負担しない

（契約不適合責任）

第 20 条　引き渡された本物件が種類，品質又は数量に関して契約の内容に適合しないもの（以下「契約不適合」という。）であるときは，買主は，売主に対し，本物件の修補又は不足分の引渡しその他の方法による履行の追完を請求することができる。ただし，売主は，買主に不相当な負担を課するものでないときは，買主が請求した方法と異なる方法による履行の追完をすることができる。

2　前項の場合において，売主及び買主は，相手方に対し，履行の追完内容に関し協議の申し入れをすることができる。

3　本物件が契約不適合である場合において，買主が売主に対し，相当の期間を定めて履行の追完の催告をし，その期間内に履行の追完がないときは，買主は，その不適合の程度に応じて代金の減額を請求することができる。

4　本物件が契約不適合であるときは，買主は，売主に対し，損害賠償を請求することができる。ただし，その契約不適合がこの契約及び社会通念に照らして売主の責めに帰することができない事由によるものであるときは，買主は損害賠償を請求することができない。

5　本物件が契約不適合であるときは，買主は，第○条により契約を解除することができる。

6 本物件の引渡し後標記に定めた期間を経過したとき，又は，標記において契約不適合責任を負担しないとしたときは，買主は本条の権利を行使できないものとする。

【6項別案】
6(1) 標記において，売主が契約不適合責任を負担するとし，かつ買主の通知期間を定めなかった場合，買主は，本物件の契約不適合（<u>種類又は品質に関するものに限る</u>）を<u>知ってから1年以内にその旨を売主に通知</u>しないときは，その契約不適合について本条の権利を行使できないものとする。
(2) 標記において，売主が契約不適合責任を負担するとし，かつ買主の通知期間を定めた場合，買主は，<u>本物件の引渡し後同通知期間が経過するまでに</u>本物件の契約不適合（<u>種類又は品質に関するものに限らない</u>）を売主に通知しないときは，本条の権利を行使できないものとする。
(3) 標記において売主が契約不適合責任を負担しないとした場合，買主は本条の権利を行使できない。

業者・非業者間売買の場合

6 本物件の引渡し後<u>2年を経過したとき</u>は，買主は本条の権利を行使できないものとする。

2 試案へのコメント

① 「契約の内容に適合しなくても売主は責任を負わない」という特約は有効か。

「契約の内容に適合しなくても売主は責任を負わない」という特約は契約違反があっても責任を負わないということであり，自己矛盾ではないか，あるいはモラルハザードに陥るのではないかとの問題提起がなされたが，現在でも，契約違反があっても損害賠償責任を負わないという特約があり，有効との見解が有力である。ただし，売主が事業者で買主が消費者である消費者契約法が適用される売買契約の場合，売主が宅建業者で買主が宅建業者以外の宅建業法が適用される売買契約の場合は，消費者契約法8条，宅建業法40条の規定により無効となると思われる。

なお，表題部に「契約不適合責任を負担する(物件引渡後　　間)，負担しない。」を記載することについては，今後，慎重に検討する必要があると考えている。上記の有効とする考え方からすると，契約締結後に売主が，例えば「確定測量図を作成し買主に交付する。」ことを特約とした場合，それに違反することも契約不適合になるが，契約不適合責任を負担しないに

チェックしてあると，それも売主に損害賠償義務等がないことになりそうである。そのような事態を避けようとすれば，特約欄で，「確定測量図を作成し買主に交付する旨の売主の責任は表題部の契約不適合を負担しないの適用外である。」と明記しておかなければならないであろう。

② 従前の瑕疵担保責任は，改正後の民法では契約不適合責任とされ，債務不履行の一場面とされるとともに，追完請求・代金減額請求・損害賠償請求・解除といった買主の権利行使方法が明確化されたので，これを契約書式にも反映させることとした。

③ 「契約不適合」という言葉の定義について，改正後の民法では，「引き渡された目的物が種類，品質又は数量に関して契約の内容に適合しないものであるとき」と定めている（新民562条1項）。不動産の売買契約では「数量」を定義から外してもよいのではないかという意見もあるが，不動産売買でも数量不足のケースが観念できなくはないこと，民法や他の契約書の定義との整合性，契約不適合責任の期間の特約が及ばないリスク等の観点から，書式の改正案では，「数量」も定義に残すこととした。

④ 改正民法562条が買主の追完請求権を明文化したことから，書式の改正案1項でこれを明記した。

　　ただし，民法では，具体的な追完方法として「目的物の修補，代替物の引渡し又は不足分の引渡し」が列記されているところ，「代替物の引渡し」については，区分所有建物売買や設備・造作部分などを想定すると概念上はあり得るが，土地売買で買主が代替土地を請求できると誤解するのも問題なので，「その他の方法」との文言とした（「等」でもよいか）。

　　「不足分の引渡し」についても，文言としては削って「その他の方法」に含ませることも検討できる。

⑤ 民法に規定はないが，修補の場合など，実際の現場では追完方法について協議が必須であり，紛争拡大防止の観点からも，書式の改正案2項で協議の申入れの機会を明記することとした。

⑥ 改正民法563条が買主の代金減額請求権を明文化したことから，書式の改正案3項でこれを明記した。

　　改正民法563条2項では，追完の催告をせずに代金減額請求ができる場合が列記されているが，契約書式としては冗長となること，現場では追完

の協議が行われることが望ましいことから，この部分は民法に委ねることとし，書式の改正案には記載しなかった。ちなみに，筆者が検討している売買契約書には，「この契約に定めがない事項については，民法その他関係法規に従うものとする。」との規定を入れる予定である。

⑦　改正民法で明文化されているわけではないが，代金減額請求権は，それを行使した時点で，目的物自体は契約に適合したと擬制されることから，損害賠償請求や解除とは両立しない権利であるといわれている。そこで，契約書式において，「代金減額請求は，損害賠償請求や解除と両立しない。」とか，「買主が代金の減額を請求したときは，その請求時より本物件は契約の内容に適合したものとみなす。」といった記載をすることも検討した。

　　しかし，買主が単なる交渉手段として代金減額を主張することもあり，上記の各案文は，買主の権利を過剰に制限してしまう（売主が各案文を濫用する）おそれがある。実際には，法律論よりも，「損害賠償や解除をしないという確定的な認識をもって代金減額請求がなされたかどうか」という事実認定が重要になると予測されることから，書式の改正案においては，代金減額請求と損害賠償請求・解除との関係については記載しないこととした。

⑧　改正民法 564 条は，契約不適合に基づく損害賠償請求は，一般の債務不履行責任に基づく損害賠償請求として行使されるものであることを明らかにしている。

　　実際には，損害賠償の範囲が履行利益や拡大損害にまで及ぶ可能性があること，債務者に帰責事由がなければ損害賠償請求が認められないこと，といった点が，従前の瑕疵担保責任とは異なることになる。

　　ただ，一般の書式においては，一般の債務不履行の場面で解除を伴わない損害賠償請求についても特に記載をしていないことから，契約不適合に関する損害賠償請求についても，改正案 4 項のとおり最小限の記載にとどめ，詳細は民法に委ねることにした。

⑨　改正民法 564 条は，契約不適合に基づく契約解除は，一般の債務不履行責任に基づく解除であることを明らかにしている。

　　そこで，書式の改正案 5 項では，契約不適合の場合も債務不履行解除が可能である旨を明記した。

　　実際には，追完の催告をしなければ契約を解除できないのが原則である

1　不動産売買契約

こと，契約の目的を達成できる場合でも不適合が軽微でなければ催告解除ができることといった点が，従前の瑕疵担保責任とは異なる。

さらに，不動産売買では，債務不履行解除の場合の違約金が定められているために，契約不適合で解除された場合も違約金の条項が適用されるのが原則であることに留意する必要がある。

従前の瑕疵担保責任では，損害賠償の範囲は信頼利益に限られていたのに，契約不適合責任では契約が解除されると賠償額が違約金（代金の2割）ということになってしまい，通常は売主に酷と思われる。ただ，改正民法の考え方からすれば，それが不当とまではいえないので，書式ではあえてその点を修正する条項は入れず，必要に応じて特約で対応すべきものとした。

（特約例①）

> 本物件の契約不適合を理由とする契約解除に伴う損害賠償の範囲については，第〇条第〇項にかかわらず，標記の違約金は適用されないものとする。

→ 履行利益・拡大損害まで損害賠償の範囲が広がる可能性は残る。

（特約例②）

> 本物件の契約不適合を理由とする契約解除に伴う損害賠償の範囲については，第〇条第〇項にかかわらず，標記の違約金は適用されないものとし，買主がこの契約が有効に成立したと信頼したことにより生じた損害（いわゆる信頼利益）に限るものとする。

→ 契約不適合に関し民法より買主に不利な特約となるので，宅建業法40条により，業者・非業者間契約には使用できない。

⑩ 契約不適合責任の期間については，通知期間や時効期間，時効完成猶予・時効更新のための訴訟行為・債務承認行為などが混在するため，詳細な特約条項によって対応する方法も考えられる。

ただ，現場で詳細な特約条項を使いこなすことや，消費者がこれを理解することに困難が予想されることから，とりあえず，現行書式の体裁を意識しつつ，契約不適合責任の期間制限について最低限の条項を設けること

とした。

　そして，改正民法 566 条では，契約不適合責任の期間を知ってから 1 年とし，買主はその間に通知をすべきものとしつつ，この期間を制限したり免責する特約を禁止してはいない。

　これを書式に反映させつつ，言い回しも民法に近づけるならば，【6 項別案】のような記載とすることが考えられる。

　ただ，【6 項別案】の書式では，商人間売買の 6 か月の期間制限や買主の検査通知義務（商 526 条）との整合性がとれなくなってしまう。また，民法 566 条が数量不足については 1 年の通知期間の対象外としていることから，これを意識すると記載が冗長となってしまう。

　改正前民法による書式も，改正前民法 566 条 3 項が定める「知った時から 1 年」については特段触れておらず，特約による期間制限のみを記載しているのが実情である。

　そこで，書式の改正案でも，あえて特約による期間制限や免責のみについて最低限の記載にとどめ，知った時から 1 年の通知，民法の時効の問題，商人間売買の検査通知義務と期間の問題といった点は，すべて法律に委ねることとした（もっとも，改正民法が「知った時から 1 年」の規律に加えて，その期間内の「通知」を明記したことから，これを書式化する更なる工夫をすべきとも思える。）。

⑪　業者・非業者間売買の場合は，現行書式と同様，宅建業法 40 条に基づき，引渡しから 2 年で免責されるという書式として，ここでも通知には触れない体裁とした。

⑫　契約不適合責任について，時効期間を短縮する特約が検討されており，例えば，「買主が本条に定める権利を本物件の引渡しを受けてから 2 年間行使しないとき，同権利は時効によって消滅する。」といった特約が考えられる。

　たしかに時効期間を短縮する特約は有効とされているので，宅建業法 40 条が適用される場面以外では，理論上は可能であろう。

　ただ，かかる特約は現行民法でも可能であるが，実際にはかかる特約を見ることは少ない。売主免責よりは買主にとって有利だとしても，買主に 2 年以内の訴訟手続を強要するような特約を推奨することが望ましいかど

うかは慎重に吟味する必要があろう。いずれにしても上記で示した契約改正案については，今後も慎重な検討・議論が必要であり，ひとつの案にすぎないということを重ねて記しておきたい。

XI　売主の告知書の重要性

　売買契約書の付属書式として，Ⅷ2(4)で前述した付帯設備一覧表や売主の告知書があるが，告知書の重要性が増している。それには2つの理由がある。告知書は売主に書いてもらう「告知書」本体と仲介業者が売主に渡す「告知書ご記入にあたって」という2つの書式からなっていて，後者の書式には，仲介業者が質問したい項目のすべてが記載されており，仲介業者として聞くべき事項はほぼ網羅されているからである。雨漏り，シロアリから始まって，全宅連の告知書書式では「かつて事件事故火災等がなかったか」との項目があり，仲介業者として調査すべきことについてすべて質問したと同様の効果が期待できることになる。2つ目はそれに対して売主が任意に回答する機会を与えることになるからである。売主も告知義務があるのに告知しないことは説明義務違反という契約責任の問題ともなり，好ましいことではない。告知書をとおして告知を促し，その機会を与え得るのである。

XII　増大する外国人との取引に向けた対応

　東京オリンピックを控え外国人が東京都内のマンションを中心に不動産を購入したり，賃借する動きが着実に増えている。外国人と不動産取引をする場合，そもそも外国人が日本の不動産を購入できるのか。本人確認をどうするのか。重要事項説明や契約書は，外国文に翻訳したものを使用するのか。登記申請はどうするのか。ローンは使用できるのか。印鑑はどうするのか等案外一般に理解されていない問題があるが，それは別稿に譲るとして，今後のことを考えると日本国内の契約書や重要事項説明書はできるだけ統一し，その翻訳文や要点を外国人が随時見ることができるように公的なホームページに載せておくべきである。

第1章　売買交換

2 クレジットカードによる取引と役務提供業者の破綻

和 智 洋 子

I　はじめに

　クレジット契約という概念は，一般的には消費者が品物の購入代金や役務提供の対価を延払い（販売信用）することや金銭の借入（消費者金融）に関する契約を総称するものとして使われているといわれる。一般社団法人日本クレジット協会（以下「日本クレジット協会」という。）の統計によれば，このうち販売信用の信用供与額は，平成29年には約67兆円を超え，そのうち約58兆円がクレジットカード利用によるものであり，クレジットカード利用による信用供与額は毎年8〜10%程度の高い伸び率となっている[1]。また，民間最終消費支出に占めるクレジットカードショッピングの割合は平成29年に19.3%となっている[2]。平成24年に日本クレジット協会が集計方法の見直しを行っているため，厳密な意味での連続性はないが，平成19年の同割合が10.5%であったこと[3]と比べるとこの10年で倍増したことになる。

　品物の購入代金や役務提供の対価の延払いやこれに際しての金銭の借入は，支払が後日になることや分割払いのため，また，初回の支払があっても少額であることなどから，消費者にとってその利用に抵抗感が少ないが，他方，クレジット会社や提携ローン会社が契約当事者として加わるため複雑な契約関係となり，また，支払総額が見えにくくなることなどから，消費者トラブルが起こりやすい取引類型であることが古くから認識されており，昭和36年にもっぱ

---

[1]　日本クレジット協会「日本のクレジット統計　2017年（平成29年）版」(2018) 6頁。なお，その他の資料は，同協会「クレジット関連統計」(http://www.j-credit.or.jp/information/statistics/index.html)。

[2]　日本クレジット協会「日本のクレジット統計　2017（平成29年）版」(2018) 33頁。

[3]　経済産業省商務流通保安グループ「クレジットカード産業とビッグデータに関するスタディグループ報告書」5頁（経済産業省，2016）。

ら割賦流通秩序の維持のために制定された割賦販売法（以下「割販法」という。）に昭和47年改正で消費者保護の観点を加え，その後これを拡大する数回の改正を経て消費者保護が図られている。

いわゆる抗弁権接続の規定は，昭和59年改正で新設され，その後対象が拡大されている（割賦30条の4・30条5・29条の4第2項・3項・35条の3の19）。規制される割賦販売については，かつては，対象となる商品・役務・権利を指定制とし，支払方法について2か月以上かつ3回以上の分割払いを要件としていたが，平成20年改正において，「包括信用購入あっせん」（クレジット会社が発行するクレジットカードによる購入が該当）につき，指定制を外し*4，支払方法は2か月を超えることのみを要件として適用範囲を拡大した（割賦2条3項）。

本稿では，このように消費者保護のための規制のある支払方法が多用される今日において販売会社，特に将来の役務提供を主たる業務とする販売会社が破綻した場合の法律関係を分析してみたい。分析の前提となる事例は以下のとおりとし，現金による購入とクレジットカードの購入による違いを検討するが，もっぱら割販法における保護を検討の対象とし，特定商品取引法による保護については除外する。

> ┌■事　　例┈┈┈┈┈┈┈┈┈┈┈┈┈┈┈┈┈┈┈┈┈┈┈┈┈┈┈┈┈
> A社は，募集型企画旅行の実施を主たる目的とする株式会社であるが，資金繰りが破綻し，破産手続開始決定を受けた。破産手続開始決定前から宿泊先，運行会社等への支払が滞り始めていたため，破産手続開始決定前においても，募集企画旅行でツアー客がホテルの宿泊を拒否される等のトラブルが発生していた。破産手続開始手続決定直後，A社は同日以降出発のツアーは開催できないと発表した。
>
> ツアー料金は，申込金（ツアー料金全額の20%）と残金とに分かれており，申込金の支払により契約が成立し，ツアー客は旅行開始日前の指定された日までに残額を支払う約定となっている。
>
> (1) ツアー料金を現金で支払っていた場合，以下のそれぞれケースはどうなるか。
>
> 〔ケース1〕 ツアー料金全額を支払済みで，破産手続開始決定前にツアーを旅行約款に基づきキャンセルした。

─────────────────────────────
*4　厳密にいえば，商品・役務の指定制は外されたが，権利の指定制は維持されている。

〔ケース２〕 ツアー料金全額を支払済みで，破産手続開始決定前にツアー
　　　は完了したが，ツアー中Ａ社からの支払未了を理由に宿泊を拒否され別
　　　途宿泊料金を支払った。

〔ケース３〕 ツアー料金全額を支払済みで，破産手続開始決定前にツアー
　　　が開始され，ツアー中に破産手続開始決定がなされた。ツアー中Ａ社か
　　　らの支払未了を理由に宿泊を拒否され別途宿泊料金を支払った。

〔ケース４〕 ツアー料金全額を支払済みで，ツアー開始前に，破産手続開始
　　　決定がなされた。

〔ケース５〕 申込金を支払い，残金の支払前に，破産手続開始決定がなされ
　　　た。

(2) 〔ケース１〕ないし〔ケース５〕につき，ツアー料金（〔ケース５〕につい
　　ては申込金のみ）をクレジットカードで支払っていた場合，どうなるか。

Ⅱ　クレジットカード取引の契約関係

1　総　　論

　クレジットカード取引は，クレジットカード会社（以下単に「カード会社」という
場合がある。）とカード会員との間でカード利用契約が締結されてカード会員に
対してクレジットカード（以下単に「カード」という場合がある。）が交付されており，
クレジットカード会社と加盟店契約を締結している販売会社において，カード
会員がカードを提示して売買契約・役務提供契約等を締結した場合に，カード
会員（購入者）の販売会社に対する購入代金の支払をクレジットカード会社が代
わって行い，その後クレジットカード会社がこれをカード利用代金としてカー
ド会員（購入者）から回収する取引である。

　クレジットカード取引は，いわゆるマンスリークリア払い（商品購入から支払ま
で２か月以内のもの。カード会員のクレジットカード会社への支払方法が翌月もしくは翌々
月の一括払いが該当する*5。以下「マンスリークリア」という。）以外は，割販法の「包
括信用購入あっせん」（割賦２条３項）に該当し*6，その規制を受ける。原則的に

---

*5　厳密にいえば，２か月以内の２回分割払いも割販法は適用されないが，このような支払方法は
　　利用されている例がないので割愛する。

2　クレジットカードによる取引と役務提供業者の破綻　　23

は，販売会社，購入者及びクレジットカード会社の三者が取引の当事者として関与する（三者型）。なお，近時は，クレジットカード発行会社が，加盟店との契約（加盟店契約）を別会社に行わせる形態が増加している[7]といわれるが，本稿ではもっぱら三者型を前提として検討する。

2　抗弁権接続（支払停止の抗弁）

カード会社とカード会員とのカード会員契約と，カード会員と販売会社との間の売買契約等は別個の契約であり，売買契約等自体ないしその後の履行に問題があったとしても，カード会員は当然にはカード利用代金のカード会社に対する支払を停止することはできなのが原則である。しかしながらこれでは販売会社の倒産により商品が届かない場合にもカード利用代金を支払い続けなければならないなどカード会員にとって酷な事態が起こり得ることから，古くから，判例学説上，支払を拒めるかについての争いがあった。この点につき割販法は昭和59年の改正により，カード会員は販売会社に対して生じている事由をもってカード会社に対抗できる旨の規定を新設[8]し，それまでの判例学説上の争いを立法的に解決した。これが「抗弁権の接続」の規定であり，片面的強行規定である。抗弁権の接続の範囲は，平成11年改正，平成20年改正で拡大され，現在では，クレジットカード取引ではマンスリークリア以外はこの規定の対象となる[9]。

（1）　割販法の抗弁権接続の要件

（a）　信用購入あっせん又はローン提携販売に係るものであること

「信用購入あっせん」（包括・個別を含む。）とは，商品等の購入から支払までの期間が2か月を超えるものであり，「ローン提携販売」とは，2か月以上の期間にわたる3回以上の分割払いをするものである。

---

[6]　クレジットカード等が発行されない場合は，割販法2条4項の「個別信用購入あっせん」に該当する。

[7]　経済産業省「割賦販売法の一部を改正する法律案の概要」（参考資料）（http://www.meti.go.jp/press/2016/10/20161018001/20161018001-2.pdf）（平成28年10月18日）。

[8]　昭和59年の改正により新設された割販法30条の4の規定については，確認的規定であるとする説と創設的規定であるとする説の対立があったが，最高裁が平成2年2月20日判決（裁判集民159号151頁・判タ731号91頁ほか）で創設的規定であるとしたことから，現状では学説も創設的規定とする見解が一般的である。

[9]　なお，指定権利（割賦2条5項）以外の権利の売買も抗弁権接続の対象とならない。本稿の事例は役務提供契約なので抗弁権が接続される。

（b）　商品，指定権利，役務に係るものであること

　指定権利とは，施設を利用し又は役務の提供を受ける権利のうち国民の日常生活に係る取引において販売されるものであって政令で定められるものをいい現在7類型が定められている（割賦2条5項，割賦令1条2項，別表第1の2）。「信用購入あっせん」（包括・個別を含む。）については，権利のみ指定制が維持されている。「ローン提携販売」については商品，権利，役務とも指定制が維持されている。

（c）　商品販売等をした業者に対して生じている事由があること

　販売会社に対して生じている事由としては，商品の引渡しがないことによる同時履行の抗弁権などが典型であるが，必ずしも「抗弁権」である必要はないとされ，債務不履行による損害賠償請求権，瑕疵担保責任として損害賠償請求権等を有することや，契約の取消し，解除により債権債務関係が消滅したことによっても，カード会社からの請求を拒むことができると解されている[10]。契約の不成立，無効の場合も同様である[11]。

（d）　政令で定める金額以上の支払総額であること

　あまりに少額な取引にまで購入者による抗弁を認めると濫用のおそれがあることなどから一契約の支払総額の取引に限定された。一取引の支払総額が4万円以上とされている（割賦30条の4第4項，割賦令21条1項）。複数の商品をまとめて購入した場合，個々の商品の価格が4万円未満であっても合計額が4万円以上となれば適用がある。なお，リボルディング払いの場合は「現金販売（提供）価格」が3万8000円以上である（割賦30条の5，割賦令21条2項）。

（2）　**抗弁権接続の効果**

　割販法30条の4は，抗弁権接続が認められた場合の効果として，包括信用購入あっせん業者に「対抗することができる」と定めるだけである。将来分の支払を拒否できるのは当然であるが，これを超えて既に支払済みの分の返還を請求できるかについては争いがある。前掲注（＊8）最判平2・2・20を受けて返還請求を認めない見解が一般的であるが，同条の類推適用ないし民法上の不当利得返還請求として認められるとする見解もある。同時履行の抗弁権にとど

＊10　経済産業省商務情報政策局取引信用課編『割賦販売法の解説（平成20年版）』（日本クレジット協会，2009）143頁。
＊11　山岸憲司ほか編『リース・クレジットの法律相談〔第3版〕』（青林書院，2010）386頁〔高橋利全〕。

2　クレジットカードによる取引と役務提供業者の破綻

まる場合は認めないが，信用販売契約の不存在・無効・取消し・解除により信用販売契約自体がなくなった場合は既払い分の返還を認めるとする見解もある。

　加盟店契約と対象となる信用販売契約は密接な関係にあるとはいえ，別個の契約であり，これらの効力が当然に連動するとの解釈は困難であること，最高裁も創設的規定であると明言していることに加えて，文言解釈として，割販法30条の4は，「30条の2の3第1項第2号の支払分の請求を受けたときは……当該支払の請求をする包括信用購入あっせん業者に対抗することができる。」とされており，同法30条の2の3第1項第2号は「各回ごとの……支払分の額並びにその支払の時期及び方法」となっており，現に請求を受けている支払分に対する抗弁と読むのが自然であることなどを考慮すると，将来分の支払を拒絶するにとどまり，既払い分の返還請求はできないと解するのが妥当と考える。

3　カード会社の販売業者に対する購入代金の支払義務の発生時期及び支払期限

　カード会員の販売会社に対する購入代金の支払をクレジットカード会社が代わって行う法律構成としては，加盟店規約においてカード会社が立替払いをすることを約しカード利用契約においてカード会員からカード会社に対し立替払いの委託がなされている構成（以下「立替払方式」という。ニコスカード，セゾンカードなど。），加盟店契約において購入代金債権を販売会社がカード会社に譲渡するとの定めがありカード利用契約においてカード会員が当該債権譲渡をあらかじめ承諾している構成（以下「債権譲渡方式」という。JCB，三井住友カード，ダイナースなど。）がある（なお，カード会員契約については，提携カードも増え，当該カード利用が可能な加盟店の加盟店契約に上記2方式が混在しているため，立替払いの委託，債権譲渡の承諾の両方の規定が入っているものが多い。）。

　カード会社の販売業者に対する購入代金の支払義務の発生時期については，立替払方式・債権譲渡方式とも，販売会社とカード会員との間の購入契約に係る売上票ないしデータがカード会社に到達した時としている加盟店契約が多い。支払については，売上票ないしデータのカード会社への到達時につき締切日を設け，締切日から一定期間経過後（概ね7日から15日，場合によっては1か月）に支払うこととなっている。15日締切りで末日払い，末日締切りで翌月15日

払いというものが多い。

4　抗弁権の接続（支払停止の抗弁）がなされた場合についての加盟店契約上の規定

　加盟店契約においては，カード会員から支払停止の抗弁がなされた場合，当該信用販売に係る立替払金ないし債権買取代金の支払を留保ないし拒絶できるとされ，支払済みの場合は，それを直ちに返還させるか，次回以降の立替払金ないし債権買取代金から控除するかをカード会社が選択できるとされている。

　カード会員から具体的な支払停止の抗弁が主張されていない場合でも，加盟店の信用状態が悪化し，カード会社はカード会員から支払を拒絶されるおそれが生じたときなどについて同様の規定がある場合が多い。

　なお，抗弁権の接続（支払停止の抗弁）が主張された時点においてカード会社がカード会員から当該信用販売に係るカード利用代金の全部又は一部を回収済みである場合，上述の返還請求権ないしは次回支払分からの控除の範囲がどこまでとなるかについては，割販法の抗弁権の接続の規定の解釈の関連で難しい問題となる。一種循環論法になってしまうが，カード会員は将来の支払分について支払停止の抗弁を対抗できるにとどまるものと解釈するのであれば，これを超える部分（カード会員から既に回収した額）についてまで返還請求することはできないということになろう。逆に，加盟店契約にこのような規定があることをもって，カード会社は販売会社から返還を受けることができるのであるから，割販法の抗弁権の接続の規定の解釈いかんにかかわらず，カード会社はカード会員に既受領分も含めて全額を返還すべきであるという立論も成り立ちそうである。販売会社が破綻した場合のリスクを，カード会社とカード会員のどちらがどこまで負担すべきか（負担することを想定した加盟店契約と解するべきか）の価値判断となろう。

　なお，後記**Ⅲ**の検討においては，立替払金ないし債権買取代金の支払を留保ないし拒絶に関する加盟店規約の規定振りが様々なため，もっぱら割販法上の抗弁権接続が主張された場合，当該信用販売に係る立替払金ないし債権買取代金の支払を留保ないし拒絶でき，支払済みの場合は，それを直ちに返還させるか，次回以降の立替払金ないし債権買取代金から控除するかをカード会社が選択できるとする規定だけを前提とする。

2　クレジットカードによる取引と役務提供業者の破綻

5 カードによる販売が取消しないし解約等された場合についての加盟店契約上の規定

　加盟店規約上，カードによる販売の「取消し・解約等」，「キャンセル処理」等の規定が設けられており，立替払金ないし債権買取代金の請求に準じて，その取消伝票ないしデータが到着した時に取消し等の効力が発生するものとしている例が多い。その場合，立替払金ないし債権買取代金の支払前であれば支払義務が発生せず，支払済みであればそれを直ちに返還しなければならないとされ，また，カード会社の選択により次回以降の立替払金ないし債権買取代金から控除することもできるとされている。

　加盟店契約において規定されている「取消し・解約等」や「キャンセル処理」がどのような場合を意味するのかについては，この加盟店契約の解釈によることになるが，あらかじめ留保された解約権に基づくもの（本件事例での旅行約款に基づくキャンセル）のほか，合意解約も含まれる例が多いものと思われる。キャンセルないし合意解約を受けて，販売会社が取消処理（取消伝票ないしデータの送付）をしていれば加盟店規約に従い立替払金ないし債権買取代金の請求が取り消されるため，カード会社としてはカード会員に対するカード利用代金の請求の根拠を失うことになり，カード会員に対し未受領分を請求できなくなるのみならず，既受領分についても返還する義務が発生することになると考える。

Ⅲ　本件事例についての検討

　ツアー料金を現金で払っていた場合についてまず検討し，その後クレジットカード払いの場合につき検討する。

1　ツアー料金を現金で支払っていた場合

(1)　〔ケース1〕（全額支払済み。破産手続開始前に旅行約款に基づきキャンセル）

　旅行約款に基づく通常のキャンセルであり，キャンセル料が発生する時期のキャンセルであれば当該キャンセル料を控除した残金の返還請求権が発生している。破産手続開始決定により当該金銭の返還請求権が破産債権となる。

(2) 〔ケース2〕（全額支払済み。破産手続開始決定前にツアーは完了。旅行先で宿泊代を追加負担）

　ツアー客が，別途負担した宿泊料金は，破産手続開始決定前からA社の宿泊先，運行会社等への支払が滞っていたため，ツアー客が負担せざるを得なくなった損害であり，破産手続開始前の原因に基づくもので，破産債権となる。なお，ツアー自体は完了しているのでツアー契約の解除はできない。

(3) 〔ケース3〕（全額支払済み。ツアー中に，破産手続開始決定。旅行先で宿泊代を追加負担）

　ツアー中に破産手続開始決定がなされ，破産手続開始決定前からA社の宿泊先，運行会社等への支払が滞っていたため，ツアー客が別途宿泊代金を負担せざるを得なくなったものであり，破産手続開始前の原因に基づくもので，宿泊代金相当額は損害賠償請求権として破産債権となる。なお，厳密にいえば，残りのツアーをA社の債務不履行を理由として解除することも可能であるが，現実的ではないので検討は割愛する。

(4) 〔ケース4〕（全額支払済み。ツアー開始日は破産手続開始決定後）

　本件では，契約したツアーがA社の破産により実施されなかったので，ツアー客は，A社の債務不履行を原因としてツアー契約を解除して，支払済みのツアー代金全額の返還を請求することができる。本件では，A社は破産手続開始決定前からのツアーの宿泊先，運行会社等への支払を遅滞しており，A社の債務不履行状態は，破産手続開始決定前から生じていたということができるから，解除の意思表示が破産手続開始決定後であっても，破産手続開始決定前の原因に基づく債権として破産債権となると解するべきである。なお，出発が破産手続開始決定直後でありツアーに参加するため破産手続開始決定前に出発地まで移動していたなどの事情があればその費用も損害賠償請求できる可能性があり，破産債権となると考える。

　なお，ツアー契約を解除しない場合は，ツアーの履行請求権（役務提供請求権）が破産債権となる。

(5) 〔ケース5〕（申込金のみ支払済み。ツアー開始日は破産手続開始決定後）

　残金支払前に破産手続開始決定がなされており，ツアー客の残金の支払債務とA社のツアー実施債務が双方未履行の状態となっている。

2　クレジットカードによる取引と役務提供業者の破綻　　　**29**

(a) ツアー客からの債務不履行解除

ツアー客は，A社の債務不履行（履行不能ないし履行遅滞）を理由に契約を解除することができる。申込金の返還請求権が発生し，破産債権となる。本件では，A社は破産手続開始決定前からのツアーの宿泊先，運行会社等への支払を遅滞しており，A社の債務不履行状態は，破産手続開始決定前から生じていたということができるから，解除の意思表示が破産手続開始決定後であっても，破産手続開始決定前の原因に基づく債権として破産債権となると解するべきである。

(b) 破産法53条に基づく破算管財人からの解除（同条1項）及び相手方（ツアー客）からの催告によるみなし解除（同条2項）

双方未履行の双務契約に該当するので，破産法53条1項に基づき破算管財人はツアー契約を解除できる。また，ツアー客は，同条2項に基づき双方未履行の双務契約であることを理由に破産管財人に対し，相当の期間を定めて解除か履行請求かの確答すべき旨を催告することができ，期間内に破産管財人が確答をしないときは契約を解除したものとみなすことができる。

破産法53条1項又は2項による解除の場合，損害の賠償については破産債権となる（破54条1項）が，破産者の受けた反対給付が破産財団中に現存するときは，その価額については財団債権として請求できる（同条2項）とされる。本件で，申込金はツアーの対価の一部として破産者が受けた反対給付に該当するので，ツアー客は申込金の返還を財団債権として請求できる[*12]。

2 ツアー料金をクレジットカードで支払っていた場合

(1) 〔ケース1〕（全額支払済み。破産手続開始前に旅行約款に基づきキャンセル）

旅行約款に基づく通常のキャンセルであり，ツアー客は，A社に対して，キャ

[*12] 最判昭62・11・26民集41巻8号1585頁。なお，破産法53条1項により履行が選択されたときに相手方の債権が財団債権化されるのは，従来の契約関係上の双方の債権の相互担保機能に対する期待をそのまま保護したものと考えるべきであり，解除が選択された場合についても，双方に原状回復請求権が生じ，その相互担保機能を保護すべき場合にのみ財団債権として認めれば足りるとする反対説もある（道下徹＝高橋欣一編『裁判実務大系(6)破産訴訟法』（青林書院，1985）151頁〔平岡建樹〕，松下淳一「請負人の破産に対する破産法59条適用の有無」ジュリ901号104頁）。また，相手方が破産者の債務不履行を原因として解除した場合には，破産債権にしかならないこととの均衡等から財団債権性を否定する見解もある（園尾隆司ほか編『新・裁判実務大系(28)新版破産法』（青林書院，2007）253頁〔加々美博久〕）。

ンセル料が発生する時期のキャンセルであれば当該キャンセル料を控除した残金，そうでない場合は全額の返還請求権を有することになる。ツアー客は，ツアー代金をクレジットカードで支払っていることから，カード代金を支払済みの場合，クレジットカード会社に対しても返還請求権を有している状態となる。

　他方，カード利用に基づくクレジットカード会社からA社への立替払金ないし債権買取代金の支払は完了しているから，カード会社は，A社に対し，返還請求権を有し，カード会社がA社に対し，これ以外の立替払金ないし債権買取代金の支払債務を負っている場合には，相殺が可能である。相殺後の残額があればカード会社の破産債権となる。

　ツアー客（カード会員）は，カード会社から支払済みカード代金の返金を受けるまでは，A社に対する返還請求権を有しているから，破産債権として届け出ることができる。他方，カード会社も立替払金ないし債権買取代金の返還請求権を有しており，これを破産債権として届け出ることができる。両者の破産債権は，ひとつはツアー代金の返還請求権，他方は立替払金ないし債権買取代金の返還請求権であり，形式的には別々の債権であるが，実質的に同じ債権であり，両立し得ない。債権調査の時点で双方の届出が維持されていた場合には，破算管財人としては双方に対して異議を述べるほかないであろう。

(2)　〔ケース２〕（全額支払済み。破産手続開始決定前にツアーは完了。旅行先で宿泊代を追加負担）

　別途負担した宿泊料金はA社の債務不履行による損害であり，別途負担した宿泊料金相当額についての損害賠償請求権が発生している。当該損害賠償請求権は破産債権である。

　また，当該損害賠償請求権は，A社の債務不履行によるものなので，当該ツアーに係るカード利用代金のカード会社への支払未了分があれば，カード会社に対して割販法の支払停止の抗弁を主張することが可能である。

(a)　カード利用代金を全額支払済みである場合

　抗弁権接続の効果は，将来分の支払を拒絶するにとどまり，既払い分の返還請求はできないと解するのが妥当と考えるので，カード利用代金を全額支払済みの場合，ツアー客は，カード会社に対し支払停止の抗弁を主張することはできず，現金で支払っていた場合と同じとなる。カード会社は，当該ツアー料金に関してはA社に対する債権を有しない。カード会社は，支払停止の抗弁を受

けないので，当該ツアー料金に関しては，販売会社へ支払済みの立替払金ない
し債権買取代金につき返還請求権は発生しない[13]。

ツアー客が，当該損害賠償請求権を破産債権として届け出ることになる。

(b)　カード代金の最初の支払期限が到来していない場合

ツアー客は，別途負担した宿泊代金相当額の損害を被ったことを理由として，
カード会社に対し，支払停止の抗弁を主張することができる。破産手続開始決
定を受けており，抗弁事由は解消されないので，ツアー客は，当該損害賠償債
権相当額につきカード利用代金の支払を免れ，損害賠償債権が支払未了額を上
回る場合は，差額が破産債権として残ることになる。

このケースでは，ツアーは終了しているので，支払停止の抗弁を受けた時点
でカード会社は販売会社に立替払金ないし債権買取代金を支払済みである。
カード会社は，加盟店契約上，支払済みの立替払金ないし債権買取代金を直ち
に返還させるか，次回以降の立替払金ないし債権買取代金から控除するかを
カード会社が選択できる。

まず，カード会社の上記返還請求権は破産債権となる。

次に，次回以降の立替払金ないし債権買取代金からの控除については，カー
ド会社から販売会社への返還請求権が，破産手続開始決定後にカード会員から
主張された支払停止の抗弁に基づくものなので，相殺禁止規定（破72条）との関
係が問題となり得るが，割販法に基づく支払停止の抗弁によるものであり「法
定の原因」に基づくものとして，ないしは加盟店契約において控除できる旨が
合意されていることから「破産者との間の契約」に基づくものとして適用除外
となると考える。次回以降の支払から控除しきれない分については，カード会
社の破産債権となる。

(c)　カード代金の一部が支払未了である場合

ツアー客は，別途負担した宿泊代金相当額の損害を被ったことを理由として，
カード会社に対し，支払停止の抗弁を主張することができる。破産手続開始決
定を受けており，抗弁事由は解消されないので，ツアー客は，当該損害賠償債

＊13　加盟店規約上，カード会員から具体的な支払停止の抗弁が主張されていない場合でも，加盟店
　の信用状態が悪化し，カード会社はカード会員から支払を拒絶されるおそれが生じたときなど
　についても，当該信用販売に係る立替払金ないし債権買取代金の支払を留保ないし拒絶できる
　とされ，支払済みの場合は，それを直ちに返還させるか，次回以降の立替払金ないし債権買取代
　金から控除するかをカード会社が選択できるとされている例は多い。このような規定がある場
　合は，カード会社にも返還請求権は発生する。

権相当額につきカード利用代金の支払を免れ，損害賠償債権が支払未了額を上回る場合は，差額が破産債権として残ることになる。

カード利用代金の支払が開始されている場合，カード会社から販売会社への立替払金ないし債権買取代金は支払済みであるから，カード会社とA社との関係は，上記(b)と同様となる。

(3) 〔ケース３〕（**全額支払済み。ツアー中に，破産手続開始決定。旅行先で宿泊代を追加負担**）

〔ケース２〕と同様である。

(4) 〔ケース４〕（**全額支払済み。ツアー開始日は破産手続開始決定後**）

契約したツアーがA社の破産により実施されなかったので，ツアー客は，債務不履行によりツアー契約を解除でき，ツアー客は，ツアー代金全額の返還請求権を有する。なお，ツアー契約を解除しない場合は，ツアー客のツアーの履行請求権（役務提供請求権）が破産債権となる。

(a) カード利用代金を全額支払済みである場合

抗弁権接続の効果は，将来分の支払を拒絶するにとどまり，既払い分の返還請求はできないと解するのが妥当と考えるので，カード利用代金を全額支払済みの場合，ツアー客は，カード会社に対し支払停止の抗弁を主張することはできず，現金で支払っていた場合と同じとなる。カード会社は，当該ツアー料金に関しては，販売会社へ支払済みの立替払金ないし債権買取代金につき返還請求権を有しない。

ツアー客自身が契約解除によるツアー代金全額の返還請求権を破産債権として届け出ることになる。

(b) カード代金の最初の支払期限が到来していない場合

ツアー客は，ツアー契約を解除したこと理由として，ないしは解除まではせずツアーが実施されなかったことを理由として，カード会社に対し，支払停止の抗弁を主張することができる。破産手続開始決定を受けており，抗弁事由は解消されないので，ツアー客は，ツアー代金全額のカード利用代金の支払を免れることになる。

　　(ア) カード会社がカード会員から支払停止の抗弁を受けた時点で，カード会社から販売会社への立替払金ないし債権買取代金の支払がなされていない場合

カード会社はＡ社に対する立替払金ないし債権買取代金の支払を留保することができる。破産手続開始決定を受けているので，抗弁事由は解消されず，また，加盟店契約も解除されることになることから，カード会社は立替払金ないし債権買取代金の支払を免れる。ツアー客（カード会員）もカード会社への支払を免れる。よって，ツアー客，カード会社のいずれからも破産債権の届け出はなされない。

　(イ)　カード会社がカード会員から支払停止の抗弁を受けた時点で，カード会社から販売会社への立替払金ないし債権買取代金が支払済みである場合

　カード会社は，加盟店契約上，支払済みの立替払金ないし債権買取代金を直ちに返還させるか，次回以降の立替払金ないし債権買取代金から控除するかをカード会社が選択できる。

　カード会社の上記返還請求権が破産債権となり，次に，次回以降の立替払金ないし債権買取代金からの控除が許容され，次回以降の支払から控除しきれない分については，カード会社が破産債権として届け出ることになることは，上記(2)(b)で述べたところと同様である。

　(c)　カード代金の一部が支払未了である場合

　ツアー客は，ツアー契約を解除したことを理由として，ないしは解除まではせずツアーが実施されなかったことを理由として，カード会社に対し，カード代金の支払未了分につき支払停止の抗弁を主張することができる。破産手続開始決定を受けており，抗弁事由は解消されないので，ツアー客は，ツアー代金のうちカード利用代金の支払未了分につき支払を免れることになる。支払未了分を超える金額（カード会社への既払額）については，ツアー客自身が破産債権として届け出るほかはない。

　カード利用代金の支払が開始されている場合，カード会社から販売会社への立替払金ないし債権買取代金は支払済みであるから，カード会社とＡ社との関係は，上記(b)(イ)と同様となる。

　(5)　〔ケース５〕（申込金のみ支払済み。ツアー開始日は破産手続開始決定後）

　残金支払前に破産手続開始決定がなされており，ツアー客の残金の支払債務とＡ社のツアー実施債務が双方未履行の状態となっている。すなわち，ツアー

客からＡ社の債務不履行（履行不能ないし履行遅滞）を理由に契約を解除した場合
は，申込金の返還請求権は破産債権となる。これに対し，破産法53条に基づく
破算管財人からの解除（破53条1項）及び催告によるみなし解除（同条2項）の場
合は，申込金の返還請求権は財団債権となる。

(a) 申込金分のカード利用代金を全額支払済みである場合

カード会社に対する支払停止の抗弁は主張できないので，現金で支払ってい
た場合と同じとなる。ツアー客は，カード会社に対し支払停止の抗弁を主張す
ることできないので，カード会社は，当該申込金に関しては，Ａ社へ支払済み
の立替払金ないし債権買取代金につき返還請求権を有しない。

(b) カード代金の最初の支払期限が到来していない場合

基本的に上記(4)(b)と同様となる。

(4)(b)(ア)（カード会社からの販売会社への立替払金ないし債権買取代金の支払もなされて
いない場合）は，ツアー客，カード会社いずれもＡ社に対して債権を有しない。

(4)(b)(イ)（カード会社からの販売会社への立替払金ないし債権買取代金の支払がなされて
いる場合）において，ツアー客との関係で破産法53条解除がなされていた場合，
カード会社がツアー客から支払停止の抗弁を受けたことに基づき有する立替払
金ないし債権買取代金の返還請求は，破産債権となるか財団債権となるかは問
題となる。申込金を立替払いないし債権買取しているので，もともとの申込金
の返還請求権が財団債権となる場合，立替払金ないし債権買取代金の返還請求
権も財団債権となると解釈する余地もあるが，立替払金ないし債権買取代金は，
カード会員契約及び加盟店契約に基づくものであり，ツアー客とＡ社とのツ
アー契約に基づくものではないので，財団債権とはならないと考える。

(c) 申込金分のカード代金の支払未了分がある場合

上記(4)(c)と同様となる。

なお，破産法53条による解除であれば，申込金の返還請求権は財団債権とな
る。ツアー客としては，破産管財人に対して双方未履行契約につき解除か履行
請求するかの確答の催告をして破算管財人からの解除ないしみなし解除の効力
を受ければ，申込金を財団債権として回収することができるので，破産財団の
形成状況によっては，カード会社に対し支払停止の抗弁を主張してカード代金
の支払未了分につき支払を免れ，残りについては破産債権としての配当を受け
る場合より，有利な回収となる場合もあり得る。

2 クレジットカードによる取引と役務提供業者の破綻

3 ツアー料金をクレジットカードで支払っていたが支払方法につきマンスリークリアを選択していた場合

　マンスリークリアについては割販法の適用がないため，抗弁権の接続（支払停止の抗弁）の適用もない。各社の加盟店契約においても，支払停止の抗弁としては割販法の規定する範囲で認めるところまでの規定があるにとどまっている。その意味でマンスリークリアについては消費者保護の観点から手当てが薄いといわざるを得ない。

　しかしながら，支払停止の抗弁がなされていなくとも，「引渡し・役務の提供が著しく困難となったとき」や「支払停止の抗弁がなされる可能性があるとき」等を立替払金ないし債権買取代金の支払留保の事由として定めている加盟店契約もある。引渡し・役務の提供がなされないことは，クレジットカードの加盟店契約に定める加盟店の基本的義務の不履行であり，加盟店契約の解除事由となっているのは当然として，加盟店契約が解除された場合に，既に支払請求を受けている立替払金ないし債権買取代金の支払を取り消すか，支払を留保できる旨を明確に定める加盟店契約もある。また，契約解除前でカード会員からの苦情にとどまるものであっても，立替払金ないし債権買取代金の支払を留保できる旨の規定は多く見られるところである。支払留保がなされている間に，当該取引に係る引渡し・役務の提供がなされないことが確定すれば，カード会社の支払義務が発生しないことが確定し，カード会社からカード会員への請求権もなくなることになる。カード会員としては，マンスリークリアの場合であっても，まずは，クレジット会社に対し，事情を報告し，販売会社への支払を留保してもらうことが有用であろう。

　国民生活センター消費者苦情処理専門委員会小委員会は平成16年7月15日に「新車をクレジット1回払いで購入[14]したところ，販売業者が倒産し，納車されないにもかかわらず信販会社から立替金を請求された事案につき，関係業者（信販会社，販売業者，メーカー）の責任について」の苦情処理につき，信販会社は加盟店たる販売店の信用調査が可能であること等を考慮し，信販業者の請求を認めることはなんら過失のない購入者に自動車引渡しの不能のリスクを負担させることになり信義則に反するとの助言を行っている[15]こともあるので，こ

---

[14] 1回払いで与信期間は4か月であり，当時の割販法の適用除外（2か月以上かつ3回払い以上の要件が2か月以上のみに変更となったのは平成20年改正による）。

れらを総合的に勘案した対応が望まれるところである。

＊15　http://www.kokusen.go.jp/pdf/n-20040804_5.pdf

3 国際売買契約

琴 浦　　諒

牧 野　達 彦

I　はじめに

1　導　　入

　国際売買契約とは，何らかの国際的要素をもつ売買契約を指すと考えられるが，どのような国際的要素があれば国際売買契約というかについての定説はない[*1]。もっとも，一般には，売買の対象である物品が国境を越えて移動する場合に締結される売買契約のことを指すことが多いと思われる。ただし，例えば，物品は1つの国の中で移動するのみであるが，売買契約の当事者の営業所が異なる国に所在する場合など，売買の対象である物品自体は国境を越えて移動しない国際売買契約も存在する。

　売買契約が国際的要素を有すると，契約を含む私法関係に適用される法規範や，公法上の規制（関税法や許認可等）について，複数の国の法制度，法適用が問題となり得る。また，条約の適用も問題になり得る。

2　法　規　範

　国際売買契約を含む国際契約（すなわち，何らかの国際的要素をもつ契約）では，契約を含む私法関係に，どの国の法律を適用するが問題となり得る。国際契約における私法関係に適用される法律，すなわち準拠法を定めるための法律を国際私法という。

　国際私法は，その名称から受ける印象に反し，国際的に適用される法規範（いわゆる国際法）ではなく，各国ごとに制定される国内法である。そのため，各国ごとに異なる内容の国際私法が制定されており，日本では，「法の適用に関する

[*1]　高桑昭『国際商取引法〔第3版〕』（有斐閣，2011）73頁。

通則法（平成18年法律第78号）」がこれに該当する。したがって，国際売買の当事者間で，準拠法に関する合意がない場合には，当該国際売買契約における準拠法を定めるに際しては，そもそもどの国の国際私法を適用して準拠法を定めるのか，という問題が生じる。

この点について，訴訟においては，事件が係属した裁判所の所在国の国際私法が適用されるのが通常である。また，仲裁においては，当事者が合意した仲裁手続の準則にもよるが，準拠法の決定については，どの国際私法を適用するかを含め，仲裁廷に一定の裁量が認められることが多い。

なお，上記は，あくまで国際契約の当事者間において，当該契約に適用される準拠法が合意されていない場合の扱いであり，実務上は，国際契約に適用される準拠法は，当該契約当事者の合意に基づいて当該契約中に規定されていることが多い。多くの国の国際私法では，当事者間に準拠法に関する合意がある場合には，その合意を優先する旨が定められており（日本においては，「法の適用に関する通則法」7条にその旨の規定がある。），したがって，国際契約の当事者間において準拠法が合意されている場合，当該合意に従って当該契約の準拠法が定まることが通常である。

上記のようにして確定した準拠法が，当事者の私法上の法律関係を確定するうえで重要であるということは，いうまでもない。例えば，同じ契約であっても，米国法が適用されるのか，日本法が適用されるのかによって，当事者の私法上の法律関係に関する結論が変わるということはまったく珍しくない。そのため，国際契約において準拠法をどのように定めるか，またさらにいえば準拠法を定めるための国際私法について，どの国の国際私法を適用するかは，国際売買契約を含む国際契約の解釈や，紛争における帰趨に大きく影響し得る。

（1） 条約・原則

国際売買契約においては，準拠法が異なることによる法律関係に関する結論の変動が，交渉コストやリスクを高めるとの認識から，法統一に向けた動きが早くから盛んであった[*2]。

（a） ハーグ統一売買法条約

過去における国際売買契約における法統一の試みの一つとして，1964年に

---

*2　私法統一国際委員会〔内田貴ほか訳〕『UNIDROIT国際商事契約原則2010』（商事法務，2013）i頁。

3　国際売買契約

ハーグで採択され，1972 年に西欧諸国を中心に発展した，いわゆるハーグ統一売買法条約がある。もっとも，ハーグ統一売買条約は理論的に精緻であったが，大陸法中心で英米法との乖離が大きく，また取引実務を適切に反映していなかったため，加盟国はイギリスや西ドイツなど 9 か国にとどまった。

その後，国際売買契約における統一法が，下記に述べるウィーン統一売買法条約に移行するに伴い，加盟国はイギリスとガンビアの 2 か国まで減少している[3]。

(b)　ウィーン統一売買法条約

加盟国が少数にとどまったハーグ統一売買条約に代わる国際的な法統一の試みとして，規定内容を明瞭かつ実務に適合する内容とした，いわゆるウィーン統一売買法条約 (United Nations Convention on Contracts for the International Sale of Goods)[4]（以下「ウィーン統一売買法条約」という。）が 1980 年にウィーンで採択され，1988 年に発効した。

同条約の加盟国は，89 か国であり[5]，今日では，このウィーン統一売買法条約が，国際売買契約における統一法としての機能を有しているといえる。

日本は，2008 年にウィーン統一売買法条約に加盟しており，2009 年 8 月 1 日付で法規範としての効力を発生させている。なお，同条約の日本語訳が外務省のウェブサイト[6]に公表されているが，公定訳ではない。

ウィーン統一売買法条約は，営業所が所在する国が異なる当事者間の物品売買を，基本的な適用対象としている（詳細は下記Ⅱ 2 で述べる。）。

ウィーン統一売買法条約は，国内法規における反映を経ずに適用される，自動執行条約である。しかも，適用される場合には，当該契約の準拠法における任意規定に優先する。そのため，営業所が所在する国が異なる当事者間で物品を売買するときには，同条約が適用され得るかどうか，また適用され得るとして，適用を認めるのかそれとも排除するのかを検討しておく必要がある。

---

[3]　UNIDROIT "Status-Convention relating to a Uniform Law on the Formation of Contracts for the International Sale of Goods (ULFC) (The Hague, 1964)" http://www.unidroit.org/status-ulfc-1964（2019 年 1 月 31 日）。

[4]　日本での正式名称は「国際物品売買契約に関する国際連合条約」である。

[5]　UNCITRAL "Status United Nations Convention on Contracts for the International Sale of Goods (Vienna, 1980)" http://www.uncitral.org/uncitral/en/uncitral_texts/sale_goods/1980CISG_status.html（2019 年 1 月 31 日）。

[6]　外務省「国際物品売買契約に関する国際連合条約（略称：国際物品売買契約条約（ウィーン売買条約））」http://www.mofa.go.jp/mofaj/gaiko/treaty/treaty169_5.html（2019 年 1 月 31 日）。

ウィーン統一売買法条約の構成は，以下のとおりである。

第1部　適用の範囲及び総則 　第1章　適用範囲 　第2章　総則 **第2部　契約の成立** **第3部　物品の売買** 　第1章　総則 　第2章　売主の義務 　　第1節　物品の引渡し及び書類の 　　　　　交付 　　第2節　物品の適合性及び第三者 　　　　　の権利又は請求 　　第3節　売主による契約違反につ 　　　　　いての救済 　第3章　買主の義務 　　第1節　代金の支払	第2節　引渡しの受領 　　第3節　買主による契約違反につ 　　　　　いての救済 　第4章　危険の移転 　第5章　売主と買主の義務に共通の 　　　　規定 　　第1節　履行期前の違反及び分割 　　　　　履行契約 　　第2節　損害賠償 　　第3節　利息 　　第4節　免責 　　第5節　解除の効果 　　第6節　物品の保存 **第4部　最終規定**

（c）　ユニドロワによる国際商事契約原則

　条約とは異なり，各国政府の承認を要件とせずに，国際取引の法統一に向けて作成された法規範として，私法統一国際協会（UNIDROIT，ユニドロワ）による国際商事契約原則がある。現在の最新版は2010年版である。同原則は，当初は，当事者が契約で合意により取り込むことができる国際取引における統一契約モデル法として作成されたが，その内容は，ロシアの民法や，中国の契約法など各国の民法の制定にも影響を与えた[7]。2017年5月に成立した日本の民法（債権法）改正においても，部会の資料に引用されている[8]。

　ユニドロワの国際商事契約原則は，その序文において「本原則は，当事者が，契約は，法の一般原則，国際商慣習（lex mercatoria），その他これに準ずるものにより規律される旨合意したときに適用することができる」旨を規定する。また，

---

[7]　私法統一国際委員会〔内田ほか訳〕・前掲注（＊2）ⅰ頁。
[8]　法務省法制審議会民法（債権関係）部会資料「民法（債権関係）の改正に関する検討事項(6)詳細版」http://www.moj.go.jp/content/000047330.pdf（2019年1月31日）「民法（債権関係）の改正に関する論点の検討(13)」http://www.moj.go.jp/content/000098946.pdf（2019年1月31日）「民法（債権関係）の改正に関する要綱案の取りまとめに向けた検討(8)」http://www.moj.go.jp/content/000117239.pdf（2019年1月31日）。

3　国際売買契約

同序文には，同原則が，国際的法統一文書や国内法を解釈し，又は補充することができることも規定されている。特に国際仲裁においては，こうした解釈や補充の指針として利用されることがある[9]。

(2) 国際的統一規則

(a) インコタームズ

インコタームズ (Incoterms) とは，国際商業会議所 (ICC：International Chamber of Commerce) により制定された，貿易取引慣習として普遍的に使用されている貿易取引条件の解釈に関する国際規則である。

国際的な商取引に際しては，伝統的に，売主から買主への引渡しに関して，輸送，通関，安全に関連した確認，費用及び危険の分担について規定する取引条件を，「FOB」や「CIF」のような略語を使用して合意をしてきた。しかし，このような略語の解釈は統一されておらず，取引の混乱の原因となっていた。そこで，取引条件についての解釈のための規則として，ICC が制定したものが，インコタームズである[10]。

インコタームズは，ICC により，1936 年にはじめて発表され，その後幾度か

■表1　インコタームズ 2010 に規定される売主及び買主の義務

	A　売主の義務	B　買主の義務
1	売主の一般的義務	買主の一般的な義務
2	許可，認可，安全確認その他の手続	
3	運送及び保険契約	
4	引渡し	引渡しの受取り
5	危険の移転	
6	費用の分担	
7	買主への通知	売主への通知
8	引渡書類	引渡しの証拠
9	照合―包装―荷印	物品の検査
10	情報による助力及び関連費用	

---

[9]　Stefan Vogenauer・Jan Kleinheisterkamp "Commentary on the UNIDROIT Principles of International Commercial Contracts (PICC)" https://www.lalive.law/data/publications/The_Use_Of_The_PICC_In_Arbitration.pdf（2019 年 1 月 31 日）。

[10]　ジャン・ランバーグ著〔新堀聡訳〕『インコタームズ® 2010 の手引き』（国際商業会議所日本委員会，2012）16 頁。

第 1 章　売買交換

の改訂を経ている。現在の最新版は，2010年版に制定されたインコタームズ2010である。

インコタームズ2010では，アルファベット3文字で示される11種類の取引条件について，解釈のための規則を定めている。そして，それぞれの規則につき，■**表1**の売主及び買主の義務を規定している。

インコタームズの利用方法や関連論点については，下記Ⅲ4で詳述する。

（b） 荷為替信用状に関する統一規則及び慣例

荷為替信用状に関する統一規則及び慣例（UCP：Uniform Customs and Practices for Documentary Credits）は，荷為替信用状における用語の解釈に関する国際規則であり，ICCが1933年にはじめて発表したものである。

この規則は，荷為替信用状による取引の統一的扱いを定めたものであるが，この規則の存在意義を解説する前提として，荷為替信用状及びその国際売買における位置づけについて概説する。

売買代金の支払手段として，国内取引で一般的なのは直接送金の方法であるが，物品が長距離を移動するような国際取引において直接送金[*11]による場合，代金の支払時期について売主と買主の利害が対立する。前払いとすると買主は，売主が物品を発送せずに物品を受領できないリスクを負い，後払いとすると売主は，買主が代金を送金せずに代金を回収できないリスクを負うからである。

このような利害の対立を解消するため，売主が，買主を支払人とした為替手形を振り出したうえで，この為替手形に添付した船荷書類の引渡しと同為替手形を買主が引き受けまたは支払う[*12]こととを同時履行とする取引が発達した。このように，船積書類を添付して，取立や割引が行われる為替手形を，荷為替手形という。しかし，荷為替手形を用いても，買主が支払能力不足等により，為替手形の引受や支払を行わないリスクが残る[*13]。

[*11] 送金方法により，郵便送金（M/T: Mail Transfer），送金小切手（D/D: Demand Draft）及び電子送金（T/T: Telegraphic Transfer）等がある。

[*12] 買主が為替手形を引き受けることで船積証券を引き渡すことを引受渡（D/A: Documents against Acceptance）といい，買主が為替手形を支払うことで船積書類を引き渡すことを支払渡（D/P: Documents against Payment）という。

[*13] この場合，物品は陸揚げされた後でも通関されず，一定の期間は保税倉庫に保管され，その後は当局に没収される可能性がある。なお，買主が為替手形を引き受けることで船積証券を引き渡すD/A取引では，買主が引受を行ったものの支払を行わないリスクも売主が負うこととなる。これらのリスクには，本文で紹介した信用状の発行のほか，荷為替手形に事前に貿易輸出保険を

3 国際売買契約   43

そこで，荷為替手形に信用状（L/C: Letter of Credit）を付する取引が行われるようになった。国際売買における信用状とは，買主（L/C の発行依頼人）の売主（L/C の受益者）に対する債務につき，一定の条件（信用条件）が充足されれば，受益者に対して自ら支払う旨の約束が記載された，買主の取引銀行（L/C の発行銀行）の約束が記載された書面を指す。信用状は，発行依頼人である買主の支払能力を，発行銀行の信用力により補強する機能をもつ[*14]。信用状を付した荷為替手形を荷為替信用状といい，これは安全な支払方法として国際売買において重要な地位を占める[*15]。

荷為替信用状による取引は，第一次世界大戦後の経済復興に伴って多くの国に利用されるようになったが，その際に，信用状を取り扱う銀行の処理が，とりわけ国籍が異なる場合には一致せず，混乱が生じた。

そこで，1933 年に ICC が最初に信用状に関する統一規則を発表し，荷為替信用状の取扱いの統一を試みた。以降数次にわたる改訂を重ね，最新版は 2007 年 7 月に施行された UCP600 である[*16]。UCP600 が適用されるためには，荷為替信用状に UCP600 の適用が明示される必要がある。

Ⅱ　国際売買契約の問題点，課題の概説

1　国際売買契約の締結にあたっての視点

売買は，国内取引でも多く行われるが，ここではこれに国際的な要素が加わることによって，追加的に必要となる視点につき述べる。

　　付保しておき，売主の取引銀行に買い取ってもらう方法も一つの手段になり得る。
[*14]　L/C 発行銀行にも信用リスクがある場合や，L/C 発行国の所在国のカントリーリスク（政治リスクや国際収支リスク）が高い場合には，カントリーリスクの少ない国の一流銀行に確認信用状（Confirmed L/C）を発行してもらい，L/C 発行銀行の支払不能リスクを抑える。このほか，貿易輸出保険を利用することも考えられる。
[*15]　多国籍企業のグループ内取引では電子送金による直接支払（T/T）が多い。また，近年，L/C のように信用条件に記載と提示書類の合致を人為的に確認するのではなく，トレード・マッチング・アプリケーション（TMA: Trade Matching Application）を用いて貿易情報を電子システム情報上で照合させることにより資金決済を行う方法が発展している。このような電子決済には，L/C と同様に発行銀行が一時的支払義務を負う，銀行保証（BPO: Bank Payment Obligation）を付することができる。2013 年には，ICC がこの BPO についての統一規則を発表しており，TMA と BPO を組み合わせた支払方法の発展が注目される。
[*16]　国際商業会議所編〔飯田勝訳〕『ICC 荷為替信用状における統一規則および慣例』（国際商業会議所日本委員会，2007）前文「荷為替信用状に関する統一規則及び慣例 2007 年改訂版英和対訳版の発表にあたり」。

まず，物品が国境を越えるなど長距離を移動する場合には，これに伴い，物品が破損，劣化等する可能性があり，この可能性を踏まえたリスクの判断や分配を，取引の実態を踏まえて行う必要がある。また，L/C 発行銀行での口座の開設，保険，物品の運送・通関など，売買に付随する手続や取引が必要となる可能性がある。

　次に，当事者間の文化が異なる場合には，契約に規定がない場面において，ある当事者から見て，相手方の当事者が不合理に思える行動をとる可能性が高くなる。また，契約に規定がある場合であっても，文言があいまいでは理解に齟齬が生じて紛争になる可能性が高くなる。紛争解決においては，債務名義を得るための手続も，債務名義をもとに強制執行する手続も，国内取引に比べて，長期にわたったり，コストが高くなる可能性がある。

　取引の実態を踏まえた適切なリスク分担を行い，手続を明確化するためにも，国際売買における契約書は重要である。また，紛争を予防し，また実際に紛争になった際の解決を促進するためにも，契約書の内容は明確かつ詳細に規定する必要がある。

2　ウィーン統一売買法条約の適用

　明確かつ詳細な契約書の作成に努めたとしても，契約書の内容に私法上生じ得るすべての法律関係を規定することは不可能であるため，契約規定ではなく適用法令により，解決が必要となる場合もある。この点，ウィーン統一売買法条約は，国際私法によって定まった，又は当事者の合意により定められた準拠法に優先して適用される。ただし，当事者の法律関係に影響する可能性があるため，その適用の有無につき，契約書の締結に先立って分析しておくことが肝要である。

（1）　適用範囲

（a）　売買契約の国際性

　ウィーン統一売買法条約は，国際性を有する物品の売買契約に適用される。ここでいう国際性を，同条約は「営業所*17が異なる国に所在する*18当事者間」

＊17　「営業所」とは，当事者が二以上の営業所を有する場合には，契約の締結時以前に当事者双方が知り，又は想定していた事情を考慮して，契約及びその履行に最も密接な関係を有する営業所をいう。当事者が営業所を有しない場合には，その常居所が基準となる（国際売買法 10 条）。
＊18　「営業所が異なる国に所在する」という事実は，契約，又は契約締結時以前における当事者の

の売買契約であるか否かという基準により判定している（国際売買約1条(1)柱書）。物品が国境をまたいで移動することは要件とされていない。また，当事者の国籍を，条約の適用にあたって考慮しないことは，1条(3)に明示的に規定されている[19]。

「営業所が異なる国に所在する当事者間」との要件が充たされる場合で，かつ，①これらの国がいずれもウィーン統一売買法条約の締約国であること（国際売買約1条(1)(a)），又は②国際私法の準則によれば締約国の法の適用が導かれること（国際売買約1条(1)(b)）が，ウィーン統一売買法条約の適用には必要となる。ただし，米国や中国など[20]，ウィーン統一売買法条約加盟国の中でも1条(1)(b)（上記②）に拘束されない旨を宣言している国については，②は適用されず，①が満たされることが必要条件となる。

(b) 「物品売買契約」であること

ウィーン統一売買法条約が適用されるためには，売買契約が「物品売買契約」に該当する必要がある（国際売買約1条柱書）。ここでいう「物品」を定義するウィーン統一売買法条約の明文の規定はないが，「物品」の意義につき，国際売買契約の対象となり得るすべての有体物と無体物を含み，コンピュータ・ソフトウェアもこれに含まれるとした裁判例がある[21]。

「売買」の定義につき，ウィーン統一売買法条約3条(1)本文は，「物品を製造し，又は生産して供給する契約は，売買とする」との原則を規定する。これにより，製作物供給契約など，日本の民法上は混合契約に分類される契約であってもウィーン統一売買法条約上では「売買」に該当する可能性がある。もっとも，「物品を注文した当事者がその製造又は生産に必要な材料の実質的な部分

あらゆる取引関係もしくは契約締結時以前に当事者が明らかにした情報により，認められる（国際売買約1条(2)）。この点の疑義を避けるためには，契約書に当事者の営業所の所在地を明記しておくことが望ましい。

[19] 同項には，当事者又は契約の民事的又は商事的な性質も，ウィーン統一売買法条約の適用にあたって考慮しない旨も明記されている。

[20] 米国と中国のほかは，アルメニア，チェコ，シンガポール，スロバキア及びセントビンセント・グレナディーンが，ウィーン統一売買法条約1条(1)(b)に拘束されない旨を宣言している（前掲注（＊5））。

[21] Germany: Oberlandesgericht Koblenz; 2 U 1230/91; 17 September 1993. 本書の記載は下記に公表された CLOUT case No.281 についての判決要旨に基づく：United Nations Commission on International Trade Law/CN.9/SER.C/ABSTRACTS/26 http://daccess-ods.un.org/access.nsf/Get?Open & JN = V9990375（2019年1月31日）なお，判決全文はドイツ語で，以下の URL に公開されている http://www.uncitral.org/docs/clout/DEU/DEU_170993_FT_01.pdf#（2019年1月31日）。

を供給することを引き受ける場合」（国際売買約3条(1)ただし書）や，「物品を供給する当事者の義務の主要な部分が労働その他の役務の提供から成る契約」（国際売買約3条(2)）は，「売買」から除かれている。

ウィーン統一売買法条約2条は「個人用，家族用又は家庭用に購入された物品の売買」（国際売買約2条(a)）[22]などの売買について適用除外されるものを定めている。

(c) 契約当事者の合意による適用排除

ウィーン統一売買法条約6条は，物品売買契約の当事者が合意により同条約の規定について，適用を制限し，又はその効力を変更することを認めている[23]。

この場合，ウィーン統一売買法条約の排除は明確な文言，すなわち「本契約にウィーン統一売買法条約は適用されない」等の文言により行われる必要がある[24]。契約当事者の合意により，特定の国の準拠法を選択することは，明確な文言による排除とはいえず，したがって同条約の適用を排除することはできないと考えられており，同旨の裁判例もある[25]。

(2) ウィーン統一売買法条約の適用の有無の戦略的検討

ウィーン統一売買法条約については，特に大企業を中心とした企業法務にお

---

[22] 2条(a)は，「ただし，売主が契約の締結時以前に当該物品がそのような使用のために購入されたことを知らず，かつ，知っているべきでもなかった場合は，この限りでない」と規定し，当事者がウィーン統一売買条約の不適用を予見できなかった場合における不意打ちを防止する。2条(a)のほかには，「競り売買」（国際売買約2条(b)），「強制執行その他法令に基づく売買」（国際売買約2条(c)），「有価証券，商業証券又は通貨の売買」（国際売買約2条(d)），「船，船舶，エアクッション船又は航空機の売買」（国際売買約2条(e)），及び「電気の売買」（国際売買約2条(f)）がある。

[23] ただし，ウィーン統一売買法条約12条及び96条は，同条約の規定のうち契約の方式の自由を認めるものの適用除外を当事者国に認めているが，12条・96条に基づく適用除外を宣言している国に営業所を有している当事者が，これらの規定の適用を排除・変更し，契約の方式の自由が認められるようにすることは認められていない。上記適用除外を宣言している国は，アルゼンチン，アルメニア，ウクライナ，チリ，パラグアイ，ベラルーシ及びロシア連邦である（前掲注（＊5））。

[24] 例えば，英文契約では下記のような文例が考えられる。文例1："The United Nations Convention on Contracts for Sales of Goods（1988）shall not be applied to this Agreement" 文例2："The rights and obligations of the parties under this Agreement shall not be governed by the provisions of the United Nations Convention on Contracts for Sales of Goods（1988）"

[25] U.S.［Federal］District Court for the Northern District of California; No. C 01–20230 JW 30 July 2001; Asante Technologies, Inc. v. PMC-Sierra, Inc.
　　本書の記載は下記に公表された CLOUT case No. 433 についての判決要旨に基づく：United Nations Commission on International Trade Law A/CN. 9/SER. C/ABSTRACTS/37　http://daccess-ods.un.org/access.nsf/Get?Open & JN = V0384628（2019年1月31日）。
　　なお，判決全文は英語で，以下の URL に公開されている。http://cisgw3.law.pace.edu/

3 国際売買契約　　　47

いては，既に標準契約書を作成しており，これをもとに交渉の経験を積み上げてきたことから，ウィーン統一売買法条約の導入にはそもそも消極的であったとの指摘がある[26]。また，同条約についての各国の裁判所の判断や解釈が統一されておらず，国内法に比べて予見可能性が低いという問題点の指摘もある[27]。

　一方，相手方との交渉との関係で，日本法を準拠法とすることが難しい場合には，相手方や第三国の準拠法を受け入れるよりは，ウィーン統一売買法条約を受け入れることの方が良策である場合もあり，今後，近隣諸国や東南アジアとの取引が増えるについて，同条約の適用が増えてゆくという見向きもある[28]。今後，複数国にまたがる取引を行っていく場合には，国ごとに準拠法を変えるのではなく，ウィーン統一売買法条約を適用することで統一的に契約を管理するという方策も一つの選択肢として検討に値するものと思われる。

3　契約書に通常盛り込まれる主要条項

(1)　基本契約と個別契約

　国際売買は一回のみのスポット取引として行われることもあるが，企業間の取引においては，反復継続的な取引が行われることが多い。その場合，一定の期間，反復継続的に供給を行うことを内容とする基本契約 (Master Agreement) を締結すると，安定的な供給関係を確保できるうえ，取引ごとに交渉の対象となる契約条項を減らすことができる。基本契約を締結する場合，個別の売買ごとに簡易な個別契約 (individual agreements) を締結する方式のほか，買主が注文書 (Purchase Order) を出すことなど，基本契約に定められた手続に従って，個別の売買契約を成立させる方式が採用されることも多い。

(2)　売買契約書の構成例

　売買契約書の構成は，基本契約を締結したうえで個別契約を締結する場合と，

---

　　cases/010727u1.html（2019 年 1 月 31 日）。
*26　阿部道明『国際取引法：理論と実務の架け橋』（九州大学出版会，2013）82 頁。井原宏 = 河村寛治編『国際売買契約：ウィーン売買契約に基づくドラフティング戦略』（レクシネクス・ジャパン，2010）46 頁。
*27　島田真琴「国際物品売買契約における物品の適合性—日本法の見地から，予想される変更」慶應法学 15・16 合併号 129 頁　http://koara.lib.keio.ac.jp/xoonips/modules/xoonips/detail.php?koara_id=AA1203413X-20100325-0107（2019 年 1 月 31 日）。
*28　井原 = 河村編・前掲注（＊26）26 頁。島田・前掲注（＊27）131 頁。

個別契約のみで取引を行う場合とで異なる。以下，それぞれの場合についての構成例を挙げる。

（a）　基本契約を締結したうえで個別契約を締結する場合

（ア）　基本契約

①	基本契約と個別契約の関係（適用範囲，すべての個別契約が対象となること等）
②	個別契約の成立方法等
③	対価，仕様等
④	引渡し・危険負担，受入検査，支払，相殺等
⑤	所有権の移転時期，品質保証，知的財産権，製造物責任等
⑥	守秘義務，通知義務等
⑦	解除，損害賠償や補償等
⑧	契約期間，存続条項，契約終了後の取扱い，基本契約が終了した場合の個別契約の扱い等
⑨	譲渡禁止，契約の変更，準拠法，合意管轄，協議事項，言語，完全合意等

（イ）　個別契約

商品（品名，品番等），数量等。

（b）　個別契約のみが締結される場合

①	商品（品名，品番等），数量，仕様，対価等
②	引渡し・危険負担，受入検査，支払等
③	所有権の移転時期，品質保証，知的財産権，製造物責任等
④	守秘義務，通知義務等
⑤	解除，損害賠償や補償等
⑥	存続条項等
⑦	譲渡禁止，契約の変更，準拠法，合意管轄，協議事項，言語，完全合意等

Ⅲ　主要な論点

　上述した条項のうち主要なものにつき，契約当事者による交渉のポイントとなる点，紛争になりやすい条項，法的に問題となりやすい点について概括的に述べる。なお，参考までに，各項目の日本語表記の後ろに，英文契約書の場合に一般的と思われる英語表記を併記した。

3　国際売買契約　　49

1　商品（品名，品番等）（Products），数量（Volume），仕様（Specification）

　売主が供給すべき物品を定める条項である。ここでは物品の種類，品質，数量などが規定される。数量は，重量，容積，面積，個数などにより指定され，取引の形態や運送方法によっては，数量不足の場合の許容範囲を定める[29]。品質は，物品の仕様，規格，標準品やサンプルにより指定されることが多い。

2　対価（Consideration）

　売買の対価の金額又は金額の決め方，決済通貨について定める条項である。決済通貨が一方又は双方当事者の自国通貨建てでない場合には，当該自国通貨建てでない当事者が為替リスクを負担することになる。貿易取引条件に含まれる，運送費用や輸出入の手続費用，保険料等に関する売主の負担は価格に影響するため，"CIF YOKOHAMA Port USD 300 per M/T"などのように，貿易取引条件（この例では CIF)[30]を対価の構成要素として規定することもある。

　売買価格は市況等によって変動するものであるため，基本契約を締結する場合には，価格は個別契約に委ねるか，基本契約に規定を置くにしても，計算方法等，抽象的な規定のみを置くことが多い。仮に基本契約で具体的な額を規定する場合には，原材料の高騰下落等，製造・調達コストの変動リスクを軽減するため，価格を改定する権利を有することが望ましい。一方，これによる変動を抑えるためには，その権利の行使要件や行使時期に制限[31]を求めることが考えられる。

3　品質保証（Warranty）

　品質保証の内容，期間，違反した場合の救済を定める条項である。物品の中に不良品が含まれる場合には，当事者間で紛争が起きやすくなるため，売主と

---

[29]　例えば，物品が，鉱石や石炭などの撒荷（ばらに）や石油製品・化学品などの液状の商品の場合には，用船契約条件との関係で，船の積込み量が厳格に確定できないことがある。そのため，数量をプラス・マイナス10%の範囲で増減することを認める規定を置くことが多い（高桑昭＝江頭憲治郎編『国際取引法〔第2版〕』（青林書院，1993）116頁〔柏木昇〕）。

[30]　なお，Ⅲ9で記載するとおり，貿易取引条件につき，インコタームズを利用する場合には，契約書の中で，契約書の中で「Incoterms ® 2010」などと援用する必要がある。

[31]　例えば，売主が価格の改定権を行使できる場合を原材料が高騰した場合に限定したり，行使時期を年に一回に限定したりする等の限定が考えられる。

買主がそれぞれどのような範囲でリスクを負担するかを事前に明確に定めておくことが重要である。

品質保証の内容としては，通常，材料と仕上げ面で欠陥がないことや，仕様書に適合していることなどが規定される。売主側としては，保証の範囲を明確にするために，黙示の保証を除外する規定を設けることが多く[32]，特に英文契約では黙示の保証の排除を明確にするために，全文を大文字で規定することが多い[33]。他に売主側の責任を限定する条項としては，買主やその顧客の故意又は過失による使用方法違反の場合の除外の規定，軽微な瑕疵についての免責の規定などがある。品質保証の期間は，確定期限により限定することが，特に売主としては望ましい[34]。一方，買主としては，重大な不良や，同一傾向の不良については期間制限の例外を求めることも考えられる。

品質保証やこれに係る責任の制限に関しては，適用のある強行法規に抵触して無効又は違法とならないかを事前に調査しておくことが望ましい。また，品質保証やこれに係る責任の制限を規定する場合，その制限の内容は明確にしておく必要がある[35]。なお，訴訟や仲裁の局面では，契約に規定された品質保証やこれに係る責任の制限を字義どおりにそのまま適用した場合に，裁判官や仲裁人の目から見て著しく妥当でない結論となる場合，制限による免責の範囲が

---

[32] 特に英米法が準拠法の場合には，買主が約定し又は事実として表明した範囲でのみ品質保証責任を負うのか，それとも，黙示的に，それを超えて物品が商品性 (merchantability) を有していることを表明したかが問題となり得る。米国の Uniform Commercial Code (以下「UCC」という。) UCC2-314(1)は，2-316 による黙示の保証がなされない限り，物品が商品性を有していることを黙示的に表明したものとする旨を規定している。UCC2-314(2)は，物品が市場性を有しているというための最低条件を規定されており，その中には，物品が通常の使用目的に適合していることも含まれている。

[33] 米国の UCC2-316-(2)には，黙示の保証を除外するための文言は書面で，明白 (conspicuous) になっていることを要求し，除外の文言の例として "There are no warranties which extend beyond the description on the face hereof" との文言を挙げる。また，UCC2-316-(3)(a)は，中古品などの特定物の場合には，現状のまま (英文では "as is" "with all faults" 等と表記) で引き渡す旨を規定することにより，黙示の保証を除外することができる旨を規定している。

[34] 売主が商社の場合には，買主から品質保証違反のクレームを受けた際に，自分もメーカーに対してクレームをできるようにしておくことが重要となる。そのためには，品質保証の内容が，自己がメーカーから受けている範囲を超えないことはもとより，在庫期間も踏まえて，自己の買主に対する品質保証期間の間にメーカーからの品質保証が切れてしまわないように留意する必要がある。

[35] 例えば，品質保証やこれに係る責任の制限について，当事者側に帰責性がない場合のみならず，過失 (negligence) がある場合にも適用がある場合や，使用者責任のような代位責任 (vicarious liability) のみならず固有責任 (personal liability) にも適用がある場合にはその旨明記することが望ましい。また，制限の内容につき，限定列挙ではなく，例示列挙を意図する場合には，"without limitation" という文言を加える等の工夫が必要である。

3 国際売買契約

縮小解釈される可能性があることに注意する必要がある[*36]。

品質保証に違反した場合の救済としては，金銭賠償，売主による代品との交換，買主による修補及び修補代金の請求などがある。これに関連して，その救済内容を売主と買主のどちらが選択する権利をもつのか，不良品の保管や引渡しにかかった費用をどちらが負担するか，といった事項も規定することも考えられる。

品質保証違反のクレームを行うための手続を明確にしておくことも，紛争の予防のためには望ましい。そのため，商品検査の手続，品質（・数量）の最終決定の時期[*37]・方法，クレームのための通知の時期・方法等に関する規定が設けられる。品質の最終決定につき，当事者の一方の判断に委ねると濫用のおそれがあるため，第三者機関による検定・証明を行い，買主がクレームに証明書を添付するという対応も考えられる。その他，不良品を買主が返送し，売主が自ら再検査を行うようにすることもあり得るが，その場合には，再輸入のための手続やコストも考慮する必要がある。

4　引渡し（Delivery）・危険負担（Transfer of Risk）

引渡し，すなわち物品の物理的搬送における各当事者の役割や危険の負担について定める条項である。国際取引における物品の引渡しには，輸送のほか，輸出入許可の取得，安全確認及び通関等の公的手続が必要となる。これらについて，売主及び買主の役割を明確に規定しておくことは，取引を円滑するために重要である。また，引渡しについても，その時間・場所・方法を明確にしておく必要がある。

また，リスク分配という観点からは，物品の損傷・滅失のリスクをどの時点で売主から買主に移転させるかという，いわゆる危険負担の規定が重要である。この点，改正民法は，原則として，売主が買主に，売買の目的として特定した

[*36]　日本法では，宿泊客がフロントに預けなかった物品の滅失棄損等につきホテル側の損害賠償責任を制限した条項に関し，故意・重過失の場合に適用を認めなかった判例がある（最判平15・2・28裁判集民209号143頁・判タ1127号112頁）。ユニドロワによる国際商事契約原則にも「不履行による当事者の責任を制限もしくは排除する条項，または，相手方が合理的に期待したものとは実質的に異なる履行をすることを当事者に許す条項は，契約の目的を考慮し，それを主張することが著しく不公正であるときは，これを主張することができない。」旨の規定がある（第7.1.6条）。

[*37]　主に船積時に決定する場合と陸揚時に決定する場合とがあり，商品ごとに商慣習は異なる。一般工業製品は前者が多く，工業原材料や食品原材料には後者が多い。

目的物を引き渡した時点で，所有権とともに危険の移転を認める（新民567条1項）。この考え方は，国際取引にも基本的に当てはまる[38]。

■表2　インコタームズ2010におけるFOB，CFR及びCIF規則の内容

FOB	「本船渡」は，売主が，指定船積港において買主によって指定された本船の船上で物品を引き渡すか，又は，既にそのように引き渡された物品を調達することを意味する。物品の滅失又は損傷の危険は，物品が本船の船上に置かれた時に移転し，買主は，その時以降の一切の費用を負担する。
CFR	「運賃込」は，売主が，本船の船上で物品を引き渡すか，又は，既にそのように引き渡された物品を調達することを意味する。物品の滅失又は損傷の危険は，物品が本船の船上に置かれた時に移転する。売主は，指定仕向港へ物品を運ぶ費用と運賃について契約を結び，かつ，支払を行う。
CIF	「運賃保険料込」は，売主が，本船の船上で物品を引き渡すか，又は，既にそのように引き渡された物品を調達することを意味する。物品の滅失又は損傷の危険は，物品が本船の船上に置かれた時に移転する。売主は，指定仕向港へ物品を運ぶために必要な契約を結び，かつ，その費用と運賃を支払わなければならない。

引渡しや危険負担[39]については，貿易取引条件を用いることが簡明であり，実務上は，FOB (Free on Board)，C & F (Cost and Freight) 及び CIF (Cost, Insurance and Freight) の3つの取引条件が広く使われている[40]。C & F を，インコタームズは，1990年度版より CFR と表記している。インコタームズ2010における FOB，CFR 及び CIF の規則の内容につき，インコタームズ2010の手引の助言メモは以下のように説明している[41]。

インコタームズ2010は，FOB，CFR 及び CIF を「海上及び内陸水路輸送に適した条件」に分類している[42]。そして，ICC は，コンテナ輸送については，

---

[38]　例えば，前掲注（＊10）『ICC インコタームズ® 2010の手引き』は，「当事者には，物品が，事実，どのようにして運送のために引き渡されているかを調べ，それによって物品が売主の直接または間接の支配を離れた後に売主が危険を負いつづける条件の選択を避けるように，常に強く勧告し得る」とする（23頁）。

[39]　危険負担につき，インコタームズが取り扱うのは物品の滅失・損傷のリスクである。そのため，契約締結後に履行のためのコストの増加のリスクについては契約で規定しない限り，準拠法により解決されるべき事項となる。物品が滅失・損傷した場合に，売主が履行義務を免れるか否かという問題も，同じく契約の条項又は準拠法により解決されるべき問題である（前掲注（＊10）『ICC インコタームズ® 2010の手引き』44頁）。

[40]　絹巻康史『国際取引法：契約のルールを求めて〔改訂版〕』（同文舘出版，2009）164頁。

[41]　前掲注（＊10）『ICC インコタームズ® 2010の手引き』の173頁，183頁及び199頁。

[42]　海上輸送以外の輸送に CFR 又は CIF を使用すると，売主は，インコタームズ2010の規則上，自ら提出義務を負う書類（船荷証券，又は，海上運送状もしくは同様の書類）を提出できず，買主が，売買契約の条件が契約締結後の市況の変化等により不利な場合に，解除を主張し得るという問題もある，とインコタームズは指摘する（前掲注（＊10）『ICC インコタームズ® 2010の手

3　国際売買契約　53

FOB，CFR 及び CIF に代えて，それぞれ FCA (Free Carrier)，CPT (Carriage Paid To) 及び CIP (Carriage and Insurance Paid To) を使用することを推奨している[*43]。コンテナ輸送においては，売主は，売主の施設又は貨物ターミナルで運送人に物品を引き渡すのが通常であり，そこから本船上に物品が到達するまでの間，売主は，物品の支配を失っているにもかかわらず危険を負いつづけることとなり，不適切であるというのがその主たる理由である[*44]。これが貿易取引条件についての実際の商慣習に合致しているかについては，異論もあり得る[*45]。もっとも，インコタームズに準拠せずに貿易取引条件を用いた場合には，貿易取引条件の内容について当事者の認識に齟齬が生じ，紛争の原因となる可能性がある。紛争の予防・回避という観点からは，当事者の想定する物品輸送や危険負担に合致したインコタームズを調査[*46]し，利用することが望まれる。

インコタームズを利用するためには，契約書において援用することが必要である。その際には，インコタームズは定期的に改訂されているので，「インコタームズⓇ 2010 規則[*47]」など，どの版に準拠するのかも明確にする必要がある[*48]。インコタームズを利用しない場合には，物品の積載や輸送の方法や危険負担を含め，上記 I 2(2)(a) に記載されている買主の義務や売主の義務に関す

引き』24 頁，53 頁）。

[*43]　前掲注（[*10]）『ICC インコタームズⓇ 2010 の手引き』173 頁，183 頁及び 199 頁。

[*44]　前掲注（[*10]）『ICC インコタームズⓇ 2010 の手引き』22 頁及び 23 頁では，特に，運送人が，買主からのみ指図を受ける義務がある場合には，売主のリスクが大きいことが指摘されている。また，同書 34 頁及び 35 頁では，FOB の場合について，売主は，通常は買主の保険から利益を受けることができず，自ら適切な保険をかけていなければ保護されないという可能性も指摘されている。

[*45]　絹巻・前掲注（[*40]）163 頁は「コンテナ船や航空機の利用が増加している現状下においても，依然として在来船のタームスである FOB/CIF 条件が多用され，コンテナ・タームス（FCA/CPT/CIP）が不人気」であることを指摘する。前掲注（[*10]）『ICC インコタームズⓇ 2010 の手引き』も，「商品取引は，引き続き船による物品の輸送に焦点を合わせており商人が新しい条件の使用を選択するか否かは，現時点では不明である。」と述べる（10 頁）。

[*46]　インコタームズ 2010 の各規則の内容については，ICC のウェブサイトに英文での概説がある ICC "Incoterms Ⓡ rules 2010" https: //iccwbo. org/resources-for-business/incoterms-rules/incoterms-rules–2010/（2019 年 1 月 31 日）。

　また，日本語では，日本貿易振興機構の下記ウェブサイトにも記載がある。日本貿易振興機構（ジェトロ）「インコタームズ 2010」https://www.jetro.go.jp/world/qa/04C-070304.html（2019 年 1 月 31 日）。

　さらに規則の具体的な内容を知るためには，本書でも引用している前掲注（[*10]）『ICC インコタームズⓇ 2010 の手引き』を参照することが望ましい。

[*47]　前掲注（[*10]）『ICC インコタームズⓇ 2010 の手引き』16 頁。

[*48]　基本契約に自動更新条項があると，契約締結から自動更新までの間にインコタームズの版の改正があった場合に，自動更新後の契約にどの版のインコタームズが適用されるかが不明確になるという指摘もある。日本貿易振興機構（ジェトロ）『インコタームズ何年版』との記載のな

る事項を合意する必要がある。

5 所有権の移転（Transfer of Title）

　所有権が移転する時期や要件について定める条項である。所有権が移転する時期や要件については，ウィーン統一売買法条約やインコタームズには規定がないため，契約書に規定を設けることが望ましい。条項の内容としては，目的物の引渡しや危険の移転の時期に所有権が移転すると定めるものが多い。もっとも，代金の分割払いがなされ，又は信用状を伴わずに代金の支払に関するリスクが高いときなどには，買主の代金支払完了時まで所有権の移転を留保する，いわゆる所有権留保の規定が設けられることもある。ただし，所有権留保がなされていても，適用ある準拠法の規定[49]により第三者に所有権が移転するリスクがある。

6 支払（Payment）

　売買代金の支払方法や時期等，支払について定める条項である。

　国際売買における代金の支払方法には，上記 I 2(2)(b)で詳述したとおり，直接送金のほか，荷為替信用状を用いる方法や，信用状（L/C）を利用せずに荷為替手形を支払渡し（D/P）又は引受渡し（D/A）とする方法がある。売買契約書においては，どの支払方法によるのかを支払時期とともに明確にする必要がある。

　また，売主側としては，代金回収リスクを最小化させるための各種規定が重要となる。荷為替信用状を用いる場合には，買主が，売主による物品の引渡しに先立って，L/C 発行銀行にて口座を開設する必要がある。そこで，当該口座の開設を売買契約上，売主による引渡義務に対する買主の先履行義務として明記し，買主がこれを怠った場合には，売主は契約を解除できるようにする。また，L/C の適格について契約で限定することも考えられる[50]。また，売主は

　い契約書を自動延長する場合」http://www.jetro.go.jp/world/qa/04A-101101.html（2017 年 8 月 1 日）。

[49]　例えば，日本法においては，即時取得（民 192 条）の規定などである。

[50]　L/C 開設銀行につき，例えば「国際的評価の高い一流銀行」との限定が考えられる。また，信用状につき，取消不能か否か，確認付か否か，譲渡の可否，償還義務の有無，支払確約の内容（一覧払，後日払，引受払，買取約束）を明示することも考えられる。ただし，信用状は取消可能だと代金回収リスクを低減する効果が実質的になく，実務上もほとんど利用されず，UCP600 にお

L/C を買取銀行に提示するための期間についても，十分確保しておく必要がある[51]。

　直接送金，D/P 決済，D/A 決済の場合には，L/C を利用する場合よりも多く買主の信用リスクを売主が引き受けることになるため，財務諸表の事前開示や，担保の設定に関する規定を設けることも考えられる。

　以上のほか，支払条項においては，代金の支払が遅れた場合の遅延損害金の規定も，買主により任意の支払を間接的に強制するための手段として検討される。その場合には，適用ある準拠法上，利息を制限するものがないかに留意する必要がある。日本では，「利息制限法 (昭和 29 年法律第 100 号)」がこれに該当する。また，売主と買主との間の税金負担について合意しておくことも有用である。

7　損害賠償（Damage）や補償（Indemnity）

　損害賠償条項は，契約上の義務の違反に対する救済手段としての違反当事者による金銭賠償を定める条項である。

　一般に，契約違反の場合の違反当事者による損害賠償は，適用のある準拠法等に定めがあるのが通常であり，例えばウィーン統一売買法条約上は，74 条において，「当事者の一方による契約違反についての損害賠償の額は，当該契約違反により相手方が被った損失 (得るはずであった利益の損失を含む。) に等しい額とする。」と規定する。そのため，契約に損害賠償条項がなくとも，適用のある準拠法等 (例えば日本法の場合改正民法 415 条) に従って，損害賠償が認められることも少なくない。もっとも，実務上は，契約には損賠賠償条項 (又は後述の補償条項) が規定されるのが一般的である。

　また，損害賠償の上限額を，売買の目的物の価格と同額とするなど，契約において損害賠償の上限額が合意されることも多い。付随的損害[52]，結果損害[53]，(慰謝料等の) 非財産的損害など，契約違反から直接的に生じた損害以外

いても，信用状は，たとえその趣旨の表示がなくても取消不能とされている（3条）。
* 51　引渡しの期限から〇日後，引渡し月の最終日から〇日後，といった規定が考えられる。発行された L/C の文言が契約書と一致せず，L/C の修正が必要な場合などに，船積が予定日よりも遅れる可能性がある。L/C を修正する際には，L/C の有効期間や積出期間の延長も必要である。
* 52　契約違反によって直接的に生じた損害のほかに，付随的に発生する損害。例えば売買の目的物に瑕疵や品質保証への違反がある場合においては，売買の目的物の代金相当額が契約違反による直接損害となり，返品費用や代替品との交換費用などが付随的損害となる。

56　　　　　第 1 章　売買交換

の損害については，賠償の対象としない又は賠償の範囲を限定する合意がなされることもある。

損害の発生及びその金額は，損害賠償を請求する側が立証する必要があることが通常であるが，その立証の負担を軽減するため，あらかじめ契約において一定の損害賠償金額を予定する合意をすることもある。予定損害賠償額に関しては，準拠法によっては，実際に発生する損害を著しく超えるものは一部無効である等の制限があることもあり，また準拠法に明示的規定がなくとも，裁判所の介入（裁判事案における法解釈を通じた介入）により，予定損害賠償額の定めが制限又は無効とされることもある。日本法では，従来，民法 420 条後段に当事者が損害賠償の額を予定した場合について「裁判所は，その額を増減することができない」旨の規定があったが[54]，改正民法ではこの後段部分は削除された。

損賠賠償の範囲について，「直接的かつ現実的」な損害などに限定し，かつ，逸失利益を除くなど，契約上，限定する場合がある。これらの規定は，英文契約（特に英米法が準拠法）の場合には，全文が大文字で規定されることが多い。

以上の損害賠償の規定のほか，契約上「補償」の規定が合意されることも多い。補償は，一定の事由が発生した際の損害・費用等の塡補に関する規定である。損害賠償の発生原因として想定されるのは主として契約違反であるが，これに対し，補償義務の発生原因となる事由は契約違反のほか，政府当局による介入や環境汚染や第三者との紛争など，当事者の意思とは無関係に発生する事象などもあり得る。補償は，必ずしも契約違反を理由として発生するものではないため，損害賠償と異なり，適用のある準拠法等を根拠として認められるというわけではなく，その発生原因や範囲を含めて，契約の規定を根拠として認められることが通常である。

補償の範囲については，当該事由に関して発生したすべての損害・費用等を

---

[53] 典型的には，「契約違反が発生していなければ得られたであろう利益」（いわゆる逸失利益）などが挙げられる。また，例えば，家畜を目的物とする売買（疾病に罹患していないことを表明保証）において，家畜が疫病に罹患していた場合，当該家畜の代金相当額が契約違反による直接損害となるが，売主の家畜の疾病が買主の家畜に伝染した場合には，当該疾病に罹患した買主の家畜の価値の毀損分が拡大損害となる。

[54] 最判平 6・4・21 裁判集民 172 号 379 頁は「当事者が民法 420 条 1 項により損害賠償額を予定した場合においても，債務不履行に関し債権者に過失があったときは，特段の事情がない限り，裁判所は，損害賠償の責任及びその金額を定めるにつき，これを斟酌すべきものと解するのが相当である」と判断し，当事者が予定した損害賠償の額につき，裁判所が過失相殺を含めた一切の介入をすることを否定していたわけではなかった。

3 国際売買契約

カバーするような広範な文言とすること，また費目，割合，金額等を限定する
文言とすることのいずれもあり得，どのような文言とするかは契約当事者の交
渉により定められる。補償の規定は，その発生原因となる事由に関するリスク
を契約当事者間で移転・分配させる効果を有するので，補償を要求された契約
当事者は受け入れを慎重に検討する必要がある。補償の範囲を一切限定せず，
すべて補塡する場合には，支出を決定する当事者と費用を負担する当事者とが
異なることによるモラルハザードの問題が生じないかも，検討する必要がある。
また，損害賠償と同様，補償金額の上限を限定するような合意も考えられる。

　上述のとおり，補償は，契約違反を含めた事由を補償のトリガーとして合意
し得るという意味において，「補償」は「損害賠償」を包含する概念ともいえる。
そのため，実務上は，契約に「補償」が規定されることが多い。

8　基本契約と個別契約の関係を規律する規定（基本契約＋個別契約型のみ）（Master Agreement and Individual Agreements）

(1)　基本契約と個別契約との関係

　基本契約と個別契約の規定の内容が矛盾する場合に，いずれを優先するかを
規定。基本契約を優先する場合と個別契約を優先する場合のどちらもあり得
る。

(2)　個別契約の成立に関する規定

　日本法上，契約は，申込みに対して相手方が承諾をしたときに成立するもの
とされており，法令に特別の定めがある場合を除き，書面の作成その他の書式
の具備は要しないものとされている（新民522条）。もっとも，相手方の国にお
いては異なるルールが存在する可能性があるため，例えば買主による注文書が
売主に到達し，売主による請書が買主に到達すること等，基本契約において，
個別契約の成立のための手続を明確化させておくことは重要である[55]。

　また，当事者が取引の条件を交渉している場合，個別契約が成立するまでは，
当事者は取引の条件の変更を申し入れ，取引を中止することができる[56]ため，

＊55　買主側に，安定供給の強い要請がある場合には，買主が注文書を送ったときに売主がこれを承
　　諾する義務があることを定め，又はより端的に，買主が注文書を送ったことをもって，個別契約
　　が成立するといった規定を設けることもあり得る。この場合には，売主側としては，承諾義務や
　　個別契約成立の例外事由（在庫不足など）を定めることが必要となる。また，メールシステムに
　　より受領確認が送信される場合に，このメールが承諾にならない旨を規定する例もある。
＊56　それまでの交渉の経緯によっては，個別契約が成立しない場合においても，日本法であれば契

交渉されていた条件が当事者を法的に拘束する時点を明確にすることが望ましい。なお，この規定に限った話ではないが，規定されている当事者の実務に合致していることが重要であり，例えば，実務上はEメールで受発注を行っているのに，基本契約上は注文書や請書が必要であると規定されていると，紛争の原因となるので注意が必要である。

(3) 基本契約の期間に関する規定

個別契約は，個々の取引ごとに締結されるものであるのに対し，基本契約は，一定の期間をもって締結される。そこで，期間について，有効期限や有効年数などを定めることとなる。また，更新についても，自動更新の規定を設けて，存続に向けた安定性を図ることもある。

(4) 基本契約の解除・存続規定

基本契約や個別契約の規定に違反した場合など，解除の原因となる事由を明確に規定することが求められる。例えば，重大な違反への限定，輸入や事業活動に許認可が必要な場合における当該許認可の取消し又は停止，資産もしくは信用状況が悪化し又は悪化するおそれがある場合（破産手続，特別清算，再生手続又は会社更生手続の申立てがなされ，又はその申立て原因があるとき）などがある。

また，基本契約の場合には，特定の相手方の属性に着目して継続的な取引を行っていることから，一方当事者において，合併，会社分割，営業譲渡又は株主構成に大幅な変化があるときに，相手方当事者の解除権を認めることもある。

契約の解除原因については，期限の利益喪失事由にする必要がないかも検討する必要がある。特に売主が納品の一定期間後に支払を行う場合など，当事者の一方が先履行義務を負う場合には，期限の利益を喪失させることができなければ，自らのみが先履行の危険を負いつづけることになりかねないからである[57]。

契約の解除に関する手続として，催告の要否や時期，解除事由を是正するための期間などを規定することが考えられる。催告や解除の方法につき，書面で行うことの要否やその送付先住所などを規定することも考えられるが，これは

約締結上の過失等，英米法であれば約束による禁反言（promissory estoppel）や表明保証違反等による法的責任が生ずる可能性がある点に留意が必要である。

[57]　日本法上は，いわゆる「不安の抗弁権」により先履行義務を負う者が履行拒絶を行うという議論も考えられるが，契約上，権利義務を明記しておくことが望ましい。特に，解除等が問題となるような場面では，当事者間で利害関係に対立があり，権利義務が不明確だと紛争の原因となる。

解除のみならず通知一般にかかわるため，別途，通知条項を設けて規定することも考えられる。

契約が終了した後も，当事者を拘束し続けるべき条項については，存続規定を設ける。

(5) 基本契約が終了した場合の個別契約の取扱い

基本契約が終了した場合の個別契約の取扱いとしては，例えば，基本契約が終了しても，終了した時点で成立している個別契約は存続するという規定が考えられる。また，買主が，運送途上の商品の引取りを行うか，あるいは契約残の引取りを拒否し，前払金などがあれば，それを返金することを要求することについて選択権をもつ旨の規定を要求することも考えられる。

9 準拠法 (Governing Law)

契約当事者間に合意がない場合には，裁判の場合には裁判地における国際私法に基づき，仲裁の場合にはどの国の国際私法を適用するかを含めた仲裁廷の判断により，準拠法が決定されることになる。予測可能性を確保するうえでも，準拠法を契約において明示的に合意しておくことが望ましい。

上記Ⅱ2で述べたとおり，一定の場合には自動的にウィーン統一売買法条約が適用されるが，仮に適用を望む場合には，ウィーン統一売買法条約の適用があることを明確に規定することが望ましい[58]。また，同項目で述べたとおり，適用を排除する場合には明確な規定が必要である（国際売買約6条）。

貿易取引条件の解釈をインコタームズに準拠する場合，準拠法の条項に規定することもある。インコタームズは定期的に改訂されているので，「インコタームズ® 2010 規則[59]」など，どの版に準拠するのかも規定する必要がある。

10 紛争解決 (Dispute Resolution)

紛争解決について定める条項である。通常，契約当事者の営業地がある国，

---

[58] ウィーン統一売買法条約の適用条件が満たされない場合，当事者の合意により同条約を準拠法に指定できるかについては，当事者自治の原則から認める見解と，ウィーン統一売買法条約1条(1)が，ウィーン統一売買法条約の適用を直接適用と法廷地の国際私法による適用としていることから認められないとする見解がある。その場合，ウィーン統一売買法条約の締結国の準拠法を同条約の締結国にしつつ，ウィーン統一売買法条約の適用があることを明記するという見解がある（井原＝河村編・前掲注（*26）47頁）。

[59] 前掲注（*10）『ICC インコタームズ® 2010 の手引き』16頁。

60　　**第1章** 売買交換

又は第三国における訴訟又は仲裁が紛争解決方法として定められる。

　国際取引において，相手方の財産が外国にある（又は複数の国に所在する）場合には，法制度の面からは，裁判判決や仲裁判断を，相手国において強制執行可能かどうかを事前に調べておくことが必須である。例えば，ある国の裁判判決を他国で執行する場合，当該国と相手国との間での判決の相互承認が必要であるが，このような判決の相互承認を行っている国は，必ずしも多いわけではない。他方で，紛争解決方法として仲裁を選択した場合には，法制度上は，いわゆるニューヨーク条約（Convention on the Recognition and Enforcement of Foreign Arbitral Awards）[60]の適用により，加盟国（157 か国）[61]で原則として執行可能となる。同条約において認められる，外国仲裁判断の承認拒絶事由は，仲裁判断の承認・執行がその国の秩序に反する場合など，極めて限定的である[62]。同条約には，ほとんどの主要国が加盟しているため，国際売買取引を含む国際取引においては，紛争解決方法として，当事者の一方の国又は第三国での仲裁が選択されることが多い。

　さらには，上記法制度的な観点からだけではなく，実務的な観点からも，契約に違反した場合に，強制力をもって相手国において執行できるかどうかを事前に検討しておくことが望ましい。例えば，契約違反に基づく損害賠償を請求する場合，相手方の国に所在する相手方の財産に強制執行をすることが可能かを，強制執行にかかる期間や，財産の隠匿等によって強制執行を免れることが容易か否か等の観点から，調査しておくことなどが考えられる。また，上述の

---

[60]　日本での正式名称は「外国仲裁判断の承認及び執行に関する条約」である。

[61]　UNCITRAL "Status Convention on the Recognition and Enforcement of Foreign Arbitral Awards（New York, 1958）" http: //www. uncitral. org/uncitral/en/uncitral_texts/ arbitra tion/NYConvention_status.html（2019 年 1 月 31 日）。

[62]　具体的には，ニューヨーク条約 5 条に規定があり，その内容はおおむね下記のとおりである。なお，①ないし⑤については当事者の一方の主張立証を要件として，⑥及び⑦については当事者の一方の主張立証を要件とせずに，執行・承認の拒絶事由となる。

　①　仲裁合意の当事者が無能力者であり，又は仲裁合意が有効でなかった
　②　仲裁人の選任もしくは仲裁手続について適当な通告がなく，又は，その他の理由により防御することが不可能であった
　③　仲裁判断が，仲裁合意の範囲を超えるものであった
　④　仲裁廷の構成又は仲裁手続が，当事者の合意に従っておらず，又は，仲裁が行われた国の法令に従っていなかった
　⑤　仲裁判断の拘束力がなく，又は取り消されたもしくは停止された
　⑥　紛争の対象事項がその国の法令によれば仲裁による解決が不可能
　⑦　仲裁判断の承認・執行がその国の公の秩序に反する

とおり，ニューヨーク条約の条文文言上，外国仲裁判断の承認拒絶事由は，極めて限定的であるとされているが，国によっては，公序良俗違反等を広く認めることにより，運用上，外国仲裁判断の執行をあまり認めない傾向にあることもあるため，そのような場合，あえて仲裁ではなく当該国での訴訟を紛争解決方法として選択するという判断もあり得よう。

11　一般条項（Miscellaneous）

　売買契約のみならず，国際的要素を有する契約，とりわけ英米法が準拠法の場合の契約には入る条項である。これらについては，条項の概括的な説明をするにとどめる。

■表3　国際的要素を有する契約における典型的な一般条項

契約上の地位の譲渡禁止条項 （Non- Assignment）	契約上の地位や契約から生ずる権利の一部又は全部を譲渡することを禁止する旨の条項
特定履行（Specific Performance）	債務について，金銭賠償のみならず，特定履行や差止めを認めるか否かについての条項
不可抗力（Force Majeure）	不可抗力の場合における，当事者の免責について定める条項
通知条項（Notices）	各当事者に対する通知先の住所，メールアドレス，宛名を規定する条項
分離条項（Severability）	条項の一部に無効原因があった場合に，他の条項の有効性への影響を制限する条項
完全合意条項（Entire Agreement）	契約書で規定されている内容を，契約の対象となる事項についての完全な合意とする条項。契約を締結するまでの交渉においてなされた口頭・書面による約束を排除する。
変更条項（Amendments）	契約の変更のための手続を規定する条項
権利の不放棄条項（Non- Waiver）	権利行使の遅滞等による権利の黙示の放棄を制限するための条項
見出の条項（Headings）	条項の見出しの内容が条項の意味内容に影響を与えない旨の条項
言語条項（Language）	複数の言語により契約書が作成されている場合に，どの言語の契約書を正文とするかを定める条項

12　その他

62　　　　　　第1章　売買交換

上記で列挙した各条項は，主要なものにすぎず，網羅的なものではない。個々の案件により，追加で必要になる条項がある。

　例えば，売主がメーカーならば，製造物責任の費用分担の規定，知的財産の帰属，第三者の知的財産の不侵害の表明保証に関する規定が必要となる場合がある。また，売主が，物品を製造又は調達するのに時間がかかる場合には，基本契約において，買主に一定の期間ごとに購入予測を提出する義務を定めることが有用なこともある。

　買主が，消費者に対して製造物責任を負う可能性がある場合[63]には，その際の売主への求償を確保する[64]という視点も必要である。そこで，製造物責任訴訟の提起・予告があった場合の売主の協力義務や，売主・買主間の求償に関する規定を設けることが考えられる[65]。

　また，国際売買契約に付随して，保険契約や運送契約が締結されることがあるが，どのような条件の契約を締結するかについて，売買契約について規定することもある。企業間の取引においては，契約に基づき知り得た相手方の営業や技術に関する機密を保護するため，守秘義務の規定を設けることも多い。

　以上のように，契約書の条項の中には，個々の取引固有の内容，リスクに着目して，個別に規定すべきものも多い。

Ⅳ　おわりに

　本稿では，国際取引，特に国際売買取引における法源を鳥瞰したうえで，当事者の関係を規律する場面の多い契約につき，その主要な条項を検討した。国際売買取引の形態と同様に，主要な条項の内容，書き方も常に発展し続けるも

＊63　日本法の製造物責任法の責任主体である「製造業者等」は「当該製造物を業として製造，加工又は輸入した者」であり（製造物 2 条 3 項 1 号），物品の輸入業者も含まれる。そのため，物品の輸入業者が，被害者との関係で一次的な賠償責任を負う可能性がある。

＊64　日本法の製造物責任法の期間制限には次の 2 パターンがある（製造物 5 条）。
　　①　被害者又はその法定代理人が損害及び賠償義務者を知った時から 3 年間（民法の一部を改正する法律の施行に伴う関係法律の整備等に関する法律（平成 29 年 6 月 2 日）により 5 年間に伸長）
　　②　製造業者等が当該製造物を引き渡した時から 10 年を経過したとき（ただし，身体に蓄積した場合に人の健康を害することとなる物質による損害又は一定の潜伏期間が経過した後に症状が現れる損害については，その損害が生じた時から起算）。

＊65　このほか，製造物責任保険への加入も検討の対象となる。

のであると考えられる。取引の内容や当事者の属性を個々の案件ごとに考え，両当事者の関係を円滑化させるべく，国際売買契約の契約実務が発展し続けることを願う。

第2章　賃貸借・使用貸借

4　建物賃貸借契約

柴田　龍太郎

I　現在の建物賃貸借市場

　本論に入る前に，現在の「建物賃貸借市場」について説明しておきたい。後述するように建物賃貸借市場の状況が裁判所の判断に影響したり，国の不動産政策に影響したりするからである。現在の「建物賃貸借市場」を一言でいえば「供給過剰」ということだ。その原因を整理すると，①バブル期（昭和60年から平成2年頃）に既に多数の賃貸住宅が供給されたこと。②政府は，バブル経済を鎮静化させるために，三大都市圏の市街化区域内の農地について，かねてより宅地化を推進してきたが，平成3年，生産緑地法を改正し，併せて税制改革を断行して，平成4年度以降の三大都市圏の196の特定都市の農地には，「宅地並み課税」を導入した。この結果，農家は，一般宅地並に税金がかかる「宅地化する農地」か，税制面のメリットはあるものの30年間は転用できない「保全する農地」の選択に迫られたわけで，結局，対象面積の70％が宅地化する農地となった。③法人の海外転出により，いわゆる日本経済の空洞化が進み，企業，工場地，社宅敷地の需要が減少している反面，広大な工場跡地が住宅用地として供給されつつあること。④日本の人口構造の変化が進んで少子化の傾向にあり，また，一部の地域や東京都心部については都市回帰は見られるものの，今後も大幅な需要の拡大が望めないこと。⑤平成27年の相続税の課税強化で，貸家を建てると土地の評価額が下がって相続税が減らせるとの営業もあり，節税目

的のアパート・マンション建設が相次いだ。更に多くの生産緑地が宅地化されるのではないかという，いわゆる 2023 年問題等の事情がある。以上の状況を反映して，賃貸物件も含めた空き家率も増加し，空き家数は全国で 820 万戸と，5 年前に比べ，63 万戸 (8.3%) 増加している＊1。第二次世界大戦後しばらく続いた賃貸人優位の需給関係は，今ではまったく逆転し，賃借人優位となっている。その結果，従来問題とならなかった「賃料・敷金の減額」，「礼金なし，敷金なしのいわゆるゼロゼロ物件の増加」，「原状回復特約，修繕義務特約等賃借人にとって不利な特約に対するクレーム増加」等の諸問題が発生している。また，国の不動産政策面では，国土交通省の主導の下に賃借人にリフォーム等を自由に行わせる DIY（DO IT YOURSELF）制度等の導入提言がなされている。以上の背景を踏まえながら建物賃貸借契約における現在の問題や民法（債権関係）改正後の問題点を概観したい。

II　賃貸業と宅建業法

　一般に不動産業という場合，賃貸・管理業も含まれるが宅地建物取引業法（以下「宅建業法」という。）上は，賃貸・管理業は宅地建物取引業には当たらないことに注意をすべきである。これは宅建業法が制定された昭和 27 年当時は，戦争の際の空襲により多くの住宅が焼失し，極めて住宅難であったこと，他人に不動産を賃貸していた者は約 300 万人に達していたことから，その全員に免許を取らせることは不可能であったこと等により，賃貸・管理業を宅地建物取引業から除外したものである。このようなこともあって，賃貸借契約の作成は，個々の家主や仲介業者に任せられることが多く，契約書の合理化・標準化は売買契約に比べ遅れた感が否めない。ただ，現時点では国土交通省・業界の努力もあって，次項に説明するように賃貸住宅に関し標準的な契約書が作成され徐々に浸透を始めている。

III　「賃貸住宅標準契約書」について

＊1　総務省統計局「平成 25 年住宅・土地統計調査（速報集計）結果の要約」http://www.stat.go.jp/data/jyutaku/2013/10_1.html

「賃貸住宅標準契約書」に関する国土交通省の説明[*2]を要約すると次のようになる。

「賃貸住宅標準契約書」は，賃貸借契約をめぐる紛争を防止し，借主の居住の安定及び貸主の経営の合理化を図ることを目的として，住宅宅地審議会答申（平成5年1月29日）を受けて作成したもので，内容が明確，十分かつ合理的な賃貸借契約書の雛形（モデル）である。

平成24年2月には，賃貸借当事者間の紛争の未然防止の観点から，条項の改訂，解説コメントの追加などを行ったうえで，「賃貸住宅標準契約書」の改訂を行っている。更に平成30年3月には，民法（債権関係）改正や近年の家賃債務保証業者を利用した契約の増加等を踏まえて，「家賃債務保証業者型」や「極度額の記載欄」を設けた賃貸住宅標準契約書を作成するとともに，「サブリース住宅原賃貸借標準契約書」の改定等を行っている。

標準契約書は，その使用が法令で義務づけられているものではないが，この契約書を利用することにより，合理的な賃貸借契約を結び，貸主と借主の間の信頼関係を確立することが期待できることから，地方公共団体，関係業界等に対し通知及び通達を行うこと等により普及に努めている。

■賃貸住宅標準契約書のポイント[*3]

(1) 頭書において物件の状況，契約期間，賃料等を一覧できるようにしている。
(2) 賃料の改定事由を具体的に明らかにし，賃料の改定は当事者間の協議によることにしている（第4条）。
(3) 共益費，敷金の性質を明らかにし，敷金については退去時の取扱いを明らかにしている（第5条，第6条）。
(4) 国民生活や経済活動からの反社会的勢力を排除する必要性の高まりを受け，あらかじめ契約当事者が反社会的勢力でない旨を相互に確認することを規定している（第7条）。
(5) 借主が禁止・制限される行為の範囲を具体的に明らかにしている（第8条）。
(6) 貸主には賃貸住宅の使用のために必要な修繕をなす義務があることを明らかにする一方，借主の修繕義務は，借主の故意・過失の場合にのみ生じること，明渡し時の原状回復義務は，通常の使用に伴う損耗については生じないことを規定している（第9条，第14条）。

[*2] www.mlit.go.jp/jutakukentiku/house/jutakukentiku_house_tk3_000019.html 参照。
[*3] 国土交通省ホームページ「賃貸住宅標準契約書」より。

(7) 貸主からの契約解除事由を具体的に明らかにし，解除手続を定めている（第10条）。

(8) 貸主は，原則として，借主の承諾を得なければ賃借物件に立ち入れないことを明確に規定している（第15条）。

(9) 平成30年3月には，民法改正や近年の家賃債務保証業者を利用した契約の増加等を踏まえて，「家賃債務保証業者型」や「極度額の記載欄」を設けた（第19条）。

Ⅳ　建物賃貸借契約書の定めで事前に一切の紛争を防止できるか

　賃貸人からの相談の中で，賃貸借契約書にしかるべき特約を入れることで滞納問題や敷金精算問題等に対応できないかというものがある。法的にいえば特約ですべての問題を防止することはできない。紛争が多発する事項について，ことさら，賃貸人の立場を優位にする特約を挿入しても，「公序良俗に関する民法90条」，「自力救済禁止の法理」，借地借家法上の「借主にとって一方的に不利な特約」（借地借家法30条・37条，消費者契約法10条違反）として法的に無効になることが多いからだ。この点は多くの判例で裏づけられている。また，「無用なトラブルの発生」，「入居者の減少，転出による空き室率の増加」という悪循環で，結局，賃貸人に不利益に跳ね返ってくるのが現状である。

　よって，契約書の特約の定めで事前に一切の紛争を防止するということは，法的にも経済的観点からもできないといわざるを得ない。ただし，内容が合理的かつ適法なものであれば，紛争防止のために，できるだけ詳細に条項化しておくことは大切なことであろう。賃借人の中には契約書に書いていないことは守らなくてよいと平然と主張する人が増えているからだ。「契約書」のほか「共同生活に関する細則」「入居のしおり」等を活用している実務例もある。

Ⅴ　建物賃貸借契約で効力が問題となる特約

　一般に，入居者を夫婦2名に限定し，「子供が生まれたら明け渡す」という特約は民法90条の公序良俗に反する無効な特約であるということは広く一般にも公表され[4]，話題にもなるせいか，現時点における通常の契約書にかかる特

約を見ることは少ない。しかし，本来無効とされ，あるいは有効性に問題があるとされているにもかかわらず，通常の多くの契約書に登載されている特約群がある。例えば，①「賃借人が賃料を1か月でも滞納した場合には，無催告で解除できる。」，②「賃貸人は契約中であっても6か月前に予告すれば中途解約できる。」，③「賃借人が賃料を滞納した場合は，連帯保証人が代わって明け渡すことができる。」，等の特約である。判例は，①については，「家屋の賃貸借において，賃借人が，11か月分の賃料を支払わず，また，それ以前においても屡々賃料の支払を遅滞したことがあっても，賃貸借を解除するには，他に特段の事情がないかぎり，民法第541条所定の催告を必要とする。」[5]とし，「家屋の賃貸借契約において，一般に，賃借人が賃料を1箇月でも滞納したときは，催告を要せず契約を解除することができる旨を定めた特約条項は，賃貸借契約が当事者間の信頼関係を基礎とする継続的債権関係であることにかんがみれば，賃料が約定の期日に支払われず，これがため契約を解除するに当たり催告をしなくてもあながち不合理とは認められないような事情が存する場合〔5か月分の家賃の滞納―引用者注〕には，無催告で解除権を行使することが許される旨を定めた約定であると解するのが相当である。」[6]として上記のような文字どおりの無催告解除特約を否定している。②については，「6か月前に解約の申し入れをし，かつ正当事由が認められなければならない。」[7]として，少なくとも解約申入れに「正当事由」を要求している。

③については，「建物の明渡債務は賃借人の一身専属的な債務だから連帯保証人が代わって明け渡すことはできない。」[8]とされている。

上記のような特約の挿入は，賃貸人や仲介業者の法の無知で行われているというよりは，従前，契約書の伝統的な特約文言として許容されており，賃貸人の賃借人に対する牽制の意味や，賃借人と協議の機会を得るためになされているとみるべきであろう。しかしながら，最近，②の類型の特約挿入とそれに基づく明渡交渉が不法行為に当たるとした事例[9]が現れ注目されている。

* 4 例えば，一般財団法人不動産適正取引推進機構発行「住宅賃貸借（借家）契約の手引（平成29年度版）」28頁。
* 5 最判昭35・6・28民集14巻8号1547頁。
* 6 最判昭43・11・21民集22巻12号2741頁・判タ229号145頁・判時542号48頁。
* 7 東京地判昭36・5・10下民集12巻5号1065頁参照。
* 8 大阪地判昭51・3・12判タ341号210頁・判時838号71頁参照。
* 9 東京地判平25・8・20（平成24年（ワ）第27197号）WLJ。

4 建物賃貸借契約

事案は，大手の不動産会社である被告会社が，自らの仲介により締結させた定期建物賃貸借契約中に「賃貸人が中途解約権を留保」する旨の特約を付し，その後，現実になされた賃貸人の中途解約権行使に際して，被告会社の担当者が立退料の支払も提示せず，賃借人に明渡しを求めた行為に対し，裁判所は，借地借家法 30 条により無効な特約に基づき原告に履行を求めた対応は，違法性を否定できないとして，被告会社の不法行為責任を認め，原告に対する慰謝料として 25 万円余りの損害賠償義務を認めたものである。

　この裁判例は従前の契約書に関する一般的な実務対応に警鐘を鳴らすもので，今後は，問題のある特約の安易な挿入は危険であり，業界としてはコンプライアンスの観点からも慎重に対応すべきものと考える。

　なお，「賃借人が賃借料の支払を 7 日以上怠ったときは，賃貸人は，直ちに賃貸物件の施錠をすることができる。また，その後 7 日以上経過したときは，賃貸物件内にある動産を賃借人の費用負担において賃貸人が自由に処分しても，賃借人は，異議の申立てをしないものとする」という自力救済条項の下に，賃貸建物の管理会社の従業員が，同建物内に侵入したり，鍵を取り替えるなどしたことが違法であるとして，管理会社の不法行為責任を認めた事例[10]もあるが，かかる特約挿入や行為は，住居侵入，窃盗等の刑事上の問題ともなり得る論外のものであり，絶対に避けるべきことを研修等で明確にしていく必要がある。

Ⅵ　原状回復義務に係る特約

1　「原状回復をめぐるトラブルとガイドライン」について

　建物賃貸市場の需給バランスが崩れ，供給が過剰になると賃貸人の多くは賃料を下げることで競争条件を設定し始めた。その結果，賃貸人は減額した賃料分を契約終了時の敷金から多くの金額を差し引くことであがないたいと考えるようになったせいか，平成に入る頃から敷金精算問題が多発するようになった。裁判所は，古くから，賃借人に保管義務違反があれば原状回復義務を負うが，通常損耗・摩耗の部分は原状回復の対象とはならないとしていた[11]。通常損

---

*10　札幌地判平 11・12・24 判タ 1060 号 223 頁・判時 1725 号 160 頁。
*11　東京高判昭 31・8・31 下民集 7 巻 8 号 2318 頁・判タ 62 号 70 頁。

耗・摩耗の部分は対価としての賃料によってあがなわれているからである。しかし，法理論的にはそうであっても，何が自然損耗に当たるのか，何が保管義務違反なのかは，個々の事例では判断が困難なところがあった。そこで，国土交通省は，平成10年3月，「原状回復をめぐるトラブルとガイドライン」を公表した。同ガイドラインは，「通常の使用」の一般的定義は困難であるため，裁判例及び取引の実務等を考慮のうえ，具体的な事例を区分して，賃貸人と賃借人の負担の考え方を明確にするとしている。そして，同ガイドラインは賃借人に保管義務違反があった場合にも，賃借人に全額負担とはしておらず，賃借人の負担割合を提示し，紛争の予防に努めようとしたものである。その後，平成16年2月及び平成23年8月にも，裁判事例及びQ＆Aの追加などの改訂が行われた。

　このガイドラインは，平成10年の民事訴訟法の改正で導入された少額訴訟においても，簡易裁判所の判断基準として用いられたことで，急速に全国の敷金精算実務に浸透した。しかしながら，一方で，通常損耗分を賃借人の原状回復の対象とするとの特約も多く使用されるようになったが，平成13年4月1日に施行された消費者契約法10条に違反するとして争われ，それを認める多くの下級審判決も下されていた。そこで，東京都では，「賃貸住宅紛争防止条例」を制定し，平成16年10月1日以後に締結される賃貸住宅の契約締結に際して，特に原状回復や修繕に関して特約をする場合には，その内容を説明書面に記載するよう義務づけた。この説明書で興味深いのは，特約記載欄のすぐ下に次のような記載があり，契約締結後でも特約を争う余地を与えていることだ。

■東京都「賃貸住宅紛争防止条例」に基づく書式から

　2　例外としての特約について
　　賃貸人と賃借人は，両者の合意により，退去時における住宅の損耗等の復旧について，上記1の一般原則とは異なる特約を定めることができるとされています。
　　ただし，特約はすべて認められる訳ではなく，内容によっては無効とされることがあります。
　＜参考＞　判例等によれば，賃借人に通常の原状回復義務を超えた義務を課す特約
　　　　　　が有効となるためには，次の3つの要件が必要であるとされています。①
　　　　　　特約の必要性に加え暴利的でないなどの客観的，合理的理由が存在するこ
　　　　　　と，②賃借人が特約によって通常の原状回復義務を超えた修繕等の義務を
　　　　　　負うことについて認識していること，③賃借人が特約による義務負担の意

> 思表示をしていること。

　そして，それと軌を一にするように，最高裁判所は平成17年12月16日の判決（裁判集民218号1239頁・判タ1200号127頁・判時1921号61頁）で，「少なくとも，賃借人が補修費用を負担することになる通常損耗の範囲が賃貸借契約書の条項自体に具体的に明記されているか，仮に賃貸借契約書では明らかでない場合には，賃貸人が口頭により説明し，賃借人がその旨を明確に認識し，それを合意の内容としたものと認められるなど，その旨の特約（以下『通常損耗補修特約』という。）が明確に合意されていることが必要であると解するのが相当である。」とし，借主に不利益な特約は，表現の明確性と借主への明確な説明がなければ無効である旨を宣言した。その基準は，その後，下級審判決において居住用賃貸借のみならず事業用賃貸借の原状回復特約にも適用され始めており十分な理解が必要である。

２　事業用建物賃貸借の原状回復特約の危うさ

　最近，原状回復の問題は，事業用で深刻になっているように思われる。それは，原状回復の特約があいまいなために起こっているようだ。以下に，事業用の原状回復問題を概観した後に，対応策を考えたい。

　自然損耗・摩耗についても原状回復義務を負わせる特約は，居住用の場合には消費者契約法10条により原則無効とされ制限されるが，店舗・事務所の場合にはスケルトン貸しに見られるように退去の場合はすべて撤去する旨の特約は原則有効とされており，居住用とは同一には論ぜられていない。オフィスビルである建物賃貸借には「契約時の原状に回復しなければならないとの特約も有効である。」と明言した判例がある[*12]。本判決は，市場原理と経済合理性の支配するオフィスビルでは，賃借人の保護を必要とする民間賃貸住宅とは異なり，上記特約によって賃借人は，通常の使用による損耗，汚損をも除去し，建物を賃借当時の状態にまで原状回復して返還する義務があるとの判断を明快に示したものである。ただし，その後，次のような注目すべき判決があるので，注意が必要である。

　一つは，小規模事務所（面積34.64 m²）の賃貸借における原状回復費用に関す

[*12]　東京高判平12・12・27判タ1095号176頁。

るもので，マンションの一室を事務所として借り受けた賃借人が敷金の返還を求めた事案において，実態において居住用の賃貸借と変わらないとして，敷金全額の返還を認めた事例[*13]である。本判決は，事業用の賃貸借であれば，どのような場合にでも前掲注（*12）東京高判平 12・12・27 の考え方が適用になるものではないことを示し，本件のような事務所の賃貸借契約の場合は，その実態において居住用の賃貸借契約と変わるものではないので，原状回復費用の算定は，「原状回復をめぐるトラブルとガイドライン」に沿って行うべきであることを判示したものである。

　もう一つは，事業用賃貸借契約の原状回復特約に居住用賃貸借契約の原状回復特約について前掲最判平 17・12・16 の基準を適用した事例で，「本件賃貸借契約には，契約が期間満了または解約により終了するときは，終了日までに，賃借人は本件貸室内の物品等一切を搬出し，賃借人の設置した内装造作諸設備を撤去し，本件貸室を原状に修復して賃貸人に明け渡すものとする」との条項があるが，本条項では，賃借人が賃貸物件に変更等を施さずに使用した場合に生じる通常損耗分についてまで，賃借人に原状回復義務を認める特約を定めたものと解することはできないとしたものである[*14]。

　事業用賃貸借契約についても賃借人に自然損耗分までの原状回復義務を課する場合には，賃借人が明渡し時にどのような内容の原状回復工事をすべきか一覧表を作成するなどして，具体的に契約書に明記しなければならないということであろう。

Ⅶ　消費者契約法で問題とされたその他の特約

　前記消費者契約法 10 条により，敷金精算特約のほかにも建物賃貸借契約の礼金支払特約，更新料支払特約，敷引特約等に対し，賃借人から次々に無効の主張がなされ，下級審判決の判断は分かれた。しかしながら，平成 23 年に最高裁が，敷引特約と更新料支払特約を有効と判断し，事態は一応収束したように見える。その中で，現時点の賃貸借市場を踏まえ，特約の有効性の一事由としたのが，最判平 23・7・12 裁判集民 237 号 215 頁・判タ 1356 号 87 頁である。

---

*13　東京簡判平 17・8・26（平成 17 年（少コ）第 1527 号）裁判所ホームページ。
*14　大阪高判平 18・5・23（平成 17 年（ネ）第 3567 号）裁判所ホームページ。

多数意見と補足意見，少数意見とからなっているが，まず，多数意見は，次のように判示し，市場状況については直接は言及していないが，複数の契約条件の比較検討とその選択は賃借人にも経済的合理性があるとしている。

「本件特約は，本件保証金のうち一定額（いわゆる敷引金）を控除し，これを賃貸借契約終了時に賃貸人が取得する旨のいわゆる敷引特約である。賃貸借契約においては，本件特約のように，賃料のほかに，賃借人が賃貸人に権利金，礼金等様々な一時金を支払う旨の特約がされることが多いが，賃貸人は，通常，賃料のほか種々の名目で授受される金員を含め，これらを総合的に考慮して契約条件を定め，また，賃借人も，賃料のほかに賃借人が支払うべき一時金の額や，その全部ないし一部が建物の明渡し後も返還されない旨の契約条件が契約書に明記されていれば，賃貸借契約の締結に当たって，当該契約によって自らが負うこととなる金銭的な負担を明確に認識した上，複数の賃貸物件の契約条件を比較検討して，自らにとってより有利な物件を選択することができるものと考えられる。そうすると，賃貸人が契約条件の一つとしていわゆる敷引特約を定め，賃借人がこれを明確に認識した上で賃貸借契約の締結に至ったのであれば，それは賃貸人，賃借人双方の経済的合理性を有する行為と評価すべきものであるから，消費者契約である居住用建物の賃貸借契約に付された敷引特約は，敷引金の額が賃料の額等に照らし高額に過ぎるなどの事情があれば格別，そうでない限り，これが信義則に反して消費者である賃借人の利益を一方的に害するものということはできない（最高裁平成21年（受）第1679号同23年3月24日第一小法廷判決・民集65巻2号登載予定参照）。」（下線は引用者による。）

そして，更に注目すべきは，田原睦男裁判官の補足意見の記述のうち，次のくだりである。

「現代の我が国の住宅事情は，団塊の世代が借家の確保に難渋した時代と異なり，全住宅のうちの15パーセント近く（700万戸以上）が空き家であって，建物の賃貸人としては，かっての住宅不足の時代と異なり，入居者の確保に努力を必要とする状況にある。そこで，賃貸人としては，その地域の実情を踏まえて，契約締結時に一定の権利金や礼金を取得して毎月の賃料を低廉に抑えるか，権利金や礼金を低額にして賃料を高めに設定するか，契約期間を明示して契約更新時の更新料を定めて賃料を実質補填するか，賃貸借契約時に権利金や礼金を取得しない替わりに，保証金名下の金員の預託を受けて，そのうちの一

定額は明渡し時に返還しない旨の特約（敷引特約）を定めるか等，賃貸人として相当の収入を確保しつつ賃借人を誘引するにつき，どのような費目を設定し，それにどのような金額を割り付けるかについて検討するのである。他方，賃借人も，上記のような震災等特段の事情のある場合を除き，一般に賃貸借契約の締結に際し，長期の入居を前提とするか入居後比較的早期に転出する予定か，契約締結時に一時金を差し入れても賃料の低廉な条件か，賃料は若干高くても契約締結時の一時金が少ない条件か等，賃借に当たって自らの諸状況を踏まえて，賃貸人が示す賃貸条件を総合的に検討し，賃借物件を選択することができる状態にあり，賃借人が賃借物件を選択するにつき消費者として情報の格差が存するとは言い難い状況にある。」（下線は引用者による。）。

Ⅷ　関東でも使用され始めた敷引特約（敷金控除特約）

　ところで，上記田原裁判官の補足意見によると「敷引特約」（敷金控除特約）は関西で圧倒に多く使用されているが，東京でも約5％の賃貸借契約で使用されているという。しかし，最近，下記の理由から使用率が上がっているように感じている。それは，平成23年8月の前記「原状回復をめぐるトラブルとガイドライン」の改訂により，賃借人の負担について経過年数を考慮する畳床・カーペット・クッションフロア，フローリング，壁（クロス）について，従前の「6年で残存価値10パーセントになるような直線，曲線を想定し，負担割合を算定する。」とされていたのを，法人税の改正を理由に「6年で残存価値1円となるような負担割合を算定する。」に変更されたことによる。そうなると，現実に賃借人が故意にクロス，フローリングを汚した場合にも6年経過すると1円しか取れないということになるので，賃貸人の中からかなりの不満が表明されている。同ガイドラインにおいても，賃借人に対する注意書きとして「経過年数を超えた設備等を含む賃借物件であっても，賃借人は善良な管理者として注意を払って使用する義務を負っていることは言うまでもなく，そのため，経過年数を超えた設備等であっても，修繕等の工事に伴う負担が必要となることがあり得ることを賃借人は留意する必要がある。具体的には，経過年数を超えた設備等であっても，継続して賃貸住宅の設備等として使用可能な場合があり，このような場合に賃借人が故意・過失により設備等を破損し，使用不能としてしまっ

た場合には，賃貸住宅の設備等として本来機能していた状態まで戻す，例えば，賃借人がクロスに故意に行った落書きを消すための費用（工事費や人件費等）などについては，賃借人の負担となることがあるものである。」（下線は引用者）としているが，賃借人が修繕しないで放置した場合の損害賠償額は，ほぼゼロに近くになってしまうと思われる[15]。そこで，賃貸人の中には，「敷引特約」（敷金控除特約）をすることで，納得できない結果をカバーしようとする動きが出始めているのである。

　さて，一度このように決着した敷引特約問題が，民法（債権関係）改正で再燃するかもしれないとの懸念が表明されいる。この点は次項で説明することとする。

Ⅸ　民法（債権関係）改正と「敷引特約」

（改正後の民法第 622 条の 2）

　賃貸人は，敷金（いかなる名目によるかを問わず，賃料債務その他の賃貸借に基づいて生ずる賃借人の賃貸人に対する金銭の給付を目的とする債務を担保する目的で，賃借人が賃貸人に交付する金銭をいう。以下この条において同じ。）を受け取っている場合において，次に掲げるときは，賃借人に対し，その受け取った敷金の額から賃貸借に基づいて生じた賃借人の賃貸人に対する金銭の給付を目的とする債務の額を控除した残額を返還しなければならない。

　一　賃貸借が終了し，かつ，賃貸物の返還を受けたとき。

　二　賃借人が適法に賃借権を譲り渡したとき。

2　賃貸人は，賃借人が賃貸借に基づいて生じた金銭の給付を目的とする債務を履行しないときは，敷金をその債務の弁済に充てることができる。この場合において，賃借人は，賃貸人に対し，敷金をその債務の弁済に充てることを請求することができない。

　前述のように，敷引特約問題は，最高裁判所の判決により，有効性について

---

[15]　裁判実務では実際に賃借人の負担を認めないという事例が多かったが，最近，東京地判平 28・12・20（平成 28 年（レ）第 693 号）WLJ が出て注目されている。この裁判例は上記「原状回復をめぐるトラブルとガイドライン」の賃借人に対する注意書きを引用しながら，仮に耐用年数を経過していても賃借人が善管注意義務を尽くしていれば，張替えは必須ではなかったとし，経過年数を超えた設備等であっても，修繕等の工事に伴う負担が必要となることがあり得るとして，実際にかかった 1 万 7000 円程度の費用の半額の 8500 円を賃借人の負担とした。

一応の決着を見たが，民法（債権関係）改正法の上記の敷金に関する定義により，消費者契約法 10 条による無効論が再燃するかもしれないと懸念されている。

　もちろん改正後の民法 622 条の 2 の敷金の規定は現行の単なるルールの法定化なので，最高裁判決に影響はないとの見解もあるが[*16]，上記の定義からすると，敷金から自動的に差し引くという敷引金部分は，「<u>賃貸借に基づいて生ずる賃借人の賃貸人に対する金銭の給付を目的とする債務を担保する目的</u>」との定義と相入れないのではないかとの見解があり得るからである。そこで，筆者は，最判平 23・3・24 民集 65 巻 2 号 903 頁を根拠に次のような特約例を提案したい。

1　乙は，<u>本契約から生じる債務の担保として，更には，通常損耗及自然損耗費用の対価等としての敷金等として○○円</u>（賃料○か月分）を甲に預け入れるものとする。

　この敷金等は，乙が本件建物を明け渡した場合に，賃料の 1 か月分を控除して乙に返還し，控除分は甲がのちに清算を要せず取得するものとするが，その理由として，甲と乙は，別紙「損耗・毀損の事例区分（部位別）一覧表」の「賃貸主の負担となる通常損耗及び自然損耗」の補修費用は月額賃料に含まれないこと，そのため，同控除額は同補修費用の対価等として甲が取得するものとし，同補修費用は，上記控除額でまかなうものであることを相互に確認する。

2　別紙「損耗・毀損の事例区分（部位別）一覧表」の「賃借人の負担となるもの」に記載されている事項は，賃借人の保管義務違反，すなわち，乙の故意・過失（通常過失を含む。）に当たるものとし，乙の債務として，賃料の 1 か月分控除後の敷金から清算するものとし，敷金ではまかなえない部分は，甲は乙に対し別途請求できるものとする。

　現在の国土交通省公表の賃貸住宅標準契約では，国土交通省公表の「原状回復をめぐるトラブル防止のためのガイドライン」の内容に基づいた「損耗・毀損の事例区分（部位別）一覧表」等を添付している（前掲注（＊1）参照）。また，この別表には，「II　例外としての特約」を記載する欄があり，次のような形式となっているが，その理由には，以下の太字のように記載すべきである[*17]。

＊16　大野淳「民法改正の不動産賃貸借実務に与える影響」一般財団法人土地総合研究所編『民法改正と不動産取引』（土地総合研究所，2016）183 頁。
＊17　賃貸借に関する民法（債権関係）改正項目は保証制度関係の改正もあって多岐にわたり，賃料当然減額，賃借人の修繕権等，従来の実務に変更を迫るものもあり，別途，特約による対応を検討しているが，字数の関係上別稿に譲りたい。

Ⅱ　例外としての特約

　原状回復に関する費用の一般原則は上記のとおりですが，賃借人は，例外として，下記の費用については，賃借人の負担とすることに合意します（ただし，民法第90条及び消費者契約法第8条，第9条，及び第10条に反しない内容に限ります。）。
（括弧内は，本来は賃貸人が負担すべきものである費用を，特別に賃借人が負担することとする理由）

> ・賃貸人が負担すべき賃貸人の負担となる自然損耗部分を月額賃料に含ませていないため，敷金等の控除額で賄うものとする。
> 　　　　　甲：　　　　　　　　　印
> 　　　　　乙：　　　　　　　　　印

Ⅹ　最近問題となっている特約について

1　反社・ドラッグ・詐欺・民泊に関する表明文

　平成23年10月1日までに，全国の全都道府県で暴力団排除条例が施行され，それを機に警察庁から不動産業界の4団体[*18]に対し，反社排除条項を入れるようにとの要請がなされ，この反社条項は各業界団体制定の契約書に記載されるようになった。

　ちなみに，警察庁は，平成23年12月22日，反社情報を各業者に提供する要件に関する「暴力団排除等のための部外への情報提供について」（いわゆる「23年通達」）を発出し，同情報提供の要件の一つとして，提供された警察情報を使用して暴力団を排除できる契約書を使用していることと-した。

（反社会的勢力ではないことの確約）
第7条　甲及び乙は，それぞれ相手方に対し，次の各号に定める事項を確約する。

[*18]　業界団体とは，事業者又は事業者団体によって設立された非営利団体で，不動産流通業界では次の4つの団体が設立されている。
　　　　（公社）　全国宅地建物取引業協会連合会（以下「全宅連」）
　　　　（一社）　不動産流通経営協会（以下「FRK」）
　　　　（公社）　全日本不動産協会
　　　　（一社）　全国住宅産業協会

一 自らが，暴力団員による不当な行為の防止等に関する法律（平成3年法律第77号）第2条第2号に規定する暴力団，暴力団関係企業，総会屋もしくはこれらに準ずる者又はその構成員（以下総称して「反社会的勢力」という。）ではないこと

二 甲又は乙が法人の場合，自らの役員（業務を執行する社員，取締役，執行役又はこれらに準ずる者をいう。）が反社会的勢力ではないこと

三 反社会的勢力に自己の名義を利用させ，この契約を締結するものではないこと

四 自ら又は第三者を利用して，次の行為をしないこと

　ア 相手方に対する脅迫的な言動又は暴力を用いる行為

　イ 偽計又は威力を用いて相手方の業務を妨害し，又は信用を毀損する行為

　最近では，上記のような表明責任型の確認スタイルは，下記のように，危険ドラッグ，特殊詐欺，民泊問題でも使用されるようになっている。

第○条

　借主（乙）は，本物件の使用にあたり，危険薬物の販売等及び特殊詐欺，民泊の用に供してはならない。

第○条

　貸主（甲）は，乙が本物件の使用にあたり，次の各号に該当することが判明した場合には，何らの催告も要せずして，本契約を直ちに解除し又は契約解除に向けた措置をとるものとする。

⑴ 業として危険薬物の販売等の用に供したこと

⑵ 特殊詐欺の用に供したこと

⑶ 民泊の用に供したこと

2　事業用賃貸借で留意すべき最近のトラブル事例と特約例

　最近，事業用の賃貸借契約で「用途地域」[19]「消防法」「風営法」の規制を調べなかった結果や，賃貸物件のインターネット設備と賃借人の機器が合わないという結果で賃貸目的を達成できずにトラブルになるケースがある。特に「消

---

*19　建築基準法上，第一種低層住居専用地域内においては原則として工場を建築することができないことは宅建業者としては当然知り得ることであるから，仲介業者Yはそれを賃借人Xに告知すべきであったとして，5割の過失相殺のうえで，4410万円余りの損害賠償責任を認容した事例（東京地判平20・3・13（平成18年（ワ）第10495号）WLJ・RETIO 2009.10（NO.75）84頁）がある。

防法」「風営法」関係は，賃借人が予定する間取りや，賃借人の一身専属的な事由に左右され，賃貸人，仲介業者においては事前に調査できず，契約締結後でないと判明しないのである。また，消費税率の変更は当然に賃料増額事由にならないとの判例[20]もあることから，以上の問題に対応し得る特約例を紹介する。

●建築基準法・消防法等の不的確物件の賃貸契約文例

1. 本物件に関する風営法，建築基準法，消防法等の法令（条例等を含む。）規制については，借主の一身専属的な個人的要件，賃借人の本物件における営業形態，本物件内の間取りの取り方等によって異なる可能性があるので，本件賃貸借契約（以下「本契約」という。）の締結後〇日間を賃借人の調査期間とし，賃借人の責任において上記法令規制の調査を行うものとします。
2. 調査終了後，万一，調査後に判明した法令規制により賃借人の本契約の目的を達成できないことが判明した場合には，それを条件に本契約は白紙解除されたものとし，賃貸人が賃借人から受領済みの金員を賃借人に対し返還するのと引き換えに，賃借人は本物件を明け渡すものとします。
3. 賃借人は，上記調査期間中は，本物件のかかる現状を変更しないものとし，白紙解除によって本物件を返還する場合には，変更した箇所を原状に復帰して返還するものとします。また，白紙解除の場合，本物件の賃貸借契約に係る名刺作成等の諸費用はすべて賃借人が負担し，賃貸人に請求しないものとします。

●新築物件の電話・インターネット等の初期費用負担の容認事項

（テレビ・電話・インターネット等の初期費用負担の容認事項）
1. 本物件に関するテレビ・電話・インターネット等の諸設備と賃借人の使用する器種の使用可能性，適合性については，専門業者の調査を要するところ，本件賃貸借契約（以下「本契約」という。）の締結後〇日間を賃借人の調査期間とし，賃借人の責任において調査を行うものとします。
2. 調査終了後，万一，調査後に不具合があり，賃借人の本契約の目的を達成できないことが判明した場合には，それを条件に本契約は白紙解除されたものとし，賃貸人が賃借人から受領済みの金員を賃借人に対し返還するのと引き換えに，賃借人は本物件を明け渡すものとします。
3. 賃借人は，上記調査期間中は，本物件のかかる現状を変更しないものとし，白

---

[20] 家主が家賃増額の法的手続によることなしに消費税３％分の増額を借家人に当然には請求できないとされた事例（大阪地判平２・８・３判タ741号165頁）がある。

紙解除によって本物件を返還する場合には，変更した箇所を原状に復帰して返還するものとします。また，白紙解除の場合，本物件の賃貸借契約に係る名刺作成等の諸費用はすべて借主が負担し，貸主に請求しないものとします。

● 新たに公租公課（消費税等）が新設された場合への対応

（新消費税率等）

　本契約期間中に，乙が甲に対し支払うべき賃料，管理・共益費等に課せられている消費税の税率に変動があった場合，又は新たに消費税その他の名目の新課税（その課税に課税率の変動があった場合にはその新課税率を含む。）がなされるに至った場合には，当然に新税率，新課税（以下「新税率等」という。）が適用され，乙は，以後の賃料，管理・共益費等の支払について新税率等で計算された賃料，管理・共益費等を支払うことをあらかじめ承認するものとします。

3　民泊，シェアハウス，DIY 等

　国は，全国で 820 万戸[*21]に達する空き家対策のために，空家等対策の推進に関する特別措置法（空家対策特措法），空き室の活用のためにも役立つ民泊・シェアハウス・DIY 制度の活用について検討し，提言をしている。しかし，このような規制緩和の必要な新制度は，常に既存の法理論や法的規制との相克が問題となる。かかる問題は，いわゆるスピード感をもった対応も必要であり，官民学をあげての立法事実の検討や理論的バックアップが必要な領域でもある。

　以下に建物賃貸借契約とも関係する民泊，シェアハウス，DIY 制度の問題点を概観する。

（1）民泊問題

　個人宅を宿泊施設として利用させる流れに対しては，政府はオリンピックに向けて外国人観光客が増加することを見越し，「国際戦略特区」を設けた。特区に指定された東京都大田区で平成 28 年 1 月，大阪府で平成 28 年 4 月からスタートしたが，一定の要件の下，旅館業法の適用が排除するとしている（国家戦略特別区域法 13 条）。同法が委任する改正政令（平成 28 年 10 月 31 日施行）によれば，この特例は「宿泊期間が 3 日以上の場合」に認められるが，既存の旅館・ホテ

---

*21　総務省統計局・前掲注（＊1）。

4　建物賃貸借契約

ル業界は，この動きに反発を強めている。また，一定範囲[*22]の民泊は，旅館業法の規制緩和によって平成 28 年 4 月から全国で合法化されたが，要件の厳しさなどから普及は限定的だった。そこで，厚生労働省と観光庁でつくる専門家会議は平成 28 年 6 月 20 日，一般の民家に観光客を有料で泊める「民泊」を本格的に解禁するため，新法「住宅宿泊事業法」の制定を求める報告書をまとめ，政府はこれを踏まえ，平成 29 年の通常国会で法制化された。

これにより，民泊は

① 国家戦略特区制度
② 旅館業法（民泊のために規制緩和がされた）
③ 住宅宿泊事業法

の 3 類型で営業が認められた。住宅宿泊事業法は，2018 年 6 月 15 日に施行された。同法では，営業に行政の許認可を得る必要がなく，家主や管理者が地元自治体にインターネットで届け出ればよいということになった。家主らには

① 宿泊者名簿の作成
② 民泊施設であることの標識設置
③ マンションなどの管理規約に反しないことの確認

が義務づけられ，違反者には登録取消しなどの処分がある。

仲介サイトの事業者も国に登録し，無届けの施設をサイトに掲載していると削除命令を受けることになり，従わないときの処分には業務停止命令や業者名公表などがある。

同法では，民泊営業できる日数の上限を「年間 180 日以下の範囲」としたため，実際の民泊営業がどこまで届け出るのか注視する必要がある。同法では，上記のようにマンションなどの管理規約に反しないことの確認が義務づけられたが，現在，物件を管理する側においては，仲介サイトで，住所等を検索して管理物件を探索のうえ，監視カメラ等で不特定多数の民泊者の出入りしている事実を確認するなどして，マンションの管理規約に違反している証拠を入手した場合には，契約解除等に及ぶことを実行している。

(2) シェアハウス[*23]

[*22] 改正前政令では「宿泊期間が 7 日以上の場合」とされていたが，施設等に滞在者名簿が備えられること等の新規要件を付することで，改正政令では 3 日以上に短縮された。
[*23] 2018 年 1 月，女性専用のシェアハウスの販売会社の破綻が問題となり，融資銀行の責任が問題となっている。

共同の建物賃貸借契約ともいうべきシェアハウスは，平成 26 年 9 月以降，建築基準法で寄宿舎として取り扱うことになったことから，戸建てからの転用が困難な状況であった。しかしながら，シェアハウスについては需要も多いことから，国や自治体が規制を見直す方向で動いている。例えば東京都は「東京都建築安全条例に基づく寄宿舎に係る建築基準等についての見直しの考え方」を平成 26 年 11 月 4 日に発表した。平成 26 年 7 月に政令が改正され，防火上支障がない部分にある防火上主要な間仕切壁の防火規制が緩和されたことを受け，条例においても見直しを検討したのだ。その結果，多様な住まい方に対応できるように寄宿舎等について既存ストックの活用も想定し，窓先空地を不要にするなど，規模や形態に応じたきめ細かい基準を採用した。

（3）ＤＩＹ

　民法では，修繕義務は貸主にあるが（新民 606 条 1 項）その修繕義務を免除したり，借主に転嫁する特約の効力が問題となる。また，借主が貸主の所有物件を勝手にリフォームをする権利は一般にはなく，特約で許容する場合，どのような配慮が必要かも問題になる。

　しかしながら，中古物件を使用する賃借人がリフォーム，修繕を実施するメリットは，賃貸人にも賃借人にも存在する。そこで，平成 26 年 3 月，国土交通省は，「個人住宅の賃貸流通の促進に関する検討会」報告書を公表し，その中で，借主がリフォームしたり，修繕するためのガイドラインを公表した。同賃貸借ガイドラインによる所有者（貸主），利用者（借主）のメリットを次のようにまとめている。

（a）　所有者（貸主）のメリット

①　自らの費用持出しなしで，業者発注や施工確認の手間をかけることなく，現状そのままの状態で貸すことが可能となる。

②　借主が自費で DIY 等を行うことから，長期間居住を希望することが予想され，安定した賃料収入（又は借主が買い取る場合の売却益）を得ることが期待できる。

③　退去後，設備や内装等の価値が上がった状態の住宅として戻るため，次に賃貸化して入居募集する際に有利に働き，家賃を高く設定できる可能性がある。

（b）　利用者（借主）のメリット

① 自分の好みの設備を入れ替え，模様替えをすることができるため，持ち家と同じような感覚で居住することが可能となる。

② 修繕や DIY の費用を加味する分，賃料を近隣相場よりも安くすることができる。

③ 自らが修繕する場合，施工方法や材料の選択，リフォーム業者等との交渉でコストを引き下げることが可能となる。

④ DIY 実施箇所は原状回復義務が免除されるので，追加的な費用が発生せず，退去時のトラブルを避けられる。

以上のように，これまでの賃貸住宅事業には見られなかったメリットが多く考えられ，貸主と借主の双方にメリットのある安定的賃貸関係を築くことが可能となるが，DIY 型の契約を活用する際は，後の紛争発生を防ぐため，事前の説明や確認，双方の合意事項が必要となることから，円滑な契約手続を行うために，専門性を有する不動産事業者や地方公共団体が適切な助言や支援をして，取引のサポートをすることが求められる。

なお，補足すると借主が大規模なリフォームをした後，リフォームの減価償却が終了しないうちに中途退去すると家主に対する贈与税の問題が発生するとの指摘がなされていることは留意が必要である。なお，DIY については，①Ｃ－１　DIY 現状有姿型と②Ｃ－２　DIY（一部要修繕状態）がある[24]。

(4) マンション特有の問題

分譲マンションについては規約（使用細則）で，ペット飼育や使用目的に制限がされている場合があり，賃貸借契約にあたっては，最新の規約，総会の議事録を入手し，建物の利用にどのような制約があるか事前に調査・確認することが必要である。

賃借人が規約等に違反したことで，賃貸人の管理組合に対する損害賠償あるいは管理組合による賃貸借契約の解除及び賃借人に対する引渡請求を認めた判決がある。例えば，規約の中に，区分所有者が専有部分を貸与する場合には，賃借人に対しても規約・使用細則を遵守させなければならない旨の規定が定められている区分所有建物（マンション）において，賃借人が迷惑行為を繰り返し，規約等を遵守しなかったことが賃貸人たる区分所有者の管理組合に対する規約

*24　DIY は do it yourself の略語で，一般的には，専門業者に頼らず自らの手で補修や組み立て，日曜大工等を行うこととされているが，本ガイドラインでは，借主が業者に発注して好みの設備更新や模様替えを実施することも含めている。

```
                    誓 約 書

　貸主甲1・仲介業者甲2は，借受予定者乙の借受動機に影響するおそれがあるの
で，隣人及びマンション内に関する下記の情報を提供したが，隣人等の個人情報・
プライバシーに関することであるので，乙が本物件を借受けしない場合には，下記
事項については，他に漏えいしないことを，借り受けた場合でも法令上認められた
場合以外は下記事項について第三者提供等をしないことを乙は確約する。
                          記
1　隣室所有家族に夜中，時折，奇声を発する人がいること。
2　階下203号室は関係諸団体の事務所として使用されていること。
3　平成○年頃，階上の一室で住人が自殺したこと。
                                    平成28年○月○日
          甲1

          甲2

          乙
```

違反に該当するとして，区分所有者の管理組合に対する損害賠償責任を認めた
事例[25]がある。また，住居・店舗の複合的区分所有建物（マンション）の居住専
用部分において会社事務所を使用目的とする賃貸借契約が用法違反，規約違反，
共同利益に反するものであるとして，建物の区分所有等に関する法律（区分所有
法）60条に基づき，専有部分の賃貸借契約の解除及び引渡しを認めた事例[26]が
ある。これらの事例からいえることは，区分所有建物の賃貸借契約締結に際し
ては，規約等の調査の徹底とそれに基づいた契約書における賃借人遵守事項の
徹底である。

　ところで，逆に区分所有建物内に迷惑行為を繰り返す住民や反社の住民がい
る場合あるいは自殺行為等があった場合に，それらの事項を借受予定者にいか
に告知するか常に問題となる。それらの住民や家族のプライバシー，個人情報
を侵害しないかとの懸念があるからである。法的説明義務がある場合には，プ

---

[25]　東京地判平11・1・13判時1676号75頁。
[26]　東京地判平8・5・13判タ953号287頁・判時1595号77頁。

4　建物賃貸借契約　　　　85

ライバシーや個人情報保護より説明義務が優先するとされているが（個人情報23条）[27]，隣人とのトラブルの内容は，様々なものがあると考えられ，実務上は隣人のプライバシーにも配慮しなければならないので，他に漏えいしないことを条件に借主予定者にはなるべく早い段階で告知すべきであり，その際は，借主予定者からは他に漏らさないという上記の誓約書を徴求すべきと考える。

(5)　土砂災害警戒区域のハザードマップ等の問題

　現在，平成26年の広島における悲惨な土砂災害を受け，土砂災害については下記のように全国で基礎調査が終了した状況である[28]。基礎調査の結果は公表され，「土砂災害警戒区域」に指定されていなくとも，地方公共団体のホームページにリンクすれば危険箇所がわかる状態になっているが，この点に関するトラブル発生も報告されている。それは，ある法人に賃借してもらうつもりで社宅を建設したところ，賃借法人が基礎調査の結果を知り，危険地域を理由に契約締結を断ってきたというものである。その他にもハザード・マップや放射能汚染・活断層マップ[29]，また，特殊詐欺に使用された物件，自殺等のあった物件等の情報もインターネットを使用すれば容易に事前調査ができる状況になっている。賃貸人側もそれらの情報を把握し，特約・容認事項も含めた事前の適切な対応が必要になっている。

　土砂災害警戒区域に指定されていなくても土砂災害危険箇所について，地方公共団体は，GIS（Geographic Information System：地理情報システム）で公表し，照会すれば回答してくれる。平成27年1月から施行されている平成26年改正土

---

[27]　売買契約に関する事例ではあるが隣人の異常行為について告知義務を認めた大阪高判平16・12・2判タ1189号275頁・判時1898号64頁参照。

[28]　土砂災害警戒区域が指定されるまでの流れ。

①　都道府県において，航空写真などを参考に土砂災害の危険がありそうな箇所を選び，現場に赴いて地形や地質，土地利用状況を調査（基礎調査）。

②　基礎調査の結果，将来，土砂災害警戒区域指定の可能性が高い場所を「土砂災害危険個所」と呼び（現在，全国で約50万か所が指定されている。），この基礎調査の結果を，情報伝達，警戒避難体制整備を受け持つ市町村に通知し協議して「土砂災害警戒区域」として指定。

[29]　活断層の容認事項例。

「本件建物敷地付近に活断層があるかお尋ねがありましたが，最近の報道では付近に○○断層があるとのことであります。しかしながら，その危険性の評価については専門家の評価も分かれるところでありますので，借主において公的機関に相談のうえ，納得のうえで賃借されることをお勧めしたところ，借主において調査・確認のうえ，納得のうえで賃借されるとのことであるので，本建物賃貸借契約を締結するものであります。今後，本件建物敷地及び周辺土地の活断層の問題に関しては，隠れたる瑕疵に該当するものでなく，賃貸人，仲介業者に一切の法的請求をされないことを念のため確認頂きます。」

砂災害防止法（土砂災害警戒区域等における土砂災害防止対策の推進に関する法律）は，都道府県が実施した基礎調査について，従来都道府県知事は市町村に「通知しなければならない」となっていたのを「通知するとともに，公表しなければならない。」としたことから，基礎調査結果は誰でも容易に確認できることになっている。東京都でも，基礎調査が完了した地域については，土砂災害防止法4条2項に基づき調査結果の公表を行っている（東京都では，現在，調査が完了している地域について，東京都建設局のリンク先で調査結果を確認することができる。）。

したがって，仲介業者の重要事項説明では，単に「土砂災害警戒区域外」とするだけでなく，「備考欄」には，「現在は土砂災害警戒区域には区域指定されていませんが，本物件が所在する区域は東京都の基礎調査の結果，土砂災害のおそれがあり，今後，土砂災害警戒区域に指定される可能性があります。」と記載しておくべきであるとされている。

(6) 賃貸物件内での自殺を牽制する禁止事項の追加

建物賃貸借契約書では，「賃借人乙は，本物件の使用にあたり，次の各号に掲げる行為を行ってはならない。」として，禁止事項を列挙し，「一　鉄砲，刀剣類又は爆発性，発火性を有する危険な物品等を製造又は保管すること。二　大型の金庫その他の重量の大きな物品等を搬入し又は備え付けること。」等を記しているが自殺行為を善管注意義務違反とした裁判例[30]を根拠に「本物件内で自己あるいは第三者の生命，身体を害すること。」を明文化するのが妥当と思われる。アパート内の自殺は，物件の価値の低下とともに賃借人の募集に影響する。少しでも減らすためには，賃借人を牽制する禁止条項も必要と考える。

XI　ま　と　め

以上，最近の建物賃貸借契約の諸問題を種々の観点から指摘してみたが，結局，かつての賃貸建物を建築すれば自動的に収入の確保ができた時代は過ぎ去り，いわゆる「金のなる木」であった大家業は，供給過剰の中で淘汰されるようになっている。賃貸人には，正確な賃貸借契約に関する法的知識が求められるうえに，契約メニューにも創意工夫を凝らした営業努力も要求されるようになっている。また，今後，改正後の民法（債権関係）が目指す当事者の合意の重

---

*30　東京地判平19・8・10（平成19年（ワ）第4855号）WLJ・RETIO 2009.4（NO.73）196頁。

視が実現されるためには，当事者双方に正確な事実・情報の把握が必要であり，トラブル防止のためには，まず，賃貸人の自己の賃貸物件の正確な状況把握や法的規制の認識・理解が必要であり，また，賃借人に対するその情報開示・伝達のあり方も重要な視点となる。そのうえで，適切な特約・容認事項による対応も必要かつ重要となるのである。この点は，不動産売買契約書の論考で取り上げた問題提起と変わらないことを強調しておきたい。

　そして，我々法的実務に携わる者においても，前掲最判平 23・7・12 が典型的に示したように，建物賃貸借契約を取り巻く社会的状況も常に意識しながら柔軟かつ適正な法解釈・法理論の提示・提言も必要であると思われる。それを肝に銘じ，自戒しながら本稿を締めくくりたい。

5 不動産媒介契約

柴田　龍太郎

I　媒介契約の歴史

　不動産仲介業者という名称は一つに定まっているわけではなく，歴史的にみると周旋業者，あっせん業者，ブローカーという名称があり，現在の宅地建物取引業法 (以下「宅建業法」という。) では，「媒介」という用語を使用していることから，特に媒介業者と表現されている。

　ところで，我が国の民法には委任，請負等の規定，商法には商事仲立ちの規定はあるが，民法には仲立ち・媒介に関する規定はない。その理由は，もともと江戸時代は土地の永代売買が原則として禁止され[*1]，民法がドイツ民法第一草案等を参酌しながら立法化された際も，不動産取引が未発達で，一般人が不動産を活発に売買するとか，それを仲立ちする取引形態を想像できなかったからではないかといわれている。

　しかし，戦前，不動産仲介業についてまったく規制がなかったわけでなく，売買又は賃貸借の当事者を紹介する者について一部の府県では，風俗営業関係の従業者，里子，結婚相手などの紹介者と同様，所轄警察署長の許可が必要であった。例えば，東京府では昭和初期，宅地建物の取引に対する法的規制として警察庁令で「紹介営業取締規則」(昭和元年 12 月 28 日警察庁令第 40 号) があった。ところが，昭和 12 年に紹介営業取締規則から不動産仲介業を対象外としたことから弊害が助長された。その後，戦時体制下に入ると国家総動員法 19 条に

[*1]　江戸幕府は，農地については「田畑永代売買禁止令」をもって売買を禁止したが，市街地に限って，売買を認めていた。この売買自由の土地が「沽券地」と称された土地で，この売買証文は，年寄・五人組が連名で署名・捺印し，「沽券」と呼ばれていた。現代の「権利証」ということであるが，「沽券にかかわる」は，それに由来し，人のプライドにかかわることを「沽券にかかわる」，人の値打ちが下がることを「沽券が下がる」というようになった。

基づき宅地建物等価格統制令が公布され宅地建物の価格を厳しく統制するとともに仲介業者の手数料も公定され，昭和16年には愛知県，東京府，大阪府，兵庫県等が取締規則を定め，所轄警察署の許可，禁止行為等が定められた。禁止事項としては，①虚偽・誇大広告，②事実を虚構・隠ぺいしその他不正の手段を用いること，③委託のない事件への関与，④委託者の意思に反する仲介・管理，⑤業務に関し他人の印章・白紙委任状を預かること，⑥契約成立前に手数料を収受すること，⑦秘密の漏えいすること等の禁止が定められていた。

　ところが，旧府県令は，大日本帝国憲法9条の規定に基づく独立命令であったため，日本国憲法の施行により昭和22年12月31日に失効した。この結果，不動産取引業は自由に開業できるようになったが，国土が戦災で焦土化したため，全国で420万戸の深刻な住宅不足が起こり，復興が進むとともに住宅地に対する需要は著しく増大した。これに伴い不動産取引を業とする者も急増し，中には悪質業者も多数存在したため，一般消費者の被害が多発した。このような事態に対し，戦前から営業していた不動産業者を中心に，不動産取引をめぐる紛争防止，悪質な不動産業者の排除，業界に対する社会的信用の回復，不動産取引業の正常な育成等の目的をもって，昭和26年8月，不動産取引業立法促進連盟が結成され，建設省や国会に対し，仲介業者に対する登録制度，不動産取引上の不正根絶を求める立法促進の陳情，請願が行われ，その結果，昭和27年6月10日議員提案により宅建業法が制定，公布され同年8月1日に施行された[2]。

Ⅱ　当初の宅建業法と改正経過

　当初の宅建業法は総則，登録，業務，雑則，罰則からなる5章28か条のものであったが，業務に関する取締規定は7か条だけであり，
① 業務処理の原則
② 不当な履行遅延の禁止
③ 契約書の送付
④ 秘密を守る義務

---

[2]　以上の仲介の名称や歴史については，岡本正治＝宇仁美咲『[詳解] 不動産仲介契約〔全訂版〕』（大成出版，2012）15頁等に詳しい。

⑤　報酬額の制限

⑥　業務に関する禁止事項

⑦　標識の掲示

という内容であった。上記禁止規定，義務規定の違反には業務停止・登録取消し，罰則を科するという取締法規であったが，その後，多数回にわたり法改正を重ねた。背景には，人口の都市集中，社会構造の変化もあったが，取引の活発化による取引紛争の急増，消費者被害の多発があった。改正の裏には常に被害にあった庶民の涙があったといっても過言ではない。

ところで，裁判例では，媒介報酬請求権の要件を（報酬請求権の要件としては，次の５つの要件が必要）

①　免許業者であること

②　媒介契約の成立

③　媒介行為の存在

④　売買などの契約の成立

⑤　媒介行為と売買などの契約成立との間に相当因果関係が存在していること

としているが，媒介契約は，契約書面で行われることは極めてまれであり，ほとんどの場合，委託・受託は口頭ですませていた。そのため，曖昧な状態で仲介業務がすすめられたため，報酬請求をめぐる紛争が多発した。

そこで，昭和55年５月の宅建業法改正により，宅地建物の売買・交換に関して媒介契約及び代理契約の規制を行い*3，媒介契約の内容の書面化とその交付義務の規定を置くとともに，専任媒介契約と一般媒介契約（明示型・非明示型）の２つの形式を設け，建設大臣が定める「標準媒介契約約款」（昭和57年改正前宅建

---

*3　宅建業法の媒介には，宅地建物の「売買」，「交換」，「貸借」の３種類の媒介があるが，この宅建業法34条の２に定められた規制（書面交付義務）の対象からは「貸借」は除かれている。したがって，この媒介契約についての規制は，「売買」と「交換」についての規制である。

　なお，宅建業法34条の２における「書面」は，実務においては，通常「媒介契約書」をもってこれに代えている。媒介契約については国土交通省が標準媒介契約書（www.mlit.go.jp/common/000006576.pdf）を公表している。

　また，宅建業者が「専任媒介契約」を締結したときは，契約の相手方を探索するため，国土交通省令で定める期間内，すなわち，専属専任媒介契約の場合は，契約締結の日から「５日」，専任媒介契約の場合は契約締結の日から「７日」（いずれも休日は算入しない）以内に一定事項を「指定流通機構」に登録しなければならない（宅建業34条の２第５項，宅建業則15条の８）。指定流通機構への登録をした業者はその「登録を証する書面」を遅滞なく依頼者に引き渡さなければならない（宅建業34条の２第６項）。

5　不動産媒介契約　　　　91

■図　媒介契約の種類と特徴

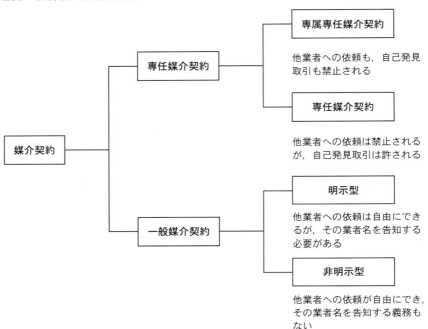

■表1　規制項目と規制内容*4

	規制項目	規制内容
書面を交付する義務	媒介契約書面の記載事項（宅建業34条の2第1項・2項）	①物件を「特定」するために必要な表示（1項1号） ②売買すべき「価格」又は「評価額」（1項2号）。この「価格」等について業者が意見を述べるときは、その根拠を明らかにしなければならない（2項）。根拠の明示は、口頭でも書面を用いてもよい（「運用と考え方」**4(1)②） ③媒介契約の種類（1項3号） ④建物状況調査者のあっせんの有無（1項4号） ⑤媒介契約の「有効期間」及び「解除」に関する事項（1項5号） ⑥指定流通機構への「登録」に関する事項（1項6号） ⑦報酬に関する事項（1項7号） ⑧国土交通省令・内閣府令で定める事項（1項8号）。媒介契約違反の場合の措置、標準媒介契約に基づくか否かの別（宅建業則15条の7）。

		専属専任媒介契約（宅建業則15条の7第2号）	専任媒介契約（宅建業34条の2第3項）
専任媒介契約規制	他業者への依頼	no	no
	自己発見	no	yes
	有効期間	3か月	3か月
	更　　新	依頼者の申出により可。自動更新不可。	依頼者の申出により可。自動更新不可。
	指定流通機構への登録義務	5日以内（休業日を除く）	7日以内（休業日を除く）
	業務処理状況の報告義務	1週間に1回以上	2週間に1回以上
	依頼者に不利な特約	no	no

＊　（公社）不動産流通推進センター登録講習テキストを参考にして作成。
＊＊　国土交通省「宅地建物取引業法の解釈・運用の考え方」(http://www.mlit.go.jp/sogoseisaku/asubesuto/fudousan/05.pdf)

業法施行規則15条の7第3号に基づくもの）を策定した。その後昭和63年5月の改正により専属専任媒介契約が設けられ（平成2年5月6日施行），アメリカ同様，一般媒介契約，専任媒介契約，専属専任媒介契約という契約類型が整うことになった。

Ⅲ　仲介（媒介）契約の現状

　以上のように仲介（媒介）契約の制度は整えられたが，現時点でも多くの現実的な問題がある。
①　まず，中小の宅建業者の場合，いまだに媒介契約書による契約締結を怠っている場合があり，特に客付け（買受け予定者から依頼される宅建業者）の場合，媒介契約書に署名・押印をもらいにくいということで，現時点でも契約書を作成していないケースが多い。筆者の経験した実際の最近のトラブル例であるが，当初売主側から媒介依頼をされた宅建業者が自ら探した買主に

＊4　「媒介契約（代理契約を含む。）の規制」に関する規定に違反した場合は，指示処分を受けることがあるが（宅建業65条1項），書面交付義務，価格についての根拠の明示義務に違反した場合には，7日以上（後掲注（＊16）参照）の業務停止処分を受けることがある（同条2項2号）。

5　不動産媒介契約

対し，媒介契約書を作成せずに報酬を何度も請求したところ，「あなたの会社は売主依頼の業者であって，買主側の私たちからは依頼をしていない。」との理由で支払ってもらえず，逆に，契約書も作成せず報酬を請求されていると行政に訴えられた。結局，この宅建業者は，報酬を取りはぐれたうえに行政に対する苦情申出を取り下げてもらうために多額の和解金を支払った。

② 大手の一部には，売主・買主双方から報酬を取得することを目指した，いわゆる「両手」への志向性が強く，高額な物件ほど指定流通機構に登録しないか，登録義務のある広義の専属媒介契約を締結し指定流通機構に登録しても，客付けからの引合いがあった際，「商談中」として客付けの活動を事実上阻害する例があると聞く。

③ また，平成15年3月に「不動産流通業務のあり方研究会」の報告書にも指摘されていたことであるが，宅建業者が受託する業務とその責任の範囲が必ずしも明確でなく，売買物件に土壌汚染，建物の構造・耐力上主要な部分に「隠れた瑕疵」があるとして媒介業者の調査義務違反が追及される傾向がある。

①については，宅建協会も業者研修会等を通じて啓蒙しているが，②については，平成28年の宅建業法の改正の際，宅地建物取引の透明性の向上を図る観点から，宅地建物取引業者による伝達を確実なものとし，媒介依頼者が適時かつ適切に物件の取引状況を把握できるようにすることを目的として，物件の売買又は交換の申込みがあったときは，媒介依頼者に対して遅滞なく報告することを宅地建物取引業者の義務として追加した（宅建業34条の2第8項）。これを受けて国土交通大臣が定める標準媒介契約約款も改正され，成約に関する義務中に「三　乙は，目的物件の売買又は交換の申込みがあったときは，甲に対し，遅滞なく，その旨を報告します。」という条項が追加された（この制度については，平成29年4月1日から施行されている。）。③については，宅地建物取引主任者の名称を宅地建物取引士に改めた平成27年4月1日施行の宅建業法の改正により，宅地建物取引士の業務処理の原則として「宅地建物取引士は，宅地建物取引業の業務に従事するときは，宅地又は建物の取引の専門家として，購入者等の利益の保護及び円滑な宅地又は建物の流通に資するよう，公正かつ誠実にこの法律に定める事務を行うとともに，宅地建物取引業に関連する業務に従事する者

との連携に努めなければならない。」（下線は筆者による。）（宅建業 15 条）との規定が新設された。このように他の専門家との連携を図ることは，結果的には他の専門家の調査権限・義務との関係を明確化し，媒介業者の責任の範囲を純化する一歩となると思われた。さらに，平成 28 年の前記宅建業法の改正は，更にそれを具体化するもので，建築士による既存住宅の建物状況調査（インスペクション）により，中古住宅の瑕疵等についての調査を媒介業者から分離する契機となることが期待されている。このインスペクションの意義については，次項で詳細に検討したい。

Ⅳ　インスペクションと媒介業者の責任範囲の純化

1　意　　義

前述のように，最近，国土交通省，不動産業界では「インスペクション」という言葉を盛んに使用するようになっている。しかし，その意味や意義を正確に理解している人は少ないと思われる。インスペクションとは直訳すれば「中を見る」ということであるが，不動産取引の場合には物件に対する専門家による調査を意味する。現時点では，大まかな意味で「住宅診断」というような括弧書が付けられることが多いため，ホーム・インスペクションの用語が用いられている。

2　中古物件の活用と流通の促進に関する国の施策の転換

我が政府は，人口減少等による中古物件の増加を踏まえ，平成 25 年現在で全国で 820 万戸[5]に達するとされる中古物件の活用と流通の促進の方向に明らかにシフト変えを始めている。中古物件のうち，既に空き家になっているものについては，「空家対策特別措置法」（空家等対策の推進に関する特別措置法）等を含め「空き家支援制度」を次々と打ち出しているが，中古住宅の流通促進については，まず，平成 28 年の宅建業法改正により，消費者保護の観点から，宅建業者に対し，以下の事項を義務づけた（この改正内容については平成 30 年 4 月 1 日から施行されている。）。

---

[5]　総務省統計局。

5　不動産媒介契約

①　媒介契約の締結時に建物状況調査[6]（いわゆるインスペクション）を実施する者のあっせんの有無に関する事項を記載した書面の依頼者への交付[7]（宅建業34条の2第1項4号）

②　買主・借主等に対して建物状況調査の結果の概要等を重要事項として説明（宅建業35条1項6号の2）

③　売買等の契約の成立時に建物の状況について当事者の双方が確認した事項を記載した書面の交付（宅建業37条1項2号の2。専門の建築士がインスペクションを実施した場合の事項を，原則として当事者が確認した事項とするようである。）。

同改正では，中古住宅のインスペクションの普及促進に関する内容を盛り込んだわけである。これらはインスペクションの実施自体を義務づけるものではないが，媒介契約時のインスペクションのあっせんの確認や実施した場合の結果の概要などを重要事項として説明することを宅建業者に課したことになるので，中古物件のインスペクションがかなり身近なものになる。

3　インスペクションと瑕疵担保保険制度

ところで，インスペクションと密接に関係するのが「瑕疵担保保険制度」である。インスペクションの意義をもう少し実務的に位置づけると，「引渡し後のトラブルを防ぎ，消費者の『安心』を確保する」制度ということになるので，一般的には，インスペクションは，「瑕疵が存在しない物件である」との結果に対する保証までは含まない。仮にインスペクションの結果が，「不具合なし」とされていても，その後も瑕疵のないことが保証されるわけではない。そこで国はこれまではインスペクションと瑕疵保険との一体的な普及に取り組んできたわけであるが，今回の宅建業法の改正により，一定の条件を満たした中古物件であれば，「瑕疵保険付きインスペクション」の普及が更に進むと思われ，購入

---

[6]　「建物状況調査」とは，既存住宅の基礎，外壁等の部位ごとに生じているひび割れ，雨漏り等の劣化・不具合の有無を目視，計測等により調査するものである。建物状況調査は国の登録を受けた既存住宅状況調査技術者講習を修了した建築士（既存住宅状況調査技術者）が実施する。

[7]　建物状況調査は国の登録を受けた既存住宅状況調査技術者講習を修了した建築士（既存住宅状況調査技術者）が実施する。講習を修了していない建築士や検査事業者が実施する調査は，宅地建物取引業法に基づく建物状況調査には当たらない。なお，調査者は調査当日，有資格者であることを証明できるもの（カード型の修了証等）を携帯しているので，提示を依頼することで有資格者かどうかを確認することができる。

者の安心感は格段に確保される。

4 民法（債権関係）の改正による「契約不適合責任」の導入とインスペクション

インスペクションを劇的に普及させる他の制度の実施が近々に待ち構えている。一つは，今回の民法（債権関係）改正である。この改正では，無過失責任（法定責任）である「瑕疵担保責任」を契約責任である「契約の内容に適合しない場合の売主の責任」（契約不適合責任）[8]に変更し，結果的に原則的に売主に「履行利益」という重たい法的責任を課すことになる。ところで，法制審議会「部会資料75 A」17頁では，「損害賠償の免責の可否について，売主の債務のような結果債務については，債務不履行の一般原則によっても，帰責事由の欠如により損害賠償責任につき免責されるのは実際上不可抗力の場合などに限られるとの見方もあり，……」とされており，また，「契約の内容に照らして責めに帰すべき事由」がないことの立証責任は売主側にあることは明記されているので（新民415条1項）（■表2参照），売主の損害賠償責任（履行利益）が認められる可能性は高いと思われる。ちなみに売主が幸い「責めに帰すべき事由」のないことを立証し得ても追完請求，催告解除，無催告解除そして現在の瑕疵担保責任における信頼利益の賠償ともいうべき代金減額請求にさらされる[9]。したがって，売主は自らの利益のために，種々のインスペクションを実施せざるを得なくなると考えている。すなわち，売主は契約の内容を確定するために，物件の状況

---

[8]　「契約不適合責任」，「不実表示が錯誤取消事由になる」，という諸制度が提案されたことから，筆者は，売買契約締結に際しては，売主側の専門家による正確な調査（インスペクション）が要請されることになるし，媒介業者は自ら調査・検査義務がないとしても，売主に対する適切なアドバイスが求められることになるとの問題提起をなした。不実表示を錯誤取消事由とする案は見送られたが，見送った理由の一つとして，「相手方が誤った表示等を行ったために表意者に錯誤が生じ，その誤った認識を前提として表意者が意思表示をし，そのことを相手方も当然の前提であると認識していたと評価できるような場合には，『法律行為の基礎とされていることが表示されていた』と評価することで対応することも可能であるとの指摘もされている。これらを考慮したうえで，今回は，従前の甲案の『相手方の行為によって当該錯誤が生じたとき』という要件を削除した案を提示することとした。」（法制審議会民法（債権関係）部会資料83－2・1頁）とあり，さらに「契約不適合責任」は採用されたことから以上の問題提起は変わらない。

[9]　瑕疵担保責任と契約不適合責任では，次の逆転が生じていると思うことがある。当事者の合意と社会通念を斟酌する順番が逆になったこと，また，信頼利益が原則で瑕疵について悪意の場合だけに履行利益を負わせる瑕疵担保責任制度に対し，原則が履行利益で，「責めに帰すべき事由」がない場合にのみ信頼利益ともいうべき「代金減額請求」が認められる契約不適合責任制度だからだ。民法改正後は，売主の責任は格段に重くなると感じている。

5　不動産媒介契約

を正確に把握する必要がでてきたということである。例えば，土地を漫然と売却してその土地から土壌汚染が発見された場合，売主には原則として契約責任が問われることになるので，売主は，事前に土地のインスペクションを実施して土壌汚染があるか否かを調査することになる。そして土壌汚染が発見された場合には，売主は，契約不適合責任を問われないために，例えば「土壌汚染はあるが，売買代金を減額して引き渡す。」とするか，あるいは，「土壌汚染を除去して引き渡す。」というかたちで契約内容を具体的に決めることになるのである。この段階では，中古住宅を超えた不動産全体のインスペクションが普及し始めると考えている。中古建物の場合は瑕疵保険付インスペクションで対応は可能であるが，土壌汚染等についてはそのような保険商品ができるのか注目される。

■表２　債務不履行による損害賠償の新旧対照表

改 正 後	改 正 前
（債務不履行による損害賠償） 第415条 　債務者がその債務の本旨に従った履行をしないとき又は債務の履行が不能であるときは，債権者は，これによって生じた損害の賠償を請求することができる。ただし，その債務の不履行が契約その他の債務の発生原因及び取引上の社会通念に照らして債務者の責めに帰することができない事由によるものであるときは，この限りでない。	（債務不履行による損害賠償） 第415条 　債務者がその債務の本旨に従った履行をしないときは，債権者は，これによって生じた損害の賠償を請求することができる。債務者の責めに帰すべき事由によって履行をすることができなくなったときも，同様とする。

5　アメリカとの２国間貿易協定（FTA）とインスペクション

　アメリカを除く環太平洋経済連携協定（TPP）参加11か国の協定「TPP11」が2018年12月30日に発効したが，かえってアメリカとの関係では２国間貿易協定（FTA）締結の圧力が高まっている。アメリカと既に始まっている交渉は，国内では物品貿易協議（TAG）といっており，安倍晋三首相はドナルド・トランプ大統領との会談後の記者会見で「TAG交渉はこれまで日本が結んできた包括的なFTAとはまったく異なる」と説明したが，共同声明では，交渉のメドがたった後，投資などの分野についても２国間交渉を始めるとしており，やがて為替制限やサービス貿易の分野の交渉に発展することは間違いないであろう。そう

■表3　エスクロー制度の概要

買主サイド	売主サイド
① インターネット等による事前調査 ② エージェントの選定（エージェント契約） ③ エージェントと物件見学の実施（エージェントのMLS*10掲載情報の入手 ④ 購買希望物件の選定	① インターネット等による事前調査 ② エージェントの選定（リスティング契約＝MLSの公開サイトに登録する等の契約） ③ MLSへのリスティング（登録），他販売活動（新聞広告，チラシ，オープンハウス，キーボックスの設置等）

| ローン等の資金計画の検討 | ・買主から売主に対する購入申込（オファー提出）
・売主からカウンターオファーがあれば，買主・売主側の合意に至るまで売買交渉
・売買契約の締結 |

	エスクロー・オープン	
事前承認証明書の提出（pre-qualification）	エスクロー・エージェントの業務 ・契約事務の代行（エスクロー指示書の作成・実施等）	・売主による物件情報開示（Transfer Disclosure Statement=TDS）
	各種付帯条件（contingency）等に関する諸対応（各種書類確認・履行期限の管理等，金銭や証書等の管理等）の実施	各種専門業者（ホーム・インスペクター等）
ローン申請手続 鑑定人によるアプレーザル（価格査定）（appraisal）	価格等の詰めの交渉，修理工事の実施等	・売主によるその他の情報開示，書類提出 ・シロアリ調査・駆除処置の実施 ・インスペクターによるホーム・インスペクション ・建築許可，行政的な制限等の調査
	附帯条件等の最終確認，取引完了準備	タイトル・インシュランス・カンパニーの業務
		・タイトル・サーチ（権利関係の調査） ・タイトル・インシュランス（権限保険による保証）

5 不動産媒介契約

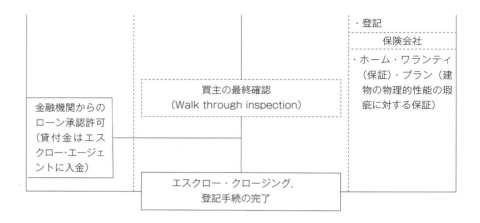

すると，交渉妥結後は，アメリカ型のローンや保険制度が確実に日本に入り込むと思われる。アメリカのローンの種類で注目すべきものとしてノンリコースローンと呼ばれるものがある。ノンリコースローンとは，売買物件だけを担保とし，その物件価格の範囲内で買主の責任を限定することになるローン商品であるから，金融機関としても物件に対するインスペクションは公正厳格に実施されなければならず，その段階でのインスペクションはアメリカのエスクロー的[*11]（■**表3**参照）な第三者機関によるものになっていくのではないかと予想している。ちなみに，イギリスでは，HIP（home information pack）という制度で，売主が物件を市場に出す際に準備を義務づけられた情報書類一式があり，住宅取引が行われるたびに住宅の履歴情報が売主から買主に手渡されることになっていたが，売主作成のものは信用されず，かえって不動産取引を阻害するという理由等で2010年の政権交代の際に廃止されている。

---

*10　MLS（Multiple Listing Service）とは，マルチプル・リスティング・サービスという不動産に関するデータベースシステムをいう。MLSには，不動産業者が得た売り物件の情報は24時間以内にMLSのシステムに登録しなければならない，というルールがあり，これを怠ると厳しい罰則がある。あくまでも不動産業者向けのもので，一般の個人が見ることはできないが，ここで公開されているデータは，物件の価格情報だけでなく，物件の広さ，過去の売買履歴や修繕履歴，登記の情報などがある。

*11　エスクローとは，不動産，動産を問わず，売買，移転，抵当権設定又は賃貸の目的で，契約書，金銭，権利証，その他関係書類を第三者に寄託し，一定の条件成就後，第三者をして，寄託した金銭又は証書類を取引の相手方に引き渡す一連の行為（カリフォルニア州法による。）をいうが，上記は，主にカリフォルニア州の既存戸建住宅の売買取引を中心として売買のエスクロー制度を公益社団法人全国宅地建物取引業協会の平成22年度研究事業「不動産取引制度に関する調査研究報告書」（平成23年公表）を参考にしながら整理してみた。

6 エスクローで重要なタイトルインシュアランスとは何か

アメリカで不動産を売買する際に重要なのがタイトル保険会社が発行するタイトルインシュアランス（Title Insurance）である。

タイトル保険会社は不動産の売買契約書の締結の数日後に，売買が行われる不動産に対する所有権，抵当権，先取特権，未払税金，地役権などの存在のすべてをまとめたレポート（Preliminary Title Report）を発行する。そしてタイトル保険会社は物件の引渡しの際に国や州のガイドラインに基づいたタイトル保険（CLTA，ALTA 等）を発行し，「このレポートの中に書かれていない所有権や抵当権等，買主に不利になることが将来的に判明した場合には，その損害額を保証する。」という内容のタイトル保険を発行する。

実際には Preliminary Title Report は物件引渡しの直前にもう一度，修正・更新が行われ，その後に最終的な『タイトル保険レポート（Title Insurance Report）』が発行されるのだ。

実際の不動産売買の現場では，タイトル保険会社とエスクロー会社が一緒になって，非常に信頼のおける不動産の取引を行うことを可能にしている。

具体的な実務としては，前述のレポート（Preliminary Title Report）の内容をエスクロー会社の担当者が確認をし，既存の抵当権のすべてを完済し，物件の所有権が売主から買主に移転されるために必要な譲渡証明書（Grant Deed）を締結・登記し，当該不動産の登記簿がまっさらな状態で買主に引き渡されるように実務を行うのである。ただし，買主，売主が希望する場合には登記簿の内容がまっさらにならないまま所有権の移転を行うこともある。このように，買主にとっては，タイトル保険が発行されることにより，購入後も安心して不動産を所有し続けることが可能となるわけだ。このタイトル保険への加入（購入）は任意であるが，例えば不動産ローンを組む際には，金融機関からの融資条件として，タイトル保険を付保すること等を義務づけられることが非常に多いのが現状である。

7 インスペクションの今後について

インスペクションは，先進諸国では，工程ごとに複数回の第三者機関により実施されている。一方，我が国では，第三者検査の発展は，今後のことであり，いわゆる瑕疵担保履行法で，保険利用事業者は瑕疵担保保険法人による現場検

査が条件となるなど，インスペクションが次第に認知され始めてきた。そして，今後はまず，平成 28 年の宅建業法の改正により，既存住宅から格段にインスペクションの必要性と機会が増大していくと思われるが，やがて民法（債権関係）改正等で上記のように他の領域にも拡大していくことが予想される。これにより，前述したように何でも「媒介業者の責任」という現在の状況から，他の専門領域の調査責任が媒介業者の責任領域から分離することが予想される。その結果，かえって性能が維持及び向上された良好な売買物件として適正な価格設定も行われるようになり，購入者も安心できる安定かつ良好な流通市場が生み出されていくと考えている。ただし，インスペクションの機会が拡大することに伴い，媒介業者には，民法が瑕疵担保責任から契約不適合責任へ転換したことの意義の説明や前記のようにインスペクションの必要性について売主に対する適切なアドバイスが求められることになると思われる。

Ⅴ　媒介契約の内容の純化と法的性質の明瞭化

　いままで述べてきた媒介に関する種々の問題を背景にしてか，民法（債権関係）改正の議論の中でも，「媒介」の定義が検討されたり，媒介という言葉を使用した制度が議論された[*12]。媒介契約の法的性質については従前，民事仲立，商事仲立，準委任等の説があり，今回の改正論議の中でも定義化が検討されたが，結局，媒介に関する定義は見送られた。しかし，定義化が見送られた理由は，準委任であることを前提としたものであったので[*13]，今後の媒介実務が論議される際に影響があると思われる。ところで，準委任の場合には，善管注意義務や忠実義務が問題とされる。委任契約について解釈上認められている忠実義務の明文化についても検討されたが[*14]，最終的に明文化は見送られた。ただいずれにしても，例えば，今後当事者双方から依頼を受けるいわゆる両手の媒介な

[*12]　第三者詐欺についての第三者を「相手方から媒介をすることの委託を受けた者又は相手方の代理人」に限定する案，あるいは「媒介受託者及び代理人のほか，その行為について相手方が責任を負うべき者」とする案は見送られた。前者の案は，表意者の救済を狭めるおそれがあり，また，後者の案は，「その行為について相手方が責任を負うべき者」という同義反復で表現もあいまいすぎるとして，民法 96 条 1 項及び 2 項の解釈適用に委ねたほうが妥当な解決を導くとし，解釈に委ねられることになった。ただし，見送られたといっても，裁判の論点としては今後も取り上げられ，解釈としては認められることはあるので注意を要する。

[*13]　法制審議会民法（債権関係）部会資料 46・86 頁。

[*14]　法制審議会民法（債権関係）部会資料 46・49 頁。

どの場合には，双方の当事者との間できちんと媒介契約を締結したり，一方の利益に偏することのないようにするなどの義務が従前に増して要求されるようになると思われる。この点からも業界をあげた留意が必要である[*15]。ちなみに前述したように宅建業法34条の2は，売買の媒介契約の場合には，宅建業法が要求する事項を記載した書面によることを要求しており，国土交通省は，この違反の場合には7日以上の業務停止処分とする旨を公表している[*16]。

VI　消費者契約法における媒介の位置づけ

消費者契約法の中では，民法（債権関係）改正論議の中でも議論されていた媒介業者の不実告知を取消事由とする制度が既に実現されている。消費者契約法5条には不実表示，不利益事実等の取消しに関する同法4条に関連し，媒介の委託を受けた第三者及び代理人に関する規定がある。

その結果，消費者契約法では，民法が従来定める以上に消費者の立場が保護され，契約の取消しを認める場合として，不実告知，不利益事実の不告知，断定的判断の提供，困惑の4パターンがある。なお，消費者契約法は，平成28年に改正され（平成29年6月3日施行），消費者契約法4条1項から4項に基づき取り消した場合，給付を受けた当時，取り消し得ることを知らない消費者は，現存利益を限度として返還義務を負うことになる（消費契約6条の2）。また，取消権の行使期間が1年間に延びることになった（消費契約7条）。

[*15]　ジュリ1048号は，「不動産媒介契約のあり方」を特集し，「不動産媒介契約制度の現状と課題」というテーマの座談会を掲載している。その座談会の司会稲本洋之助教授が最後に次のように発言していた（同書24頁）。
　　「私たちは『両手』がいけないのだということを言っているのではありませんが，『両手』がいいのだということもいろいろな点で言えなくなっていることを，はっきりと指摘させていただきたいのです。すなわち，自分が不動産の取引をこの業者に任せたいという，その業者が今度は先方の立場になって『どのくらい高く売りましょうか』とか『安くしましょうか』ということになると，本当に信頼関係に立った仕事なのか，わからなくなってくるところがあります。これはまさに日本的取引慣行の一つで，それには，良い面もあるかもしれません。結婚の仲人のように考えられれば，たいへん結構なことなのですが，しかし，結婚の相手は仲人でなくて自分たちで捜すという欧米的な考え方からすると，これは二重の意味で不可思議なものとなります。建設省のある重要な会合に参加した外国人の委員が建設大臣に対して『こういうことをいつまで許しておくのですか。『両手』などというのは半分，詐欺だ』というような発言をされた。ちょうどそのころ日米経済協議があって，建設省関係の問題も随分そこで取り上げられていましたので，建設省もたいへん気にはしていました。（後略）」
[*16]　「宅地建物取引業者の違反行為に対する監督処分の基準」（最終改正平成23年10月26日）（www.mlit.go.jp/common/000183153.pdf）

5　不動産媒介契約　　103

媒介業者の説明が不実だったことにより消費者契約法によって契約が取り消された場合，その点について業者に故意・過失があれば，それにより当事者が損害を被った場合，業者に責任が生じることになる。しかし，本法では，業者に不実であることについての故意・過失がない場合でも契約が取り消されることがあるが，その場合には業者に責任は発生しないと考える。

　売主事業者の不利益事実の不告知でなく，消費者契約法5条の販売代理業者の不利益事実の不告知が問題とされた事例として次のものがある。原告がマンションの一室を購入するにあたり本件建物の眺望・採光・通風といった重要事項のよさを告げている一方，当該重要事項に関して本件マンション完成後すぐにその北側に隣接する所有地に3階建ての建物が建つ計画があることを知っていたのに売主事業者の販売代理業者である被告の担当者が説明しなかったのは不利益事実を故意に告げなかったものであるとして，消費者契約法4条2項，5条に基づく売買契約の取消しに基づく売買代金の返還を建物明渡しによる引換給付とともに請求し認容された事例[17]である。控訴審では，和解したということであるが，注目すべき事例である。

Ⅶ　平成28年の宅建業法改正による標準媒介契約書の追加事項のまとめ

　最後に，平成28年の宅建業法改正による標準媒介契約書の追加事項をまとめておきたい。前述のように平成28年に宅建業法が改正され，これに伴い，国土交通省は，「改正宅地建物取引業法の施行に向けて」の参考資料を公表した。なお，改正法の施行に伴う今般の標準媒介契約約款の改正の機会を捉え，1三，3，第6条の条項を追加するとともに近年の社会的要請である暴力団等の反社会的勢力の排除に関する事項を標準媒介契約約款に第18条を追加するべきであるとしている。

　反社会的勢力の排除は，すべての領域で徹底されることになる。

媒介契約書への追加条項
1　成約に向けての義務

---

*17　東京地判平18・8・30（平成17年（ワ）第3018号）WLJ。

一 （略）

二 （略）

三 乙は，目的物件の売買又は交換の申込みがあったときは，甲に対し，遅滞な
く，その旨を報告します。

四 （略）

2 媒介に係る業務

（略）

3 建物状況調査を実施する者のあっせんの有無 （有・無）

4 違約金等

（略）

5 有効期間

（略）

6 約定報酬額

（略）

7 約定報酬の受領の時期

（略）

約款の追加条項

（建物状況調査を実施する者のあっせん）

第6条 乙は，この媒介契約において建物状況調査を実施する者のあっせんを行う
こととした場合にあっては，甲に対して，建物状況調査を実施する者をあっせん
しなければなりません。

（反社会的勢力の排除）

第18条[18] 甲及び乙は，それぞれ相手方に対し，次の事項を確約します。

一 自らが，暴力団，暴力団関係企業，総会屋若しくはこれらに準ずる者又はそ
の構成員（以下これらを総称して「反社会的勢力」といいます。）でないこと。

二 自らの役員（業務を執行する社員，取締役，執行役又はこれらに準ずる者を
いいます。）が反社会的勢力でないこと。

三 反社会的勢力に自己の名義を利用させ，専任媒介契約を締結するものでない
こと。

四 専任媒介契約の有効期間内に，自ら又は第三者を利用して，次の行為をしな
いこと。

---

[18] 一般媒介契約約款では18条であるが，専任媒介契約約款では16条，専任媒介契約約款では
17条となっている。

イ　相手方に対する脅迫的な言動又は暴力を用いる行為

　　ロ　偽計又は威力を用いて相手方の業務を妨害し，又は信用を毀損する行為

2　専任媒介契約の有効期間内に，甲又は乙が次のいずれかに該当した場合には，その相手方は，何らの催告を要せずして，専任媒介契約を解除することができます。

　一　前項第1号又は第2号の確約に反する申告をしたことが判明した場合

　二　前項第3号の確約に反し契約をしたことが判明した場合

　二　前項第4号の確約に反する行為をした場合

3　乙が前項の規定により専任媒介契約を解除したときは，甲に対して，約定報酬額に相当する金額（既に約定報酬の一部を受領している場合は，その額を除いた額とします。なお，この媒介に係る消費税額及び地方消費税額の合計額に相当する額を除きます。）を違約金として請求することができます。

6　レンタル契約とリース契約

堀 田　次 郎

Ⅰ　レンタル契約及びリース契約の意義

1　レンタル契約とは

　レンタル契約とは，契約の当事者の一方が特定のある物件の使用及び収益を相手方にさせることを約し，相手方がこれに対して，その使用・収益の対価（レンタル料）を支払うことを約する契約である。

2　リース契約とは

　リース契約とは，特定の物件の所有者である貸手が，当該物件の借手に対し，合意された期間（リース期間）にわたりこれを使用収益する権利を与え，借手は，合意された使用料（リース料）を借手に支払う契約をいう[1]。

3　レンタル契約とリース契約との異同

　上記のとおり，レンタル契約とリース契約は，いずれも借手をして目的物件を使用・収益させる賃借機能を有するものであり，その定義からみると，ともに改正民法 601 条が規定する典型契約である賃貸借契約と異ならないかのようにみえる。

　しかし，レンタル契約については，物件の貸借機能が重視され，その法的性質は民法上の典型契約である賃貸借契約と捉えられるのに対し，リース契約については，その経済的実質に着目し，むしろ金融機能の側面が重視され，その法的性質は非典型契約である金融契約（担保契約）の一種と捉えるのが一般であ

---

*1　「リース取引に関する会計基準」〔企業会計基準第 13 号（改正平成 19 年 3 月 30 日企業会計基準委員会）〕参照。

る。すなわち，リース契約の経済的実質としては，リース業者（貸手）の所有権ないし利用権は，ユーザー（借手）に使用権原を与え，かつリース料の支払を確保するための手段にすぎず，目的物件のもつ使用・収益の価値は，すべてユーザーによって使い尽くされることが通常であり，このような経済的な実質に着目すれば，リース業者がユーザーに対して目的物件の買受資金を融資し，それに金利等を加えたものをリース料の支払の形で回収し，その担保のために，目的物件の所有権等を自らに留保するものと解するのである[*2]。この点については，最判昭57・10・19民集36巻10号2130頁も，リース契約の実質を金融の便宜供与にあるとしており[*3]，最判平5・11・25裁判集民170号553頁・金法1395号49頁も，「ファイナンス・リース契約は，物件の購入を希望するユーザーに代わって，リース業者が販売業者から物件を購入のうえ，ユーザーに長期間これを使用させ，右購入代金に金利等の諸費用を加えたものをリース料として回収する制度であり，その実体はユーザーに対する金融上の便宜を供与するものである」と判示している。また，最判平7・4・14民集49巻4号1063頁は，フルペイアウト方式[*4]によるファイナンス・リースについて，その金融的機能を重視する立場によることを明らかにしており，さらに，最判平20・12・16民集62巻10号2561頁も，「ファイナンス・リース契約におけるリース物件は，リース料が支払われない場合には，リース業者においてリース契約を解除してリース物件の返還を求め，その交換価値によって未払リース料や規定損害金の弁済を受けるという担保としての意義を有するものである」と判示するなど，最高裁判決は一貫して，ファイナンス・リース契約について，その経済的な実質に着目して，金融取引に当たることを明らかにしている[*5]。

　したがって，例えば，レンタル契約におけるレンタル料は，目的物件の使用・

＊2　伊藤眞『破産法・民事再生法〔第3版〕』（有斐閣，2014）371頁。

＊3　太田豊・最判解民昭和57年度804頁参照。

＊4　「フルペイアウト方式」の意義については，後記Ⅲ1(2)参照。

＊5　なお，リース契約としては，このような金融的機能を担うファイナンス・リースのほか，リース業者において目的物件の残存価値を設定・取得して物件の所有に伴う費用と危険の全部又は一部を負担し，中途解約が可能なオペレーティング・リースや，リース業者が目的物件の保守・管理・修繕を行うメンテナンス・リースなどの種類があり，また，近時では，リース業者が様々なサービス（自動車税の支払等）を提供するパッケージ・リースと呼ばれるものなどもあるが，通常リースというときは，ファイナンス・リースを指すといわれており（太田・前掲注（＊3）795頁），本稿においても，リース契約とは，特段断らない限りこのファイナンス・リースのことをいう。

収益の対価として，レンタルする期間に応じて発生・算出されるのに対し，リース契約におけるリース料は，リース物件の取得費用のほか，これに対する金利・手数料，保険料・維持費用等の諸経費を基に全体の金額が算出され，それをリース期間全体に割り付けて個々の期間のリース料の金額が算出されている。そのため，リース契約においては，借手は，現実に目的物件の使用・収益をしているか否かにかかわらず，あたかも金融契約における弁済と同様に，必ずリース期間全体分についてリース料を支払わなければならず，たとえリース期間の途中で対象物件が返却されたり，物件が消滅したとしても，リース料の支払は継続する必要があることとなる。また，リース契約においては，金融契約と同様に，借手側にリース料の支払遅滞その他の債務不履行があるときは，リース業者は，リース物件の返還を受けるとともに，リース料の残額につき期限の利益を失わせ，その即時一括弁済を請求することができる（リース物件が引き揚げられたとしても，残リース料の支払義務はこれによって影響を受けない）旨の約定が置かれるのが一般である。

　このように，レンタル契約とリース契約は，いずれも借手をして目的物件を使用・収益させる貸借機能を有するものであるが，レンタル契約については，物件の貸借機能が重視され，その本質は，改正民法601条が規定する典型契約である賃貸借契約と捉えられるのに対し，リース契約については，その経済的実質に着目し，金融契約（担保契約）の一種と捉えられるのであり，このような両者の法的な捉え方の異同が，以下のとおり，種々の場面で，異なる法律上の取扱いをもたらしている。

II　レンタル契約について

1　賃貸借契約（典型契約）としてのレンタル契約

　上記のとおり，レンタル契約については，その貸借機能を重視し，民法上の典型契約である賃貸借契約と捉えるのが一般的である。そのため，レンタル契約は，双務・有償・不要式の諾成契約として，一方の当事者が，相手方に物件を使用・収益させることを約し，相手方がこれに対してその賃料（レンタル料）を支払うことを約すという両当事者間の合意のみによって成立し（新民601条），契約書等の特定の形式を伴うことを必要としない。

2 レンタル契約の内容

レンタル契約の目的物件は，有体物（民85条）であれば，動産でも不動産でもよいが，リース契約のように，借手の選定・指示により貸手がサプライヤーから新規に取得するのではなく，貸手が既に保有する物件の中から借手が選択するのが通常であるため，汎用性のある動産類を目的とするものが一般的である。また，レンタル契約において，借手がレンタル契約の目的物件を一定の内容に従って使用・収益することができるような状態におくことは，貸手の基本的な義務であって（新民601条），その使用及び収益に必要な保守・修繕も，賃貸借契約に基づく義務の一つとして，原則として貸手がこれを負担する（新民606条1項）。レンタル契約においては，この保守・修繕義務は，目的物件の破損等が不可抗力により生じた場合にも発生するが，借手に帰責事由がある場合には，発生しないものとされる。他方で，借手は，レンタル契約上，契約又はレンタル目的物件の性質によって定まった用法に従って当該物件の使用及び収益をしなければならず（新民622条・594条），また，善良な管理者の注意をもって当該物件を保存する義務を負う（新民400条）。レンタル契約の目的となっている物件が，契約の両当事者の責めに帰し得ない事情で滅失・毀損し，借手がこれを当初予定していた方法で使用・収益することができないときは，貸手がその危険を負担し，借手は，レンタル料の支払を拒むことができる（新民536条1項・611条1項）。

レンタル契約における期間は，リース契約の期間が比較的長期とされるのとは異なり，借手の必要に応じて自由に任意で設定されるのが通常であり，例えば，期間が年単位で設定されるものもあれば，週，日あるいは時間単位で設定されるものもある。また，レンタル契約においては，リース契約とは異なり，借手の都合により，中途解約や期間の延長を可能とするものが一般的である。借手は，レンタル契約が終了したときは，目的物件を原状に復して賃貸人に返還しなければならない（新民622条・599条）。その際，通常の使用に伴う損耗は，レンタル契約に伴う減価のコストとしてレンタル料に織り込まれているため，借手は，原則としてその復旧に係る費用を負担する必要はない[6]。

＊6 　最判平17・12・16裁判集民218号1239頁・判タ1200号127頁参照。

Ⅲ　リース契約について

1　リース契約の仕組みと特徴

(1)　リース契約の形式・仕組み

　リース契約の形式としては，リース物件を供給してリース業者からその対価を受けるサプライヤー，サプライヤーにリース物件の対価を支払うとともにユーザー（借手）からリース料の支払を受けるリース業者（貸手），及びサプライヤーからリース物件の引渡しを受けてこれを使用・収益するとともにリース業者にリース料の支払をするユーザーの三当事者契約となるのが一般的である[7]。

　リース契約は，特定の物件の使用・収益を欲するユーザーが，当該物件をサプライヤーから直接購入するのではなく，その取得代金の調達のため，リース業者から金融を受けることを目的として締結されるものであり，その具体的な仕組みは，以下のようなものである。すなわち，まず，リースの利用を欲するユーザーが，サプライヤーとの間で使用・収益の対象となる目的物件を選定するとともに，リース業者にリース契約の申込みを行い，これに対し，リース業者は，ユーザーの信用調査をしたうえでその諾否を決定する。リース業者によってリースが許諾されるとなると，ユーザーとリース業者との間で，目的物件の対価を基礎として，ユーザーによる当該物件の使用・収益の期間（リース期間）及びこの期間中にユーザーが支払うべきリース料の額を決定する。その後，リース業者とサプライヤーとの間で合意が行われ，リース業者は，利用者の選定した物件をサプライヤーから買い受けて所有権を取得する。リース契約の目的となる物件は，ユーザーの希望に応じた仕様・装備がされ，サプライヤーからユーザーに直接引き渡される。目的物件の引渡しを受けたユーザーは，物件を検収してそれが契約（仕様）に適合するものであるときは，「リース物件の引渡しを受け，借用した」旨を記した「物件借受証」（「受領書」とか「検収書」とも呼

---

[7]　神崎克郎「リース」遠藤浩ほか監修『現代契約法大系（第5巻）金融取引契約』（有斐閣，1984）269頁。なお，潮見佳男『契約各論Ⅰ』（信山社，2008）387頁は，リース契約の取引実務について，リース契約をリース業者・ユーザー間の契約とみたうえで，その内容として使用収益要素と金融的要素を認める点，サプライヤー・リース業者間の契約を売買契約と捉える点，さらに，サプライヤー・ユーザー間の直接の契約関係を認めない点から，リース契約を二当事者の「無名契約」として捉える構成を基礎とするとしている。

ばれる。）をリース業者に交付する。ユーザーから物件借受証を受領したリース業者は，物件の対価をサプライヤーに支払う。そのうえで，ユーザーは，リース期間中，リース業者からその許諾を得て目的物件の使用及び収益をし，リース料をリース業者に支払う。リース期間が終了すると，ユーザーは，目的物件をリース業者に返還して契約関係を終了させるか，又は再びリース契約を締結して（再リース），物件の使用・収益を継続するかの選択権を有する。このように，リース契約においては，目的物件はユーザーとサプライヤーとの間で決定され，サプライヤーからユーザーに直接引き渡され，ユーザーによって検収される。ユーザーは，自己の判断でサプライヤーを選定し，物件の品質・性能を決定し，かつその受領と検収を行う。リース業者は，このようなサプライヤーの選定や目的物件の品質・性能の決定，物件の引渡し・検収には関与しない（そのため，目的物件が存在せずユーザーがリース業者から金融のみを得るいわゆる「空リース」や，1個の目的物件について複数の金融を得る「多重リース」の問題が生じることがある。）。

(2) リース契約の特徴

　前記のとおり，リース契約は，その金融機能を重視する立場が一般的であり，ユーザーがリース業者に支払うリース料は，リース業者がサプライヤーに対して支払った目的物件の取得価格及びこれに対する金利・手数料のほか，リース業者が負担する保険料・維持費用等の諸経費等を加えた金額をリース期間に分割して算定される（なお，リース期間経過後のリース物件の見積残存価値をゼロとして，リース業者が当該リース取引において投下した資本を当該リース契約に係るリース料の支払によって全額回収できるようにリース料全額が算定されるリース契約の方式を「フルペイアウト方式」と呼び，リース期間経過後のリース物件に見積残存価値があるものとして，リース料がこの見積残存価値を控除して算定されるリース契約の方式を「ノン・フルペイアウト方式」と呼んでいるが，我が国の実務では，税務・会計基準との関係で，通常は，フルペイアウト方式が採用されている[8]。）。このように，リース契約は，リース業者がユーザーに金融的な便宜を供与することによって，サプライヤーに目的物件の対価の全額を収受せしめるとともに，ユーザーがリース期間にわたって目的物件の対価にその金利等の若干の金額を加えた額をリース業者に分割払いをすることによって，目的物件の使用・収益をすることが可能となる取引であり，あたかも，目的物件の買主が他から借り入れた金銭でもって売主に売買代金を支払い，借

---

[8]　潮見・前掲注（[7]）383頁。

入金を分割弁済するのと類似の経済的効果がある。

　ユーザーは，リース契約によって，リース業者の信用を背景として，目的物件の対価の一部にすぎない前払リース料（リース料の1回ないし3回分に設定されるのが通常である。）のみを支払って自己が必要とする物件を導入し，これを使用及び収益することができる。したがって，例えば，自己の事業のために設備の導入を必要とするユーザーは，比較的低額な初期投資（経済的負担）のみでこれを導入することができ，その設備の対価に相当する資金を固定することなくこれを運転資金等の他の用途に活用することができる。しかも，設備の導入を他からの借入金によって行おうとする場合には，借入れのための担保が必要とされるのが通常であるのに対し，リース契約を利用する場合には，リース物件ないしその利用権そのものが担保となるため，担保を別に必要としないことから，担保力を有しないユーザーであっても容易に設備を導入することが可能となる。また，リース契約が米国から導入された当初は，ユーザーは，リース料を全額経費として損金算入することができた[*9]ため，物件を購入してこれを使用・収益する場合に損金算入できる減価償却費及び固定資産税よりも多くの金額を経費として処理することができ，税法上有利な取扱いを受けることができるなどのメリットもあった。

　これに対し，金融的な便宜を供与するにすぎないリース業者は，リース契約上，ユーザーがサプライヤーから引渡しを受けた目的物件について，使用・収益することを許諾するだけであって，それ以上に，ユーザーが一定の内容に従って目的物件を使用・収益させる義務を負うことはなく，物件の保守・修繕義務も負わない。また，リース業者は，ユーザーに対して目的物件についての瑕疵担保責任を負わず，当該物件の瑕疵については，原則としてその品質・性能について約定したサプライヤーがユーザーに対して責任を負うことになる。

　リース契約においては，リース料は，リース期間にわたって，一定の金額が定期的に支払われるが，それは，あくまでユーザーに対する金融的な便宜を提供した費用（債権）の回収を目的として収受されるものであり，ユーザーによるリース目的物件の使用・収益の対価としての性質は有していない。したがって，

[*9]　なお，税制上，平成20年4月1日以降に締結されるファイナンス・リースは，わずかな例外を除いて，売買契約として処理されることとなり，リース資産の償却は，いわゆるリース期間定額法で行うこととされたため，現在では，リース料全額を損金算入することはできなくなっている。

リース業者は，ユーザーによる物件の使用・収益の有無を問わず，リース料の支払を受けることができ，その反面で，ユーザーは，契約期間（リース期間）の途中で契約を解約してそれ以降のリース料の支払を免れることができず，また，物件がユーザーの責めに帰し得ない事情で滅失・毀損しても，リース料の支払は継続しなければならない（通常このような場合には，リース契約上，ユーザーが残リース料の一括弁済額に相当する規定損失額をリース業者に支払い，その支払完了によってリース契約は終了する旨約定されるのが一般的である。）。なお，リース業者がリース期間の中途で目的物件の返還を受けたときは，リース業者は，目的物件の返還によって取得した利益をユーザーに返戻し，又は残リース料債権の支払に充当するなどして，これを清算する義務を負う[*10]。

2　ユーザーの法的倒産手続とリース契約

(1)　はじめに——倒産とリース契約

既に述べたとおり，リース契約については，その経済的実質に着目し，金融契約の一種と捉えるのが一般である。そこでは，目的物件の所有権ないし利用権は，リース業者がユーザーに対するリース料債権を回収するための担保としての機能を有することとなるが，この担保的機能は，ユーザーが経済的危機状況に陥った場合に，最もよく発揮されることとなる。とりわけ，ユーザーについて，法的倒産手続（破産手続，特別清算手続，民事再生手続及び会社更生手続）が開始された場合には，ユーザーの信用不安が現実化したものとして，リース業者は，リース契約を解除するとともに，目的となっている物件を引き揚げて，未払リース料債権の回収を図ろうとする。しかし，ユーザーについて法的倒産手続が開始された以降は，このリース業者による債権回収（担保権実行）については，倒産手続に参加する他の債権者等の多数の利害関係人との調整・公平にも留意する必要があり（破1条，民再1条，会更1条参照），倒産手続におけるリース契約をめぐる法律関係は，リース料債権の法的性質や当該倒産手続における担保権の処遇等とも関連して，極めて複雑な様相を呈する。

以下では，ユーザーについて法的倒産手続が開始された場合に，リース契約をめぐり問題となる法律上の争点について，若干の論考を加える。

(2)　リース料債権の倒産手続における取扱い

---

*10　前掲最判昭 57・10・19 参照。

リース契約が法律的には賃貸借契約に類似しているという点に着目した場合，リース業者の目的物件を使用・収益させる義務とユーザーのリース料支払義務とが対価関係にあると考えることになり，これらの義務が履行されないままユーザーについて法的倒産手続が開始された場合，倒産法における双方未履行双務契約の規定の適用を受け，ユーザー（ないしその管財人）が履行又は解除の選択権を有することになる。この立場に立つと，ユーザーが履行を選択した場合，未払リース料のうち，手続開始前の部分は倒産債権（破産債権，再生債権又は更生債権）として取り扱われ，手続開始後の部分は財団債権（破産手続の場合）又は共益債権（再生手続もしくは更生手続の場合）として取り扱われることとなり，解除を選択した場合には，未払のリース料は，その全部が倒産債権として扱われることとなる。この点，レンタル契約は，前記のとおり，その本質は改正民法601条が規定する賃貸借契約と捉えられるから，貸手の目的物件を使用・収益させる義務と借手のレンタル料支払義務とがいずれも未履行状態で，ユーザーについて法的倒産手続が開始された場合には，レンタル契約は双方未履行双務契約として処理されることとなる。

　しかし，リース契約に関しては，前記のとおり，その経済的実質に着目し，金融機能を重視する立場が一般であり，最高裁も一貫してこの立場を採っている。この立場によった場合，リース業者は，目的物件がユーザーに引き渡された後は，当該物件について，使用・収益させる義務や保守・修繕義務等何らの義務も負わないこととなる。したがって，ユーザーについて法的倒産手続が開始された場合であっても，倒産法の双方未履行双務契約に関する規定は適用されず，残リース料は，その全部が倒産債権として取り扱われることとなる。この点については，前掲最判平7・4・14も，ユーザーに更生手続が開始された場合について，フルペイアウト方式によるファイナンス・リースは「リース期間満了時にリース物件に残存価値はないものとみて，リース業者がリース物件の取得費その他の投下資本の全額を回収できるようにリース料が算定されているものであって，その実質はユーザーに対して金融の便宜を付与するものであるから，右リース契約においては，リース料債務は契約の成立と同時にその全額について発生し，リース料の支払が毎月一定額によることと約定されていても，それはユーザーに対して期限の利益を付与するものにすぎず，各月のリース物件の使用と各月のリース料の支払とは対価関係に立つものではない。した

がって，会社更生手続の開始決定の時点において，未払いのリース料債権は，期限未到来のものも含めてその全額が会社更生法102条[11]にいう会社更生手続開始前の原因に基づいて生じた財産上の請求権（更生債権）に当たるというべきである。」と判示しており，倒産実務上は，リース契約について，金融の便宜を付与する契約と解し，リース料債権の全額を倒産債権（破産債権，再生債権又は更生債権）として取り扱い，リース業者については，このリース料債権を被担保債権とする担保権者として処遇することが定着している。

　なお，このように，リース契約について，金融的側面を重視する立場によれば，リース料債権は，担保権付債権と解されることとなるが，具体的に何をその担保目的物と捉えるかに関しては，リース目的物件自体（所有権）を担保目的物とする所有権留保類似の担保権とする考え方と，リース目的物件を一定の内容に従って利用する権利を担保目的物とし，その利用権に質権ないし譲渡担保権が設定されているとする考え方が対立しており，この点について明示した最高裁判決はない。この点，担保目的物をその物件自体（所有権）と解した場合，目的物の所有権（少なくともその一部）がユーザーに移転していることが前提とされなければならないが，そもそもリース契約においては，目的物件の所有権が部分的にもユーザーに移転することはない（リース期間が満了して被担保債権が完済されても，目的物は債務者には帰属しない点で，ファイナンス・リースは，所有権留保や譲渡担保と決定的に異なる。）から，目的物件自体（所有権）を担保目的物と解する前提を欠くことになる。したがって，リース契約は，ユーザーに帰属する目的物件の利用権を担保目的とするものと理解するのが相当と考えられ[12]，少なくとも下級審レベルの裁判例では，この利用権説の立場が有力となっている[13]。このように，担保目的が利用権であると解した場合，担保権の行使方法は，リース業者が約定に基づきリース契約を解除したうえで，ユーザーから利用権を剥奪してリース業者に移転させ，混同により当該利用権を消滅させることによって，リース業者が完全な所有権を取得し，この完全な所有権に基づきリース物件を引き揚げることにより行うことになる。

(3)　リース契約と担保権消滅の許可制度

---

[11]　平成14年改正前会社更生法102条は現行会社更生法2条8項に該当する。
[12]　山本和彦「ファイナンス・リース契約と会社更生手続」NBL574号11頁以下参照。
[13]　大阪地決平13・7・19金法1636号58頁，東京地判平15・12・22判タ1141号279頁等。

前記のとおり，リース契約については，倒産実務上，その金融的側面を重視する立場から，リース業者を担保権者として処遇することが定着しているが，破産手続や再生手続においては，手続開始の時において債務者に帰属する特定の財産上に存する担保権を有する者は，その目的である財産について，別除権を有するものとされ（破2条9項，民再53条1項），別除権者は，当該手続の制約を受けずにこれを実行して優先的に弁済を受けることができるとされている（破65条1項，民再53条2項）。このように，破産法及び民事再生法は，担保権について，手続の構造を簡素化するため，これを別除権として規定し，原則として手続から分離独立して行使できるものとしている。しかし，とりわけ民事再生手続においては，再生債務者の事業の継続に不可欠な物件がリース契約によって調達されている場合には，再生手続外での担保権の実行を何ら制約しないものとすれば，当該物件について担保権が実行され，その物件が引き揚げられてしまう結果，事業の継続が不可能となるおそれがある。そこで，民事再生手続上，再生債務者の事業の再生を図るためには，担保権の実行に制約を加える必要がある場合が少なくなく，民事再生法は，再生債務者が別除権者による担保権の実行を直接的に制約する手段として，担保権消滅許可の制度（民再148条以下）を設けている。この担保権消滅許可の対象としては，法文上は，典型担保を予定していることが明らかであるが，上記のような担保権消滅許可の制度趣旨は非典型担保にも妥当するから，理論的には，民事再生法148条の類推適用という形で，民事再生手続上，リース契約も担保権消滅許可の対象となると考えられている。

　もっとも，リース契約のような非典型担保については，公示方法としての登記・登録の制度が存在しないことが多く，そのような公示方法が存在しない場合には，例えば，多重リースや空リースのように，担保権の成立そのものが疑われ，担保権の成立の認定に困難を伴うことがあったり，複数担保が設定されているときは，担保権の存在やその内容（優先性等）を認定することには相当の困難を伴うことがあったりということが考えられる。また，担保権消滅許可の制度において，配当手続は再生手続を審理する裁判所が民事執行法の定めに基づき行う（民再153条3項）ことになるが，非典型担保が複数設定されていたり典型担保と競合するような場合は，これら複数の担保について配当に関する優先順位を定める実体法が整備されていないため，再生裁判所が担保権の配当順位

を確定し，民事執行法の定めに従って配当を行うことにも，相当の困難を伴う。

さらに，担保権消滅許可の申立てにおいては，担保目的物を処分するものとして，その評価額を算定する必要があり（民再規 79 条 1 項），担保権消滅許可の制度を適切に機能させるためには，当該担保目的物の評価について，合理的・客観的な評価基準が確立し，かつ当事者にも予測可能なものとする必要があるが，特にリース対象物件は，動産であることが多く，しかも当該動産も多種多様なものが想定され，不動産とは異なり，客観的・合理的な評価方法が確立していないものが多く，その評価をどのように行うかという非常に困難な問題もある。

以上のとおり，民事再生手続において，リース契約のような非典型担保について担保権消滅許可の申立てをすることは，理論的には可能と考えられるが，現実の手続を進めていくうえでは，種々の認定上・運用上のあい路が存在するといえる[14]。したがって，現実にリース契約のような非典型担保について担保権消滅許可の申立てをしようとする場合は，①担保権の成立・内容について当事者間に争いがないか否か，②競合する担保権が存在しないか，存在するときは，その成否・順位に関する争いがあるか否か，③対象となる財産の価額に争いがあるか否かなどといった点について慎重に検討する必要があり，問題点が多いと，手続を進めることが事実上困難になると考えられる。

(4) リース契約と倒産解除特約

リース契約における倒産解除特約とは，ユーザーについて法的倒産手続の開始決定ないしその申立てがあったことを原因として，リース業者においてリース契約の解除をして目的物件を引き揚げることを可能とする規定（特約）のことをいい，リース業者が締結するリース契約の契約書には，定型的にこの規定が設けられているのが通常である。しかし，倒産実務においては，リース物件の継続利用がユーザー（債務者）の事業継続・再建等のため必要である場合も少なくなく，無制限に倒産解除特約の効力を認めると，ユーザーの事業の継続・再建が困難となり，また，他の利害関係人との公平を害するなど，不都合が生じることもあり得るから，倒産手続上，その効力が認められるか否かについては，争いがある。

この点について，最判昭 57・3・30 民集 36 巻 3 号 484 頁は，会社更生手続の開始申立てを解除事由とする所有権留保付売買契約の倒産解除特約の有効性

---

[14]　舘内比佐志ほか編『民事再生の運用指針』（きんざい，2018）271 頁。

に関し，「債権者，株主その他の利害関係人の利害を調整しつつ窮境にある株式会社の事業の維持更生を図ろうとする会社更生手続の趣旨，目的（会社更生法1条参照）を害する」ものとして，その効力を肯認し得ないものと判示しており，この趣旨は，リース契約にも及ぶものと解される。また，前掲最判平20・12・16も，民事再生手続開始の申立てを解除事由とするファイナンス・リース契約の倒産解除特約の有効性に関して，「民事再生手続は，経済的に窮境にある債務者について，その財産を一体として維持し，全債権者の多数の同意を得るなどして定められた再生計画に基づき，債務者と全債権者との間の民事上の権利関係を調整し，債務者の事業又は経済生活の再生を図るものであり（民事再生法1条参照），担保の目的物も民事再生手続の対象となる責任財産に含まれる。ファイナンス・リース契約におけるリース物件は，リース料が支払われない場合には，リース業者においてリース契約を解除してリース物件の返還を求め，その交換価値によって未払リース料や規定損害金の弁済を受けるという担保としての意義を有するものであるが，同契約において，民事再生手続開始の申立てがあったことを解除事由とする特約による解除を認めることは，このような担保としての意義を有するにとどまるリース物件を，一債権者と債務者との間の事前の合意により，民事再生手続開始前に債務者の責任財産から逸出させ，民事再生手続の中で債務者の事業等におけるリース物件の必要性に応じた対応をする機会を失わせることを認めることにほかならないから，民事再生手続の趣旨，目的に反することは明らかというべきである。」として，倒産解除特約について，「民事再生手続の趣旨，目的に反するものとして無効と解するのが相当である。」と判示した。このように，最高裁判所判決においては，再建型倒産手続の開始決定ないしその申立てを解除事由とする倒産解除特約については，これを無効と解する判断が定着している。

　これに対し，特別清算手続や破産手続といった清算型の法的倒産手続については，その開始決定ないし申立てを解除事由とするリース契約の倒産解除特約の有効性を直接判断した最高裁判所判決はない。この点，民事再生手続に関する前掲最判平20・12・16の判示が，倒産解除特約を無効とする根拠を，リース物件の責任財産からの逸出と民事再生手続内におけるリース物件の必要性に応じた対応の機会の喪失に求めていることからすれば，清算型倒産手続についても，同様に倒産解除特約が無効であるとの結論に至ることが考えられる[15]が，

これに対しては，破産手続において担保権実行を直接的に制約する制度がないこと*[16]等に照らし，前掲最判平 20・12・16 の射程は，破産手続には及ばないとする見解も有力に主張されているところである*[17]。リース契約の当事者があえて倒産解除特約を設けて，担保権者であるリース業者に対し，ユーザーの倒産という信用不安が現実化した場合における債権回収の手段を与える旨合意している以上，そういった当事者の合理的な意思は尊重すべきであり，前掲最判昭 57・3・30 や最判平 20・12・16 の判示も，あくまで再建型倒産手続を前提に，倒産解除特約が，主として債務者の事業の更生ないし再生といった事業の再建の目的に反することを根拠としてその効力を否定したものであるとすれば，その射程は，破産手続や特別清算手続といった清算型倒産手続には及ばないとする結論も，十分に考えられるところである。

Ⅳ　最　後　に

以上述べてきたとおり，レンタル契約とリース契約は，いずれも借手をして対象物件を使用・収益させる賃借機能を有するものであるが，レンタル契約については，物件の貸借機能が重視され，その本質は，改正民法 601 条が規定する典型契約である賃貸借契約と捉えられるのに対し，リース契約については，その経済的実質に着目し，金融契約（担保契約）の一種と捉えるのが一般である。

レンタル契約とリース契約は，対象物件の所有権を取得しないで，これを利用し，あるいは調達する法形式として，ともに現代的発展を遂げている契約形態である。レンタル契約は，その対象物件が汎用動産を中心に，事務用品や車両，日用品・雑貨，レジャー用品等極めて広範に及び，レンタル期間も，年単位で設定されるものもあれば，週，日あるいは時間単位で設定されるものもあるなど，ユーザーの細やかなニーズに応じて，その契約形態・内容は種々様々なものとなって発展している。また，リース契約は，資金力や担保力に乏しくても，高額な最新の機械等の設備を比較的低額な経済的負担のみで利用するこ

＊15　森富義明・最判解民平成 20 年度 597 頁参照。

＊16　なお，破産法上の担保権消滅許可の制度（破 186 条以下）は，民事再生法上のそれとは異なり，あくまで破産管財人が担保目的物件の任意売却を容易に行うための制度であり，担保権実行を直接的に制約する制度ではない。

＊17　松下淳一「再生手続における倒産解除条項の効力」中島弘雅ほか編『民事再生法判例の分析と展開〔金判増刊 1361 号〕』107 頁。

とを可能とするものであり，元々は，そのようなニーズのある事業者に対して金融を提供するものとして，昭和30年代後半に米国から導入され，その後，税制・会計制度上のメリットを背景に急速に発展・普及してきた。近年では，リース契約の対象となる物件は，機械設備のほか，コピー機やパソコン等の小型事務機器・情報関連機器など比較的低額で汎用性の大きいものまで拡大するとともに，ユーザーとしてこれを利用する者も，事業者のみならず一般消費者までその範囲が広がっている。

リース契約に関しては，今般の民法（債権関係）改正の議論の出発点では，新たな典型契約として規定を新設することも提案されたが，リース契約が主に事業者間で行われる取引であるうえ，税制や会計制度の動向によって利用状況が左右される取引類型であり，民法上の典型契約とする積極的意義は認められず，かえって消費者や零細事業者の保護に欠ける結果となるなどの理由から反対意見[18]が根強く，種々の議論の末，結局，典型契約化は見送られることとなった。その結果，リース契約については，法形式と経済的実質の乖離の問題は依然残されたが，これまで述べてきたとおり，経済社会や商取引の実務においてリース契約が果たす役割についての認識が共有化されるとともに，契約内容やその経済的実体に対する理解が深まり，それに伴って，リース契約をめぐる議論が深化されて最高裁判例等の裁判例が集積されるなど，その問題点の多くが解決を見ている。とはいえ，倒産法上の論点を中心に，いまだその取扱いに不透明な部分は多く，法理論上も，未解決の問題点は多数残されているところであり，今後は，民法（債権関係）改正の審議の中で議論されたところ[19]を踏まえ，更なる法理論の発展がされる分野であると思われる。

---

*18　公益社団法人リース事業協会法務委員会「ファイナンス・リースの典型契約化に対する見解」月刊リース2011年2月号2頁以下等。

*19　詳細は，高橋めぐみ「ファイナンス・リースと民法（債権関係）改正」日本法学80巻3号139頁参照。

7 ファイナンス・リース契約

堀　　弘

I　ファイナンス・リース契約の意義・特徴

　賃貸借の法形式をとりながら民法が想定する一般的な賃貸借とは異なる性質を有する取引形態である「リース契約」は，「ファイナンス・リース契約」と「オペレーティング・リース契約」に分類される。

　「ファイナンス・リース契約」とは，事業者[*1]であるユーザー（法形式的には賃借人であり，「レッシー」ともいう。）が選定した機械・設備等の物件を，リース業者（法形式的には賃貸人であり，「レッサー」ともいう。）がユーザーに代わってサプライヤー（物件の売主をいう。）から購入し，それをユーザーに対して賃貸（リース）して使用収益させる一方で，ユーザーが約定のリース期間中に支払うリース料をもって，物件購入代金，金利，費用，諸手数料等を回収しようとすることを目的とした契約をいう。ユーザーは，購入資金を調達することなく，希望する機械・設備等を使用することができるため，ファイナンス・リースは金融取引としての側面をもつ。

　ファイナンス・リース契約は，賃貸借の法形式をとることから，リース物件の所有権をリース業者が保有し，ユーザーには移転しないという特徴を有するが，その一方で，上記のとおり金融取引としての側面を有することから，以下の特徴を有している。すなわち，ファイナンス・リース契約は，①リース物件

[*1]　これに対し，消費者がユーザーとなるリース取引を「消費者リース」という。ファイナンス・リースが機械・設備等の導入のための金融手段であるのに対し，消費者リースは，サプライヤーの商品販売の一環としてリース契約が利用され，ユーザーに対する消費者信用取引としての性質を有する。消費者リースでは，事業者であるサプライヤー（及びその提携先であるリース業者）と消費者であるユーザーとの間に契約内容や商品に関する知識等に格差があることから，ユーザーに対して十分な説明がなされないまま契約が締結された場合にトラブルが生じる可能性がある。

やそのサプライヤーは，ユーザーが選択する（リース業者は金融的側面を有するサービスの提供者となる。），②ユーザーがリース期間中に支払うリース料には，リース物件の購入代金，金利，手数料その他の諸費用のおおむね全額が含まれている（これによりリース業者は投下資本の全額回収〔フル・ペイアウト〕を予定し，当該リース物件を別のユーザーに賃貸することは予定しない。），③ユーザーはリース期間中に中途解約を行うことができない（リース業者の投下資本の全額回収を確保する。），④リース物件の保守・修繕義務は（リース業者ではなく）ユーザーが負う，⑤リース物件の瑕疵担保責任は売主にある（リース業者は瑕疵担保責任を負わない。），⑥リース業者は，リース物件の滅失・毀損等の危険負担を負わない，といった特徴がある[2]。

これに対して，「オペレーティング・リース契約」とは，ファイナンス・リース契約以外のリース契約を総称したものであり，金融ではなく，物件の使用収益に係るサービスの提供を主目的とした契約をいう。

また，リース取引のうち，リース物件（自動車等）のメンテナンス（整備・修繕・保守）の義務がリース業者にあるものを「メンテナンス・リース」という。メンテナンス・リースは，オペレーティング・リース契約におけるサービス内容にメンテナンス（例えば，リース業者が選定又は委託した工場でメンテナンスを受けることができる等）が付加されたもののほか，ファイナンス・リースにメンテナンス特約が付加されたものも存在する。

Ⅱ　リース契約の沿革

賃貸借取引自体は古代から行われてきたものであるが，19世紀末から20世紀初頭にかけて，アメリカ合衆国において近代的な機械・設備リース（Equipment Lease）が発生し，アメリカ経済の発展によりその需要が高まった1950年代には，金融的な性質を有するリース取引へと発展し[3]，新たな金融手段として産業界で注目されるようになった[4]。

我が国では，高度成長期における長期設備資金の需要の増加に伴い，1960年

---

[2]　江頭憲治郎『商取引法〔第8版〕』（弘文堂，2018）224頁，公益社団法人リース事業協会法務委員会編『リース標準契約書の解説』（リース事業協会，1997）1頁。
[3]　1952年に設立されたUSリーシング社が最初の専業リース会社とされる。
[4]　宮内義彦『リースの知識〔第9版〕』（日本経済新聞出版社，2008）13～17頁，72～74頁。

7　ファイナンス・リース契約

代以降にリース取引が導入され，発展した[*5]。公益社団法人リース事業協会の調査によると，2017年度におけるリース取扱高は4兆8,759億円であり，民間設備投資額に対するリース設備投資額の比率が5.34％を占める[*6]。また，同年度におけるリース物件別取扱高の内訳は，情報通信機器（電子計算機及び関連装置，ソフトウエア並びに通信機器及び関連装置）が34.1％，事務用機器が8.2％を占めるほか，産業機械が10.9％，輸送用機器（自動車，船舶及び航空機）が8.5％，商業及びサービス業用機器が12.8％となっている[*7]。

　各リース会社は，アメリカ合衆国における契約例を参考にしつつ，独自の契約書を作成してリース取引を行っていたが，1970年代に入りリース取引の諸問題や法的性質につき調査・研究が進められるようになり，その後それらを整理しリース取引の実態を忠実に表現する標準的な契約書の必要性が高まった[*8]。これを受けて1982（昭和57）年4月にリース事業協会内の法務委員会において，リースの法的側面，ファイナンス・リース契約の基本的要素，各社のリース契約書の比較検討等の研究が行われた結果，同協会により1988（昭和63）年に「リース標準契約書」（以下「標準契約書」という。），「標準物件借受証」及び「標準注文書・注文請書」が作成された。それらは，その後の税制上・会計上のリースの取扱いの変更等を契機に内容の再検討が行われ，1997（平成9）年に改訂されており，以後随時改定している。また，標準契約書は2005（平成17）年に改題され，「リース契約書（参考）」（以下「参考契約書」という。）となっている。

　民法のうち債権関係の規定についての見直しを検討するために2010（平成22）年に設置された法制審議会民法（債権関係）部会において，ファイナンス・リース契約を新たな典型契約として民法に規定することの要否が議論された。同部会が2013（平成25）年2月26日に決定した「民法（債権関係）の改正に関する中間試案」（以下「中間試案」という。）では，ファイナンス・リース契約を賃貸借に類似する契約と位置づけ，民法の賃貸借の節に，①ファイナンス・リース契

＊5　日本初のリース会社である株式会社日本リース・インターナショナル（現SMFLキャピタル株式会社）が1963年に設立され，1964年にはオリエント・リース株式会社（現オリックス株式会社）及び東京リース株式会社（現東京センチュリーリース株式会社）が設立された後，商社，銀行，メーカーの資本によるリース会社などが設立された。

＊6　公益社団法人リース事業協会広報調査委員会編『リース・ハンドブック〔第34版〕』（リース事業協会，2018）1頁。

＊7　公益社団法人リース事業協会広報調査委員会・前掲注（＊6）28頁。

＊8　公益社団法人リース事業協会法務委員会編・前掲注（＊2）8頁。

約の性質に反する規定を除き賃貸借の規定を準用すること，②レッサーは有償契約に準用される売主の担保責任を負わないこと，③レッサーがリース資産の取得先に対して売主の担保責任に基づく権利を有するときは，レッシーはレッサーに対する意思表示により当該権利（解除権及び代金減額請求権を除く。）を取得することができる，という規定を設けることが提案された[9]。しかしながら，これに対してはパブリック・コメントの手続において多くの反対意見が寄せられており，その理由として①主に事業者間で行われる取引であるうえ，税務や会計制度の動向によって利用状況が左右される取引類型であり民法の典型契約とする必要がないこと，②実質的には金融取引であり賃貸借の規定を準用することが妥当でないこと，③ユーザーの保護に欠けることなど，様々なものが挙げられていることを踏まえ，民法（債権関係）部会では要綱案の取りまとめに際して取り上げないこととされた[10]。ファイナンス・リース契約に関する規定は，同部会が 2015（平成 27）年 2 月 10 日に決定した「民法（債権関係）の改正に関する要綱案」において提案されておらず，2017（平成 29）年 5 月 26 日に成立した，民法の一部を改正する法律（平成 29 年法律第 44 号）においても含まれていない。

Ⅲ　ファイナンス・リース契約を利用するメリット

　ファイナンス・リースは，当初に多額の自己資金を用意することなく機械・設備等を調達することができる点で，割賦購入や，銀行借入資金による購入等と同様の経済的機能を有するものであるが，ユーザーがそれらのうちのファイナンス・リース契約の形式を選択するメリットの一つとして，税務面でのメリットが挙げられる。機械・設備等を購入する場合は，法定耐用年数に従って減価償却費を税務上の損金とすることとなる。一方，一定の要件を満たすファイナンス・リース（所有権移転外リース取引）[11]を利用する場合は，税務上リース資産

---

*9　「中間試案」第 38，15「賃貸借に類似する契約」(1)「ファイナンス・リース契約」66 頁。
*10　法制審議会民法（債権関係）部会資料 69 A「民法（債権関係）の改正に関する要綱案のたたき台(4)」【取り上げなかった論点】「中間試案第 38，15『賃貸借に類似する契約』」(1) 64 頁。
*11　具体的には，以下のいずれかに該当する取引（所有権移転リース取引）に該当しないものを所有権移転外リース取引という。すなわち，①リース期間の終了時又は中途において，リース資産が無償もしくは名目的な対価でユーザーに譲渡されるもの（リース期間の終了後，無償と変わらない名目的な再リース料によって再リースをすることがリース契約において定められている取

の売買があったものとして処理されるものの（法税64条の2第1項）[*12]，所有権移転外リース取引の要件を満たす範囲内でリース期間が設定されていれば，（法定耐用年数ではなく）リース期間に基づいて計算される減価償却費を損金とすること（リース期間定額法）が認められる（法税令48条の2第1項6号）。したがって，税法上許容される範囲内でリース期間を法定耐用年数よりも短く設定することにより，物件を所有する場合より早期に損金化することが可能となる。特に，技術革新が速く早期に陳腐化する物件の場合は，実際の使用期間よりも償却が長期化することを回避する効果がある。

　その他，ファイナンス・リースを利用する場合のメリットとして，以下の点が挙げられる[*13]。

① ユーザーには減価償却費の計算，公租公課に係る申告，納付，保険料の支払その他の物件の所有に伴う事務手続が生じないことから，事務管理の省力化や事務管理コストの削減を図ることが可能となる。

② リース期間にわたって毎月均等かつ定額でリース料が設定されることにより経費が平準化されるため，元本の変動に伴い毎月利息支払額が変わる可能性のある借入と比較して，コスト管理が容易になる。

③ 金銭の借入を行うことなく長期の融資と同様の効果が得られることから，借入余力を温存することができる。

Ⅳ　リース料債権の流動化・証券化

引は，これに準ずるものとされている。），②ユーザーに対し，リース期間の終了時又は中途においてリース資産を著しく有利な価額で買い取る権利が与えられているもの，③リース資産がその使用可能期間中ユーザーによってのみ使用されると見込まれるものであるもの，又はリース資産の識別が困難であると認められるもの，及び④リース期間が法定耐用年数と比して相当短い（法定耐用年数が10年以上のリース資産については，法定耐用年数の60%未満，それ以外のリース資産については，法定耐用年数の70%未満である）もの，並びにそれらに準ずるもの以外のリース取引が，所有権移転外リース取引と定義されている（法税令48条の2第5項5号，法人税法基本通達7－6の2－1～7－6の2－8）。

*12　なお，平成20年4月1日より前に締結された所有権移転外リース取引は，賃貸借として取り扱われてきた。

*13　公益社団法人リース事業協会が実施したリース需要動向調査（2015年）によると，所有権移転外リースについて調査対象会社（上場会社及び資本金1千万円以上の未上場会社から抽出された1万件の企業）が感じているメリットは，①「設備導入時に多額の資金が不要である」(71.7%)，②「事務管理の省力化が図れる」(48.5%)，③「コストを容易に把握できる」(43.8%)，④「設備の使用予定期間にあわせてリース期間を設定できる」(22.8%)の順になっている（公益社団法人リース事業協会広報調査委員会編・前掲注（＊6）78頁）。

資産の流動化とは，企業（オリジネーター）がその保有する資産を活用して資金調達する手段（アセット・ファイナンス）の一種であり，流動性の乏しい資産に流動性をもたせ，それに対する投資を受け入れることにより資金調達を行うものをいう。オリジネーターは，オリジネーター自身から隔離[14]された SPC（Special Purpose Company, 特別目的会社）[15]，信託，組合等の SPV（Special Purpose Vehicle, 流動化のための器となる事業体をいう。）に流動化の目的資産を移転（譲渡又は信託）し，これを裏づけに投資された資金をもってオリジネーターが資金調達（当該資産又はその信託受益権の譲渡代金の受領等）を行う一方で，当該資産から生じるキャッシュフローを組み換えて投資家に分配することにより投資回収を行わせるスキームである。このうち，証券化スキームでは，投資を募るために SPV により有価証券を発行する仕組みとなっている。

ファイナンス・リース契約に基づくリース料債権は，リース期間中安定したキャッシュフローを生むこと，小口化された多数のリース料債権のプールを流動化・証券化の対象とすることによりリスクが分散されること，貸倒れの発生率等に関する過去のデータを分析することによりリース料債権のプール全体で将来生じ得る損失やリスクの大きさをある程度予想することが可能なこと等の性質を有しているため，投資の対象となりやすく，流動化・証券化に適した資産である。

もっとも，仮にファイナンス・リース契約が双方未履行の双務契約であると判断される場合には，ユーザーについて破産手続開始，更生手続開始又は再生手続開始の決定があった場合に，破産管財人，管財人又は再生債務者等がその選択により解除することが認められるため（破 53 条 1 項，会更 61 条 1 項，民再 49 条 1 項）[16]，リース料債権が流動化・証券化された場合における投資家への回収金の分配が不安定になる。この点，最判平 7・4・14 民集 49 巻 4 号 1063 頁・判タ 880 号 147 頁では，「その実質はユーザーに対して金融上の便宜を付与する

---

[14] ここでの「隔離」とは，オリジネーターが倒産した場合にその影響を受けないこと（倒産隔離）をいい，流動化・証券化スキームでは，オリジネーターの倒産手続が行われている場合にも継続して対象資産からのキャッシュフローを予定どおりに投資家に分配できるようにすることが求められる。

[15] 資産の流動化に関する法律に基づき設立された特定目的会社やケイマン諸島等に設立された外国会社など。

[16] 破産管財人又は管財人が解除を選択した場合には，損害賠償請求権が破産債権又は更生債権となるが（破 53 条 1 項，会更 61 条 5 項），履行請求を選択した場合は，リース料債権が財団債権又は共益債権となる（破 148 条 1 項 7 号，会更 61 条 4 項）。

ものであるから，……各月のリース物件の使用と各月のリース料の支払とは対価関係に立つものではない。」としたうえで，「フルペイアウト方式によるファイナンス・リース契約において，リース物件の引渡しをしたリース業者は，ユーザーに対してリース料の支払債務とけん連関係に立つ未履行債務を負担していないというべきであるから」旧会社更生法103条1項（現行会社更生法61条1項に相当）の規定は適用されないことを理由として，「いわゆるフルペイアウト方式によるファイナンス・リース契約において，リース物件の引渡しを受けたユーザーにつき会社更生手続の開始決定があったときは，未払のリース料債権はその全額が更生債権となり，リース業者はこれを更生手続によらないで請求することはできない」とされている。その一方で，リース契約上リース業者がユーザーに対してリース物件の引渡し後もリース物件のメンテナンス義務その他の実質的な義務を負担する場合には，双方未履行の双務契約に係る破産法53条1項，会社更生法61条1項及び民事再生法49条1項の適用対象になると考えられるため，それらの規定がファイナンス・リース契約も含めた契約全体に適用されるのか，あるいはメンテナンス特約等のリース業者の義務とそれに対する対価の支払に関する部分のみに適用されるのかにつき問題となり，個々の契約の実態に即して判断されるものと思われる。

V　ファイナンス・リース契約の締結及び規定内容

1　ファイナンス・リース契約の締結

　ファイナンス・リース取引では，サプライヤーとユーザーの間の交渉により対象物件についての売買契約の実質的な内容（対象物件の種類，仕様，数量，納期，価格等）が決定された後，リース業者（多くのケースではサプライヤーから紹介されたリース業者が利用される。）とユーザーの間でリース期間やリース料等のリース契約の内容が決定される。そして，それらに基づきリース業者とサプライヤーとの間で対象物件の売買契約が締結され（リース業者は，ユーザーがサプライヤーとの間で決定した売買条件によりサプライヤーに発注する。），ユーザーとリース業者の間で対象物件のリース契約が締結される。

　通常，リース業者がサプライヤーに対して注文書を発行することによりリース物件の売買契約の申込みが行われた後，これを受けたサプライヤーが注文請

書をリース業者に発行することにより当該申込みに対する承諾が行われ，リース物件の売買契約が成立する。改正前民法では契約の成立時期について発信主義がとられているが（旧民526条1項），法的安定性の観点から標準注文書・注文請書では，売買契約は，買主（リース業者）が売主（サプライヤー）から「注文請書を受領したときに成立」するとされている（（参考）注文書・（参考）請書の売買条件2条）。もっとも，改正民法では，契約の成立時期に関する発信主義を定める526条1項が削除されているため，改正民法施行後はこの規定は確認規定となると考えられる。

　また，改正民法では，定型約款に関する規定が設けられている。定型約款とは，定型取引，すなわち，①「ある特定の者が不特定多数の者を相手方として行う取引」であって，②「その内容の全部又は一部が画一的であることがその双方にとって合理的なもの」において，③「契約の内容とすることを目的としてその特定の者により準備された条項の総体」をいうものと定義されている（新民548条の2）。ファイナンス・リース契約は，リース業者が用意するひな形や約款が用いて締結されることが多いが，それらが上記①から③までの要件を満たす場合には定型約款に該当することになり，相手方保護の規定（新民548条の2第2項・548条の3）が適用される一方，一定の要件を満たすことにより個別の合意によらずに変更することが可能となる（新民548条の4第1項）。したがって，改正民法施行後は，個々のファイナンス・リース契約の実態に即して，使用されたひな形や約款等が民法上の定型約款に該当するか否かを検討する必要があると考えられる。

　リースの利用促進を望むリース業者と商品の販売促進を望むサプライヤーとの間で一定の提携関係が結ばれているリース取引を提携リースという。提携リースでは，リース業者がサプライヤーに対してユーザーを斡旋する場合もある一方，多くの場合においてリース業者からサプライヤーに対して，リース契約に関する一定の業務（例えば，ユーザーの斡旋，ユーザーに対する契約条件の提示，契約書の取次ぎ，契約締結の媒介，リース業者が指定する一定の範囲内における，ユーザーの選定や条件決定，リース料の回収業務など）を委託する。その態様は様々であるが，リース業者とサプライヤーとの結びつきが強い場合には，サプライヤーにリース業者の代理権が認められることにより，又は表見代理が成立することにより，ユーザーが，サプライヤーとの間の合意内容をリース業者に対しても主張できる場

合もあり得ると考えられる[17]。

2　ファイナンス・リース契約における規定内容

　一般的なファイナンス・リース契約には，ユーザーが指定した物件をリース業者からユーザーに賃貸し，ユーザーがこれを借り受ける旨の規定のほか，以下の内容が含まれる。

(1)　中途解約の禁止（参考契約書2条）

　ファイナンス・リース契約の基本的要素の一つとして，リース期間中は解除することができないこととされている。ファイナンス・リース契約では，同一のリース物件を別のユーザーにリースすることは想定されておらず，また，自動車等の一部の物件を除き，リース物件について中古市場が整備されていないことから，リース期間中に中途解約が行われると，リース業者は投下資本を回収することが困難になる。リース期間中に，より性能の高いリース物件が登場したこと等の事由により，ユーザーにおいて上位機種への切り替えのニーズが生じた場合には，両当事者の合意により解約し[18]，新たなリース契約を締結する必要がある。

(2)　対象物件の引渡し，検収（参考契約書3条）

　リース契約に定められた場所にサプライヤーから対象物件が搬入された場合，ユーザーは対象物件の検査を行い，瑕疵がないことを確認したときに，物件借受証（あるいは物件受領証，物件受取書，検収完了証など）をリース業者に対して発行し，それをもって対象物件がリース業者からユーザーに引き渡されたものとされる。それまでの間，ユーザーは，搬入された対象物件をリース業者ではなくサプライヤーのために保管することになる。ユーザーによる検査の結果，対象物件の規格，仕様，品質，性能その他に瑕疵が発見された場合，ユーザーはサプライヤーとの間でこれを解決するものとされる。

　ユーザーが，対象物件の引渡しがないにもかかわらず，リース業者に対して物件借受証を交付する場合がある。ユーザーの過失による場合のほか，①サプライヤーとユーザーが共謀して，リース物件が存在しないにもかかわらずリー

---

[17]　梶村太市ほか編『新・リース契約法』（青林書院，2011）73頁〔餅井亨一〕，山岸憲司ほか編『リースクレジットの法律相談〔第3版〕』（青林書院，2010）243頁〔土肥将人〕。

[18]　リース業者が解約に応じるための条件として，リース業者の未回収額につき，ユーザーから支払を受けることが通常であると考えられる。

ス業者に代金を支払わせるために物件借受証を交付する場合や，②サプライヤーの資金繰りを助ける目的でリース物件の引渡し前に代金を受け取ることができるよう物件借受証を交付する場合がある。ユーザーが物件借受証をリース業者に発行し，リース業者がサプライヤーに代金を支払ったにもかかわらず，リース物件が存在しない場合や引き渡されていない場合を，空リースという。

空リースにおいて，リース物件の引渡しがないことを理由にユーザーがリース料の支払を拒むことができるかが問題となるが，この点について，最判平5・11・25 裁判集民 170 号 553 頁・金法 1395 号 49 頁[19]は，ファイナンス・リース契約の「実体はユーザーに対する金融上の便宜を付与するものであるから，……リース物件の使用とリース料の支払とは対価関係に立つものではないというべきである。したがって，ユーザーによるリース物件の使用が不可能になったとしても，これがリース業者の責めに帰すべき事由によるものでないときは，ユーザーにおいて月々のリース料の支払を免れるものではない」としている。

その後の裁判例には，リース契約の対象であるソフトの引渡しがなかったにもかかわらず，ユーザーがリース業者からの確認に対して過失により引渡しがあった旨の回答を行った事案において，リース業者の信義則上の注意義務違反がユーザーの過失を上回っていると認定したうえで，ユーザーは，役務の提供がないことを理由とするサプライヤーに対する抗弁を，信義則上，リース業者に対しても主張できると解するのが相当であるから，未払いのリース料の支払を拒絶できるとするものがある[20]。

(3) 物件の使用・保存，費用負担等（参考契約書4条2項，13条，15条）

ファイナンス・リース契約では，賃貸人の修繕義務（新民 606 条）が修正され，ユーザーがその費用負担によりリース物件の保守，点検，整備，修繕及び修復を行うものとされる。

これに対し，リース物件を維持するために必要な費用のうち，固定資産税，自動車税等の税金，及び損害保険料は，一般に，リース業者の負担とされる。すなわち，リース業者にそれらの納税義務及び付保義務がある一方，リース業

---

[19] 対象物件が未完成であって納入されていないにもかかわらず，ユーザーがサプライヤーの資金繰りに協力するため，引渡しを受けた旨の受領書をリース業者に交付し，リース業者からサプライヤーに対して対象物件の売買代金が支払われた後，サプライヤーが事情を知ってユーザーに無断で対象物件を引き揚げた事案に対する判決である。

[20] 大阪地判平 24・5・16 金判 1401 号 52 頁。

者はリース料としてそれらの相当額をユーザーから回収する。

(4) リース期間（参考契約書5条）

ファイナンス・リース契約のリース期間は，税制上の制約の下で[21]，リース物件の経済的な使用に耐え得る期間，ユーザーの事業計画，設備計画，支払能力等を勘案のうえ，ユーザーとリース業者との間の合意により定められる。なお，賃貸借の存続期間は20年を超えることができないため（旧民604条），ファイナンス・リース契約のリース期間は20年が最長となるが，改正民法では，賃貸借契約の最長期間が50年に引き上げられているため（新民604条），その施行後は20年を超えるリース期間のファイナンス・リース契約も可能となる。

(5) リース料・前払リース料（参考契約書6条，7条）

ファイナンス・リース契約のリース料は，一般に，①物件取得額，②リース業者の資金調達コスト，③税金（固定資産税，自動車税等），④損害保険料，⑤販売管理費，及び⑥リース業者収益部分を含んだものであり，それらのすべてをリース期間中に回収できるよう，リース期間中の月数を基に，均等な月額リース料が算定される。

ファイナンス・リース契約は金融取引としての側面を有するものの，上記のとおりリース料は返済元本や利息とは異なる性質の諸経費を含むものであって，ファイナンス・リース契約につき利息制限法は適用されない[22]。

ファイナンス・リース契約では，ユーザーがリース契約締結時又は1回目のリース料支払時に，月額リース料の数か月分に相当する金額を「前払リース料」として支払うことがある。前払リース料は，ユーザーに契約違反や信用不安が生じた場合に，リース業者がユーザーに対する債権に充当できることとされている一方，リース料が契約どおり支払われた場合であってもユーザーは前払リース料の返還を受けることができず（この点で保証金とは異なる。），リース期間中の最後の期間のリース料に充当される。

(6) 物件の瑕疵（参考契約書16条2項・3項・5項）

ファイナンス・リース契約では，リース物件の規格，仕様，品質，性能等に隠れた瑕疵があった場合であっても，リース業者はその責任を負わず，ユーザー

---

[21] 所有権移転外リースに該当するための要件として，前掲注（＊11）の④参照。

[22] 東京高判昭57・4・27下民集32巻1〜4号369頁・判タ476号101頁。この裁判例は，利息制限法を適用するのではなく，「具体的な事案毎に諸般の事情を総合斟酌して，公序良俗違反，権利濫用等の一般原則の適用の可否を検討するのが相当である。」としている。

はリース料の支払を免れないこととされる。その場合において，ユーザーは，直接サプライヤーとの間で解決しなければならない。ユーザーが請求しリース業者が承諾した場合には，リース業者は，リース業者のサプライヤーに対する請求権をユーザーに譲渡するなどにより，ユーザーからサプライヤーへの直接請求に協力する旨が規定されている。リース業者とサプライヤーとの間の対象物件の売買契約においても，第三者のためにする契約（新民537条）として[23]，対象物件に関する瑕疵担保等の売主の義務の履行については，サプライヤーがユーザーに対して直接その責任を負う旨が規定されている（（参考）注文書・（参考）請書の売買条件6条1項）。

　それらの定めが有効と認められる理由として，①リース物件はユーザーが選択したものであり，リース業者はその選定に関与しないこと，②リース業者は瑕疵に対応する能力がないこと，③リース料の回収は実質的に融資の回収であること，④商人間の取引であり特別にユーザーを保護する必要がないことが挙げられている[24]。したがって，それらの前提が欠ける，又はそれらを考慮してもなお瑕疵担保責任の免除の合理性が認められない，特段の事情が存在する場合には，リース業者が責任を負わなければならないと考えられる。例えば，①リース業者が瑕疵の存在を知っていた場合，又は重過失によりユーザーに告知しなかった場合，②リース業者がリース物件を選定し，品質・性能を保証した場合，③提携リースのようにリース業者とサプライヤーとの間に密接な提携関係があるなど密接不可分な関係が認められる場合，④ユーザーが消費者である場合（消費者リース）などには，上記の特段の事情が認められる可能性があり，リース業者の瑕疵担保責任の免除の合理性に疑義が生じるものと考えられる[25]。なお，改正民法では，「瑕疵」の用語が「契約の内容に適合しない」と改められるため（新民566条・570条），ファイナンス・リース契約においても用語の整理が必要と考えられる[26]。

(7) 所有者責任の負担，危険負担（参考契約書17条，18条）

　一般的なファイナンス・リース契約では，リース物件自体又はリース物件の

---

[23]　大阪地判昭60・7・5判タ567号210頁。
[24]　江頭・前掲注（＊2）223頁。
[25]　梶村ほか編・前掲注（＊17）257頁〔増田輝夫〕。
[26]　2018年3月に改定された参考契約書（以下「新契約書」という。）では「物件の品質等の不適合」に改められている。

7　ファイナンス・リース契約

設置，保管及び使用によって第三者が損害を受けたときは，ユーザーの責任と負担で解決することとし，リース業者が所有者として損害の賠償を行った場合は，その支払額をユーザーがリース業者に支払うこととされる。例えば，リース業者が土地の工作物の所有者責任（民717条1項）[27]等を負うことになった場合，リース業者とユーザーの間では，ユーザーがその費用を負担することになる。

　また，リース物件の引渡しから返還までの間に，盗難，火災，風水害，地震その他リース業者とユーザーのいずれの責任にもよらない事由により生じたリース物件の滅失，毀損その他の危険は，ユーザーの負担とされる。それにより，リース物件が修復不能の場合，ユーザーはリース業者に損害賠償金を支払うことになっている。その損害賠償金の計算方法には，「基本額逓減法」（リース物件の価額を基準に基本額を設定し，リース期間の経過とともに減額させる方法），及び「年金現価法」（期日未到来のリース料合計額を一定の割引率で割り引いて算出する方法）の2種類がある。このような危険負担の定めが有効と認められる理由として，①リース料の回収は実質的に融資の回収であること，②ユーザーはリース物件を現実的に支配する地位にあること，③リース業者が損害保険を付保しているため実際にユーザーが負担する危険は限定されていることなどが挙げられている[28]。

(8)　ユーザーの債務不履行・倒産時の対応（参考契約書20条）

　ユーザーにおいて，リース料の不払いその他の債務不履行があった場合や，倒産又は信用不安事由が発生した場合，リース業者は，早期に投下資本を回収できるようユーザーに対して請求を行い，必要に応じてリース物件を引き揚げる必要があるが，その場合のユーザーに対する請求権の内容については，3種類の定め方がある。

　第1に，①リース料の分割弁済の期限の利益を喪失させてリース料及びその他費用の全部又は一部を請求すること，②リース物件の使用権のみを消滅させてリース物件を引き揚げること，又は③ファイナンス・リース契約を解除して損害の賠償を請求することのうち，全部又は一部を行うことができることとす

---

[27]　そのほか，仮にリース業者に「自己のために自動車の運行の用に供する者」に該当するような状況が認められる場合には，自動車の運行供用者責任（自賠責3条）が適用される（山岸ほか編・前掲注（＊17）194頁〔山川萬次郎〕参照）。

[28]　江頭・前掲注（＊2）224頁。

る方法がある（参考契約書 20 条 A 方式，期限の利益喪失型）。

　第 2 に，将来に向かってファイナンス・リース契約を解除し，ユーザーに対して物件の返還及び規定損害金（リース物件が滅失・毀損により修復不可能となった場合の損害賠償金と同様の金額であって，上記(7)に記載の基本額逓減法又は年金原価法により計算される金額）を請求できることとする方法がある（参考契約書 20 条 B 方式，契約解除型）。

　第 3 に，上記の 2 つの方法の考え方の折衷的な方法として，①期限の利益喪失型と同様に，まずリース料分割弁済の期限の利益を喪失させ，ユーザーに対して残存リース料全額の一括支払を請求し，②ユーザーがこれを履行しない場合には，契約解除型と同様に，ファイナンス・リース契約を解除し，ユーザーに対して物件の返還及び損害賠償として残存リース料相当額を請求できることとする方法がある（参考契約書 20 条 C 方式，折衷型）。

　上記のいずれの方式によっても，ユーザーは，リース物件を使用することができなくなったとき以降の期間のリース料，又はそれに近い金額の規定損害金を支払う義務を負うことになるが，そのような定めが有効と認められる理由として，①リース料の支払は実質的に（リース物件の使用収益の対価ではなく）融資の分割弁済であること，及び②リース物件に汎用性がないため，その支払を受けなければリース業者に損害が生じることが挙げられる[29]。

　上記 3 つの方法のうちのいずれの方法をとった場合であっても，リース期間中に物件が返還され，かつリース料その他の費用が支払われた場合には，①リース業者の選択により，リース物件の価値を評価し（評価清算方式），又はリース物件の売却処分を行い（処分清算方式），②ユーザーから支払われた金額を限度として，評価額又は処分価額から，評価又は処分費用，並びに満了時のリース物件の見込残存価額を差し引いた金額を，ユーザーに返還する旨の清算規定が定められる（参考契約書 23 条 5 項）。これは，最判昭 57・10・19 民集 36 巻 10 号 2130 頁・判タ 483 号 69 頁において，「いわゆるファイナンス・リース契約において，リース業者は，リース期間の途中で利用者からリース物件の返還を受けた場合には，その原因が利用者の債務不履行にあるときであっても，特段の事情のない限り，右返還によって取得した利益を利用者に返戻し又はリース料債権の支払に充当するなどしてこれを清算する必要がある」と判示されたことを受けた

---

*29　江頭・前掲注（＊ 2）225 頁。

7　ファイナンス・リース契約

規定である。

　なお，最判平 20・12・16 民集 62 巻 10 号 2561 頁・判タ 1295 号 183 頁は，フ
ルペイアウト方式のファイナンス・リース契約における特約のうち，「民事再生
手続開始の申立てがあったことを解除事由とする部分は，民事再生手続の趣旨，
目的に反するものとして無効と解するのが相当である。」と判示している。

　⑼　**再リース**（**参考契約書 22 条**）

　ユーザーがリース期間の終了後も引き続きリース物件を使用することを希望
し，リース会社がこれを応諾する場合に，再リース，すなわち新たなリース契
約の締結，又はリース契約の更新が行われることとされ，その手続がファイナ
ンス・リース契約に定められる。ファイナンス・リース契約において再リース
料をあらかじめ定めておく場合と，再リースの際に協議により定める場合があ
る。

　リース期間の終了後，無償と変わらない名目的な再リース料によって再リー
スをすることがリース契約において定められている取引は，所有権移転外リー
ス取引の要件を満たすことができず，リース期間定額法による償却方法が認め
られない（上記Ⅲ参照）。再リース期間 1 年間の再リース料の額は，月額リース
料 1 年分の 10 分の 1 程度となることが多く，その水準の再リース料は，「無償
と変わらない再リース料」に該当しないものとして取り扱われている[30]。

　⑽　**連帯保証人**（**参考契約書 24 条**）

　ファイナンス・リース契約では，ユーザーの経営者個人等を連帯保証人とし，
連帯保証人も当該契約の当事者に含めてその中で連帯保証の合意を行うことも
多い。改正民法では，事業のために負担する債務の個人保証を委託する場合に
は，主債務者は，主債務者の財産状況等に関する一定の情報を提供する義務が
あり，これを怠り，又はこの点につき事実と異なる情報により保証人に誤認さ
せて保証契約を締結させ，かつ，債権者がそれを知り又は知ることができた場
合には，保証人は，保証契約を取り消すことができることとされている（新民
465 条の 10）。そのため，改正民法の施行後は，そのような取消しに関するトラ
ブルが生じないよう，上記の情報提供が行われたことを契約当事者間で確認し
ておくことが望ましいと考えられ，例えば，ファイナンス・リース契約の中で，
その情報提供が行われた旨をユーザー及び連帯保証人が表明保証を行うことが

＊30　公益社団法人リース事業協会法務委員会編・前掲注（＊2）。

第 2 章　賃貸借・使用貸借

考えられる[*31]。また，改正民法では，連帯保証人について生じた事由の効力が主たる債務者に及ぶ場合（絶対的効力）が減少し，相対的効力が原則とされる一方（改正民法 458 条において準用する同法 438 条・439 条 1 項・440 条・441 条），主債務者及び連帯保証人が「別段の意思を表示したとき」は，主債務者に対する効力は，「その意思に従う」こととされている（改正民法 458 条において準用する同法 441 条ただし書）。したがって，一定の事項については，ファイナンス・リース契約において連帯保証人を含む当事者が合意をすることにより，絶対的効力を生じさせることも可能であると考えられるため，その対象（例えば，時効を中断させるための履行の請求について絶対的効力を生じさせることなどが考えられる。）につき検討が必要と思われる[*32]。

---

*31　新契約書 24 条では，この点について対応がなされている。
*32　新契約書 24 条では，履行の請求に絶対的効力が生じる旨が定められている。

第 3 章　消費貸借等

8　預金契約

井　上　博　史

I　はじめに

1　預金契約とは

　預金契約は，預金者が金融機関に金銭の保管を委託し，金融機関は預金者に同種，同額の金銭を返還する義務を負うことを内容とする消費寄託（新民657条～666条・民590条～592条，商593条）の性質を有する契約である。また，預金契約に基づいて金融機関の処理すべき事務には，預金の返還だけでなく，振込入金の受入れ，各種料金の自動支払，利息の入金，定期預金の自動継続処理等，委任事務ないし準委任事務の性質を有するものも多く含まれている[*1]。このように，預金契約は消費寄託と委任の性質を有する契約であるが，民法の消費寄託と委任に関する規定や商習慣だけでは預金取引のすべてを規律することはできない。したがって，預金者と金融機関との間で取引の方法や条件について定めておく必要がある。

2　預金契約の特色

　一方，預金取引は，その日常性と大衆性があいまって，世の中に極めて多数の預金口座が存在し，日々これらの口座を介した膨大な量の入出金取引が繰り返されていることを特徴とし，個々の預金者との間で取引を行うたびに契約を

＊1　最判平 21・1・22 民集 63 巻 1 号 228 頁。

締結することが困難である。このため，預金取引は，あらかじめ金融機関が定型的かつ普遍的な契約内容を定めておき，預金者がそれを承諾したうえで取引を行う契約形態，すなわち約款に基づく附合契約により行われている。

預金取引に関する約款は預金の種類に応じて数多く存在するが，取引の質量から，その代表的なものは，普通預金取引規定と定期預金取引規定である。これらの約款による契約は，預金者と金融機関が個々の条項に個別に合意したわけではないため，どうして約款が契約の内容になるのかが問題となる。また，金融機関が約款を変更したいときに，どのような要件が充たされれば，個々の預金者と個別に変更合意を行わなくても，約款を変更できるのかも問題となる。改正前の民法には約款についての規定は存在しないので[*2]，これらの問題は解釈に委ねられている。裁判例の中には，約款中の免責約款に関する条項を知らなかったとしても，そのために契約の内容としての効力を否定し得ないとしたもの[*3]や，普通預金規定は，その性質上，金融機関と預金者との間の大量定型取引である普通預金取引に等しく適用される，いわゆる普通取引約款であると解するのが相当で，普通預金取引を開始したことにより，以後の取引について，金融機関及び預金者を拘束する効力を有するとしたもの[*4]がある。

預金者が消費者である個人の場合には，預金契約は消費者契約に該当し，消費者契約法上の規律に従う。消費者契約法第2章第2節（8条〜10条）において，消費者契約の条項の無効について定められており，事業者の損害賠償の責任を免除する条項（消費契約8条），消費者の解除権を放棄させる条項（消費契約8条の2），消費者が支払う損害賠償の額を予定する条項等（消費契約9条）及び消費者の利益を一方的に害する条項（消費契約10条）といった一定の条項は，無効とするとされている。通常預金約款は，消費者用とそれ以外に分けられておらず，したがって，金融機関としては，預金約款全般について，これら消費者契約法で無効とされるような条項を設けないよう，十分に注意する必要がある。

本稿では，預金取引にまず適用されるルールとしての預金約款について，最も代表的な普通預金取引規定と定期預金取引規定を題材として採り上げ，法令

[*2] 民法の一部を改正する法律（平成29年法律第44号）（改正民法）では，新たに「定型約款」に係る規律が設けられており，その中には「定型約款」の変更についての定めもある。預金取引規定の「定型約款」該当性や変更については，後記「Ⅲ　個別の文言例　8規定の変更等」参照。
[*3] 福岡高判昭33・3・29下民集9巻3号542頁。
[*4] 東京地判平19・2・14金法1806号58頁。

第3章　消費貸借等

の規律にも触れながら，消費寄託としての基本的性質と委任契約としての性質を併せもち，固有の契約分野として存在する預金契約の特徴を考察したい。

Ⅱ　預金取引規定の全体像

1　普通預金取引規定の構成

普通預金取引は，消費寄託の性質を有するから，まず，預金の預入れと払戻しに関する事項（■表1の①）が定められる。取扱店の範囲及び預金の払戻しなどの基本的要素の規定である。預金の払戻しに関しては，免責約款や盗難通帳により不正に払戻しがされた場合の取扱いの定めが置かれることが一般的である。

そして次に，委任契約としての性質も併せ有する[5]ことから，委任事務ないし準委任事務に関する事項が定められている（■表1の②）証券類及び振込金の受入れ，各種料金の自動支払並びに利息の入金などについてである。

しかし，これだけにとどまらず，預金取引を安全かつ円滑に行うための預金者から金融機関への届出に関する規定（■表1の③）や預金口座の開設及び解約など預金口座自体の変動に関する規定（■表1の④）が置かれる。預金口座の開設及び解約に関しては，反社会的勢力との取引排除についても定められることが一般的である。

加えて，預金保険法の定める保険事故発生時の取扱いに関する条項（■表1の⑤）及び規定の変更等に関する条項（■表1の⑥）が置かれる。

一般的な普通預金取引規定をこの視点から分類すると，■表1のとおりとなる。前述の盗難通帳による払戻し，キャッシュカード，反社会的勢力との取引排除及び預金保険法の保険事故発生に関する規定は，世の中の動きに合わせて順次追加されてきたものであり，今後も社会の要請に応じて，規定内容が変遷していくことが予想される。

＊5　前掲注（＊1）最判平21・1・22。

■表1　普通預金取引規定を構成する条項

分　類	条　項	
①　預金の預入れ及び払戻しなど消費寄託契約としての基本的要素に関する条項	(ア)	取扱店の範囲＊1
	(イ)	預金の払戻し＊1
	(ウ)	印鑑照合等＊1
	(エ)	盗難通帳による払戻し等＊1
	(オ)	キャッシュカード
②　委任事務ないし準委任事務など委任契約としての要素に関する条項	(ア)	証券類の受入れ＊1
	(イ)	振込金の受入れ＊1
	(ウ)	受入証券類の決済，不渡り＊1
	(エ)	各種料金の自動支払＊1
	(オ)	利息＊1
③　預金取引を安全かつ円滑に行うための預金者から金融機関への届出に関する条項	(ア)	届出事項の変更，通帳の再発行等＊1
	(イ)	成年後見人等の届出
	(ウ)	通知等＊1
④　預金口座の開設や解約など預金口座自体の変動に関する条項	(ア)	反社会的勢力との取引謝絶＊2
	(イ)	譲渡，質入れ等の禁止＊1
	(ウ)	解約等＊1＊2
⑤　預金保険法の定める保険事故発生時の取扱いに関する条項	(ア)	保険事故発生時における預金者からの相殺＊1
⑥　規定の変更等に関する条項	(ア)	規定の変更等

(注)　＊1　平成20年2月19日に全国銀行協会より公表された申合せ「預金等の不正な払戻しへの対応について」の別紙「普通預金規定（個人用）〔参考例〕」にある条項。

　　　＊2　平成21年9月24日に全国銀行協会より公表された「普通預金規定，当座勘定規定および貸金庫規定に盛り込む暴力団排除条項の参考例の制定について」の「普通預金規定に盛り込む暴力団排除条項の参考例」で示された暴力団排除条項（④(ウ)解約等の条項においては，その一項として暴力団排除条項が盛り込まれる。）。

2　定期預金取引規定の構成

　定期預金取引もまた消費寄託の性質を有するから，普通預金取引同様，預金の預入れと支払に関する事項（■**表2**の①）が定められる。預金の預入れ及び支払時期，預金の解約及び書替継続並びに証書の効力などの基本的要素の規定であり，預金の支払に関しては，盗難通帳，証書により不正に支払がされた場合の取扱いについても規定される。委任事務としての性質を併せ有することもまた，普通預金取引と同様で，自動継続，証券類の受入れ及び利息など，（準）委任事務に関する定めが置かれる（■**表2**の②）。

　そして，これだけにとどまらず，預金取引を安全かつ確実に行うための預金

142　　**第3章**　消費貸借等

者から金融機関への届出に関する規定（■**表2**の③），預金口座の開設や解約など預金口座自体の変動に関する規定（■**表2**の④），預金保険法の定める保険事故発生時の取扱いに関する条項（■**表2**の⑤）及び規定の変更等に関する条項（■**表2**の⑥）も置かれる。預金口座の開設及び解約に関しては，反社会的勢力との取引排除についても定められるのが一般的であることは，普通預金取引規定と同様である。

加えて，非課税制度に関する条項（■**表2**の⑦）が置かれる。

一般的な定期預金取引規定をこの視点から分類すると，■**表2**のとおりとなる。基本的には普通預金取引規定と同様の要素で構成されているが，定期預金取引固有の性質に照らして不要な定め，例えば振込金の受入れやキャッシュカードに関するものはなく，他方で預金の継続や証書の取扱いに関する定めが盛り込まれている。

■**表2　定期預金取引規定を構成する条項**

分　　類	条　　項
①　預金の預入れ及び支払など消費寄託契約としての基本的要素に関する条項	(ア)　預金の預入れ等 (イ)　預金の支払時期等 (ウ)　預金の解約，書替継続 (エ)　印鑑照合 (オ)　盗難通帳，証書による元利金の支払等 (カ)　証書の効力
②　委任事務ないし準委任事務など委任契約としての条項	(ア)　自動継続 (イ)　証券類の受入れ (ウ)　利息
③　預金取引を安全かつ円滑に行うための預金者から金融機関への届出に関する条項	(ア)　届出事項の変更，通帳の再発行等 (イ)　成年後見人等の届出 (ウ)　現金自動預入払出兼用機による新規口座開設時の印章の取扱 (エ)　通知等
④　預金口座の開設や解約など預金口座自体の変動に関する条項	(ア)　反社会的勢力との取引謝絶 (イ)　譲渡，質入れ等の禁止 (ウ)　反社会的勢力との取引停止・解約
⑤　預金保険法の定める保険事故発生時の取扱いに関する条項	(ア)　保険事故発生時における預金者からの相殺
⑥　規定の変更等に関する条項	(ア)　規定の変更等
⑦　非課税制度に関する条項	(ア)　非課税貯蓄限度超過時の取扱い

8　預金契約

3　預金取引規定の内容，規定趣旨と関連する諸問題

預金取引規定の内容，規定趣旨及び預金に関する諸問題が普通預金取引規定・定期預金取引規定のどの事項に関連して生じているのかをまとめたのが■表3である。

普通預金取引規定・定期預金取引規定の定めだけで，発生する諸問題すべての解決を図ることができるわけではない。両規定の存在を前提として，法令や判例により定立された規律によって預金契約が解釈運用されている。

■表3　規定内容と関連する諸問題

条　項	規定内容	規定趣旨・関連する諸問題
(1)　取扱店の範囲 （普・定）	金融機関の国内本支店のどこの店舗でも，普通預金の預入れ又は払戻し，定期預金の書替継続及び一定限度額までの解約が可能*6。	(ア)　預金債務が取立債務であることを定める条項。 (イ)　金融機関店頭での現金入金による預金は，金融機関が現金を受け取ることではじめて具体的に発生*7。
(2)　預金の預入れ等（定）	金融機関の本支店のどこの店舗でも預入れ可能だが，通帳式の場合は通帳が必要。預入最低単位も規定。	定期預金の預入れ方法を定める条項。
(3)　預金の払戻し（普），解約・書替継続（定）	①　普通預金払戻し，定期預金解約・書替継続*8には，払戻請求書に記名押印して通帳とともに，又は証書に記名押印して提出*9することが必要*10。 ②　①に加え，正当な権限を確認するため本人確認資料の提示等の手続が必要となる場合がある。	(ア)　預金の払戻し，解約の方法等を定める条項。 (イ)　普通預金取引では通帳が発行されており，通帳，払戻請求書，届出印があれば，随時の払戻しが可能。

---

*6　口座のある店舗以外の店舗で払い戻す場合に，1回又は1日当たりの限度額が設けられている例もある。

*7　大判大12・11・20新聞2226号4頁〔窓口一寸事件〕。このほか，預金の受入れをする権限を有する職員が，預金とする趣旨で預金者から金員を受領した場合には，これにより預金契約が成立し，爾後の金員収納に関する処理は，その結果に影響を及ぼさないとする判例もある（最判昭58・1・25金法1034号41頁）。

*8　定期預金の書替継続とは，満期日の到来した定期預金を引き続き定期預金として預け入れることをいう。なお，質権設定されている定期預金が書替継続された場合，その質権の効力は書替継続後の定期預金に及ぶ（最判昭40・10・7民集19巻7号1705頁）。

*9　定期預金の自動解約以外の方法での解約又は書替継続の場合は口座店のみでの取扱いとなるが，一定限度額までの解約であれば口座店のほか国内本支店のどこの店舗でも取り扱われる。書替継続は，記名押印がなくても，また口座店ほか国内本支店のどこの店舗でも取り扱われ，こ

(4) 印鑑照合等 （普・定）	払戻請求書，証書，諸届等の書類の印影を届出印鑑と相当の注意をもって照合し，相違ないとして取り扱えば，書類に偽造，変造その他の事故があっても，金融機関は生じた損害の責任を負わない[11]。	(ｱ) 払戻しの際の金融機関の免責規定（免責約款）。改正前民法 478条（債権の準占有者に対する弁済）を具体化したもの。 (ｲ) 印鑑照合による払戻しにおける金融機関の過失の有無が問題となる[12]。 (ｳ) 準占有者への弁済の考え方の適用範囲は拡大[13]。 (ｴ) ATM での預金払戻しへの適用関係も問題になる[14]。 (ｵ) インターネットバンキングによる振込み等の場合の金融機関の免責[15]。

の場合，届出の印鑑を引き続き使用する。定期預金の一部の解約又は書替継続には，払戻請求書に届出の印章により記名押印して通帳又は証書とともに提出する必要がある。

[10] 記名押印に代えて署名や暗証記入により払戻し等を行うことを可能としている例もある。

[11] 記名押印に代えて署名や暗証記入により払戻し等を行うことを可能としている例では，署名・暗証の照合についても規定されている。

[12] 印影の照合にあたっては，特段の事情のない限り，折り重ねによる照合や拡大鏡等による照合をするまでの必要はなく，肉眼による平面照合の方法をもってすれば足りるが，金融機関としての銀行の照合事務担当者に対して社会通念上一般に期待されている業務上相当の注意をもって慎重に事を行うことを要し，かかる事務に習熟している銀行員が相当の注意を払って熟視するならば肉眼をもっても発見し得るような印影の相違が看過されたときは，銀行側に過失の責任がある（最判昭 46・6・10民集 25巻 4号 492頁）。

[13] 債権者の代理人と詐称して債権を行使する者も改正前民法 478条の債権の準占有者に当たる（最判昭 37・8・21民集 16巻 9号 1809頁）。定期預金の期限前払戻しにも改正前民法 478条の適用がある（最判昭 41・10・4民集 20巻 8号 1565頁）。定期預金の出捐者以外に預金が払い戻された場合であっても，銀行として尽くすべき相当な注意をした場合は，改正前民法 478条の類推適用，あるいは，預金契約上存する免責規定によって免責される（最判昭 48・3・27民集 27巻 2号 376頁）。定期預金の中途解約・払戻しにも改正前民法 478条の適用があるが，満期における払戻しや普通預金の払戻しよりも銀行の注意義務が加重される（最判昭 54・9・25裁判集民 127号 475頁・判タ 400号 148頁）。預金を担保として借入れを行った取引で，その借入れが無権限者によってされた場合において，金融機関が貸付債権を自働債権とし預金債権を受働債権として相殺したとき，少なくとも相殺の効力に関する限りは，実質的に定期預金の期限前解約の払戻しと同視でき，貸付契約締結にあたり相当の注意義務を尽くしたと認められるときには，改正前民法 478条を類推適用して，相殺をもって真実の預金者に対抗することができる（最判昭 59・2・23民集 38巻 3号 445頁）。総合口座取引について，改正前民法 478条の類推適用による免責を認めた判例もある（最判昭 63・10・13裁判集民 155号 5頁・判タ 684号 171頁）。金融機関による払戻しが，債権の準占有者に対する弁済として認められなかった場合には，払戻受領者に対する不当利得返還請求権を有すると考えられる（最判平 17・7・11裁判集民 217号 329頁・判タ 1192号 253頁）。

[14] 真正なキャッシュカードが使用され，正しい暗証番号が入力されていた場合には，銀行による暗証番号の管理が不十分であったなど特段の事情がない限り，銀行は免責約款により免責される（最判平 5・7・19裁判集民 169号 255頁・判タ 842号 117頁）。また，通帳機械払システムを採用していた銀行で，無権限者が真正な通帳・暗証番号を使って ATM で払戻しを行った事案

(5) 盗難通帳, 証書による払戻し, 元利金の支払等（普・定）	① 個人預金者は, 金融機関に対し, 盗難通帳による不正な払戻金額, 約定利息・手数料相当額について, 一定の条件の下, 補てん請求可能。 ② 払戻しが預金者の故意による場合を除き, 金融機関への通知日の30日前の日以降の払戻金額, 約定利息・手数料相当額を補てん。 ③ 払戻しについて, 善意無過失の金融機関が, 預金者の過失（重過失を除く。）を証明すれば, 補てん額は対象額の4分の3*16となり, 預金者の重過失等の一定の事項を証明した場合には, 補てんされない。 ④ 金融機関への通知が, 通帳が盗取された日から, 2年経過後に行われた場合には補てんされない。 ⑤ 金融機関は, 預金者に払戻しを行った額, 及び預金者が払戻しを受けた者から損害賠償又は不当利得返還を受けた額の限度で, 補てんの請求に応じない。 ⑥ 金融機関が補てんを行った金額の限度で預金払戻請求権は消滅。 ⑦ 金融機関は, 補てんを行った金額の限度で, 盗難通帳により不正な払戻しを受けた者等の第三者に対する預金者の損害賠償請求権・不当利得返還請求権を取得。	(ア) 「偽造カード等及び盗難カード等を用いて行われる不正な機械式預貯金払戻し等からの預貯金者の保護等に関する法律」（以下「預金者保護法」という。）の施行を踏まえ, 全国銀行協会より, 個人の預金者が盗難通帳・インターネットバンキングにより預金の不正払戻しの被害に遭った場合, 銀行が無過失の場合でも, 預金者保護法に基づく偽造・盗難カード被害補償の対応に準じ, 被害補償を実施する旨の自主ルールの申合せが公表され, これに伴う預金取引規定の改定により規定された条項。 (イ) 偽造カードや盗難カードを用いて払戻しが行われた場合についても, 預金者保護法の施行に伴い, キャッシュカード規定の改定が行われた。

において, 銀行が無過失であるためには, 預金者に暗証番号等の重要性を認識させることを含め, システム設置管理の全体について, 可能な限度で無権限者による払戻しを排除し得るよう組み立てられ, 運営されるものであることを要し, システムの設置管理について注意義務を尽くしたというためには, 通帳機械払の方法により払戻しが受けられる旨を預金規定等に規定して預金者に明示することを要するとした例がある（最判平15・4・8民集57巻4号337頁）。

*15　インターネットバンキングにおいて銀行が約款による免責を受けるためには, その行為者が権限者であると信じたことに過失がないことが必要であり, インターネットバンキングを提供するにあたり, そのシステムを全体として可能な限度で無権限者による振込み等を排除し得るよう構築・管理していた場合には, 暗証番号等の一致により本人確認を行った以上, 銀行による暗証番号等の管理が不十分であるなど特段の事情がない限り, 免責約款により免責される（東京高判平18・7・13金法1785号45頁）。

*16　4分の3と異なる定めをしている例もある。

(6) キャッシュカード（普）	① キャッシュカードを発行した場合には，カードの届出の暗証を使用して，預金残高等の取引状況照会，電話やインターネット等による各種サービスの申込み，利用，各種届出等の申込みが可能。 ② 使用された暗証と届出の暗証との一致を確認して回答した場合には，暗証につき盗用その他の事故があってもそのために生じた損害については，金融機関は責任を負わない。	キャッシュカードと暗証番号により，可能になる預金関連取引とその際の金融機関の免責について定める条項。
(7) 預金の支払時期等（定）	① 預金は満期日以降に利息とともに支払う。 ② 満期日の指定。 ③ 満期日の指定がない場合の最長預り期限における自動解約。	定期預金の満期日における取扱いを定める条項。
(8) 証書の効力（定）	証書式の定期預金について，満期日等に元利金をあらかじめ指定された預金口座に入金した後は，証書は無効になるため，直ちに口座店への返却を求める。	定期預金の証書が支払により無効となる旨を定める条項。
(9) 自動継続（定）	① 通帳又は証書記載の満期日に前回と同一の期間の定期預金に自動的に継続される。継続された預金も同様。 ② 継続後の利率は，継続日における金融機関所定の利率。 ③ 継続を停止するときは，満期日までにその旨を申し出る必要がある。この申出があったときは，満期日以後に支払う。	(ア) 預金者からの別途の依頼を受けずに，満期日に定期預金を書替継続する特約。 (イ) 自動継続特約は預金契約の一部であり，仮差押えの執行は自動継続の効果を妨げない[*17]。 (ウ) 定期預金の自動継続処理は（準）委任の性質を有するとされている[*18]。
(10) 証券類の受入れ（普・定）	① 預金口座には，現金のほか，手形，小切手その他の直ちに取立てできる証券類を受け入れる。 ② 手形要件，小切手要件の白地はあらかじめ補充しておく必要があ	証券類の預金への入金（受入れ）の方法，入金に係る条件等を定める条項。

*17 　最判平 13・3・16 裁判集民 201 号 441 頁・判タ 1059 号 56 頁。
*18 　前掲注（＊1）最判平 21・1・22 参照。

	る。金融機関は白地を補充する義務を負わない。 ③ 証券類のうち，裏書，受取文言等の必要があるものはその手続を済ませておく必要がある。 ④ 手形，小切手を受け入れるときは，複記のいかんにかかわらず，金額欄記載の金額により取り扱われる。 ⑤ 証券類の取立てのため特に費用を要する場合，店頭表示の代金取立手数料に準じた手数料がかかる。	
(11) 受入証券類の決済，不渡り（普）	① 証券類は，受入店で取立て，不渡返還時限の経過後その決済を確認したうえでなければ，その金額に係る預金の払戻しはできない。払戻しができる予定の日は，通帳の摘要欄に記載される。 ② 受け入れた証券類が不渡りとなったときは預金にならない。この場合は直ちにその通知を届出の住所宛に発信するとともに，その金額を普通預金元帳から引き落とし，その証券類は口座店で返却される。 ③ 前項の場合には，あらかじめ書面による依頼があったものに限り，その証券類について権利保全の手続がされる。	(ア) 証券類の入金は，預金者が金融機関に対して，証券類の取立てと取立代り金の預金への入金とを委任するもので，金融機関が証券類を受領したときではなく，証券類の取立てが完了した時点で，預金が成立する*19。 (イ) 受入証券類の取立てが完了していないにもかかわらず，証券類を受け入れた金融機関が，取立てが完了したものと誤信して払戻しに応じてしまった場合，払い戻した相手に対して不当利得返還請求可能*20。
(12) 振込金の受入れ（普）	① 預金口座には，為替による振込金を受け入れる。 ② 振込通知の発信金融機関から重複発信等の誤発信による取消通知があった場合には，振込金の入金記帳が取り消される。	(ア) 振込入金についての条項。 (イ) 振込入金による預金債権の成立時期は，金融機関の入金記帳時点*21。 (ウ) 振込依頼人・受取人間に振込の原因がなくても，受取人・金融機

---

*19 最判昭46・7・1裁判集民103号327頁・判タ269号195頁。
*20 最判平3・11・19民集45巻8号1209頁。
*21 幾代通＝広中俊雄編『新版注釈民法(16)』（有斐閣，1989）409頁〔中馬義直〕。

		関間に振込金相当の普通預金契約成立*22。
(13) 各種料金の自動支払（普）	① 預金口座からの各種料金等の自動支払には，あらかじめ手続が必要。 ② 同日の複数の支払の総額が預金残高を超えるときに，そのいずれを支払うかは金融機関の任意。 ③ 口座の通帳・証書・契約の証・各種カードの発行にあたり，手数料を通帳・払戻請求書の提出を受けずに口座から引き落とす場合がある。	(ア) 各種料金の自動支払は（準）委任の性質を有するとされている*23。 (イ) あらかじめ手続をすれば，公共料金やクレジットカード等の支払のための口座振替（自動支払）も可能であり，普通預金は決済手段としての機能も有する*24。
(14) 利息（普・定）	付利される最低預入額及び付利単位を含む利息の計算方法，支払時期及び支払方法について規定。	利息の入金は（準）委任の性質を有するとされている*25。
(15) 届出事項の変更，通帳の再発行等（普・定）	① 通帳，証書や印章の紛失時，又は，印章，名称，住所その他の届出事項変更時には，届出が必要。 ② 届出事項の変更届出前に生じた損害は，金融機関は自らに過失がある場合を除き責任を負わない。 ③ 通帳等紛失時の預金払戻しや通帳等の再発行には，所定の手続を要する。 ④ 口座開設時に法定の本人確認が行われ，変更の都度届出が必要。	通帳や印章の紛失届，印章や住所の変更届について定める条項。これらの届出前に預金者に生じた損害に関する金融機関の免責，口座開設時の「犯罪による収益の移転防止に関する法律」や「外国為替及び外国貿易法」の定めによる本人確認についても定められている。
(16) 成年後見人等の届出（普・定）	① 家庭裁判所の審判で，補助・保佐・後見が開始された場合又は任意後見監督人が選任された場合には，直ちに成年後見人等の氏名その他必要な事項を書面によって届け出ることが必要。 ② 既に補助・保佐・後見開始の審判を受けている場合，もしくは任意後見監督人の選任がなされてい	補助・補佐・後見が開始された場合には金融機関に対して届出を行うよう求めるとともに，万一，届出前に制限行為能力者が単独で払戻しを行ってその金銭を費消してしまったような場合には金融機関が免責される旨を定める条項。

＊22　最判平8・4・26民集50巻5号1267頁，最判平20・10・10民集62巻9号2361頁。
＊23　前掲注（＊1）最判平21・1・22。
＊24　最大決平28・12・19民集70巻8号2121頁・裁時1666号1頁。
＊25　前掲注（＊1）最判平21・1・22。

8 預金契約　　　149

	る場合，又は届出事項に取消しも しくは変更等が生じた場合にも， 同様に届出が必要。 ③　届出の前に生じた損害について は，金融機関は責任を負わない。	
(17)　現金自動預入 　　払出兼用機（預 　　入払出機）によ 　　る新規口座開設 　　時の印章の取扱 　　（定）	預入払出機を使用しキャッシュカー ド規定に定める方法により開設した 口座の印章は，共通印鑑届け済の場 合は共通印鑑，届けがない場合は新 規口座開設に使用したキャッシュ カードの普通預金口座の印鑑とし， 当該印鑑が共通印鑑となる。	預入払出機を使用して定期預金口座 が新規開設された場合に，どの印鑑 を当該口座に係る印鑑とするかを定 める条項。
(18)　通知等（普・ 　　定）	届出のあった氏名，住所にあてて金 融機関が通知又は送付書類を発送し た場合には，延着し又は到達しな かったときでも通常到達すべき時に 到達したものとみなされる。	預金者が住所変更の届出を行わない などの事由により，金融機関からの 解約通知等が延着又は到達しなくて も,解約等を可能にするための条項。
(19)　反社会的勢力 　　との取引拒絶 　　（普・定）	預金者は，①口座開設申込時にした 表明・確約に関して虚偽の申告をす ること，②反社会的勢力，③自ら又 は第三者を利用して暴力的な要求行 為等をすること，のいずれか一つに でも該当する場合には，預金口座を 利用することができず，金融機関は 口座開設を断る。	口座開設申込段階における反社会的 勢力の排除に関する条項。
(20)　譲渡，質入れ 　　等の禁止（普・ 　　定）	①　預金，預金契約上の地位，預金 取引に係る権利及び通帳は,譲渡, 質入れ，第三者の権利設定，第三 者に利用させることができない。 ②　金融機関はやむを得ないものと して質入れを承諾する場合あり。	(ｱ)　譲渡・質入禁止特約。 (ｲ)　預金取引規定に譲渡禁止特約が あることは周知の事柄で，一般に 預金債権の譲受人はその存在につ き悪意又は重過失ありと考えられ ており，金融機関は譲受人に対し 譲渡禁止特約の効力を主張でき る[26]。 (ｳ)　預金者から正当理由に基づく申 出があり，金融機関にも特段支障 のない場合は,譲渡を認め得る[27]。

---

*26　最判昭 48・7・19 民集 27 巻 7 号 823 頁。
*27　預金の譲渡の承諾は，譲渡禁止特約の解除の意味のほか,指名債権譲渡の対抗要件としての承
　　諾を兼ねて行い得る（最判昭 28・5・29 民集 7 巻 5 号 608 頁）。譲渡禁止特約付指名債権をその

(21) 解約等，反社会的勢力との取引停止・解約（普・定）	① 預金口座を解約する場合には，通帳を持参し，申し出ることが必要。 ② 預金が法令等違反行為に利用されるかそのおそれがある場合等，一定の場合，金融機関は預金取引の停止，預金口座の通知解約が可能。 ③ 預金者の反社会的勢力該当が判明した場合等，一定の条件に該当し，取引継続が不適切な場合は，金融機関は預金取引を停止し，又は預金口座を通知解約できる。 ④ 一定期間利用がなく，かつ一定金額を超えない場合には，金融機関は，窓口で本人確認できるまで預金取引を停止できる。 ⑤ 通知解約の場合，金融機関が解約通知を発信した時に解約となる。	(ア) 口座開設後における合意解約及び金融機関からの一方的取引停止・強制解約に関する条項。 (イ) 預金口座が振り込め詐欺などの法令・公序良俗違反行為に利用されている場合や預金者が反社会的勢力である場合等に対応するため，金融機関が一方的に預金取引を停止し，又は預金口座を強制解約することができる旨や反社会的勢力との取引排除などを定める。
(22) 保険事故発生時における預金者からの相殺（普・定）	① 金融機関の預金保険法上の保険事故発生時，預金者は相殺可能。担保預金であっても同様。相殺通知は書面によるものとし，押印済みの通帳の提出も必要。 ② 預金者が充当指定できるが，債権保全上の支障があれば，金融機関は異議を述べることが可能。この場合及び充当指定のない場合は，金融機関指定の順序方法で充当。 ③ 相殺する場合の計算は，金融機関到達日基準で，利率等は金融機関の定めによる。借入金の期限前弁済による損害金等は支払不要。	金融機関に預金保険法上の保険事故が発生した場合には預金者から相殺ができる旨，及びその方法等について定める規定。

特約の存在を知って譲り受けた場合でも，その後，債務者が承諾すれば債権譲渡は譲渡時にさかのぼって有効となり，譲渡に際し，確定日付のある譲渡通知がされている限り，承諾後の第三者にも債権譲渡が有効であることを対抗でき，承諾時に改めて確定日付をとる必要はない（最判昭52・3・17民集31巻2号308頁）。

	④ 相殺する場合，借入金の期限前弁済等に関し別の定めがあれば従う。借入金の期限前弁済等について金融機関の承諾を要する等の制限があっても相殺できる。		
⑳ 規定の変更等（普・定）	① 規定の条項その他の条件は，金融情勢その他の状況の変化その他相当の事由がある場合には，店頭表示その他相当の方法で公表することにより，変更できる。 ② ①の変更は，公表の際に定める相当な間を経過した日から適用。	金融機関が規定の変更をしたいときに，どのような要件が充足されれば，個々の預金者と個別に変更の合意をしなくても，規定の変更をすることができるのかを定める条項。	
㉔ 非課税貯蓄限度超過時の取扱い（定）	口座が障害者等の少額貯蓄非課税制度の適用を受けている場合で自動振替による預入れにより口座の非課税貯蓄限度を超過するときは新たに口座を作成のうえ，当該振替金額を入金することがある。	少額貯蓄非課税制度の適用を受けている定期預金の残高が，非課税貯蓄限度を超過することとなった場合の取扱いを定める。	
㉕ 規定なし	① 預金の帰属 ② 預金者に相続が発生した場合の預金の受領権限	① 特段の事情がない限り，預金の原資の出捐者が預金者（客観説）[*28]。普通預金に関しては，預金の原資の出捐者が誰かという観点のみにとらわれず，預金契約者を預金債権者と認定した例もある[*29]。また，連名預金は，預入当事者に合有的に帰属し，各当事者は単独で処分できない[*30]。 ② 相続人や受遺者が受領権限を有する[*31]。共同相続預金は，遺産分割の対象となる（相続開始と同時に当然には相続分に応じて分割さ	

[*28] 最判昭 32・12・19 民集 11 巻 13 号 2278 頁，前掲注（*13）最判昭 48・3・27，最判昭 52・8・9 民集 31 巻 4 号 742 頁，最判昭 57・3・30 金法 992 号 38 頁，最判平 14・1・17 民集 56 巻 1 号 20 頁（公共工事前払金の事例）。

[*29] 最判平 15・2・21 民集 57 巻 2 号 95 頁（保険代理店名義の預金の事例），最判平 15・6・12 民集 57 巻 6 号 563 頁（弁護士の預り金の事例）。

[*30] 最判昭 62・12・17 金法 1189 号 27 頁。

[*31] 特定の財産を特定の相続人に相続させる旨の遺言については，特段の事情のない限り，当該遺産を当該相続人に単独相続させる旨の遺産分割方法の指定がなされたものと解すべきであり，何ら行為を要せずして被相続人死亡の時に直ちに当該遺産が当該相続人に相続により承継されるものと解すべきである（最判平 3・4・19 民集 45 巻 4 号 477 頁）。

			れない）*32。遺言執行者の預金受領権限については、両論あり*33。
	③	預金の取引経過の開示	③ 金融機関は、（準）委任契約に基づき受任者が報告義務を負うように、預金契約に基づき、預金の取引経過の開示義務を負うとされている*34。
	④	預金債権の消滅時効	④ 預金債権も時効消滅し、普通預金債権については、預金契約成立時から消滅時効の進行が開始するというのが判例*35だが、実務上は、最後に入出金があった時から時効が進行を開始すると考えられている*36。自動継続定期預金の消滅時効は、自動継続の取扱いがされなくなった定期預金の満期日到来時から進行する*37。
	⑤	預金の差押え	⑤ 差押預金の特定について問題となる*38。

(注) 規定項目中、（普）は普通預金取引規定、（定）は定期預金取引規定の項目であることを示す。

---

*32 前掲注（＊24）最大決平28・12・19により、預金は金銭を目的とする債権であり、相続開始とともに当然に各相続人の相続分に応じて分割承継されるとの従来の判例（最判昭29・4・8民集8巻4号819頁、最判昭30・5・31民集9巻6号793頁、最判平16・4・20裁判集民214号13頁・判タ1161号294頁）が変更された。前掲注（＊24）最大決平28・12・19は、普通預金、通常貯金及び定期貯金に関するものであったが、その後の最判平29・4・6裁判集民255号129頁・判タ1437号67頁で、定期預金及び定期積金についても同様の判断がされている。

*33 （預金の包括遺贈における肯定裁判例）東京地判平14・2・22家月55巻7号80頁・金法1663号86頁、（相続させる遺言における肯定裁判例）東京高判平11・5・18金法1068号37頁・さいたま地熊谷支判平13・6・20判時1761号87頁・東京地判平24・1・25判時2147号66頁、（同否定裁判例）東京高判平15・4・23金法1681号35頁。

*34 前掲注（＊1）最判平21・1・22。

*35 大判明43・12・13民録16輯937頁、大判昭10・2・19民集14巻137頁。

*36 預金の預入れ、引出しは承認であるとして、最後に預け入れた時、又は引き出された時から預金債権の消滅時効が進行すると解する（我妻榮ほか『我妻・有泉コンメンタール民法―総則・物権・債権〔第4版〕』（日本評論社、2016）331頁、幾代通『民法総則〔第2版〕』（青林書院、1984）508頁）。普通預金の利息の入金（元本への組入れ）については、これを預金者に通知しなければ、銀行が預金元帳に記入するだけでは、時効中断事由である承認にはならないとするのが判例であるが（大判大5・10・13民録22輯1886頁）、銀行の帳簿のように、経理の上で負債であることを明らかにし、債権の存在を客観的に確認するものについては、承認としての効力を認めてしかるべきとする見解もある（我妻榮『新訂民法総則（民法講義Ⅰ）』（岩波書店、1965）472頁）。

*37 最判平19・4・24民集61巻3号1073頁、最判平19・6・7裁判集民224号479頁・金法1818号75頁。

*38 債権差押命令を受けた第三債務者において、直ちにとはいえないまでも、差押えの効力が送達の時点で生ずることにそぐわない事態とならない程度に速やかに、かつ、確実に差し押えられた

8 預金契約

Ⅲ　個別の文言例

1　預金契約の特性を示した条項

　Ⅱ3で掲げた関連する諸問題のある条項には，預金契約の特性が表出しているところ，その主なものについて，個別の文言例を示しつつ，本節で検討する。

2　印鑑照合等
(1)　免責約款

　預金取引規定には，一般に免責約款と呼ばれる印鑑照合等に関する条項が置かれるが，以下に普通預金取引規定の免責約款の例を示す。

（印鑑照合等）

　払戻請求書，諸届その他の書類に使用された印影（又は署名，暗証の届出がある場合には署名・暗証）を届出の印鑑（又は署名鑑，暗証の届出がある場合には署名鑑・暗証）と相当の注意をもって照合し，相違ないものと認めて取り扱いましたうえは，それらの書類につき偽造，変造その他の事故があってもそのために生じた損害については，当金融機関は責任を負いません。

　なお，預金者が個人である場合には，盗取された通帳を用いて行われた不正な払戻しの額に相当する金額について，本規定の盗難通帳による払戻し等の定めにより補てんを請求することができます。

---

(2)　その特徴

　(a)　金融機関がどの程度の注意義務を果たせば，正当な払戻受領権限を有しない者への預金の払戻しにおいて免責されるのか，という問題に関する特約（免責約款）である。金融機関が払戻請求書，諸届その他の書類に使用された印影を届出の印鑑と相当の注意をもって照合し，相違ないものと認めて取り扱えば，偽造・変造その他の事故があってもそのために生じた損害については，金融機関が免責されるという内容になっている。金融機関が正当な払戻受領権限

　　　債権を識別することができるものでなければならない（最決平23・9・20民集65巻6号2710頁）。「全店一括順位づけ方式」や「預金額最大店舗方式」については，差押債権の特定を欠くものとして不適法（前掲最決平23・9・20，最決平25・1・17判タ1386号182頁・金法1966号110頁）。

154　　　　**第3章**　消費貸借等

を有しない者に対して預金を払い戻しても，本来有効な払戻しとはいえないはずであるが，大量取引を可能にするために，預金者を誤認した金融機関を保護する必要が生じる場面が考えられる。金融機関にとって正当な払戻受領権限が誰にあるかを判断することは容易ではなく，この判断を厳格に要求すれば，金融機関はこれに応じて確認手続を厳格に行わざるを得ず，大量取引への支障となると考えられる。

（b）　免責約款は，いかにして預金の保護と円滑な大量取引のバランスをとるか，という問題に対する工夫の結果として策定されたルールで，預金の払戻しに係る金融機関の免責のルールとしては，改正前民法478条（債権の準占有者に対する弁済)[39]があるが，まず適用されるのはこの免責約款である。その解釈・適用にあたっても，預金の保護と円滑な大量取引のバランスは意識され，印鑑照合において金融機関が尽くすべき注意義務を怠った場合は免責されず，また注意義務の程度が民法に比べて軽減されるものではないと考えられている。

（c）　この免責約款は，通帳と印鑑による金融機関の窓口での対面取引に適用されることを想定したものだが，実際の預金の払戻取引として現代社会に定着しているのは，キャッシュカードを用いて金融機関のATM（現金自動預入払出兼用機）から払戻しを受ける機械払取引である。この取引も預金の払戻しであることに変わりはないから，金融機関の免責のルールとして，民法478条，預金取引規定の免責約款のほか，キャッシュカード規定の免責約款の適用もある。なお，機械払取引には，更に預金者保護法も適用される[40]。

●盗難通帳による払戻し等の定めの文言例

（盗難通帳による払戻し等）

1．預金者が個人の場合であって，盗取された通帳を用いて行われた不正な払戻し

---

[39]　債権の準占有者に対してした弁済は，その弁済をした者が善意であり，かつ，過失がなかったときに限り，その効力を有する。なお，改正民法では「債権の準占有者」という用語について，その意味を分かりやすいものとする観点から，一般的な解釈を踏まえ，「受領権者以外の者であって取引上の社会通念に照らして受領権者としての外観を有するもの」と改めている（新民478条，筒井健夫＝村松秀樹編著『一問一答民法（債権関係）改正』（商事法務，2018）186頁。）

[40]　個人の預金者が偽造・盗難カードによる不正払戻しの被害に遭った場合，原則として金融機関がその損害を補てんする。偽造カード被害の場合，預金者に故意あるいは重大な過失があることを金融機関が証明した場合を除き，払戻しそのものが無効とされており，被害補償される。また，盗難カード被害の場合，盗難に気づいたときの速やかな通知，金融機関の調査に対する十分な説明，警察への被害届の提出を前提に，原則として通知があった日から30日前の日以降にされた払出しについて被害補償される。なお，預金者に過失があることを金融機関が証明した場合の被害補償額は4分の3となり，重過失がある場合は補償の対象外となる。

8　預金契約

（以下，本条において「当該払戻し」という。）については，次の各号のすべてに該当する場合，預金者は当金融機関に対して当該払戻しの額に相当する金額及びこれに付帯する約定利息並びに手数料に相当する金額の補てんを請求することができます。

① 通帳の盗難に気づいてからすみやかに，当金融機関への通知が行われていること

② 当金融機関の調査に対し，預金者より十分な説明が行われていること

③ 当金融機関に対し，捜査機関に被害届を提出していることその他の盗取されたことが推測される事実を確認できるものを示していること

2．前項の請求がなされた場合，当該払戻しが預金者の故意による場合を除き，当金融機関は，当金融機関へ通知が行われた日の30日（ただし，当金融機関に通知することができないやむを得ない事情があることを預金者が証明した場合は，30日にその事情が継続している期間を加えた日数とします。）前の日以降になされた払戻しの額に相当する金額及びこれに付帯する約定利息並びに手数料に相当する金額（以下「補てん対象額」という。）を前条本文にかかわらず補てんするものとします。

　　ただし，当該払戻しが行われたことについて，当金融機関が善意かつ無過失であり，かつ，預金者に過失（重過失を除く。）があることを当金融機関が証明した場合は，当金融機関は補てん対象額の4分の3に相当する金額を補てんするものとします。

3．前2項の規定は，第1項に係る当金融機関への通知が，通帳が盗取された日（通帳が盗取された日が明らかでないときは，盗取された通帳を用いて行われた不正な払戻しが最初に行われた日）から，2年を経過する日後に行われた場合には，適用されないものとします。

4．第2項の規定にかかわらず，次の各号のいずれかに該当することを当金融機関が証明した場合には，当金融機関は補てんしません。

① 当該払戻しが行われたことについて当金融機関が善意かつ無過失であり，かつ，次のいずれかに該当すること

　A　当該払戻しが預金者の重大な過失により行われたこと

　B　預金者の配偶者，二親等内の親族，同居の親族その他の同居人，又は家事使用人によって行われたこと

　C　預金者が，被害状況についての当金融機関に対する説明において，重要な事項について偽りの説明を行ったこと

② 通帳の盗取が，戦争，暴動等による著しい社会秩序の混乱に乗じ又はこれに付随して行われたこと

5．当金融機関がこの預金について預金者に払戻しを行っている場合には，この払戻しを行った額の限度において，第1項に基づく補てんの請求には応じることはできません。また，預金者が，当該払戻しを受けた者から損害賠償又は不当利得返還を受けた場合も，その受けた限度において同様とします。

6．当金融機関が第2項の規定に基づき補てんを行った場合に，当該補てんを行った金額の限度において，この預金に係る払戻請求権は消滅します。

7．当金融機関が第2項の規定により補てんを行ったときは，当金融機関は，当該補てんを行った金額の限度において，盗取された通帳により不正な払戻しを受けた者その他の第三者に対して預金者が有する損害賠償請求権又は不当利得返還請求権を取得するものとします。

　(d)　預金者保護法附則3条及び附帯決議を踏まえ，全国銀行協会より自主ルールとして「預金等の不正な払戻しへの対応について」（平成20年2月19日）という申合せが公表され，個人の預金者が盗難通帳による預金の不正払戻しの被害に遭った場合，金融機関に過失がない場合でも，預金者保護法に基づく偽造・盗難カード被害補償の対応に準じ，被害補償が実施されることとなった。各金融機関においては，この申合せと同時に公表された「普通預金規定（個人用）〔参考例〕」をもとに，預金規定を見直し，上記の盗難通帳による払戻し等の定めの文言例のような定めを追加した。

　(e)　補償の対象とならない不正払戻しに関しては，偽造・盗難カードによる払戻しと同様，従前どおり免責約款及び民法478条による金融機関の免責の可否が検討される。なお，インターネットバンキングの不正払戻しについては，個人の預金者のみでなく，法人の預金者にも被害が拡大したことから，被害補償に関する考え方について全国銀行協会で申合せが行われた[41]。

3　自動継続

(1)　定期預金の自動継続特約

　定期預金の自動継続特約条項として，一般的な自動継続自由金利型定期預金の例を以下に示す。

---

*41　全国銀行協会「法人向けインターネット・バンキングにおける預金等の不正な払戻しに関する補償の考え方」（平成26年7月17日）。

（自動継続）
1. この預金は，通帳記載又は証書記載の満期日に前回と同一の期間，種類の自由金利型定期預金に自動的に継続します。継続された預金についても同様とします。
2. この預金の継続後の利率は，継続日における当金融機関所定の利率とします。ただし，この預金の継続後の利率について別の定めをしたときは，その定めによるものとします。
3. 継続を停止するときは，満期日（継続をしたときはその満期日）までにその旨を申し出てください。この申出があったときは，この預金は満期日以後に支払います。ただし，あらかじめ指定された預金口座がある場合には，この預金は満期日に自動的に解約し，利息とともにその預金口座に入金するものとします。

(2) その特徴

（a） 自動継続定期預金における自動継続特約は，預金者から満期日における払戻請求がなされない限り，当事者の何らの行為を要せずに，満期日において払い戻すべき元金又は元利金について，前回と同一の預入期間，定期預金として継続させることを内容とするものであり，預入期間に関する合意として，当初の定期預金契約の一部を構成するものである。したがって，例えば自動継続定期預金について，仮差押えの執行がされても，同特約に基づく自動継続の効果が妨げられることはないとするのが判例の立場である[42]。

（b） また，判例上，定期預金の自動継続処理は，委任事務ないし準委任事務の性質を有するとされている[43]。

（c） 自動継続定期預金の特性に関連して，消滅時効がいつから進行するのかが問題となった。判例[44]は，結論として，自動継続定期預金契約における預金払戻請求権の消滅時効は，自動継続の取扱いがされることのなくなった満期日が到来した時から進行するものと解するのが相当としたが，その理由とするところは，定期預金の自動継続特約の特性を理解するうえで，有意義なものであるため引用する。

「消滅時効は，権利を行使することができる時から進行する（民法166条1項）

---

*42 前掲注（*17）最判平13・3・16。
*43 前掲注（*1）最判平21・1・22。
*44 前掲注（*37）最判平19・6・7。

158 **第3章** 消費貸借等

が，自動継続定期預金契約は，自動継続特約の効力が維持されている間は，満期日が経過すると新たな満期日が弁済期となるということを繰り返すため，預金者は，満期日から満期日までの間は任意に預金払戻請求権を行使することができない。したがって，初回満期日が到来しても，預金払戻請求権の行使については法律上の障害があるというべきである。もっとも，自動継続特約によれば，自動継続定期預金契約を締結した預金者は，満期日（継続をしたときはその満期日）より前に継続停止の申出をすることによって，当該満期日より後の満期日に係る弁済期の定めを一方的に排除し，預金の払戻しを請求することができる。しかし，自動継続定期預金契約は，預金契約の当事者双方が，満期日が自動的に更新されることに意義を認めて締結するものであることは，その内容に照らして明らかであり，預金者が継続停止の申出をするか否かは，預金契約上，預金者の自由にゆだねられた行為というべきである。したがって，預金者が初回満期日前にこのような行為をして初回満期日に預金の払戻しを請求することを前提に，消滅時効に関し，初回満期日から預金払戻請求権を行使することができると解することは，預金者に対し契約上その自由にゆだねられた行為を事実上行うよう要求するに等しいものであり，自動継続定期預金契約の趣旨に反するというべきである。そうすると，初回満期日前の継続停止の申出が可能であるからといって，預金払戻請求権の消滅時効が初回満期日から進行すると解することはできない。以上によれば，自動継続定期預金契約における預金払戻請求権の消滅時効は，自動継続の取扱いがされることのなくなった満期日が到来した時から進行するものと解するのが相当である。」

4　証券類の受入れと受入証券類の決済，不渡り
(1)　預金に受け入れる証券類に関する条項

　預金に受け入れる証券類に関する条項として，普通預金取引規定の例を以下に示す。

（証券類の受入れ）
1．この預金口座には，現金のほか，手形，小切手，配当金領収証その他の証券で直ちに取立てのできるもの（以下「証券類」という。）を受け入れます。
2．手形要件（特に振出日，受取人），小切手要件（特に振出日）の白地はあらかじ

め補充してください。当行は白地を補充する義務を負いません。

3．証券類のうち，裏書，受取文言等の必要があるものはその手続を済ませてください。

4．手形，小切手を受け入れるときは，複記のいかんにかかわらず，所定の金額欄記載の金額によって取り扱います。

5．証券類の取立てのため特に費用を要する場合には，店頭表示の代金取立手数料に準じてその取立手数料をいただきます。

（受入証券類の決済，不渡り）

1．証券類は，受入店で取り立て，不渡返還時限の経過後その決済を確認したうえでなければ，受け入れた証券類の金額に係る預金の払戻しはできません。その払戻しができる予定の日は，通帳の摘要の欄に記載します。

2．受け入れた証券類が不渡りとなったときは預金になりません。この場合は直ちにその通知を届出の住所宛に発信するとともに，その金額を普通預金元帳から引き落とし，その証券類は当店で返却します。

3．前項の場合には，あらかじめ書面による依頼を受けたものに限り，その証券類について権利保全の手続をします。

（2）　その特徴

（a）　預金には，現金だけでなく，直ちに取立てのできる証券類による入金ができる。この場合，どの時点で預金が成立したといえるかが問題となる。証券類による入金は，預金者が金融機関に対して，当該証券類の取立て及び取立代り金の預金への入金を依頼するものであり，金融機関が証券類を受領した時ではなく，証券類の取立てが完了した時に，入金の効力が発生して預金が成立すると解されている。例えば証券類として上記条項中に例示されている手形・小切手は，自店券と他店券に大別することができる。自店券とは，自己の支店が支払場所となり，自己の支店にある当座預金口座から決済することを委託されているものをいい，他店券とは，自己の支店以外の支店（他の金融機関の支店を含む。）が支払場所とされ，当該他の支店の当座預金から決済されるべきものをいう。

（b）　自店券入金の場合の預金成立時期について裁判例は，金融機関が自店券の取立てを終了した時点で成立するという考え方[45]と，入金人に対し不渡通

＊45　東京高判昭 62・3・23 金法 1163 号 28 頁。

知がされることを解除条件として入金時点で直ちに成立するという考え方[46]に分かれている。実務上は，自店の当座勘定取引先が振り出した手形・小切手を第三者が持参して預金の預入れをした場合，手形交換所で呈示・交換する必要がないので，預け入れられた当該証券類が決済されたことを確認し，預金者に連絡又は通帳に記入した時点で預金契約が成立したものとして取り扱われている。他店券入金の場合の預金成立時期については，金融機関が他店券の取立てを終了した時点で成立するのが判例の考え方である[47]。

（c）　金融機関が証券類による入金処理を誤り，取立てが完了しなかったにもかかわらず預金が成立したものとして払い戻してしまったケースの判例がある。金融機関の担当者が入金された手形が決済されたと誤解し，入金人に対して払戻しを行ったが，実際には当該手形は不渡りとなり，手形金額の入金は生じず，預金は成立しなかったため，金融機関が入金人に対し，不当利得返還請求したところ，入金人は，手形の取立依頼を受けただけで，払戻金は第三者に渡したから，利得は現存していないとして争った。最高裁は金銭の交付によって生じた不当利得につきその利益が存しないことについては，不当利得返還請求権の消滅を主張する者において主張・立証すべきとしたうえで，入金人から利得した利益を喪失した旨の主張が行われていないとして，金融機関勝訴の判決を言い渡した[48]。同じ判決の中で裁判所は，本件払戻金を直ちに第三者に交付し当該金銭を喪失したとの入金人の主張事実が真実であるとしても，入金人は，第三者に対して交付金相当額の不当利得返還請求権を取得し，その価値に相当する利益を有していることになると述べて，不当利得返還請求権の形で利得が現存するとしている。

5　振込金の受入れ
（1）　振込入金に関する条項
振込入金に関する条項例は以下のとおりである。

（振込金の受入れ）
1．この預金口座には，為替による振込金を受け入れます。

＊46　大阪高判昭42・1・30金法468号28頁。
＊47　前掲注（＊19）最判昭46・7・1。
＊48　前掲注（＊20）最判平3・11・19。

2．この預金口座への振込みについて，振込通知の発信金融機関から重複発信等の誤発信による取消通知があった場合には，振込金の入金記帳を取り消します。

(2) その特徴

（a）　普通預金には為替による振込金も受け入れる。振込入金による預金の成立時期は，金融機関が受取人の預金口座に振込入金の記帳をした時点と解されている[49]。振込みの法的性格は，振込依頼人が仕向金融機関に対して，被仕向金融機関にある受取人名義の預金口座に振込金を入金することを内容とした事務を委託する委任契約とされている。したがって，振込依頼人・仕向金融機関間，仕向金融機関・被仕向金融機関間のそれぞれにこの事務に関する委任関係が生じる一方，被仕向金融機関が受取人の預金口座に入金記帳した時点でこの委任関係は終了する。

（b）　振込みによる預金の成立時点は，振込手続中に受取人の口座に差押えがされたり，仕向金融機関から組戻しの依頼を受けたりした場合などに問題となる。預金の成立時点を受取人口座への入金記帳時点と考えると，入金記帳後に受取人口座への差押えがあった場合には，受取人の預金として取り扱い，入金記帳後に仕向金融機関から組戻しの依頼を受けた場合には，受取人の承諾を得てから取り扱う。

（c）　振込依頼人が振込先口座を誤って指定し，仕向金融機関・被仕向金融機関がこれに従って処理した場合，誤った振込先口座における入金記帳により預金が成立するが，受取人と振込依頼人との間に正当な原因関係があることを要するかが問題となった判例[50]がある。最高裁は，振込依頼人から受取人の金融機関の普通預金口座に振込みがあったときには，振込依頼人と受取人との間に振込みの原因となる法律関係が存在するか否かにかかわらず，受取人と金融機関との間に振込金額相当の普通預金契約が成立し，受取人が金融機関に対してその金額相当の普通預金債権を取得するものと解するのが相当であるとした。

（d）　この場合さらに，誤振込金の受取人は当該預金を払い戻すことができるのかが問題となる。判例[51]は，誤振込みであることを知った受取人が，情を秘して預金の払戻しを請求し，金融機関窓口係員から預金の払戻しを受けた場

---

[49]　幾代＝広中編・前掲注（[21]）409頁〔中馬〕参照。

[50]　前掲注（[22]）最判平8・4・26。

[51]　最決平15・3・12刑集57巻3号322頁。

合は，詐欺罪（刑246条1項）が成立するとしている。

(e) 振り込め詐欺の被害者による振込みの場合も，振込みが振込依頼人の真意に基づかない点は誤振込みと同じであることから，振込代り金が振込先口座に入金された時点で預金として成立すると解されるが，預金の帰属に関する裁判所の判断は分かれている[52]。これらの裁判例では，口座名義人又は振り込め詐欺加害者を預金者と認定しているが，一方で，振り込め詐欺被害者が，これらの者に対する不当利得返還請求権を被保全債権とする債権者代位権（旧民423条）により行った，振込先口座の預金払戻請求も認められた[53]。その後，犯罪利用預金口座等に係る資金による被害回復分配金の支払等に関する法律（振り込め詐欺救済法）が施行され，振込みを利用した犯罪行為における振込先預金口座については，金融機関が取引停止措置を行い，預金保険機構が60日以上の期間を定めた公告を行ったうえで，当該預金口座の預金債権を消滅させ，消滅した預金債権相当額を原資として被害者に分配する制度が設けられている。

6 譲渡，質入れ等の禁止

(1) 譲渡禁止特約

預金の譲渡，質入れを禁止する譲渡禁止特約の条項として，普通預金取引規定の例を以下に示す。

（譲渡，質入れ等の禁止）
1. この預金，預金契約上の地位その他この取引に係る一切の権利及び通帳は，譲渡，質入れその他第三者の権利を設定すること，又は第三者に利用させることはできません。
2. 当金融機関がやむを得ないものと認めて質入れを承諾する場合には，当金融機関所定の書式により行います。

---

(2) その特徴

(a) 既に述べたとおり，金融機関には多数の預金口座が存在しており，日々膨大な量の入出金取引が繰り返されているため，自由な預金の譲渡を認めると，

---

[52] 口座名義人を預金者として認定した裁判例（東京地判平17・3・29金法1760号40頁）と振り込め詐欺加害者を預金者と認定した裁判例（東京地判平17・3・30判時1895号44頁・金法1741号41頁）がある。
[53] 前掲注（[52]）東京地判平17・3・29。

金融機関は預金者が誰であるかの確認が困難となり，真の預金者以外への過誤払いが発生するなど，事務処理の安全性・確実性が損なわれる可能性が高まる[54]。この過誤払いなどを極小化しようとすると事務手続が煩雑になり，預金者の利便性を損なうほか，事務処理増による負担を手数料等に転嫁する動きにも繋がり，預金者一般の利益に反する結果となる。そこで，預金債権の自由な譲渡を禁止して，このような弊害を防ぐため，譲渡禁止特約が定められている[55]。

　(b)　譲渡禁止特約は，債権者・債務者間で有効であることはいうまでもないが，善意で債権を譲り受けた第三者には対抗することができない（旧民466条2項ただし書）。この点に関し判例は，「重大な過失は悪意と同様に取り扱うべきものであるから，譲渡禁止の特約の存在を知らずに債権を譲り受けた場合であっても，これにつき譲受人に重大な過失があるときは，悪意の譲受人と同様，譲渡によってその債権を取得しえないものと解するのを相当とする。」としたうえで，「銀行を債務者とする各種の預金債権については一般に譲渡禁止の特約が付されて預金証書等にその旨が記載されており，また預金の種類によっては，明示の特約がなくとも，その性質上黙示の特約があるものと解されていることは，ひろく知られているところであって，このことは少なくとも銀行取引につき経験のある者にとっては周知の事柄に属するというべきである。」とする[56]。これにより，預金債権の譲受人は，譲渡禁止特約の存在につき悪意又は重過失があり，金融機関は譲受人に対し同特約の効力を主張して，譲受人からの支払を拒むことができると考えられる。

　(c)　一方，預金者から正当理由に基づく申出があり，金融機関にも特段支障のない場合は，譲渡を認め得る。通常は，譲渡・質入れに先立ち金融機関に事前承諾依頼がされるが，特約の解除は，債務者である金融機関の一方的意思表示（承諾）で足り，特約の当事者双方による合意解除は必須ではない。また，

---

*54　このほか，金融機関が預金者に対して反対債権を有している場合は，相殺による債権の回収にも支障が生じる可能性がある。

*55　預金も預金者の金融機関に対する指名債権である以上，譲渡可能であるが（旧民466条1項本文），当事者の反対の意思表示により譲渡を禁止することができる（同条2項）。

*56　前掲注（*26）最判昭48・7・19。この判例は，譲受人の重過失について更に審理させるため破棄差戻しとし，差戻し後の控訴審（東京高判昭50・5・7判時786号42頁・金法758号36頁）は譲受人の重過失を認定して請求を棄却し，その上告審（最判昭50・10・24裁判集民116号389頁）も上告を棄却した。

最高裁は、「譲渡禁止の特約のある指名債権をその譲受人が右特約の存在を知って譲り受けた場合でも，その後，債務者が右債権の譲渡について承諾を与えたときは，右債権譲渡は譲渡の時にさかのぼって有効となり，譲渡に際し債権者から債務者に対して確定日付のある譲渡通知がされている限り，債務者は，右承諾以後において債権を差し押え転付命令を受けた第三者に対しても，右債権譲渡が有効であることをもって対抗することができるものと解するのが相当であり，右承諾に際し改めて確定日付のある証書をもってする債権者からの譲渡通知又は債務者の承諾を要しないというべきである。」と判示する[57]。ただし，譲渡から承諾までの間に現れた第三者との関係について，民法116条（無権代理行為の追認）の法意に照らし，その第三者の権利を害することはできない[58]。

(d) なお実務上は，「譲渡」という形式にこだわらず，普通預金や定期預金について，払戻しや解約と振込み等を行うことによって，同様の結果を得ることが多い。

(3) 改正民法

(a) 改正前民法は，原則として債権は譲渡できるが（民466条1項），当事者が反対の意思を表示した場合にはこの原則を適用しない（新民466条2項）と定めているため，譲渡禁止特約が付された債権の譲渡は，第三者との関係でも無効であると一般に解されている。これに対し，改正民法においては，譲渡禁止特約が付されていても，これによって債権譲渡の効力は妨げられないとされた（新民466条2項）。

(b) もっとも，見知らぬ第三者が弁済の相手方となる事態を防ぎたいという債務者の期待は，引き続き保護する必要があるため，譲受人が譲渡禁止特約について悪意又は重過失である場合には，債権譲渡自体は無効にならないとしても，債務者は，譲受人に対する債務の履行を拒むことができ，かつ譲渡人に対する弁済等の債務消滅事由をもって譲受人に対抗することができるとされている（新民466条3項）。

(c) ただし，譲渡禁止特約による弁済の相手方の固定という債務者の利益について，引き続き保護する手当がされたとしても，預金債権はその金額が増減するという特徴があるため，債権譲渡自体は有効ということになると，預金

---

[57] 前掲注（[27]）最判昭52・3・17。
[58] 最判平9・6・5民集51巻5号2053頁。

債権が譲渡された後に譲渡人の預金口座で入出金があった場合に法律関係が複雑化し，金融機関が円滑に払戻しを行うことができなくなるのみならず，差押債権者等の第三者との関係が不明確になるなど，事務処理の安全性・確実性が損なわれるおそれがある[*59]。

(d)　このため，譲渡禁止特約が付された預金債権が悪意又は重過失の譲受人に譲渡された場合には，改正前民法と同様に，金融機関は，譲渡禁止特約をそれらの譲受人等に対抗することができる（新民466条の5第1項）とされ，改正前民法下における預金債権の譲渡禁止特約に関する取扱が，改正民法下においても継続されるよう手当てされている。

7　反社会的勢力との取引拒絶，取引停止・解約

(1)　暴力団排除条項

　預金取引規定には，一般に暴力団排除条項と呼ばれる，反社会的勢力との取引拒絶，取引停止・解約に関する条項が置かれるが，以下に普通預金取引規定の暴力団排除条項の例を示す。

（反社会的勢力との取引拒絶，取引停止・解約）

1. この預金口座は，次の各号のいずれにも該当しない場合に利用することができ，次の各号の一にでも該当する場合には，当金融機関はこの預金口座の開設をお断りするものとします。
   ① 預金者が口座開設申込時にした表明・確約に関して虚偽の申告をしたことが判明した場合
   ② 預金者が，次のいずれかに該当したことが判明した場合
   　A　暴力団
   　B　暴力団員
   　C　暴力団準構成員
   　D　暴力団関係企業
   　E　総会屋等，社会運動等標ぼうゴロ又は特殊知能暴力集団等
   　F　その他前AからEに準ずる者
   ③ 預金者が，自ら又は第三者を利用して次の各号に該当する行為をした場合
   　A　暴力的な要求行為
   　B　法的な責任を超えた不当な要求行為

＊59　筒井＝村松編著・前掲注（＊39）161頁・172頁。

C　取引に関して，脅迫的な言動をし，又は暴力を用いる行為

D　風説を流布し，偽計を用い又は威力を用いて当行の信用を毀損し，又は当行の業務を妨害する行為

E　その他前AからDに準ずる行為

2．前項の各号の一にでも該当し，預金者との取引を継続することが不適切である場合には，当金融機関はこの預金取引を停止し，又は預金者に通知をすることによりこの預金口座を解約することができるものとします。なお，通知により解約する場合，到達のいかんにかかわらず，当金融機関が解約の通知を届出のあった氏名，住所にあてて発信した時に解約されたものとします。

(2)　その特徴

(a)　暴力団排除条項に関連のある動き

■表4　暴力団排除条項に関連のある主なできごと

時　期	動　き
平成 4 年 3 月	「暴力団員による不当な行為の防止等に関する法律」施行[60]
平成 12 年 7 月	「組織的な犯罪の処罰及び犯罪収益の規制等に関する法律」施行[61]
平成 17 年 11 月	全国銀行協会が，「行動憲章」において，反社会的勢力と断固として対決することを規定
平成 19 年 6 月	「企業が反社会的勢力による被害を防止するための指針」（平成 19 年 6 月 19 日犯罪対策閣僚会議幹事会申合せ）公表[62]
平成 19 年 7 月	「反社会的勢力介入排除に向けた取組み強化について」（全国銀行協会申合せ）公表[63]
平成 20 年 3 月	金融庁が反社会的勢力による被害の防止について監督指針を一部改正[64]
平成 20 年 5 月	全国銀行協会が反社会的勢力介入排除対策協議会を設置
平成 20 年 11 月	銀行取引約定書に盛り込む場合の暴力団排除条項の参考例（全国銀行協会）公表[65]
平成 21 年 9 月	普通預金規定，当座勘定規定及び貸金庫規定に盛り込む暴力団排除条項の参考例（全国銀行協会）公表[66]
平成 22 年 9 月	日本経済団体連合会が，「企業行動憲章」を改訂し，反社会的勢力との関係遮断を徹底
平成 23 年 6 月	銀行取引約定書及び当座勘定規定に盛り込む暴力団排除条項の参考例の一部改正（全国銀行協会）公表[67]
平成 23 年 10 月	このときまでにすべての都道府県で暴力団排除条例施行
平成 26 年 6 月	金融庁が反社会的勢力による被害の防止について監督指針を一部改正[68]

8　預金契約

（b）　暴力団排除条項は，前記(a)の流れの中で，特に平成21年9月の全国銀行協会の参考例公表を踏まえ，各金融機関が預金取引規定に追加したものであるが，暴力団排除条項の追加変更の効力に関しては，いくつか裁判例[69]がある。そこで問題となった主要な論点は，①暴力団排除条項が憲法14条1項等に反し無効か否か，②追加変更前に締結された預金契約に暴力団排除条項が適

*60　平成4年3月1日，「暴力団員の行う暴力的要求行為等について必要な規制を行い，及び暴力団の対立抗争等による市民生活に対する危険を防止するために必要な措置を講ずるとともに，暴力団員の活動による被害の予防等に資するための民間の公益的団体の活動を促進する措置等を講ずることにより，市民生活の安全と平穏の確保を図り，もって国民の自由と権利を保護すること」を目的として，施行された。

*61　マネー・ローンダリング行為の規制強化。

*62　平成19年6月19日，企業活動を装ったり，政治活動や社会運動を標ぼうしたりするなどして，活動形態の不透明化を進展させ，また，証券取引や不動産取引等の経済活動を通じて，資金獲得活動を巧妙化させている反社会的勢力の実情に鑑み，犯罪対策閣僚会議幹事会が策定。本指針は，企業に対し，反社会的勢力との関係をいっさいもたないこと，反社会的勢力とは知らずに何らかの関係を有してしまった場合には，相手方が反社会的勢力であると判明した時点や反社会的勢力であるとの疑いが生じた時点で，速やかに関係を解消すること，また，反社会的勢力による不当要求の被害を防止するため，契約書や取引約款に暴力団排除条項を導入すること等を要請している。

*63　政府の「企業が反社会的勢力による被害を防止するための指針」（平成19年6月19日犯罪対策閣僚会議幹事会申合せ）策定の趣旨を踏まえ，不当な資金源獲得の温床になりかねない取引を根絶するため，反社会的勢力とは断固として対決することを全国銀行協会で申し合わせたもの。反社会的勢力に関する情報の収集及び各金融機関での共有・利用体制構築の検討に着手すること，警察当局や外部専門機関との連携強化に加え，反社会的勢力との取引であることが判明した場合の契約解除対応を可能とする規定の整備等の検討に着手することを内容とする。

*64　金融庁は，平成20年3月26日，「主要行等向けの総合的な監督指針」を改訂し，反社会的勢力との関係を遮断するための態勢整備の検証について，反社会的勢力とはいっさいの関係をもたず，反社会的勢力であることを知らずに関係を有してしまった場合には，相手方が反社会的勢力であると判明した時点で可能な限り速やかに関係を解消できるよう，必要に応じて取引約款に暴力団排除条項を導入するなど，反社会的勢力が取引先となることを防止する取組みを行うこととしているかを着眼点とする旨を新たに盛り込んだ。

*65　不当な資金源の獲得活動の温床となりかねない取引を根絶し，反社会的勢力との関係遮断ができるよう，融資取引の契約等に盛り込むべき暴力団排除条項として，銀行取引約定書に盛り込む場合の参考例を全国銀行協会が会員銀行に通知。

*66　反社会的勢力との関係遮断の取組みを一層推進するため，普通預金規定，当座勘定規定及び貸金庫規定に盛り込むべき暴力団排除条項の参考例を全国銀行協会が会員銀行に通知。

*67　全国銀行協会が，警察庁及び金融庁と協議し，東日本大震災の復興事業への参入の動きなど，暴力団を中核とする反社会的勢力が暴力団の共生者等を利用しつつ不正に融資等を受けることにより資金獲得活動を行っている実態に対して，より適切かつ有効に対処するため，融資取引及び当座勘定取引における暴力団排除条項の参考例を一部改正。

*68　平成20年3月の改正から更に反社会的勢力との取引防止の要請が強められ，契約書や取引約款への暴力団排除条項の導入を徹底するなど，反社会的勢力が取引先となることを防止しているかが，態勢整備の検証における着眼点とされた。

*69　福岡地判平28・3・4金判1490号44頁・金法2038号94頁及びその控訴審判決である福岡高判平28・10・4金判1504号24頁・金法2052号90頁，東京地判平28・5・18金判1497号56頁・金法2050号77頁。

168　　　　　第3章　消費貸借等

用されるか否か，及び③暴力団排除条項に基づき生活口座を解約することができるか否か，である。

（c）　前掲注（＊69）福岡高判平28・10・4は，預金契約締結後に取引約款に追加した暴力団排除条項について，「①本件各条項は，目的の正当性が認められ，その目的を達成するために反社会的勢力に属する預金契約者に対し解約を求めることにも合理性が認められるから，憲法14条1項，22条1項の趣旨や公序良俗に反するものということはできず，有効であって，②預金契約については，定型の取引約款によりその契約関係を規律する必要性が高く，必要に応じて合理的な範囲において変更されることも契約上当然に予定されているところ，本件各条項を既存の預金契約にも適用しなければ，その目的を達成することは困難であり，本件各条項が遡及適用されたとしても，そのことによる不利益は限定的で，かつ，預金者が暴力団等から脱退することによって不利益を回避できることなどを総合考慮すれば，既存顧客との個別の合意がなくとも，既存の契約に変更の効力を及ぼすことができると解するのが相当であり，③本件各口座については，控訴人らが社会生活を送る上で不可欠な代替性のない生活口座であるといった事情は認められず，本件各条項に基づき控訴人らとの本件各預金契約を解約することが，信義則違反ないし権利の濫用に当たるとはいえない」とした。

（d）　また，前掲注（＊69）東京地判平28・5・18は，前記①の論点について，「憲法14条1項は，法の下の平等を保障した規定であり，この規定は，事柄の性質に応じた合理的な根拠に基づくものでない限り，差別的取扱いを禁止する趣旨のものである（最高裁昭和39年5月27日大法廷判決・民集18巻4号676頁，最高裁昭和48年4月4日大法廷判決・刑集27巻3号265頁等参照）。」としたうえで，暴力団排除条項の目的に正当性が認められ，また，反社会的勢力による資金獲得活動を抑止するため，金融機関である被告において，反社会的勢力との取引を断絶する必要性が高く，同条項によって生じる不利益は，限定的であると認められるとして，同条項による区別は，合理的な根拠に基づくものであるというべきで，憲法14条1項に反するものではないとする。さらに，前記②の論点に関し，暴力団排除条項について，「本件排除規定は，普通預金規定を含む原契約と一体をなすものとして取り扱われるものであるところ，本件排除規定は，被告の利益を目的とするものではなく公益目的を有していること，

8　預金契約　　　　169

反社会的勢力排除の要請が社会的に高まっていること，既存の預金契約にも本件排除規定を適用しなければその目的を達成することが困難であること及び本件排除規定が適用されることによる不利益が限定的なものであることに加え，被告において，本件排除規定の周知に努めていたこと〔証拠略〕等に照らすと，多数の取引関係を画一的かつ合理的に処理するため，本件排除規定が追加される前に締結された本件預金契約についても，約款である普通預金規定に本件排除規定が追加されて変更された以降は，適用することができると解するのが相当である。」としている。前記③の論点については，前記(a)の一連の動きを事実認定したうえで，「前記認定事実及び弁論の全趣旨によれば，犯罪対策閣僚会議指針及び監督指針等において，反社会的勢力の排除が強く要請されており，また，反社会的勢力の資金獲得活動が巧妙化している実情や，実際に，口座，預金取引，為替取引，貸金庫等を悪用することによって犯罪による収益の収受又は隠匿がされた事例が存在し〔証拠略〕，被告を含む金融機関が取り扱うサービスは，犯罪による収益移転に悪用される危険性が高い上，預金口座が悪用された場合の損害回復が困難であること等が認められるところ，被告は，そのような反社会的勢力との取引断絶が強く要請されている状況に鑑み，反社会的勢力の資金獲得の手段として預金口座等が不当に利用されることを防ぐことによって，市民生活の安全と平穏の確保を図ることを目的として，本件排除規定（筆者注：暴力団排除条項）を追加したものと認められる。そして，預金口座が反社会的勢力の活動以外の目的で利用されていたとしても，反社会的勢力の活動の利用に容易に転用できることに照らすと，本件排除規定を追加した上記目的を達成するためには，預金口座の利用目的にかかわらず，反社会的勢力との取引を断絶する必要性が高いこと，また，反社会的勢力に属する者が，預金口座等を利用できなくなり，事実上不利益を被るとしても，その不利益は，電気や水道等のいわゆるライフラインが使用できなくなるような場合に比べて大きいとはいえない上，自己の意思に基づき，反社会的勢力から離脱することによって，その不利益を回避することができるため，その不利益は限定的であること等に照らすと，本件排除規定の目的を達するには，預金口座の利用目的がどのようなものであるかにかかわらず，反社会的勢力に属する者の預金契約に本件排除規定の適用があると解するのが相当であり，それによって反社会的勢力に属する者の生活に必要な預金口座の利用が制約されるとしてもやむを得ないという

べきである。」と判示した。

　(e)　前記(c)，(d)の裁判例は，暴力団排除条項に関して，①憲法14条1項等に反することなく有効であるとし，②預金契約に関して，契約締結後の約款変更による暴力団排除条項の導入及び適用を肯定した点で，同旨の判断を下している。さらに③暴力団排除条項に基づき生活口座を解約することができるか否かについて，前掲注（＊69）福岡高判平28・10・4は，「社会生活を送る上で不可欠な代替性のない生活口座であるといった事情」が認められないことという留保を付けて，解約を有効と認めたが，前掲注（＊69）東京地判平28・5・18は，「預金口座の利用目的がどのようなものであるかにかかわらず」，暴力団排除条項の適用があるとして，生活口座であるかどうかを区別せず解約できる旨を述べる。これらは，下級審判決であるが，暴力団排除条項を導入し運用する現行実務を肯定する内容であり，重要な意義を有している。

8　規定の変更等

(1)　規定の変更等に関する条項

　規定の変更等に関する条項例は，以下のとおりである。

（規定の変更等）

　1．この規定の各条項その他の条件は，金融情勢その他の状況の変化その他相当の事由があると認められる場合には，店頭表示その他相当の方法で公表することにより，変更できるものとします。

　2．前項の変更は，公表の際に定める相当な間を経過した日から適用されるものとします。

---

(2)　その特徴

　(a)　「規定の変更等」の条項は，預金契約が継続している間に金融機関が一方的に規定を変更することによって継続中の預金契約を変更することができるとする条項である。ここで「金融情勢その他の状況の変化その他相当の事由があると認められる場合」というのは，社会経済環境の変化や法令・社会政策の変更に対応する必要がある場合という趣旨で，このような場合に，多数の預金者から個別の同意を得ることは困難であるので，店頭表示その他相当の方法で公表するといった一定の手続に従い，一方的かつ一斉に，適用条項を変更する

ためのものである。例えば，前記Ⅲ7のように暴力団排除条項の追加変更が実施されている。

(b)　ただし，約款である預金取引規定を変更する際の法的根拠を，「規定の変更等」の条項のみに求めることで足りるか，言い換えれば，「規定の変更等」の条項がありさえすれば，預金取引規定の変更ができるのか，又は，本条項がなければ預金取引規定の変更ができないのか，という点については，必ずしも判例や学説で確立した考え方が存在するわけではない。実際，前記Ⅲ7の暴力団排除条項の追加変更に関するいずれの裁判例においては，規定の変更等に関する条項があることを，当該追加変更を肯定する根拠としていない。

(c)　約款の変更に関しては，改正民法[70]で「定型約款」について盛り込まれた規律[71]の中に，変更に関するもの（新民548条の4第1項）が含まれている。なお，「定型約款」は，その名称に「定型」が付加されていることからもわかるとおり，民法改正にあたって，従前の実務における「約款」に比して限定的な概念として新たに定義されたものであり，「約款」と一致するものではないが，預金取引規定が「定型約款」に該当すると解することに，特に異論を差し挟む余地はないものと思われる[72]。改正民法548条の4第1項では，同項1号「定型約款の変更が，相手方の一般の利益に適合するとき」又は同項2項「定型約款の変更が，契約をした目的に反せず，かつ，変更の必要性，変更後の内容の相当性，この条の規定により定型約款の変更をすることがある旨の定めの有無及びその内容その他の変更に係る事情に照らして合理的なものであるとき」のいずれかの場合には，変更後の定型約款の条項について合意があったものとみなし，個別に相手方と合意をすることなく契約の内容を変更することができるものとされている。そして，この変更をするときは，その効力発生時期を定め，かつ，定型約款を変更する旨及び変更後の定型約款の内容並びにその効力発生時期をインターネットの利用その他の適切な方法により周知しなければならない（新民548条の4第2項）。

(d)　このように，定型約款の変更の要件として，規定の変更等の条項（「この

---

[70]　前掲注（＊2）参照。平成29年法律第44号「民法の一部を改正する法律」。
[71]　改正民法第3編第2章契約第1節総則第5款定型約款（548条の2から548条の4まで）。この規定は，施行日前に締結された契約についても，施行日前に当事者の一方から反対の意思表示が書面でされた場合を除き，原則として適用される（新民附則33条1項）。
[72]　預金取引規定を「定型約款」とする見解を示すものとして，潮見佳男『民法（債権関係）改正法案の概要』（金融財政事情研究会，2015）204頁。

条の規定により定型約款の変更をすることがある旨の定め」）の存在は必須とされておらず，改正民法548条の4第1項2号の定型約款変更の合理性を判断する事情の一つとして位置づけられているにとどまっている。改正民法施行後も，「規定の変更等」の条項がなければ規定の変更ができないわけではないが，「規定の変更等」の条項に変更の内容や時期をあらかじめ明確に定めきることが現実的でない以上，「規定の変更等」の条項があるからといって，どのような規定の変更もできるわけではない，という状況は変わらない。ただし，預金契約の相手方への配慮として，どのような場合に，どのような周知方法を経て，どのようなタイミングで変更されるのかを情報提供しておくことに意義はある。

（e）　なお，改正民法施行前になされた預金取引規定の変更の効力に関し，すなわち例えば前記Ⅲ7で触れた暴力団排除条項の追加変更の効力に関し，改正民法の「定型約款」の規定は，新たな規律によりこれまでの実務に変更を迫るものではなく，これまでの実務運用に法律上の根拠を提供し，取引の予測可能性や法的安定性を支えるものであると考える。実際，前記Ⅲ7で紹介した裁判例における暴力団排除条項の追加変更の要件は，改正民法の要件と重なり合う部分が大きい。

Ⅳ　おわりに

　預金契約は，多数の預金者，大量の取引を特徴とする預金取引に関するものであり，そこで生起する法律問題も多種多様なものがある。預金取引に適用される約款である各種預金取引規定は，民法その他の法律や商慣習だけで規律しきれないところを補うものであるものの，将来にわたって生じ得るあらゆる問題に対応できる条項を網羅することはできない。真の預金者の認定，相続発生時の取扱い，預金契約の委任契約としての内容の拡大の可能性，消滅時効の考え方，差押えの手続など，法令その他のルールの解釈・適用を通じて解決を図る領域は広い。この意味で，預金契約を理解するうえでは，預金取引規定を中心に据えるとしても，常に法令や判例と併せて総合的な検討を行う必要がある。

　民法の債権関係の改正に続き相続関係が改正され，今後もさらに社会経済のボーダーレス化やIT化の進展，それを受けた決済手段の多様化の進行など，預金契約を取り巻く環境はめまぐるしく変わりゆく。預金契約は，社会インフ

ラとしての側面を有しており，これらの動きをしっかり捉えたものであり続ける使命を帯びている。

9 預金契約

寺 岡　洋 和

I　預金の概要

1　預金と預金契約

「預金」とは，一般に，後日に同額の金銭の返還を受ける約束の下で他人に金銭を預けること[*1]をいい，「預金契約」とは，通常，銀行その他の金融機関を受寄者とする金銭の消費寄託契約としての性格を有する。

預金は，利用者のニーズによって各種の区分がされているが，個々の預金について格別の法令の定めがあるものではない（今回の民法（債権関係）改正でも，流動性預金について規定を設ける方向での議論もされたが，結局，規定されることはなかった。）。

なお，銀行法施行規則18条で定める業務報告書や日計表では，銀行が受け入れる預金の種類として，当座預金，普通預金，通知預金，定期積金，据置預金，定期預金，別段預金，納税準備預金，外貨預金，譲渡性預金などに分類すべきこととされている。

2　預金契約の性質等に関する議論の深化

預（貯）金契約，預（貯）金債権の性質，構造については，金融機関の預金者に対する預金口座の取引経過開示義務等を判示した最判平21・1・22民集63巻1号228頁（以下「平成21年判決」という。）を皮切りに，後記IVで触れる最大決平28・12・19民集70巻8号2121頁（以下「平成28年最大決」という。）等におい

[*1]　民法はもとより，銀行法にも「預金」に関する定義規定はないが，同法の解釈にあたっては，預金について，受け入れる側が不特定かつ多数の者を相手として営業を行うこと，金銭の預入れであること，取引慣行を中心として解釈によって補わざるを得ないものの，一般に，元本保証があること，主として預け主の便宜のためにされるものであること，の4点が主たる特徴であると解されている（小山嘉昭『詳解銀行法〔全訂版〕』（金融財政事情研究会，2012）117頁）。

て，預貯金契約に基づいて金融機関の処理すべき事務の内容，預貯金の決済手段としての性格や現金との類似性等について詳細な検討をしたうえで，共同相続された普通貯金債権等の遺産分割性について結論を導くというアプローチがとられている[*2]。

　以下，本稿では，預金契約でもっぱら利用される普通預金[*3]及び定期預金[*4]を想定して，民法改正に伴う預金契約に対する規律を概観しつつ，預金契約の性格等について説示した平成 28 年最大決についても概観する。

Ⅱ　平成 29 年改正の概要

　民法の一部を改正する法律（平成 29 年法律第 44 号）による改正前の民法には，「預金」との文言を用いた規定はなかったが，改正民法の下では，466 条の 5（預金債権又は貯金債権に係る譲渡制限の意思表示の効力），477 条（預金又は貯金の口座に対する払込みによる弁済）及び 666 条（消費寄託）の 3 項において明文の規定が設けられ，預金契約又は預金債権に関して明文をもって規律が設けられた。

1　消費寄託契約における改正の概要

　そのうえで，消費寄託契約に関する平成 29 年改正について概観すると，要旨，以下のとおりである[*5]。

(1)　要物契約から諾成契約へ

　改正民法の下では，学説や実務の状況を踏まえ，寄託者による寄託保管の寄託と，受寄者による承諾のみによって成立することとなったことから（新民 657

[*2]　今回の民法改正も，上記平成 21 年判決のほか，預貯金債権の帰属や誤振込の場合の法律関係に関する各最高裁判例の規律も踏まえて検討されたものであって，預貯金契約の性質等を基調とした各種問題に対するアプローチが期待される。

[*3]　普通預金について改めて整理すると，一般に，1 円以上の単位での預入れ，払出しができる要求払預金（預金者の要求に応じて，随時払出しが行われる預金の総称）であり，期間の定めがない金銭の消費寄託契約である。反復する預入れ，払出しによる金銭の増減にかかわらず，常に一体となった残高債権として扱うことが予定されている（小山・前掲注（＊1）124〜125 頁）。

[*4]　定期預金とは，預入期間が一定期間に確定しており，その間，払戻しができない預金であり，貯蓄型預金の代表的商品である。期間の定めがある金銭の消費貸借契約であり，期間が経過したときは要求払預金となる（自動継続定期預金の約定がある場合を除く。）。定期預金は，預入れごとに個別に成立することから，普通預金とは性質を異にする。

[*5]　詳細は，立案担当者の執筆による，筒井健夫＝村松秀樹編著『一問一答民法（債権関係）改正』（商事法務，2018）Q 197（367〜368 頁）参照。

条），寄託物の引渡しは不要となった。

(2) 受寄者が負うべき返還義務の明確化

消費寄託契約における受寄者が負うべき返還義務の内容について，従前は，消費貸借に関する規定を準用していたが，借主の側に目的物を利用するという利益がある消費寄託契約と，寄託者の側に目的物を第三者に保管してもらうという利益がある消費貸借契約との異同に鑑み，改正民法の下では，寄託の規定を基本とすることを明らかにすることとし，666条1項で返還義務の内容が規定された。

(3) 消費貸借契約に関する規定の準用部分の整序

消費貸借契約に関する改正前民法587条のほか，準消費貸借に関する588条も準用の対象から外し（なお，準消費貸借の予約等に関する589条は廃止された。），返還の時期に関する591条も前記Iのとおり，寄託一般の規律に従うとの観点から，準用の対象から外した。他方で，貸主の担保責任に関する改正前民法590条，価額の償還に関する592条は，いずれも寄託物の所有権の移転に関する規定であるため，改正民法666条2項において引き続き準用の対象とされた。

(4) 預貯金契約に関する規律の新設

預貯金契約については，一般の消費寄託契約と異なり，受寄者である金融機関等が預金を貸出し等で運用して収益を上げており，もっぱら寄託者の利益のためにされる他の消費寄託とは異なる特色を有することや，寄託の規定の適用により，金融機関等による貸付金と弁済到来前の預貯金債権[*6]の相殺処理等に支障が生ずることから新設された666条3項により591条2項，3項のみ準用の対象とされた。

2　預貯金債権に係る譲渡制限の意思表示の効力 （新民466条の5）

(1) 改正の概要

改正民法は，債権一般における譲渡制限特約の物権効を否定したものの，預貯金債権については，債権発生後に額が増加することのある預貯金債権の特殊性を考慮して，例外的に，悪意重過失の譲受人に対して特約を対抗することが

＊6　改正前民法下では，消費貸借の借主は返還の時期の定めにかかわらず目的物をいつでも返還することができる旨の規定（旧民591条2項）を準用していたこと（法制審議会民法（債権関係）部会「資料75B」24頁）による。

できるとして，改正前民法下の通説である譲渡制限特約の物権効を維持した（新民 466 条の 5 第 1 項）[7][8]。また，預貯金債権の譲渡制限特約は，強制執行をした差押債権者には善意，悪意を問わず対抗することができないものとし（同条 2 項），改正前民法下の判例法理[9]を明文化した[10]。

(2) 引き続き残された論点

預貯金債権における譲渡制限特約の物権効は維持されたものの，例えば，債権譲渡特約に反した債権譲渡に関する改正前民法下の下記判例がなお妥当するかは解釈に委ねられており，今回の改正により解決の指針が示されたものではない。

① 最判昭 52・3・17 民集 31 巻 2 号 308 頁　　債務者の承諾による債権譲渡の遡及的有効

② 最判平 9・6・5 民集 51 巻 5 号 2053 頁　　第三者との関係で，債務者の承諾の遡及効を限定

③ 最判平 21・3・27 民集 63 巻 3 号 449 頁　　譲渡制限特約に反して債権を譲渡した債権者は，譲渡の無効を主張し得ない（主張権者の限定）

3　預貯金口座に対する払込みによる弁済（新民 477 条）

改正前民法では，預貯金口座を通じた払込みによる弁済に関する規定がなかったため，当事者間に払込みによる弁済が合意されている場合において，債権者がその払込みに係る金額の払戻請求権を取得したときに弁済の効力が生ずる旨の規定が設けられた。もっとも，払戻請求権の発生時であり，払込みに係る預金債権の成立時については規定が設けられておらず，なお解釈に委ねられており，預貯金契約に関する約款等によって規律されることが見込まれる[11][12]。

---

[7]　例えば，預金債権が譲渡された後に譲渡人の口座で出入金があった場合に，法律関係が複雑化し，債務者である銀行が円滑に払戻しができなくなるのみならず，差押債権者等の第三者との関係が不明確になるなど金融システムの円滑に支障を生ずるおそれがあるとする指摘があるとの一方で，預貯金債権は直ちに資金化することが可能であるため，譲渡して資金を調達するといったことが一般に行われておらず，その譲渡を有効とする必要性に乏しいことが理由に挙げられている（筒井 = 村松編著・前掲注（* 5）Q 93・172 頁）。

[8]　金融実務の観点から，物権効の維持の必要性を指摘したものとして，法制審議会（債権関係）部会の委員である中原利明委員の「銀行界からみた改正債権法成立までの道程」金法 2072 号 53 頁のほか，同委員が部会（第 93 回会議）に提出した「債権譲渡制限特約に関する意見（預金実務の観点から）」など参照。

[9]　最判昭 45・4・10 民集 24 巻 4 号 240 頁。

[10]　債権譲渡の原因である法律行為が施行日前にされた場合には，適用されない（新民附則 22 条）。

Ⅲ　民法（債権関係）改正と預金債権をめぐる裁判実務の交錯

1　従来から存在する紛争事例

　預金者の認定，近親者など権限のない者による預金の引出し及び誤振込み等をめぐる法律問題は，裁判実務上よく見られる紛争類型であるが[*13]，今回の民法改正は，これらの諸問題について直接の規律を設けているものではなく，紛争処理について直ちに影響を及ぼすものではないと考えられる。

　例えば，預金者の認定（預金債権の帰属）については，客観説（出捐者説）をはじめとして，契約法アプローチと物権法アプローチを適切に使い分ける考え方，契約当事者レベルの帰属法理と責任財産レベルでの帰属法理を分けて論ずる考え方，寄託契約に基づく返還相手先と寄託物の所有権者を分ける考え方など様々な考え方が提唱されているものの，要物性との関係で積極的に議論されているものは見当たらない。客観説的アプローチを否定したと解されている最判平15・2・21民集57巻2号95頁のほか，客観説による旨を明らかにしていない最判平15・6・12民集57巻6号563頁も，預金者の認定（預金債権の帰属）について様々な要素からのアプローチを示唆しており，今回の民法改正によって直接の影響を受けるものではない。

　なお，消費寄託契約が諾成契約とされたことから，従前，要物性が問題とされた事案，すなわち，要物性を前提として，現金授受を預金契約の成立時と判

---

*11　立案段階では，最判平8・4・26民集50巻5号1267頁を踏まえつつ，入金の記録時に弁済の効力が発生するとの考え方も示されたが（中間試案），金融実務の観点から，入金記録の厳格な管理の必要性や，金融機関ごとに入金通帳のタイミングに差異があることなどから，見送られた（詳細な経過については，潮見佳男『新債権総論Ⅱ』（信山社，2017）11〜12頁注29〜31を参照）。

*12　なお，改正法666条3項は，単に「預金又は貯金に係る契約」と規定する一方で，改正法466条の5は，「預金口座又は貯金口座に係る預金又は貯金に係る債権」と，改正法477条は「債権者の預金又は貯金の口座」と各規定し，「口座」という文言の使い分けがされていることから，改正法466条の5及び改正法477条の対象となる預金債権は限定されているとの考え方もあり得なくはない。

　しかしながら，民法において「預金」の定義規定が設けられているものではなく，改正法466条の5の譲渡禁止の規律は本文に掲げた各預金債権に共通する要請であると考えられることなどからすると，上記各条で別異に解釈すべき必要はない（事実上，流動性預金が問題とされる事例が多いというにとどまる）ものと考えられる（井上聡＝松尾博憲編著『practical金融法務債権法改正』（金融財政事情研究会，2017）348〜349頁）参照。

*13　裁判例，文献を分析，整理したものとして，例えば，金融法務研究会『金融法務研究会報告書㉕近時の預金等に係る取引を巡る諸問題』（金融法務研究会事務局，2015）が参考となる。

9　預金契約　　　179

断している大判大 12・11・20 新聞 2226 号 4 頁（いわゆる窓口一寸事件），最判昭 58・1・25 金法 1034 号 41 頁は，今回の改正によってその実質が失われることとなった（この場合には，改正民法 657 条の 2 第 2 項・3 項の適用が考えられる。）。

2　今回の民法改正が影響を与える紛争事例

今回の民法改正によって新設された定型約款（新民 548 条の 2 第 1 項）に該当する銀行取引上の契約としては，預金規定，住宅ローン契約，消費者ローン契約書やインターネットバンキング契約などが考えられ（銀行取引約定書は定型約款に当たらないものと解される[14]。），また，消費者契約法の適用も受けるところ，詳細は本書「10　銀行取引約定書」を参照されたい。

Ⅳ　執行実務との観点——相続預貯金の差押え等に関する規律

1　相続預貯金の差押え

今回の民法改正によって預金債権の差押えに関する規律それ自体には何らの変更がされるものではないものの[15]，共同相続された預貯金債権の帰すうに関する平成 28 年最大決及び最判平 29・4・6 裁判集民 255 号 129 頁・判タ 1437

---

[14]　第 192 回国会・平成 28 年 12 月 9 日開催の衆議院法務委員会における法務省民事局長答弁によれば，住宅ローン契約書及び消費者ローン契約書が定型約款に該当するが，銀行取引約定書は，個別に交渉して修正されることもあることから，定型約款に当たらない旨の答弁がされている（第 192 回国会衆議院法務委員会議録第 15 号 19 頁）。

[15]　なお，民法改正をめぐる議論の過程で，立法論として，預金債権に対する差押えの効力を，差押えの時点に現に存する部分（現存預金）に限るものとする旨の提案がされ（民法（債権法）改正検討委員会編『債権法改正の基本方針』〔別冊ＮＢＬ 126 号〕385 頁），これを支持する見解もみられた（堂園昇平「普通預金の差押え対象はどこまでか」金法 1868 号 1 頁，大野正文「債権法改正についての実務からの視点」銀法 715 号 16 頁）。法制審議会民法（債権関係）部会においても，この点について議論され，普通預金債権のうち将来の入金によって生ずることとなる部分（将来預金）を差押債権として表示した債権差押命令の申立てにつき，差押債権の特定を欠いて不適法であるとした東京高決平 20・11・7 判タ 1290 号 304 頁（差押命令送達時から 3 営業日以内の入金によって生ずる将来預金の差押えを求める事案）が参照されたが，結局，特段の立法上の手当てはされなかった。

このような議論の中で，最決平 24・7・24 裁判集民 241 号 29 頁は，普通預金債権のうち差押命令送達時に現に存する部分だけでなく，同送達時後同送達の日から起算して 1 年が経過するまでの入金によって生ずることとなる部分の差押えを求めた事案について，将来預金に係る部分については，第三債務者において，特定の普通預金口座への入出金を自動的に監視し，常に預金残高を一定の金額と比較して，これを上回る部分についてのみ払戻請求に応ずることを可能とするシステムは構築されていないなどの事情の下においては，差押債権の特定を欠き，不適法であると判断した。

180　　　第 3 章　消費貸借等

号 67 頁（以下「平成 29 年判決」といい，平成 28 年最大決と併せて「本件最高裁判例」と総称する。）によって，共同相続された預貯金債権に関する差押えの規律に影響を及ぼし，その結果，債権執行における「第三債務者」である金融機関等の取扱いにも影響を与えるものと考えられることから，検討しておく[16]。

2　本件最高裁判例の概要——分割債権から準共有へ

(1)　従前の執行実務

　共同相続された預貯金債権に関しては，従前，相続開始と同時に当然に相続分に応じて相続人に分割されて各共同相続人の分割単独債権となり，共有関係に立つものではないと考えられており[17]，執行実務においても，この見解を前提として，各共同相続人の分割単独債権としての預貯金債権を差押えの対象とすることを認めてきた。

(2)　本件最高裁判例

　しかるところ，平成 28 年最大決が普通預金債権，通常貯金債権及び定期貯金債権について，平成 29 年判決が定期預金債権及び定期積金債権について，それぞれ相続開始と同時に当然に相続分に応じて分割されることはないとの判断を示した。すなわち，平成 28 年最大決は，預貯金一般の性格として，預貯金契約に基づいて金融機関の処理すべき事務の内容や預貯金の決済手段としての性格や現金との類似性等を踏まえつつ，普通預金債権，通常貯金債権及び定期貯金債権の内容及び性質をみると，共同相続されたこれらの預貯金債権は，いずれも，相続開始と同時に当然に相続分に応じて分割されることはなく，遺産分割の対象となるものと解するのが相当であるとの判断を示し，平成 29 年判決は，平成 28 年最大決を前提として，定期預金債権や定期積金債権についても，その内容や性質からすると，いずれも，相続開始と同時に当然に相続分に応じて分割されることはないとの判断を示した。

(3)　本件最高裁判例による帰結

　本件最高裁判例の各判示に照らすと，結局，遺産分割がされるまでの間，共同相続された預貯金債権は相続財産として共同相続人の準共有に属することと

---

[16]　この論点については，平成 28 年最大決の担当調査官によって詳細な解説がされている（齋藤毅「時の判例」ジュリ 1503 号 76 頁，同・曹時 69 巻 10 号 308 頁，最判解民平成 28 年度 526 頁）。

[17]　最判平 16・4・20 裁判集民 214 号 13 頁・判タ 1161 号 294 頁。

9　預金契約

なり（民898条・264条本文），各共同相続人は，被相続人名義の預貯金債権につい
て準共有持分を有することになる。そして，相続財産の共有は，基本的には民
法249条以下に規定する「共有」とその性質を異にするものではないから[18]，
遺産共有下にある不動産の共有持分の譲渡[19]や当該共有持分に対する差押え
が可能なように，相続人の債権者が，被相続人名義の預貯金債権について当該
相続人が有する準共有持分（持分割合は法定相続分による。）を差し押さえることも
可能であると考えられる。

3　強制執行の方法

　金銭債権の準共有持分に対する強制執行については民事執行法に明文の規定
がないため，預貯金債権の準共有持分に対する強制執行が，「金銭の支払を目的
とする債権」に対する強制執行（民執143条。通常の債権差押え説）となるか，「その
他の財産権」に対する強制執行（民執167条1項。その他の財産権説）となるか[20]，
両論あり得るところであるが[21]，東京地方裁判所民事執行センターでは，通常
の預金差押えと同様の取扱いをしている[22][23]。その理由としては，①預貯金
債権は一定額の金銭の引渡しを目的とする金銭債権であり，数量をもって表示
された一定の貨幣価値を目的とする抽象的な債権であることから，その準共有
持分を有する各共同相続人は，預貯金債権のうち各自の持分割合，すなわち法
定相続分に相当する額の価値を把握しているということができること，②債権

---

[18]　最判昭30・5・31民集9巻6号793頁。

[19]　最判昭50・11・7民集29巻10号1525頁。

[20]　「その他の財産権」説を示唆するものとして，例えば，笹川豪介（三井住友信託銀行法務部，弁護士）「預金債権の相続に関する最高裁決定を受けた理論と実務」金法2059号11頁，浅田隆（三井住友銀行法務部長，法制審議会民法（相続関係）部会委員）＝平松知実（巣鴨信用金庫事務サポート部事務管理課長）＝圓道至剛（弁護士）《鼎談》11の事例から考える相続預金大法廷決定と今後の金融実務」金法2063号26～27頁〔圓道発言〕などがある。

[21]　前掲の調査官解説では，「債権執行とその他の財産権に対する強制執行のいずれであるかが議論されているが……，いずれであるかによって具体的な事案の処理に違いが生ずるとは当然にはいえないように思われる。」とされているが（齋藤・前掲注（＊16）曹時69巻10号353頁注56)，これは，準共有持分に対する差押えの効力の及ぶ範囲について，預貯金債権全体とみた場合（同頁）の帰結であり，準共有持分に係る法定相続分に相当する残高であると考えた場合には，結論を異にすることとなる。

[22]　小津亮太＝谷池政洋「さんまエクスプレス第96回共同相続された預貯金債権に対する強制執行」金法2083号44頁，相澤眞木＝塚原聡編『民事執行の実務〔4訂版〕債権執行編(上)』（金融財政事情研究会，2018）167～172頁参照。なお，大阪地方裁判所民事執行センターも同様の見解であるとのことである。

[23]　複数の裁判所において，既に通常の債権差押え説による発令例があるとのことである。

の準共有持分については，これを債権とみなす規定（不動産の共有持分につき，民執43条2項参照）はないが，このような規定の有無によって強制執行の方法が直ちに決せられるわけではないこと，③本件最高裁判例は，預貯金債権が相続開始と同時に当然に相続分に応じて分割されることはなく，遺産分割の対象となるとの判断を示したものであり，預貯金債権の性質や法的性質まで変更するものではないと考えられることを挙げている。

4　差押えの効力が及ぶ範囲

　差押えの効力は差押命令が第三債務者へ送達された時に生ずるところ（民執145条4項），預貯金債権の準共有持分を有する共同相続人は，預貯金債権のうち各自の持分割合に相当する額の価値を把握していることに鑑み，差押命令が第三債務者に送達された時における預貯金残高のうち，法定相続分に相当する額（ただし，差押金額に満つるまで）が差押えの対象となり，かつ，その範囲において差押えの効力が及ぶものと考えられる。なお，差押え後に預貯金残高に変動が生じても，差押えの効力が及ぶ範囲は上記の時点における額に固定され，変動するものではない[24]。

---

*24　この考え方は，本件最高裁判例以前の相続預貯金の差押えと同じように見えるが，後述のとおり，その後の換価手続は異なっている。
　なお，第三債務者である金融機関としては，陳述催告に対する回答として，差押えの対象となった預貯金の差押え時における預金残高を回答することとなるが（ちなみに，回答書のひな形には，取立ての可否についての記載もあるが，この点については，本文5(1)参照）。残高そのものを回答すべきか，残高に法定相続分を乗じた金額のみを回答すべきか，見解が分かれ得るところである。一般に，第三債務者に陳述催告がされると，第三債務者は，「(仮)差押えに係る債権の存否並びにその債権が存在するときは，その種類及び額」を陳述しなければならず（民保法50条5項，民執147条，民保規41条2項，民執規135条1項1号），上記の「(仮)差押えに係る債権」とは，差し押さえられた債権部分を含む債権の全体をいうものと解されていること（最高裁判所事務総局民事局監修『条解民事執行規則〔第3版〕』（司法協会，2007）480頁）からすると，残高そのものを回答すべきようにも考えられるが，従前の金融実務とは異なるように推察される（例えば，定期預金が100万円ある場合において，差押債権額を60万円とする差押えを受けた金融機関は，「定期預金60万円」がある旨回答するにとどまり，差押債権を超える金額（すなわち100万円の定期預金の存在）は回答しないとの取扱いをしているとの指摘がある。これらの取扱いの詳細及びその理由について，一般社団法人金融財政事務研究会編『実務必携　預金の差押え』（金融財政事情研究会，2012）問182（301頁以下），問196（326頁以下）に詳しい。ただし，この運用による場合にはその後，差押えの競合が生じて差押えの範囲が拡張したとき，執行裁判所として，定期預金100万円の存在を認識し得ないとなると，配当その他の場面で何らかの問題が生ずる場合があり得るところである。）。
　なお，佐藤亮（みずほフィナンシャルグループ・みずほ銀行法務部，弁護士）「相続預金の払戻し等における金融機関の実務対応」銀法810号15頁は，平成28年最大決を踏まえて，「金融機関としては，場合によっては差押債権者から相続関係の資料等の提示を受けたうえ，差押えに係る債権（持分）はあるとし，相続預金の全額について種類，金額を記載しつつ，取立てには応

9　預金契約

5　換価方法

(1)　相続人の債権者が共同相続された預貯金債権の準共有持分を差し押さえた場合

本件最高裁判例によれば，共同相続が開始すると，相続人は準共有に属する預貯金債権について，全員で共同しなければ，預貯金債権の払戻しを受けることはできないため（民264条本文・251条），遺産分割がされる前は，自己の法定相続分相当額であっても，各共同相続人が単独で払戻請求をすることはできない（平成29年判決）。

一般に，債権が差し押さえられた場合であっても，差し押さえられた債権の性質・内容が変更されるものではなく，第三債務者は，被差押債権に関する実体上の事由を差押債権者に対して主張することができることから[25]，共同相続された預貯金債権について各共同相続人が単独で払戻請求することはできず，差押命令によっても権利の性質・内容に変更が生じない以上，差押債権者による取立ては困難であると考えられる。したがって，差押えに係る準共有持分については，譲渡命令や売却命令によって換価することが考えられる（民執161条1項。転付命令を発することができるかどうかについては，議論の余地がある[26]。）。もっとも，差押債権者による取立ての可否については，最終的には，差押債権者と第三債務者との間の取立訴訟において決せられることとなる。

なお，譲渡命令の申立てがあった場合には，債務者に対する審尋（民執161条2項本文）を経たうえで，執行裁判所が定める価額により準共有持分を債権者に譲渡することになる。また，譲渡命令等により，預貯金債権の準共有持分が差押債権者又は第三者に移転すると，当該預貯金債権は，差押債権者又は当該第三者と共同相続人との準共有状態になるが，この準共有状態を解消するためには共有物分割手続を執ることが考えられる[27]。

じることができない旨を陳述することが考えられる。」とし，その理由として，「(注8) ……具体的な持分割合（すなわち具体的相続分）を特定することができないため，金融機関としては全額について回答せざるを得ず，また，そのように解しても顧客情報の守秘義務に違反しないものと考えられる。」とする。

[25]　山本和彦ほか編『新基本法コンメンタール民事執行法』（日本評論社，2014）376頁。

[26]　前掲の調査官解説（齋藤・前掲注（*16）曹時69巻10号353頁注57，最判解民平成28年度572頁注57）参照。

[27]　借地権の準共有者による裁判上の準共有分割請求が認められていること（最判平11・4・22裁判集民193号159頁・判タ1002号114頁など参照。なお，共有物について，遺産共有持分と他の共有持分とが併存する場合，共有者が遺産共有持分と他の共有持分との間の共有関係の解消を求める方法として裁判上執るべき手続は民法258条に基づく共有物分割訴訟である旨判示

(2) 被相続人の債権者が共同相続された預貯金債権の準共有持分を差し押さえた場合

被相続人の金銭債務は，法律上当然に分割され，各共同相続人がその相続分に応じてこれを承継するが，被相続人の債権者は，共同相続人全員に対する各債権（相続債務）の満足に充てるため，共同相続人全員に対し，それぞれの準共有持分を差し押さえることにより，これを取り立てることができるとする見解がある[28][29]。なお，この場合に取り立てることができるのは，差押債権目録に記載された額が限度になると考えられるが，差押債権者による取立ての可否については，最終的には，差押債権者と第三債務者との間の取立訴訟において決せられる。

V 相続法改正に関する預金債権の規律

民法及び家事事件手続法の一部を改正する法律（平成30年法律第72号）による改正により，相続された預貯金債権の仮払いの制度が創設された。同法の改正にあたっては，本件最高裁判例によって相続人が単独で相続預貯金債権を行使することができないことから生じ得る実際上の不都合（生活費や葬儀費用の支払，相続債務の弁済などの資金需要など）を踏まえて，民法909条の2を新設し，以下のような規律を設けた。

1 保全処分の要件緩和

仮払いの必要性があると認められる場合には，他の共同相続人の利益を害しない限り，家庭裁判所の判断で仮払いが認められるようにする（平成30年改正後家事200条3項）。

2 家庭裁判所の判断を経ずに払戻しが得られる制度の創設

するものとして，最判平25・11・29民集67巻8号1736頁）とパラレルに考え，準共有持分の分割請求により回収を図ることができるものと考えられる（浅田ほか・前掲注（＊20）27～28頁〔圓道発言〕）。

[28] 前掲の調査官解説（齋藤・前掲注（＊16）曹時69巻10号331頁）参照。

[29] このような見解に立つとしても，ある相続人の債権者が当該相続人の準共有持分を差し押さえた場合など差押えが競合する場合に被相続人の債権者が取立てをすることができるかどうかについては，なお検討を要する。

被相続人の遺産に属する預貯金債権のうち，相続開始時の預貯金債権の額の3分の1に払戻しをする相続人の法定相続分を乗じた額[30]については，相続人による単独での払戻しを認め，払戻しに係る預金債権については，遺産の一部分割によって取得したものとみなされるものとした[31]。

Ⅵ　ま　と　め

　預金契約に関する民法改正は，既存の判例法理を明文化しつつ，金融実務の現状にも配慮したものであり，定型約款の論点などはあるものの，現在の実務に大きな影響をもたらすものではなかったと評価することができる。

　もっとも，平成28年最大決は，預金契約の本質に立ち返って，判例変更して，預金債権を遺産分割の対象とするなど，預金のあり方について大きな一石を投じたものであり，同最大決が示したアプローチは，預金をめぐる法律問題の処理にあたって参照されるべきものである。また，金融機関としては，実体法の改正のみならず，債権執行における第三債務者として当事者としての地位を有することから，相続預金債権の差押えに対して適切な対応をする必要もあり，今後とも法改正後の動向を注視する必要がある。

---

[30]　ただし，「標準的な当面の必要生計費，平均的な葬式の費用の額その他の事情を勘案して預貯金債権の債務者ごとに法務省令で定める額」を上限とする（平成30年改正後909条の2）。

[31]　このほか，預金実務と差押えに関係するものとして，民間公益活動を促進するための休眠預金等の活用に関する法律（平成28年法律第101号）に基づき，預金者が金融機関に対して有していた休眠預金について所要の手続を経て当該金融機関との関係で債権が消滅した後，預金保険機構に対して有することとなる「休眠預金等代替金債権」（同法7条2項）に対する差押えも検討される必要がある。同法の解説として，浜志門・時の法令2025号30頁，松尾博憲「休眠預金等活用法の概要と施行に向けた金融機関の対応」金法2077号6頁参照。

186　　　　　　　第3章　消費貸借等

10 銀行取引約定書

中 原 利 明

I 銀行取引約定書の意義

銀行取引約定書[*1]は，銀行と取引先との間の与信取引（銀行が行う融資や保証など信用を供与する取引）に関する基本約定書である。銀行取引約定書は，銀行が約定内容を作成し，基本的に取引先はそれを受け入れるか否かの選択しかできないという意味でいわゆる取引約款の一種であると考えられている。銀行が取引先との間で融資取引を開始するにあたっては，通常，銀行取引約定書を締結することになるが，これを締結しても銀行の取引先に対する融資義務や，取引先に銀行から融資を受けることができる権利が発生するものではない。銀行取引約定書の役割は，取引先との間で具体的な与信取引が行われた場合において適用される基本ルールを定型的に定めることにある。

1998（平成10）年の銀行法改正において，銀行の顧客に対する重要事項の説明義務等を含む業務の健全適切な運営を確保する措置の構築義務が設けられた（銀行12条の2）。また，2001（平成13）年4月1日施行の消費者契約法では，消費者契約の内容の明確平易化の配慮が求められ（消費契約3条1項），いわゆる不当条項規制（消費契約8条・10条）が設けられた。銀行取引約定書についても，実質的には取引先には交渉によりその内容を修正する余地がないという約款一般に共通して議論されている点に加え，銀行の融資者としての優位な立場に基づいた銀行に有利な内容であるとの批判が引き続きある。しかしながら，後述2のとおり，個々の約定について，銀行との交渉により内容を修正，確定したうえで取引を行うことは現実的には困難であり，加えて個別交渉を行うことは取引

[*1] 金融機関の種類により，信用金庫取引約定書，信用組合取引約定書等となるが，内容は概ね共通するので「銀行取引約定書」をもって代表させる。

先・銀行双方にとって負担が大きい。日本における与信取引の多くは画一的な内容なので，取引先ごとに銀行取引約定書の内容が異なることは銀行にとり管理負担が大きく，コストもかかる。また，定型的な銀行取引約定書を用いることにより，各規定の解釈や問題点について広く議論がなされ，内容の適切性が担保されるとともに，予測可能性も高まるという側面も否定できない。

1　銀行取引約定書の締結理由

与信取引を開始するに際して，銀行が取引先との間で銀行取引約定書を締結するのは次の理由による。

(1)　預金者の保護及び融資の健全性の確保

銀行は多数の顧客から資金を預金として受け入れ，預金等を原資として，資金を必要とする取引先に対して融資を行っている（銀行の金融仲介機能）。このように，銀行が融資に利用する資金には預金として集めたものが含まれており，預金の払戻しや預金利息の支払に支障が生じないように，債権保全が確保されなければならない。与信取引には民法，商法，会社法や手形法等の様々な法律が適用されるが，これら法律の規定は銀行と取引先との取引だけを念頭において制定されているものではないため，法律だけでは銀行の債権保全は必ずしも十分ではない。そこで，債権保全の確保の観点から法律の規定を補完し，強化する必要がある。

(2)　事務コストの低減及び円滑な資金の供給

銀行は多数の取引先との間で反復的な与信取引を行っているが，これらの多くは定型的な取引である。にもかかわらず，個々の融資契約締結に際して契約内容を交渉し，合意していたのでは多くの手間や時間等を要し，資金の円滑な供給にも支障が生じる。そのため，与信取引に共通に適用される基本ルールを定型的に定めておくことで，個々の交渉を省略して事務コストの低減を図ることができ，ひいては貸出金利の抑制に繋がり，資金の円滑な供給にも資することになる。

(3)　法的予測可能性の向上

与信取引に共通に適用される基本ルールを定めることにより，銀行及び取引先の双方にとって与信取引における基本的な権利義務関係が明確になり，法的予測可能性を高めることになる。実際に，1962（昭和37）年に全国銀行協会連

合会（現在の全国銀行協会。以下「全銀協」という。）による銀行取引約定書ひな型制定から今日に至るまで様々な議論が行われ，さらに判例や学説により，その内容と限界が明確にされてきている。

2　銀行取引約定書の法的性質

(1)　特徴と解釈基準

銀行取引約定書は，多数の取引先との間で行われている反復的な与信取引についての普通取引約款[*2]ないし附合契約的性質のものとされている。このような契約形態も契約自由の原則から有効であるが，普通取引約款ないし附合契約の解釈一般についてと同じく銀行取引約定書の各条項についても，信義則に基づいた客観的・合理的な解釈が要求される。具体的には，作成者不利の原則，制限的解釈の原則，合理的解釈の原則である。

作成者不利の原則とは，銀行取引約定書の内容が不明白な場合には作成者である銀行に不利益に，取引先に有利に解釈しなければならないという解釈基準である。制限的解釈の原則とは，銀行取引約定書において銀行に有利な規定が不明白な場合には，制限的に解釈しなければならないという解釈基準である。合理的解釈の原則とは，銀行が自己の権利を確保するための条項について，銀行の解釈が恣意的であると認められるときには，その効果を合理的な範囲に制限して解釈するという解釈基準である。

銀行取引約定書の運用に際して銀行は，無用な紛議を招かないように慎重に対応することが求められている。なお，銀行取引約定書は普通取引約款ないし附合契約的な性質のものとされてはいるが，一方的な銀行取引約定書の変更が認められるわけではない。銀行取引約定書の変更にあたっては，一般的な契約法理に従い，原則として取引先との間で合意することが必要と考えられる。

(2)　民法（債権法）改正による定型約款と銀行取引約定書

平成29年の民法（債権関係）改正により民法に新たに定型約款の条項が規定され，定型約款については法的拘束性の根拠が与えられることになった（第2章第1節第5款　定型約款）。

改正民法548条の2第1項は，定型約款を，定型取引において，契約の内容

［*2］　信用金庫取引約定書の例であるが，判例（最判昭60・7・16金法1103号47頁）も「いわゆる普通契約約款」と述べている。

10　銀行取引約定書

とすることを目的として特定の者（定型約款準備者）により準備された条項の総体と定義している。そして，定型取引を，特定の者が不特定多数の者を相手方として行う取引であって，その内容の全部又は一部が画一的であることがその双方にとって合理的なものと定義している。さらに，定型約款が契約の内容となるための要件，すなわち組入要件は，定型約款を契約の内容とする旨の合意があった場合，又は取引に際して定型約款を契約の内容とする旨をあらかじめ相手方に「表示」していた場合は，定型約款の条項の内容を相手方が認識していなくても合意したものとみなし，契約内容となることを明確化している。

　また改正民法は，定型約款の変更を規定し，定型約款準備者は，定型約款の変更が，相手方の一般の利益に適合するとき，又は，契約をした目的に反せず，変更の必要性，変更後の内容の相当性，定型約款の変更の定めの有無，そして変更の定めがある場合はその内容など，変更に係る諸事情に照らして合理的なものであるときは，定型約款を変更することにより，変更後の定型約款の条項について合意があったものとみなし，個別に相手方と合意することなく契約の内容を変更することができるとしている（新民548条の4）。そして，改正法施行前に利用されている定型取引に係る定型約款の変更にも，定型約款の変更の規律が適用される（新民附則33条1項本文）。

　銀行取引約定書が定型約款なのかについては考え方に両論があるが[*3]，定型約款とされた場合は，変更について取引先の個別の同意を得る必要がなく，銀行のホームページ等に変更内容を掲載すればよいという利点がある。

---

*3　肯定する意見として，森下哲朗「団体による標準契約書等の作成」金融法務研究会報告書㉖「金融取引における約款等をめぐる法的諸問題」79頁，大野正文「銀行取引約定書は『約款』か」金法2013号5頁。三上徹「銀行取引約定書と債権法改正」天野佳洋監修『銀行取引約定書の解釈と実務』（経済法令，2014）36頁。否定する意見として，井上聡「定型約款に関する立法提案」金法2014号5頁，浅田隆「定型約款（その2）─銀行取引を念頭に」債権法研究会編『詳説改正債権法』（金融財政事情研究会，2017）404頁。衆議院法務委員会における民事局長答弁は，顧客との交渉により修正されることもあり，取引内容が画一的であることが双方にとり合理的であるとはいえないので，定型約款に該当しないと考えられる，と述べている。また，銀行取引約定書の主要な条項についても個別修正に柔軟な銀行では画一性が否定されるが，修正に慎重な銀行では画一性あり，かつ銀行の管理負担の軽減が顧客にとってもメリットとして還元されているとすれば定型約款に該当するとの見解もある（村松秀樹＝松尾博憲『定型約款の実務Q&A』（商事法務，2018）。実務上，銀行取引約定書の条項が変更されることは稀であること，資金調達の場面において債務者が他の者と同一の基本的約定書を用いて平等に扱われること，事務コストの低減が貸出金利の抑制に繋がるという利益があると考えられるので，定型約款に該当すると考えてよいのではないか。

Ⅱ　銀行取引約定書（全銀協ひな型）の制改定，廃止

　銀行取引約定書は，1962（昭和37）年8月に，それまで各銀行がそれぞれ作成，使用していた諸種の約定書をまとめて与信取引全般に適用される標準的約定書として，全銀協により「全銀協ひな型」として制定された[4]。全銀協ひな型制定の背景は，各銀行が取引に用いていた約定内容が銀行に一方的に有利ではないかとの批判を受けたこと，昭和32年に相殺に関する国と銀行との訴訟の第1審で銀行が敗訴した[5]ことなどから，従来の約定書では，銀行の利益の確保が十分図られないのではないかとの問題意識が生じたことにある。さらに，歩積・両建預金[6]に係る批判を受ける形で，昭和52年に「取引先からの相殺（逆相殺）」に関する規定を設ける改定が行われた。

　その後，金融の自由化，国際化等の金融取引をめぐる環境の変化に対応した有効かつ適正な競争促進による金融制度の効率化や，より多様で良質な金融サービスを利用者に提供することを目的とした金融制度改革（いわゆる金融ビッグバン）といった環境の下で，公正取引委員会からすべての銀行が全銀協ひな型を採用していることが銀行間の横並びを助長するおそれがあるとの指摘がなされた。そこで全銀協は，2000（平成12）年4月に「各銀行の自己責任の基づく創意工夫の発揮」と「顧客のより自由な選択を可能」とすべく，銀行取引約定書のひな型を廃止した[7]。

　現在では，各銀行は従来の全銀協ひな型を基本としつつも，独自の銀行取引

---

[4]　全国銀行協会連合会法規小委員会編『新銀行取引約定書ひな型の解説』（金融財政事情研究会，1977）3頁以下，田中誠二『新版銀行取引法〔4全訂版〕』（経済法令研究会，1990）339頁以下，堀内仁「戦後金融法務の歴史とその証言——法律家からみた銀行取引の変遷」金法1000号175頁等参照。また，銀行取引約定書に関する学術的概説として，鈴木禄彌編『新版注釈民法(17)債権(8)』（有斐閣，1993）286頁以下〔鈴木禄彌＝山本豊＝中馬義直〕がある。

[5]　昭和25年に国税が滞納処分として差し押さえた預金を，三菱銀行が手形割引の買戻請求権と相殺したため，国が三菱銀行を被告として昭和29年に提起した訴訟。京都地判昭32・12・11下民集8巻12号2302頁・金法163号27頁は，銀行の約定書を批判し，銀行を敗訴させた。

[6]　商業手形の割引の際に割引額の一部を預金したものを歩積み預金，貸出にあたり預金したものを両建て預金という。これらの預金は事実上引き出せないため，拘束性預金とも呼ばれる。この結果，貸出の実効金利を高めることになる。優越的地位の濫用として独禁法上も違法となる。

[7]　「銀行取引約定書ひな型の廃止と留意事項について」（全銀協平12・4・18全業会第18号）金法1578号84頁，加藤史夫＝阿部耕一「『銀行取引約定書ひな型』の廃止と留意事項の制定」金法1579号6頁。

10　銀行取引約定書

約定書を制定し，使用している。具体的には，銀行と取引先が対等の立場で契約するという趣旨を明確にするために，形式面においては，従来のいわゆる差入形式（取引先のみが約定書に署名して銀行に差し入れ，原本は銀行が保管し取引先はその写しを保有する方式）から，双方署名方式（取引先と銀行の双方が署名し，原本2通を各々が保管する方式）に改めたり，双方署名方式への変更に伴い対等の立場にあることを明確にした表現や，よりわかりやすい平易な表現を用いたりするなど，それぞれの銀行において工夫がなされている[8]。

Ⅲ　銀行取引約定書の条項の概説

1　銀行取引約定書の利用範囲

　銀行取引約定書は与信取引の基本約定書であり，取引先が法人であるか個人であるかを問わず与信取引一般に汎く利用されるが，基本的には反復継続的に行われることが予定されている事業資金に関する融資取引に利用され，いわゆる消費者ローン（住宅ローン，小口無担保ローン，カードローン）等の非事業資金を融資する場合には利用されない。これらの消費者向け融資取引は，それぞれの契約書（住宅ローン契約書，カードローン契約書等）において，当該取引に必要な範囲で銀行取引約定書の関係する内容が規定されている。

　なお，シンジケートローンや劣後ローンなど一部の融資においては，当該取引に関して銀行取引約定書の適用を除外しているものもある。

2　銀行取引約定書の適用範囲

(1)　銀行取引約定書の機能

　銀行取引約定書は与信取引の基本約定書である。預金取引や為替取引など与信取引以外の取引については，各種預金規定や振込規定等が適用される。

(2)　約定書締結方式

　全銀協ひな型は名宛人を銀行とし，取引先のみが署名して銀行に差し入れる形式のいわゆる差入書方式であった。これに対しては，銀行のみが銀行取引約定書の原本を所持し，取引先には写しが交付されるのみであることには批判があり，現在の銀行取引約定書は銀行と取引先双方が署名し，原本2通を作成し

---

*8　主要行監督指針Ⅲ－3－3－1－2(4)「銀行取引約定書ひな型の廃止への対応」参照。

て各々が所持する，いわゆる双方署名方式を採用するものが増えている。差入
書形式では，取引先に写しが確実に交付されなければならない。銀行取引約定
書は，取引先の義務と銀行の権利を定めるものであるから，契約当事者として
の対等感を考えなければ差入書形式でも問題ない。

(3) 条項の解説

　現在では各銀行が銀行取引約定書を独自に制定しているので，必ずしも内容
が同一というわけではない。しかしながら現在利用されている銀行取引約定書
は，全銀協ひな型作成時から今日に至る様々な議論や多くの判例・下級審裁判
例の蓄積を背景としており，表現を別にすれば重要な条項は共通している。そ
こで，現在利用されている代表的な銀行取引約定書を例に重要な条項について
概説する。

　以下に記載している「甲」は取引先（＝債務者）であり，「乙」は銀行（＝債権者）
である。

(a) 第 1 条

> **第1条（適用範囲）**
> 1. 甲及び乙は，甲乙間の手形貸付，手形割引，電子記録債権貸付，電子記録債権
> 割引，証書貸付，当座貸越，支払承諾（保証委託取引等），外国為替，金融等デリ
> バティブ取引，保証取引その他甲が乙に対して債務を負担することとなるいっさ
> いの取引に関して本約定を適用します。
> 2. 甲が振出，裏書，引受，参加引受もしくは保証した手形又は甲が電子記録債務
> 者である電子記録債権を，乙が第三者との取引によって取得した場合についても
> 本約定を適用します。ただし，この場合には，第2条，6条，10条第4項及び6
> 項，14条の各条項は適用しません。
> 3. 甲乙間で別途本約定書の各条項と異なる合意を行った場合については，その
> 合意が本約定書に該当する条項に優先するものとします。

(ア) 1項（適用範囲）

　銀行取引約定書の適用される取引を定める。ここで具体的に列挙された取引
は例示列挙であるから，例示されていない与信取引に関して生じた債務も含ま
れる。しかし，与信取引以外の取引，例えば預金取引や内国為替取引などの受
信取引には適用されない。

10　銀行取引約定書

銀行業務の範囲の拡大や新しい信用供与取引の出現により例示されていない「その他いっさいの取引」に含まれるべき取引が増加している。しかも，各銀行の業務範囲が異なることもあり得ることから各銀行の約定書により，その適用範囲は必ずしも同一とは限らない。そこで，前掲注（＊7）の全銀協の「銀行取引約定書ひな型の廃止と留意事項について」においても，適用範囲の明確化を求めており，現在では電子記録債権取引，デリバティブ取引や保証取引などを追加例示しているものが一般的となっている。なお，与信取引の担保としてよく利用されている根抵当権の被担保債権の範囲として合意している「銀行取引による債権」は，客観的に銀行取引とされる取引により銀行が取得した債権を意味し，本条1項に規定されている取引に限定されるものではないし，銀行取引約定書の締結を前提とするものでもない。

　(イ)　2項（手形・電子記録債権）

　取引先が振出し，裏書，引受，参加引受又は保証した手形や電子記録債務者となっている電子記録債権を，銀行が第三者との取引によって取得した場合も銀行取引約定書が適用されること規定している。これは，銀行が第三者から手形割引や譲渡担保により取得した取引先の振出等した手形（これを「回り手形」という。）や電子記録債権についても，本約定書が適用されることを規定している。

　(ウ)　3項（他の契約書との優先関係）

　シンジケートローン，劣後ローンなど当該取引に関して銀行取引約定書の適用を除外する合意が行われている場合について，その優先関係を規定している。シンジケートローンにおいては銀行取引約定書の適用を排除しているが，銀行取引約定書に規定されている条項が個別のシンジケートローンの内容に合わせて修正されたうえで設けられている。

(b)　第 2 条

> **第2条（手形又は電子記録債権と借入金債務）**
> 　甲が乙より手形又は電子記録債権によって貸付を受けた場合には，乙はその選択により，手形もしくは電子記録債権又は貸金債権のいずれによっても請求することができます。

　手形貸付では，金銭消費貸借契約証書の作成に代えて取引先が銀行を受取人とする約束手形を振り出して銀行に交付する。手形貸付では，銀行は原因債権

たる貸金債権と手形債権の両方を併せもつとともに[*9]、どちらの権利を行使するのかは銀行の任意であることを規定している。もちろん、どちらか一方が弁済により消滅すれば他方も消滅する。電子記録債権の場合も同じである。

　手形債権の消滅時効は3年（手77条1項8号・70条1項）、電子記録債権の消滅時効は3年（電子債権23条）であるが、銀行の貸金債権の消滅時効は5年（旧商522条。新民166条1項1号）であるので、手形債権や電子記録債権の消滅時効が完成しても、銀行は貸金債権により貸付金の支払を請求することができる。また、手形授受の当事者間における手形金請求の訴えの提起は、原因債権の消滅時効を中断し[*10]、手形授受の当事者間で支払命令により手形債権が確定した場合には、原因債権の消滅時効期間も支払命令確定の時から10年となる[*11]。

　改正民法166条1項は、債権の消滅時効期間を、債権者が権利を行使することができることを知った時から5年（1号　主観的起算点）、権利を行使することができる時から10年（2号　客観的起算点）と規定している。1号の「債権者が権利を行使することができること」には債務者を知ったことを含む趣旨と考えられている。2号は改正前民法の166条1項・167条1項と同じである。銀行取引の場合、銀行に債務者は明らかであり、また貸出期限も後述（f）の第5条の期限の利益の喪失条項に該当する場合を含めて明確であるから、消滅時効期間は基本的に5年で管理しなければならない。

(c)　第2条の2

第2条の2（電子記録債権割引）
1. 電子記録債権の割引は、乙への譲渡記録がなされたことにより、その効力が生じるものとします。
2. この割引金の支払日は、乙への譲渡記録がなされた後の別途甲乙間で合意する日とします。

(ア)　1　項

　電子記録債権の割引の法的性質は手形の割引と同様に電子記録債権の売買である。割引申込みから割引金の入金までの間に銀行にあらかじめ譲渡記録が行われるので、売買の効力の発生時期を明確にしている。

---

　*9　最判昭23・10・14民集2巻11号376頁。
　*10　最判昭62・10・16民集41巻7号1497頁。
　*11　最判昭53・1・23民集32巻1号1頁。

(イ)　2　項

　譲渡記録によって電子記録債権の割引の効力が生じ，銀行に電子記録債権が帰属し，銀行は割引依頼人に対して割引金の支払債務を負う。そこで，割引金の支払日について明確にしている。

(d)　第 3 条

第3条（利息，損害金等）
1．甲乙間で定めた利息，割引料，保証料，手数料（以下，「利息等」という。），これらの戻しについての割合及び支払の時期，方法の約定は，金融情勢の変化その他相当の事由がある場合には，一般に行われる程度のものに変更を請求することができるものとします。
2．甲の財務状況の変化，担保価値の増減等により，乙の債権の保全状況に変動が生じた場合には，利息等の割合の変更についても前項と同様とします。
3．別途書面にて固定金利による旨の約定をしている取引の場合には，前2項は適用されません。
4．甲は，乙に対する債務を履行しなかった場合には，その支払うべき金額に対し年14%の割合の損害金を支払います。

　　ただし，利息，割引料，保証料については，損害金は付しません。この場合の計算方法は年365日の日割計算とします。

(ア)　1項（利息・割引料・保証料・手数料の割合等の変更）

　銀行及び取引先が，利息，割引料，保証料，手数料の割合等の変更を請求することができることを定めている。この場合，相手方からの利率変更等の請求に対して，双方とも同意義務を負うものではない。

　もっとも金融自由化の進展に伴い，金利体系が市場金利の変動に影響され，その変動が激しくなってきたこと，市場から調達金利等に一定の利率（スプレッド）を上乗せした利率を融資利率とする市場金利連動型の利率決定方式が増加してきたことなど融資等の金利をめぐる情勢は様変わりしている。そこで現在は，融資実行時に基準金利[*12]，スプレッド利率，変動基準等を約定し，以降は

＊12　基準金利には，短期プライムレート（銀行が取引先に対する1年以内の短期貸出に適用する最優遇金利）や長期プライムレート（銀行が取引先に対する1年超の長期貸出に適用する最優遇金利），LIBOR（London Interbank Offered Rate：ロンドンのユーロ市場における銀行間の出し手金利のこと。国際金融取引の基準金利となっている）やTIBOR（Tokyo Interbank Offered Rate：東京の円市場における銀行間の出し手金利のこと）など様々なものがある。なお，英国の金融行為監督機構（FCA）は，LIBORを2021年に廃止する方針を示している。

基準金利の変動幅に合わせて自動的に利率等も変更する方法が主流になってきている。

　なお利率については，公正取引委員会より，借り手企業に対し，その責めに帰すべき正当な事由がないのに，要請に応じなければ今後の融資等に関し不利な取扱いをする旨を示唆すること等によって，契約に定めた変動幅を超えて金利の引上げを受け入れさせることは独占禁止法上問題となるとの指摘がなされている[13]。

(e)　第 4 条

> **第4条（担保）**
> 1．担保価値の減少，甲又はその保証人の信用不安など乙の甲に対する債権保全を必要とする相当の事由が生じ，乙が相当期間を定めて請求した場合には，乙の承認する担保もしくは増担保を差し入れ，又は保証人（電子記録保証人を含みます。）をたてもしくはこれを追加します。
> 2．甲が乙に対する債務の履行を怠った場合には，乙は，担保について，法定の手続も含めて，一般に適当と認められる方法，時期，価格等により乙において取立又は処分のうえ，その取得金から諸費用を差し引いた残額を法定の順序にかかわらず甲の債務の弁済に充当できるものとし，なお残債務がある場合には甲は直ちに弁済します。甲の債務の弁済に充当後，なお取得金に余剰の生じた場合には，乙はこれを権利者に返還するものとします。
> 3．甲が乙に対する債務を履行しなかった場合には，乙が占有している甲の動産，手形その他の有価証券（その名義で記録されている甲の振替株式，振替社債，その他の有価証券を含みます。）は，乙において取立又は処分することができるものとし，この場合もすべて前項に準じて取り扱うことに同意します。
> 4．本条の担保には，留置権，先取特権などの法定担保権も含むものとします。

(ア)　1 項（増担保条項）

　銀行が債権保全を必要とする相当の事由が生じた場合に，取引先に担保や保証人の追加を求めることができることを合意している。いわゆる「増担保条項」といわれるものである。民法 137 条 3 号は，債務者が担保を供する義務を負う場合において，これを供しないときを期限の利益の喪失事由としている。また，判例[14]も，増担保の合意違反により期限の利益を喪失させることを認めてお

---

*13　公正取引委員会「金融機関と企業との取引慣行に関する調査報告書」（平成 18 年 6 月）19 頁。

り，本項はこれの裏づけとなる条項である。

　(イ)　2項（担保の任意処分）

　担保は必ずしも法定の手続によらずに換価できることを合意している。

　(ウ)　3項（銀行の占有物の処分）

　保護預り，代金取立や割引等のために銀行が占有している動産や有価証券について，取引先が債務を履行しなかったときには，これらの動産等を任意の方法で処分して貸金に充当することを許容する旨を合意している。銀行が商行為によって占有した動産の上には商事留置権が成立し，銀行はその動産等を留置することができる（商521条）。取引先の手形について商事留置権を有する銀行は，取引先について法的倒産手続が開始された場合であっても，手形を留置することができるとともに，本項の合意に基づき自ら取り立てて債務に充当することができる[15]。

　(f)　第 5 条

第5条（期限の利益の喪失）

1．甲について次の各号の事由が一つでも生じた場合には，乙からの通知催告等がなくても，甲は乙に対するいっさいの債務について当然期限の利益を失い，直ちに債務を弁済します。

　①　支払の停止又は破産手続開始，民事再生手続開始，会社更生手続開始もしくは特別清算開始の申立てがあったとき。

　②　手形交換所又は電子債権記録機関の取引停止処分を受けたとき。

　③　甲又はその保証人の預金その他乙に対する債権について仮差押え，保全差押え又は差押えの命令，通知が発送されたとき。

　　なお，保証人の乙に対する債権の差押え等については，乙の承認する担保を差し入れる旨を甲が遅滞なく乙に書面にて通知したことにより，乙が従来どおり期限の利益を認める場合には，乙は書面にてその旨を甲に通知するものとします。ただし，期限の利益を喪失したことに基づき既になされた乙の行為については，その効力を妨げないものとします。

　④　行方不明となり，乙から甲に宛てた通知が届出の住所に到達しなくなったとき。

2．甲について次の各号の事由が一つでも生じた場合には，乙からの請求によって，

---

　*14　大判大9・6・24民録26輯923頁。

　*15　破産手続につき：最判平10・7・14民集52巻5号1261頁，民事再生手続につき：最判平23・12・15民集65巻9号3511頁。

甲は，乙に対するいっさいの債務について期限の利益を失い，直ちに債務を弁済します。

　なお，乙の請求に際し，乙に対する債務を全額支払うことにつき支障がない旨を甲が遅滞なく乙に書面にて通知したことにより，乙が従来どおり期限の利益を認める場合には，乙は書面にてその旨を甲に通知するものとします。ただし，期限の利益を喪失したことに基づき既になされた乙の行為については，その効力を妨げないものとします。

① 甲が乙に対する債務の一部でも履行を遅滞したとき。
② 担保の目的物について差押え，又は競売手続の開始があったとき。
③ 甲が乙との取引約定に違反したとき，あるいは第 12 条に基づく乙への報告又は乙へ提出する財務状況を示す書類に重大な虚偽の内容がある等の事由が生じたとき。
④ 乙に対する甲の保証人が前項又は本項の各号の一つにでも該当したとき。
⑤ 前各号に準じるような債権保全を必要とする相当の事由が生じたとき。

3．前項の場合において，甲が住所変更の届出を怠る，あるいは甲が乙からの請求を受領しないなど甲の責めに帰すべき事由により，請求が延着し又は到達しなかった場合は，通常到達すべき時に期限の利益が失われたものとします。

　本条は，いわゆる期限の利益[16]の喪失条項であり，銀行が債権保全を図るうえで銀行取引約定書において最も重要な条項といってもよい。取引先が経営破綻した場合に，銀行は与信の回収を最大限行わなければならないが，そのためには取引先の期限の利益を喪失させる必要がある。相殺においても担保権の実行においても，貸付債権の弁済期が到来していることが要件である。民法 137条は 3 つの期限の利益喪失事由を定めるが，これだけでは債権の保全・回収に不十分であるので，期限の利益喪失事由を合意している。本条の期限の利益喪失条項のうち 1 項は当然喪失事由を，2 項は請求喪失事由を定めている。なお，本条の期限の利益喪失事由に該当するような場合には，期限の利益を喪失させることができる範囲で，相殺の準備行為として預金の払戻しを拒絶することが正当化されるとの見解が有力である[17]。

---

*16　期限が到来しないことにより当事者が受ける利益。融資取引においては，取引先と銀行の間で個別に約定した最終返済期限までは，約定どおりに返済していれば，借入金全額の返済を求められることはないという利益を意味する。民法 136 条 1 項・137 条の特則である。
*17　本多知成「預金の払戻拒絶措置の適否」金法 1899 号 32 頁。

(ア)　1項（当然喪失事由）

（ⅰ）　支払停止と法的倒産手続（①）　　支払停止とは，一般に支払能力を欠くために弁済期にある債務を一般的かつ継続的に弁済できないことを明示的又は黙示的に外部に表示する行為をいうものとされている[18]。法的倒産手続との関係では，民法は破産手続開始のみを期限の利益の喪失事由としているが（民137条1号），銀行取引約定書では破産手続開始，民事再生手続開始，会社更生手続開始もしくは特別清算開始の申立てがあったときを期限の利益の喪失事由としている。

（ⅱ）　手形交換所・電子債権記録機関の取引停止処分（②）　　取引停止処分自体は，取引先の倒産を意味するものではない。しかし，取引停止処分を受けると事業の継続が困難となるので事実上倒産との評価が定着している。

（ⅲ）　取引先又は保証人の預金その他銀行への債権について，差押え等の命令が発送されたとき（③）　　取引先の預金債権等に差押えがなされるということは，信用状態の悪化を推認させる事象であり，債権保全の必要性が高い状況にある。現在の判例理論[19]であるいわゆる無制限説[20]では，差押え前に自働債権が発生していれば，その後に相殺適状になれば相殺が認められるので，無制限説の下では差押命令が「発送」された時点で期限の利益を喪失させることの重要性は薄れている。ただし，次に述べる約定書6条で準用される場面では，本条項は重要な規定である。なお，改正民法は，無制限説を明文化した（新民511条）。

(イ)　2項（請求喪失事由）

　銀行からの請求の意思表示は，銀行の一方的な到達によって効力が生ずることから形成権と考えられている。実務上は，到達日（＝期限の利益喪失日）を明確にするため，請求書は配達証明付内容証明郵便で送付するのが一般的である。

（ⅰ）　取引先の銀行に対する債務の履行遅滞（①）　　取引先が銀行に対して負担する債務の一部でも履行遅滞したときは，銀行の請求により遅滞した債務のみならず全部の債務について，期限の利益を喪失させることができるとす

---

[18]　破産法2条11項，最判昭61・2・14裁判集民144号109頁・判タ553号150頁参照。
[19]　最判昭45・6・24民集24巻6号587頁。
[20]　法定相殺につき，差押え前に反対債権（自働債権）を取得していれば，両債権の弁済期の到来や，その先後関係を問わず相殺適状に達すれば相殺することが可能であり，差押債権者に対抗することができる。

第3章　消費貸借等

るものであり，クロスデフォルト条項とも呼ばれる。債務の一部の履行遅滞で全債務の期限の利益を失うことは取引先にとっては重大な不利益を伴うため，その行使は慎重でなければならないが債権回収においては重要な条項である[*21]。

(ii) 取引約定違反（③）　　取引約定違反は，銀行取引約定書上の担保提供義務違反（約定書４条１項），届出義務違反（約定書１１条），報告義務違反（約定書１２条）等のほか銀行取引約定書以外の種々の約定（特約，コベナンツ）違反も対象となる。

(iii) その他債権保全を必要とする相当の事由（⑤）　　いわばバスケット条項であり，その適用場面は広い。当然のことながら恣意的な運用は許されず，客観的に債権保全の必要性が必要であり，その立証責任は基本的に銀行側にある。

(ウ) みなし喪失条項

請求喪失の請求書を発送したが取引先に届かなかったときでも，「通常到達すべき時に期限の利益が失われたもの」とすることを定めている。意思表示は相手方に到達した時に効力を生じるので（新民97条），請求書は取引先に送達されなければならない。しかし，現実的には取引先の受領拒絶や，不在等により到達しないこともある。そこで，みなし喪失条項により，期限の利益の請求喪失時点を明確にしている。

(g) 第 6 条

第６条（手形，電子記録債権の買戻請求権）

1. 甲が乙より手形又は電子記録債権の割引を受けた場合，甲について前条１項各号の事由が一つでも生じたときは全部の手形及び電子記録債権について，甲は，乙から通知催告等がなくても当然手形面記載の金額又は電子記録債権の債権額の買戻債務を負担し，直ちに弁済します。

   また，手形の主債務者もしくは電子記録債権の債務者が期日に支払わなかったとき又は手形の主債務者もしくは電子記録債権の債務者について前条第１項各号の事由が一つでも生じたときは，その者が主債務者となっている手形又はその者が債務者となっている電子記録債権についても同様とします。

2. 割引手形又は割引電子記録債権について乙の債権保全を必要とする相当の事由が生じた場合には，前項以外のときでも，甲は乙の請求によって手形面記載の金額又は電子記録債権の債権額の買戻債務を負担し，直ちに弁済します。

[*21] 最判平18・4・18金判1242号10頁は，この（クロスデフォルト）条項に基づく期限の利益の当否が争点となった事案につき，権利濫用とした原審を破棄し期限の利益の喪失を認めた。

なお，甲が住所変更の届出を怠る，あるいは甲が乙からの請求を受領しないなど甲の責めに帰すべき事由により，請求が延着し又は到達しなかった場合は，通常到達すべき時に買戻債務を負担したものとします。

3．甲が前2項による債務を履行するまでは，乙は手形所持人又は電子記録債権の債権者としていっさいの権利を行使することができます。

4．甲が第1項又は第2項により割引電子記録債権の買戻債務を履行した場合には，乙は，遅滞なく，当該割引電子記録債権について甲を譲受人とする譲渡記録（保証記録を付さないものとします。）を電子債権記録機関に対して請求し，又は，乙を譲受人とする譲渡記録を削除する旨の変更記録を電子債権記録機関に対して請求するものとします。ただし，電子債権記録機関が電子記録の請求を制限する期間は，この限りではありません。

　(ア)　手形割引・電子記録債権割引の法的性質

　手形割引・電子記録債権割引の法律性質は，手形債権・電子記録債権の売買である。したがって，手形割引や電子記録債権割引の場合には，割引の実行後，銀行と取引先との間には，手形の遡求権を別にすれば債権債務関係は存在しないので，銀行は取引先に対して当然には債権を有しない。つまり，手形貸付や証書貸付などの消費貸借の場合は，銀行は手形債権や貸金債権を有しているので，約定書5条により期限の利益を喪失させ，相殺適状を作り出すことができるが，手形割引・電子記録債権割引の場合は取引先に対する債権がないことから，相殺適状そのものを観念することができない。そこで，本条は，手形割引・電子記録債権割引の法的性質が売買であることを前提に，債権保全を必要とする局面では取引先に対する買戻請求権が発生することを規定している。

　(イ)　手形割引・電子記録債権買戻請求権を自働債権とする相殺

　無制限説の下でも，差押え後に取得した債権を自働債権として相殺をすることはできない。そこで，本条1項は，約定書5条1項3号によって，差押命令が「発送されたとき」に，つまり差押通知が銀行に到着する前に買戻請求権が発生することを合意し，これを自働債権とする相殺ができるようにしている。判例[22]も本条の対外的効力を認めている。

　(h)　第　7　条

＊22　最判昭51・11・25民集30巻10号939頁。

202　　　第3章　消費貸借等

第7条（相殺，払戻充当）

1. 期限の到来，期限の利益の喪失，買戻債務の発生，求償債務の発生その他の事由によって，甲が乙に対する債務を履行しなければならない場合には，乙は，その債務と甲の預金その他乙に対する債権とを，その債権の期限のいかんにかかわらず，いつでも相殺することができるものとします。

2. 前項の相殺ができる場合には，乙は事前の通知及び所定の手続を省略し，甲にかわり諸預け金の払戻しを受け，債務の弁済に充当することもできます。この場合，乙は甲に対して充当した結果を通知するものとします。

3. 前2項により乙が相殺又は払戻充当を行う場合，債権債務の利息，割引料，清算金，損害金等の計算については，その期間を計算実行の日までとします。また，利率，料率等は甲乙間に別の定めがない場合には乙の定めによるものとし，外国為替相場については乙による計算実行時の相場を適用するものとします。

4. 弁済期にある甲の預金その他乙に対する債権と甲の乙に対する債務について，以下の場合を除き，甲はその債務の期限が未到来であっても相殺することができるものとします。なお，満期前の割引手形又は支払期日前の割引電子記録債権について甲が相殺する場合には，甲は手形面記載の金額又は電子記録債権の債権額の買戻債務を負担して相殺することができるものとします。
   ① 乙が他に再譲渡中の割引手形又は割引電子記録債権に関する買戻債務を相殺する場合
   ② 弁済や相殺につき法令上の制約がある場合
   ③ 甲乙間の期限前弁済についての約定に反する場合

5. 前項によって甲が相殺する場合には，相殺通知は書面によるものとし，相殺した預金その他の債権の証書，通帳は直ちに乙に提出します。

6. 甲が相殺した場合における債権債務の利息，割引料，清算金，損害金等の計算については，その期間を相殺通知の到達の日までとし，利率，料率等は甲乙間の定めによるものとします。なお，外国為替相場については乙の計算実行時の相場を適用するものとします。この際，期限前弁済について繰上げ返済手数料など別途の手数料の定めがあるときは，その定めによるものとします。

(ア) 1項（相殺予約）

　相殺は，2人が互いに同種の目的を有する債務を負担する場合において，双方の債務が弁済期にあるときは，各債務者はその対等額について相殺によってその債務を免れる簡易な債務の弁済方法であり（新民505条），その実行は当事

者の一方から相手方に対する意思表示により行う（民506条1項）。この相殺の意思表示により双方の債務が相殺に適するようになったときに（相殺適状）さかのぼり相殺の効力が生じる（遡及効。同条2項）。銀行取引においては，銀行の負担する預金債務と，債務者が負担する貸金等の債務はいずれも金銭債務であり，銀行は預金債務と債務者の貸金等の債務を対等額で消滅させることができるので簡便かつ確実に貸金等の回収を図ることが可能となる。相殺による回収は相殺権者にとり合理的な期待であり，法的に保護されている。これを相殺の担保的機能という。

　相殺に関する論点として，法定相殺の認められる範囲の問題と相殺予約の対外的効力（差押債権者，債権の譲受人等の第三者に対する効力）の問題がある[23]。民法上の相殺は，双方の債務が弁済期にあることを要する（新民505条）ところ，受働債権は期限の利益を自ら放棄すればよいが（民136条2項），自働債権の期限の利益が到来していない場合は期限の利益を喪失させる必要がある。一般に，約定書5条の期限の利益喪失条項及び6条の手形割引・電子記録債権の買戻条項を合わせて相殺予約と呼ばれている。ただし，相殺予約といっても，民法上の相殺適状を生じる要件を緩和する特約であり予約というに値しない[24]。判例は相殺予約の対外的効力を認めている[25]。

　(イ)　2項（払戻充当）

　払戻充当とは，銀行が取引先から付与されている払戻しの代理権により取引先に代わり預金を払い出して貸金に充当する方法である。意思表示なくして行う簡便な差引計算である。しかし，通常，銀行が相殺を予定するのは債務者が危殆状態にあるときであり，任意弁済手続である払戻充当を行えば，後日，管財人等に否認されかねないことから実務ではほとんど利用されていない。

　(ウ)　3項（相殺の計算基準日）

　民法上の相殺（法定相殺）の計算基準日は，相殺適状になった日である（民506条2項）。しかし実務上は，相殺適状になっても取引先の再建可能性を検討するなどの時間を要するので，相殺適状日に直ちに相殺することは稀有である。そこで本項は，相殺の計算基準日を銀行がその処理を行う日との特約をしている。

---

[23]　相殺予約の意義については，潮見佳男『債権総論II〔第3版〕』（信山社出版，2005）304頁，森田修『債権回収法講義』（有斐閣，2006）114頁等参照。
[24]　我妻榮『新訂債権総論（民法講義IV）』（岩波書店，1964）358頁。
[25]　前掲注（*19）最判昭45・6・24，前掲注（*22）最判昭51・11・25。

これは，法定相殺の遡及効を規定している民法506条2項は任意規定と考えられており，当事者間で遡及効を排除する合意は有効である[26]。つまり約定書7条3項は，約定相殺の遡及効を制限し，債権債務が計算実行日に消滅することの合意である。下級審裁判例も[27]，本条項は債権債務の利息等の数額を計算する際の基準日を定めたものにすぎず，相殺の遡及効が制限されないとすれば，既に債権債務は遡及的に消滅しているにもかかわらず，それら債権債務に対して利息等を付する合意をしているということになるが，これは合意の内容としては不自然であり，相殺の遡及効を制限する認識で合意したものと推認することが合理的である，と述べている。次に約定書7条3項が破産管財人や差押債権者など第三者に対抗できるのかが問題となるが，本来劣後債権となる破産手続開始後の損害金については管財人に対抗できないというのが下級審裁判例である[28]。一方，保証人預金との相殺は，破産者の破産財団を減少させるものではないし，保証人は破産債権の全額を消滅させなければ破産手続に参加することができないため（破104条2項），破産債権の総額に影響がないことから，約定書7条3項の合意を破産管財人に対抗できるとしている[29]。

外貨建債権と外貨預金を相殺する場合を除き，外国為替相場は，自働債権（外貨貸付）を円貨換算するときは電信売り相場（TTS），受働債権（外貨預金）を円貨換算するときは電信買い相場（TTB）を使用する。

　（エ）　4項ないし6項〔取引先からの相殺〔逆相殺〕〕

取引先からの相殺，いわゆる「逆相殺」の規定である。逆相殺というのは銀行から見た用語である。取引先にとって自働債権である預金の弁済期が到来すれば，取引先が貸金（受働債権）の期限の利益を放棄することにより相殺できるのは当然であるが，銀行取引上の無用な混乱を回避するためにルールを規定し

---

[26]　内田貴『民法3債権総論・担保物権〔第3版〕』（東京大学出版会，2005）256頁，中田裕康『債権総論〔第3版〕』（岩波書店，2013）392頁，潮見・前掲注（＊23）353頁。東京高判昭43・5・29金法519号30頁。

[27]　神戸地尼崎支判平28・7・20金法2056号85頁。これに対して，岡山地判平30・1・18金法2088号82頁は，相殺の意思表示によって消滅する債権について，その利息，損害金等の清算方法の合意をしたものであり，相殺の遡及効を制限する合意を含むとは認められないとしている。

[28]　破産債権と破産財団の預金との相殺のケース東京地判昭47・6・28金法660号27頁。これに対して，破産手続開始決定の場合であっても，当事者間の合意の効力を否定する必要はなく，遡及効は発生しないという見解も十分成立可能と述べる見解もある（山本和彦「相殺と開始時現存額主義」木内道祥先生古稀・最高裁判事退官記念『家族と倒産の未来を拓く』（金融財政事情研究会，2018）416頁）。

[29]　前掲注（＊27）神戸地尼崎支判平28・7・20。

たものである。

4項は相殺できない受働債権（銀行から見た自働債権）を，5項は相殺の意思表示（民506条1項）は必ず書面で行うことを，6項は計算基準日等を規定している。なお，取引先が逆相殺をするときに預金等をどの貸金と相殺するのかは（充当指定），約定書9条3項・4項で規定されている。

当初制定された全銀協ひな型には銀行からの相殺の規定しかなく，取引先からの相殺ができないかのような誤解もあったため，1977（昭和52）年の改定の際に定められたものである。実務上，逆相殺が行われるケースはあまりない。

(i) 第 8 条

第8条（手形の呈示・交付）

1. 甲の乙に対する債務に関して手形又は電子記録債権が存する場合，乙が手形上の債権及び電子記録債権によらないで第7条による相殺又は払戻充当をするときは，乙は後日手形又は電子記録債権を返還するものとします。だたし，満期前の手形については乙はそのまま取立てをし，支払期日前の電子記録債権については乙はそのまま支払を受けることができます。

2. 第7条の相殺又は払戻充当により，乙から返還を受ける手形が存する場合に乙からその旨の通知があった時には，その手形は甲が乙まで遅滞なく受領に出向くこととします。

3. 乙が手形上の債権によって第7条の相殺又は払戻充当をするときは，次の各場合に限り，手形の呈示又は交付を要しません。なお，手形の受領については前項に準じます。
   ① 乙において甲の所在が明らかでないとき。
   ② 甲が手形の支払場所を乙にしているとき。
   ③ 事変，災害等乙の責めに帰すことのできない事情によって，手形の送付が困難と認められるとき。
   ④ 呈示しなければならない手形が取立てその他の理由により，呈示，交付の省略がやむを得ないと認められるとき。

4. 第7条の相殺又は払戻充当の後，なお直ちに履行しなければならない甲の乙に対する債務が存する場合において，手形又は電子記録債権に甲以外の債務者があるときは，乙はその手形又は電子記録債権をとめおき，取立て，支払を受け又は処分したうえ，債務の弁済に充当することができるものとします。

5. 乙は，電子記録債権に関して第7条の相殺又は払戻充当後，遅滞なく，当該電子記録債権について，支払等記録もしくは甲を譲受人とする譲渡記録（保証記録

を付さないものとします。）又は乙を譲受人とする譲渡記録を削除する旨の変更記録の請求を行うものとします。ただし，電子債権記録機関が電子記録の請求を制限する期間は，この限りではありません。

6．乙は，電子記録債権を甲に返還しなければならない場合であっても，電子記録名義人である限り，当該電子記録債権の債務者から支払を受けることができます。この場合において，乙がその取得金を保持する相当の理由があるとき又は乙が相当の期間内に甲にその取得金を支払ったときは，乙は甲に対してその取得金に関する利息，損害金等の支払義務を負わないものとします。

(j) 第 9 条

第9条（支払充当）

1．甲又は乙は，第7条による相殺又は払戻充当により，甲の債務全額を消滅させるに足りないときは，適当と認める順序方法により充当指定することができます。
　　また，甲からの弁済により，甲の債務全額を消滅させるに足りないときは，甲は同様に充当を指定することができます。
　　この場合，甲又は乙の一方が指定しなかったときは，他方は同様に充当を指定することができます。

2．乙が前項により充当指定したときは，甲はその充当に対して異議を述べることができないものとします。

3．甲が相殺したときの充当指定により乙の債権保全上支障が生じるおそれがあるときは，乙は遅滞なく異議を述べたうえで，担保，保証の有無，軽重，処分の難易，弁済期の長短，割引手形又は割引電子記録債権の決済見込みなどを考慮して，乙の指定する順序方法により充当することができるものとします。
　　この場合，乙は甲に充当結果を通知するものとします。

4．前3項によって乙が充当する場合には，甲の期限未到来の債務については期限が到来したものとして，また満期前の割引手形については買戻債務を，決済実施日前の割引電子記録債権については買戻債務を，支払承諾については事前の求償債務を甲が負担したものとして，乙はその順序方法を指定することができるものとします。

(ア) 民法における充当（法定充当）

　民法の規定は，弁済によって債務全額を消滅させるに足りないときは，弁済者がどの債務に充当するかを指定することができる（第一次充当指定権。旧民488条1項）。次に，弁済者が充当指定しなかったときは弁済受領者が充当指定する

ことができるが（第二次充当指定権），弁済者が直ちに異議を述べたときは，弁済受領者による充当は効力を失う（同条2項）。そして，当事者がいずれも充当の指定をしなかったときは法定充当される（旧民489条）。また，元本のほか，利息，費用を支払う場合において，その債務の全部を消滅させるのに足りない場合は，費用，利息，元本の順に充当する（旧民491条）。

改正民法の充当規定は，条文の位置は整理されているが改正前民法と基本的に同じ規律である。改正民法488条1項・2項・3項は改正前民法と同様であり，4項は改正前民法489条と同様である。なお，改正民法490条は合意による弁済の充当規定を新設しているが，改正前民法のもとでも当事者間の充当の合意は有効であり，このことを明確にしたものである。

　　(イ)　充当の合意

取引先からの弁済により債務全額を消滅させるに足りないときは，民法の原則どおり一次充当指定権は取引先にあり，取引先が充当を指定しなかったときは，銀行が第二次充当指定権を有する（本条1項）。しかし，銀行が二次充当指定したときは，取引先は異議を述べることができない。この点が法定充当と異なっている（本条2項）。

銀行が相殺をする場合で，受働債権（預金）によって自働債権（貸金）全額を消滅させることができない場合の貸金への充当指定権は銀行が有する。

逆相殺の場合，受働債権（貸金）によって自働債権（預金）全額を消滅させることができない場合の貸金への第一次充当指定権は取引先が有するが，銀行が第二次充当指定権を有する。そして，銀行が充当指定をしたときは，取引先は異議を述べることができない（本条3項）。もっとも銀行が充当の指定を変更できるのは「債権保全上支障が生じるおそれがあるとき」に限定されている。

なお，不動産競売手続における配当金が同一担保権者の有する数個の被担保債権のすべてを消滅させるに足りない場合には，弁済充当の指定に関する特約があっても，その配当金は，改正前民法489条ないし491条の規定に従って債権に充当されるというのが判例である[30]。この点は，改正民法のもとでも解釈に委ねられている。

(k)　第 10 条

---

[30]　最判昭62・12・18民集41巻8号1592頁。

第 10 条（危険負担，免責条項等）
1. 甲が振出，裏書，引受，参加引受もしくは保証した手形もしくは甲が乙に差し入れた証書又は甲が電子記録債務者である電子記録債権の電子記録が，事変，災害，輸送途中の事故等やむを得ない事情によって紛失，滅失，損傷，消去又は延着した場合には，甲は乙の帳簿，伝票等の記録に基づいて債務を弁済します。なお，乙が請求した場合には，甲は直ちに代り手形，証書を差し入れ，又は，代りの電子記録債権について電子債権記録機関に対し，発生記録もしくは譲渡記録を請求するものとします。
　　甲の差し入れた担保についても，同様とします。
2. 前項の場合に生じた損害については，乙の責めに帰すべき事由による場合を除き，甲の負担とします。
3. 万一手形要件の不備もしくは手形を無効にする記載によって手形上の権利が成立しない場合，電子記録債権の発生要件の不備により電子記録債権が成立しない場合，又は権利保全手続の不備によって手形上の権利もしくは電子記録債権が消滅した場合でも，その手形又は電子記録債権についての取引上の債務には，影響ないものとします。
4. 乙が，手形，証書，電子記録債権の電子記録請求に係る書面等の印影を，甲の届け出た印鑑と相当の注意をもって照合し，甲に相違ないと認めて取引したときは，手形，証書，印章について偽造，変造，盗用等の事故があってもこれによって生じた損害は甲の負担とし，手形もしくは証書の記載文言又は電子記録債権の電子記録に従って責任を負います。
5. 乙が甲に対する権利の行使もしくは保全又は担保の取立てもしくは処分に要した費用，及び甲が自己の権利を保全するために乙に協力を依頼した場合に要した費用は，甲の負担とします。
6. 乙が，甲のID，パスワード等の本人確認のための情報が乙に登録されたものと一致することを乙所定の方法により確認し，相違ないと認めて取扱いを行った場合は，それらが盗用，不正使用，その他の事故により使用者が甲本人でなかった場合でも，それによって生じた損害は甲の負担とし，甲は電子記録債権の電子記録に従って責任を負うものとします。

(l) 第 11 条

第 11 条（届出事項の変更）
1. 甲は，その印章，名称，商号，代表者，住所，その他乙に届け出た事項に変更

があった場合には，直ちに書面により乙に届け出るものとします。
2．甲が前項の届出を怠る，あるいは甲が乙からの請求を受領しないなど甲の責め
　に帰すべき事由により，乙が行った通知又は送付した書類等が延着し又は到達し
　なかった場合には，通常到達すべき時に到達したものとします。

(ア) 2項（みなし到達条項）

　期限の利益を喪失させるための請求や相殺は，当行の意思表示が取引先に到
達することにより効力が生じる（民97条1項）。しかし，届出住所宛に配達証明
付内容証明郵便で送付しても，届出を怠った等取引先の責めに帰すべき事由に
よって，延着したり郵便戻りとなることがある。このような場合に，公示送達
（民98条）によらなくても，到達の効果が生ずることを2項で特約し，「通常到
達すべき時」に到達したものとみなすことを合意している。

(イ) みなし到達条項の限界

　みなし到達条項は，取引先と銀行の合意によるものであり，差押債権者等の
第三者との関係では対抗できない[*31]。したがって，差押債権者（民執155条1項）
がいる場合に相殺の意思表示を行うときは，公示送達によるか，差押債権者に
対して相殺の意思表示（相殺通知）を行う必要がある[*32]。

(m) 第 12 条

第 12 条（報告及び調査）
1．甲は，貸借対照表，損益計算書等の甲の財務状況を示す書類の写しを，定期的
　に乙に提出するものとします。
2．甲の財産，経営，業況等について乙から請求があったときは，甲は，遅滞なく
　報告し，また調査に必要な便益を提供するものとします。
3．甲の財産，経営，業況等について重大な変化を生じたとき，又は生じるおそれ
　があるときは，甲は乙に対して遅滞なく報告します。

(n) 第 13 条

第 13 条（適用店舗）
　甲及び乙は，本約定書の各条項が，甲並びに乙の本支店との間の諸取引に共通に
　適用されることを承認します。

---

*31　東京高判昭53・1・.25判タ369号372頁，東京高判昭58・1・25判タ492号62頁。
*32　最判昭39・10・27民集18巻8号1801頁。

210　　　**第 3 章** 消費貸借等

銀行取引約定書は，銀行と取引先との間の与信取引に関する基本契約であるため，取引先が1つの銀行の複数の支店との間で与信取引をしている場合であっても，銀行取引約定書は1つ締結されていればそれが個々の与信取引においても適用されることになる。例えば，A銀行甲支店の支店長が代表して銀行取引約定書を取引先との間で締結しているような場合であっても，この銀行取引約定書は，A銀行乙支店と当該取引先との与信取引にも適用されることになる。

(o) 第14条

第14条（準拠法，合意管轄）
1．甲及び乙は，本約定書並びに本約定に基づく諸取引の契約準拠法を日本法とすることに合意します。
2．甲及び乙は，本約定に基づく諸取引に関して訴訟の必要を生じた場合には，乙の本店又は乙の取引店の所在地を管轄する裁判所を管轄裁判所とすることに合意します。

(p) 第15条

第15条（約定の解約）
乙の甲に対する債権が弁済その他の事由により消滅したのち，甲又は乙いずれか一方が書面により解約する旨を通知したときは，他方が受領後1か月が経過した時に本約定は失効するものとします。

(q) 第16条

第16条（反社会的勢力の排除）
1．甲は，甲又はその保証人が，現在，暴力団，暴力団員，暴力団員でなくなった時から5年を経過しない者，暴力団準構成員，暴力団関係企業，総会屋等，社会運動等標ぼうゴロ又は特殊知能暴力集団等，その他これらに準ずる者（以下これらを「暴力団員等」といいます。）に該当しないこと，及び次の各号のいずれにも該当しないことを表明し，かつ将来にわたっても該当しないことを確約します。
① 暴力団員等が経営を支配していると認められる関係を有すること
② 暴力団員等が経営に実質的に関与していると認められる関係を有すること
③ 自己，自社もしくは第三者の不正の利益を図る目的又は第三者に損害を加え

る目的をもってするなど，不当に暴力団員等を利用していると認められる関係を有すること

④ 暴力団員等に対して資金等を提供し，又は便宜を供与するなどの関与をしていると認められる関係を有すること

⑤ 役員又は経営に実質的に関与している者が暴力団員等と社会的に非難されるべき関係を有すること

2．甲は，甲又はその保証人が，自ら又は第三者を利用して次の各号の一にでも該当する行為を行わないことを確約します。

① 暴力的な要求行為

② 法的な責任を超えた不当な要求行為

③ 取引に関して，脅迫的な言動をし，又は暴力を用いる行為

④ 風説を流布し，偽計を用い又は威力を用いて乙の信用を毀損し，又は乙の業務を妨害する行為

⑤ その他前各号に準ずる行為

3．甲又はその保証人が，暴力団員等もしくは第1項各号のいずれかに該当し，もしくは前項各号のいずれかに該当する行為をし，又は第1項の規定に基づく表明・確約に関して虚偽の申告をしたことが判明し，甲との取引を継続することが不適切である場合には，乙からの請求によって，甲は，乙に対するいっさいの債務について期限の利益を失い，直ちに債務を弁済します。

4．甲が乙より手形の割引を受けた場合，甲又はその保証人が暴力団員等もしくは第1項各号のいずれかに該当し，もしくは第2項各号のいずれかに該当する行為をし，又は第1項の規定に基づく表明・確約に関して虚偽の申告をしたことが判明し，甲との取引を継続することが不適切である場合には，全部の手形について，甲は乙の請求によって手形面記載の金額の買戻債務を負担し，直ちに弁済します。甲がこの債務を履行するまでは，乙は手形所持人としていっさいの権利を行使することができます。

5．前2項の場合において，甲が住所変更の届出を怠る，あるいは甲が乙からの請求を受領しないなど甲の責めに帰すべき事由により，請求が延着し又は到達しなかった場合は，通常到達すべき時に期限の利益が失われ，又は買戻債務を負担したものとします。

6．第3項又は第4項の規定の適用により，甲又はその保証人に損害が生じた場合にも，甲は乙になんらの請求をせず，その保証人にも請求させません。また，乙に損害が生じたときは，甲がその責任を負います。

7．第3項又は第4項の規定により，債務の弁済がなされたときには，本約定は失効するものとします。

いわゆる反社会的勢力との取引根絶が社会的に強く要請されていることから，銀行取引においても暴力団等を排除するための条項（いわゆる暴排条項）の導入が進められている[33]。

預金規定にも同種の内容が規定されている。

---

[33]　岩永典之＝小田大輔「『銀行取引約定書に盛り込む場合の暴力団排除条項の参考例』の解説」金法 1856 号 8 頁等参照。

11 銀行代理業と電子決済等代行業

堀　天　子

I　銀行業務の意義

　銀行法は，「銀行の業務の公共性にかんがみ，信用を維持し，預金者等の保護を確保するとともに金融の円滑を図るため，銀行の業務の健全かつ適切な運営を期し，もって国民経済の健全な発展に資すること」をその目的に掲げている（銀行1条1項）。

　銀行は，預金等を受け入れることによって，資金を安全に保管する機能を果たし，一般公衆に対して資金の運用のための貯蓄手段を提供する機能を提供している。そして，銀行は，一般公衆から預金等として受け入れた資金を，企業及び個人に対する貸出という形で供給し，そのように供給された資金が再び銀行に預け入れられて，さらなる資金供給につながっていくというサイクルを通じて，信用創造機能を果たしている。さらに，銀行は，為替業務を行うことによって，企業や個人が距離的に隔たっている場合でも，隔地者間において現実に現金を輸送することなく資金移動を行い，決済や送金を行うことを可能としている。このように，銀行には，信用創造，資金仲介及び支払決済といった国民経済活動に必要不可欠な機能を果たしており，その業務運営の健全性及び適切性の確保が強く求められる[1]。

　このような観点から，銀行法においては，「銀行業」とは，①預金又は定期積金の受入れと資金の貸付又は手形の割引とを併せ行うこと，②為替取引を行うこと，のいずれかを行う営業と定義し（銀行2条2項），預金又は定期積金等の受入れのみを行い，資金の貸付又は手形の割引とを併せ行わない営業についても，

---

* 1　池田唯一＝中島淳一監修／佐藤則夫編著『銀行法』（金融財政事情研究会，2017）14〜16頁，家根田正美＝小田大輔「銀行法の目的と基本理念」金法1919号10頁以下。

214　**第3章**　消費貸借等

預金者等の保護の観点から「銀行業」とみなすとしている（銀行3条）。

そして，銀行業は，内閣総理大臣の免許を取得した銀行でなければ，営むことができないとし（銀行4条1項），銀行法においては，銀行に対して，組織，経営，業務運営のあり方について規制をかけるほか，銀行業務全般に対して，各種の行為規制を遵守することを求め，これらの規制を銀行が遵守することを確保するための，当局の検査監督権限を定めている。

Ⅱ　銀行業務の担い手に関する規制

このように厳格に規律された銀行業務を，銀行以外の担い手が担う場合には，同様に厳しい規制に服する。

すなわち，昭和38年に設けられた銀行代理店制度は，銀行の100％子会社しか代理店となることが認められず，当局の事前の許可が必要で，また，代理店は銀行のための代理業務以外の他の業務を営むことはできないとされた。平成14年4月に施行された改正銀行法では，代理店を含む営業所の設置が事前の認可制から事前の届出制に緩和された（旧銀行8条1項）。また，代理店の支店の設置が可能となるとともに，代理店において営むことができる業務として，固有業務のほかに，債務の保証，金銭の収納等，保護預り，両替という銀行の付随業務が加わった。平成16年4月に施行された改正銀行法では，証券会社が銀行の営む証券業務の代理を行う代理店となり，保険会社が銀行の営む資金の貸付の代理を行う代理店となることが可能となったが，引き続き厳しい規制に服するものとされた。

平成16年3月19日に閣議決定された「規制改革・民間開放推進3か年計画」においては「銀行代理店制度については，金融機関の健全性や決済システムに与える影響等の観点を踏まえつつ，資本関係規制等制度の見直しを行うこととし，平成16年度中に検討を行い，措置する」こととされ，これを踏まえ金融審議会金融分科会第二部会では，銀行代理店制度の見直しについて規制緩和の方向性で審議が行われ，「銀行代理店制度見直しの論点整理」が取りまとめられた。そして，銀行代理店制度の見直しの基本的な方向性として，「預金者保護，円滑かつ確実な決済システムの維持，金融システムの健全性を確保するための制度を整備することにより，……出資規制や専業規制などは撤廃することができる」

11　銀行代理業と電子決済等代行業　　　　**215**

とされた。これらを踏まえ，銀行代理業制度を創設する銀行法改正が成立し，平成18年4月に施行された。

銀行代理業は，内閣総理大臣の許可を受けて，銀行のために，銀行の固有業務の契約の締結の代理又は媒介を行う業務である。上記のとおり一部規制緩和されたものの，次項のとおり，参入要件が厳格であるうえ，銀行業の一部を担うものであることから所属銀行制の下で厳しい規制が課せられている。

一方で，これらに対し，銀行の固有業務に関わらない業務でもあっても，銀行から委託を受けて銀行業務の一部を担う場合には，銀行の業務委託先として，銀行を通じた監督を受けることとなる。銀行は，その業務を第三者に委託する場合には，当該業務の内容に応じ，次に掲げる措置を講じなければならないとし，①当該業務を的確，公正かつ効率的に遂行することができる能力を有する者に委託するための措置，②当該業務の委託を受けた者（受託者）における当該業務の実施状況を，定期的に又は必要に応じて確認すること等により，受託者が当該業務を的確に遂行しているかを検証し，必要に応じ改善させる等，受託者に対する必要かつ適切な監督等を行うための措置，③受託者が行う当該業務に係る顧客からの苦情を適切かつ迅速に処理するために必要な措置，④受託者が当該業務を適切に行うことができない事態が生じた場合には，他の適切な第三者に当該業務を速やかに委託する等，当該業務に係る顧客の保護に支障が生じること等を防止するための措置，⑤銀行の業務の健全かつ適切な運営を確保し，当該業務に係る顧客の保護を図るため必要がある場合には，当該業務の委託に係る契約の変更又は解除する等の必要な措置を講ずるための措置を定めている（銀行12条の2第2項，銀行法施行規則13条の6の8）。

Ⅲ　銀行代理業

銀行代理業とは，銀行のために，①預金又は定期積金等の受入れを内容とする契約の締結の代理又は媒介，②資金の貸付又は手形の割引を内容とする契約の締結の代理又は媒介，③為替取引を内容とする契約の締結の代理又は媒介のいずれかを行う営業をいう（銀行2条14項）。

かかる定義から，銀行代理業とは，(1)銀行の固有業務（預金業務，与信業務，為替業務）のいずれかの契約の締結を扱うこと，(2)これらの契約の締結の代理又は

媒介を行うこと，(3)銀行のために行うものであることが要件となる。

　そして，銀行代理業を営む者は，内閣総理大臣の許可を受ける必要があり（銀行52条の36第1項），①銀行代理業を遂行するために必要と認められる内閣府令に定める基準に適合する財産的基礎を有する者であること，②人的構成等に照らして銀行代理業を的確，公正かつ効率的に遂行するために必要な能力を有し，かつ，十分な社会的信用を有するものであること，③他に業務を営むことによりその銀行代理業を適正かつ確実に営むことにつき支障を及ぼすおそれがあると認められない者であることが必要とされ（銀行52条の38），これらの要件を満たす場合にのみ許可を与えられる。必要に応じて許可に条件を付することもでき，許可を与えられた条件でのみ業務を営むことができる。

　また，預金・為替取引に係る契約の締結の代理又は媒介をすることについては，兼業による利益相反行為の生ずる蓋然性が低いため，いかなる銀行代理業者がこれを営む場合においても特段制限が設けられていない。

　次に，貸付に係る銀行代理業については，(1)銀行代理業を専業する業者については消費者向け貸付の代理及び媒介，事業者向けの貸付の代理及び媒介を制限なく営むことができる。(2)一般の事業者については，所属銀行のために消費者向け貸付に係る契約の締結の代理又は媒介を行うことは，兼業による利益相反行為等の弊害が生ずる蓋然性が低いため，特段制限はないが，所属銀行のために事業者向け貸付に係る契約の締結の代理又は媒介をすることについては，兼業との間で利益相反等の弊害が生ずる可能性があるため，基本的には認められていない。ただし，利益相反がないと認められる①預金等担保貸付の締結の代理・媒介，②規格化された貸付商品に係る契約の締結の媒介（与信審査に関与しない場合で，かつ，上限1000万円のものに限る。）については，銀行代理業者として営むことができる（銀行法施行規則34条の37第6号ハ）。さらに，(3)貸付を主たる業務とする業者（貸金業者，クレジット業者，保証業者）については，兼業との間で利益相反行為等の弊害が生ずる可能性があるため，基本的に貸付に係る銀行代理業は認められていない。消費者向け貸付については，①預金等担保貸付の代理又は媒介，②規格化された貸付商品で，かつ，貸付資金で購入する物品又は物件を担保として行う貸付の媒介（与信審査を除く。）をすることのみ認められている。事業者向け貸付については，預金等担保貸付の代理又は媒介のみしか認められていない（銀行法施行規則34条の37第6号ハ）。

11　銀行代理業と電子決済等代行業

銀行代理業者は，銀行代理業及びこれに付随する業務以外の業務を営む場合には，承認を受けて営む必要がある。銀行代理業の許可手続において既に営んでいる他業については銀行代理業に支障を及ぼすおそれがないかを審査するほか，許可を受けた後に，新たな他業を営もうとするときには，同じ基準による個別の承認手続を要するとしている（銀行52条の42第1項）。銀行代理業者が銀行代理行為を営むときは，顧客に対し，あらかじめ所属銀行の商号，代理か媒介の別等を明らかにしなければならず（銀行52条の44第1項），預金者等に対する情報の提供（同条2項），健全かつ適切な運営を確保するための措置を講じ（同条3項），顧客の保護に欠け，所属銀行の業務の健全かつ適切な遂行に支障を及ぼすような，銀行代理業に係る禁止行為を行ってはならない（銀行52条の45）。銀行代理業者として許可を受けた者であることの標識の掲示を行い（銀行52条の40），銀行代理行為に関して顧客から受けた財産は自己の固有財産と分別管理する必要がある（銀行52条の43）。所属銀行制が採用されており，所属銀行が銀行代理業者に対する指導等を行わなければならない（銀行52条の36第3項・52条の58）。銀行代理業者が顧客に損害を与えた場合には，所属銀行が賠償責任を負うこととなる（銀行52条の59第1項）。

　なお，後述の電子決済等代行業が顧客のために指図の伝達等を行うのに対し，銀行代理業では銀行のために代理・媒介を行うことが想定されている。いかなる場合に銀行代理業に該当するか否かについては，主要行等向けの総合的な監督指針及び中小・地域金融機関向けの総合的な監督指針（以下あわせて「監督指針」という。）に示された解釈のほか，平成30年5月に公表された「銀行業等に関する留意事項について（銀行法等ガイドライン）」に詳述されているので参照されたい。

　銀行代理業は，そもそも銀行のために銀行の商品を販売することが想定されてきたことから，基本的には，銀行と利用者との間では銀行の約款に基づき契約が締結される。銀行代理業者が独自に約款を用意して利用者との間で契約を締結することは想定されてこなかったといえる。また，所属銀行制の下で，銀行と銀行代理業者との間の契約も個別に締結されるものであり，その内容は定型的ではない。

Ⅳ　顧客のために営む業務

これらに対し，銀行業に関わる業務であるとしても，顧客のために営む業務は，銀行代理業の規制がかからない。銀行代理業は，「銀行のために」行うものであることが要件とされているためであり（前記Ⅲ），主要行等向けの総合的な監督指針においても，顧客のために，預金等の受入れ等を内容とする契約の締結の代理又は媒介を行う者については，銀行代理業の許可は不要であることが明示されている[*2]。「顧客のために」とは，顧客からの要請を受けて，顧客の利便性のために，顧客の側に立って助力することをいう[*3]。

実務的には，例えば，顧客が銀行に対して契約を申込する時の入力補助業務や，顧客のための口座開設支援業務などが行われているが，これらは必ずしも銀行代理業の許可を要しない[*4]。

したがって，預金の受入れの契約の締結の代理又は媒介，為替取引の契約の締結の代理又は媒介について，顧客のために行われる場合には，銀行代理業には該当せず，銀行代理業の許可を受けずに営むことができる。一方で，貸付については，顧客のために，貸付の契約の締結の代理又は媒介を行う場合，銀行代理業の許可は不要であるが，金銭の貸付又は金銭の貸借の媒介を業として行う場合には，貸金業法上の「貸金業」に該当するため，顧客のために，貸付の契約の締結の媒介を行う場合には，貸金業の登録が必要となる。

Ⅴ　電子決済等代行業

[*2]　主要行等向けの総合的な監督指針Ⅷ－3－2－1－1(3)①。ただし，例えば，銀行と当該者との間で合意された契約上又はスキーム上は顧客のために行為することとされている場合でも，当該者が実務上，その契約もしくはスキームに定められた範囲を超えて又はこれに反し，実質的に銀行のために代理・媒介業務を行っている場合には，許可が必要となる場合があることに十分留意する必要があるとする。

[*3]　前掲注（＊2）監督指針Ⅷ－3－2－1－1(3)①（注）。

[*4]　個人，企業向けに外国銀行の口座を開設する際の通訳補助サービスの周知・広報事業を行うにあたり，口座開設先として特定の外国銀行を紹介する行為が「外国銀行代理業務」や「銀行代理業」に該当するか否か照会がなされた件において，事業者が明示的にも黙示的にも当該外国銀行から委託等を受けていない場合には，当該行為が「外国銀行代理業務」や「銀行代理業」に当たらず，外国銀行代理業務の認可や銀行代理業の許可を受けることは不要である旨の回答が行われている（経済産業省「外国銀行口座開設支援サービスにおける銀行法の取扱いが明確になりました～産業競争力強化法の『グレーゾーン解消制度』の活用～」（平成28年2月10日））。

11　銀行代理業と電子決済等代行業

ところで，昨今の IT 技術の進展等に伴い，単なる金融サービスの IT 化のみ
ならず，金融取引の仕組みを変化させ，既存の金融機関以外の事業者が金融サー
ビスへと参入するようになった。金融機関と顧客等との間に立ち，顧客からの
委託を受けて，IT を活用して，金融機関における口座情報の取得及び顧客への
提供を業として行う，個人向けの家計簿サービスや，企業向けの会計業務支援
サービスなどが提供されるようになってきている。また，金融機関と顧客等と
の間に立ち，顧客からの委託を受けて，決済指図の伝達を行うサービスも提供
されている。こうした顧客との接点を確保しつつ，金融機関に接続することで，
IT を活用した事業者が多様なプラットフォームサービスを展開しようとする
動きが出てきている。

　前記のとおり，銀行法では，銀行の委託を受けて，預金・融資・為替に関す
る契約の締結の代理・媒介を行う者は銀行代理業の対象とされ，銀行の委託を
受けて，その他の行為を行う者は銀行の外部委託先として銀行による委託先管
理義務の対象とされるが，銀行等と顧客との間で，顧客から委託を受けて，決
済・預金・融資に関して仲介を行う者についてこれまで制度的な枠組みは用意
されていなかった。

　しかし，利用者において，上記のようなサービスを利用するにあたって，銀
行口座に関する ID やパスワードといった重要な認証情報を事業者に取得・保
管させることについて，顧客情報の漏洩，認証情報を悪用した不正送金等，セ
キュリティ上の問題が生じないかとの不安が生じていること，事業者が決済指
図を伝達する場合に不正な伝達等による決済リスク，あるいはアクセスの増大
に伴う銀行システムへの過剰な負担の可能性など，決済・銀行システムの安定
性に影響を与え，結果として社会全体のコストを増大させていた。また，海外
では，欧州において決済の安全性・安定性の向上や利用者保護等の観点から，
決済指図伝達サービス提供者や口座情報サービス提供者について制度整備がな
されていることなどから，日本においても，新たな制度的な枠組みの整備が検
討され，改正銀行法が平成 29 年 6 月 2 日に公布，平成 30 年 6 月 1 日に施行さ
れた。

　電子決済等代行業とは，次に掲げる行為のいずれかを行う営業をいい（銀行 2
条 17 項各号），電子決済等代行業は内閣総理大臣の登録を受けた者でなければ
行ってはならない（銀行 52 条の 61 の 2）。

① 決済指図伝達サービス（1号）

　銀行に預金の口座を開設している預金者の委託（二以上の段階にわたる委託を含む。）を受けて，電子情報処理組織を使用する方法により，当該口座に係る資金を移動させる為替取引を行うことの当該銀行に対する指図（当該指図の内容のみを含む。）の伝達（当該指図の内容のみの伝達にあっては，内閣府令で定める方法によるものに限る。）を受け，これを当該銀行に対して伝達すること。

② 口座情報取得サービス（2号）

　銀行に預金又は定期積金等の口座を開設している預金者等の委託（二以上の段階にわたる委託を含む。）を受けて，電子情報処理組織を使用する方法により，当該銀行から当該口座に係る情報を取得し，これを当該預金者等に提供すること（他の者を介する方法により提供すること及び当該情報を加工した情報を提供することを含む。）。

　電子決済等代行業者は，適切な人的構成と財務要件を満たすことが必要であるとし，情報の適切な管理や業務管理体制の整備が義務づけられている。

　登録をした電子決済等代行業者については，以下の行為規制が課せられている。

① 電子決済等代行業者は，電子決済等代行業に該当する行為を行うときは，内閣府令で定める場合を除き，あらかじめ，内閣府令で定めるところにより，利用者に対し，一定の事項を明らかにしなければならない（銀行52条の61の8第1項）。

② 電子決済等代行業者は，電子決済等代行業に関し，内閣府令で定めるところにより，電子決済等代行業と銀行が営む業務との誤認を防止するための情報の利用者への提供，電子決済等代行業に関して取得した利用者に関する情報の適正な取扱い及び安全管理，電子決済等代行業の業務を第三者に委託する場合における当該業務の的確な遂行その他の健全かつ適切な運営を確保するための措置を講じなければならない（銀行52条の61の8第2項）。

③ 電子決済等代行業者は，利用者のため誠実にその業務を遂行しなければならない（銀行52条の61の9）。

④ 電子決済等代行業者は，電子決済等代行業に該当する行為を行う前に，それぞれ銀行との間で，以下に掲げる事項を含む電子決済等代行業に係る契約を締結し，これに従って当該銀行に係る電子決済等代行業を営まなければならない（銀行52条の61の10第1項・2項）。

　ア 電子決済等代行業の業務（当該銀行に係るものに限る。次号において同じ。）

に関し，利用者に損害が生じた場合における当該損害についての当該銀行と当該電子決済等代行業者との賠償責任の分担に関する事項
　イ　当該電子決済等代行業者が電子決済等代行業の業務に関して取得した利用者に関する情報の適正な取扱い及び安全管理のために行う措置並びに当該電子決済等代行業者が当該措置を行わない場合に当該銀行が行うことができる措置に関する事項
　ウ　その他電子決済等代行業の業務の適正を確保するために必要なものとして内閣府令で定める事項

　一方で，銀行は，電子決済等代行業者との契約を締結するにあたって電子決済等代行業者に求める事項の基準を作成し，内閣府令で定めるところにより，インターネットの利用その他の方法により公表しなければならない（銀行52条の61の11第1項）。かかる「電子決済等代行業者に求める事項」には，①契約の相手方となる電子決済等代行業者が電子決済等代行業の業務に関して取得する利用者に関する情報の適正な取扱い及び安全管理のために行うべき措置，②その他の内閣府令で定める事項が含まれる（同条2項）。

　また，銀行は，契約を締結するにあたって，上記の基準を満たす電子決済等代行業者に対して，不当に差別的な取扱いを行ってはならないものとされている（銀行52条の61の11第3項）。

　そして，銀行法では，電子決済等代行業者との間で契約を締結しようとする銀行等は，施行から2年の日までに，当該電子決済等代行業者が利用者から識別符号等（IDやパスワード）を取得することなく当該銀行等に係る電子決済等代行業等を営むことができるよう，体制の整備に努めなければならないとされている（平成29年改正銀行附則11条1項）。IDやパスワードを取得することなく情報連携を行う仕組みとして，API（アプリケーション・プログラミング・インターフェイスといい，あるアプリケーションの機能や管理するデータ等を他のアプリケーションから呼び出して利用するための接続仕様・仕組みを指す。）によって銀行と電子決済等代行業者が情報連携を行うことが推奨されている（銀行が他の企業にAPIを公開することをオープンAPIと呼ぶ。）。こうした銀行のインフラを用いて顧客に対して新たなサービス提供を行おうとする事業者の参入を促すことによって，銀行のオープンイノベーションを促進させるような環境整備が行われたといえる。

Ⅵ　API 利用契約と API 利用規定

1　契約関係

電子決済等代行業者を含む接続事業者[*5]が，銀行の API を利用して，顧客に対して新たなサービス提供を行おうとする場合，当事者間では次のような契約が締結される。

まず，接続事業者は，顧客に対して提供する自身のサービスについて，顧客との間で利用契約を締結する。銀行の API を活用したサービスとしては，個人向けの家計簿サービスや，企業向けの会計業務支援サービス，決済指図の伝達を行うサービス等が想定されており，かかるサービスの内容については，接続事業者が約款等を用意して顧客と合意を行う。

一方で，接続事業者は，自身のサービスの中で，顧客から委託を受けて銀行に情報提供を依頼したり，決済指図を伝達するため，銀行の API を利用することとなる。接続事業者が銀行の API を利用する場合，銀行があらかじめ公表している基準を満たす必要があり，チェックリスト等を提出して銀行の審査を受け，体制整備が確認された場合に，銀行と接続事業者との間で API 利用契約が締結される。特に，接続事業者と銀行との間で契約締結を行うことは銀行法上義務づけられており，所定の事項を含む内容で契約を締結しなければならない。

また，接続事業者の顧客は，銀行の顧客であることから，銀行と顧客との間では，API 利用規定が置かれることがある。これは，接続事業者を通じて API 経由で顧客から依頼があった場合に銀行がどのように取り扱うかを示した規定であり，技術的に，インターネットバンキングをベースとして API が構築されている場合には，インターネットバンキング利用規定の上乗せ規定として，勘定系システムから直接 API が構築されている場合には，普通預金規定などの特則として，API 利用規定が策定される。

それぞれの関係性についての図は以下のとおりである。

---

* 5　銀行が API 利用契約を締結する事業者は主として電子決済等代行業者が想定されるが，銀行法上適用除外が設けられており，電子決済等代行業者の登録を受けずに API 利用契約を締結する事業者も想定されることから，ここでは広く接続事業者と表現している。

11　銀行代理業と電子決済等代行業

■図　銀行APIを利用して接続事業者がサービスを営む場合の契約関係

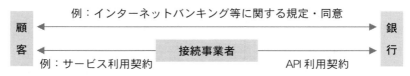

出典：オープンAPIのあり方に関する検討会「銀行法に基づくAPI利用契約の条文例（概要資料）」より作成。

2　API利用契約

　API利用契約に関しては，銀行のオープンAPIの体制整備が進めば，複数の銀行，接続事業者との間で契約締結が必要となることから，その効率化が課題として認識され，銀行，事業者，弁護士をメンバーとした，オープンAPI推進研究会（事務局：一般社団法人全国銀行協会）において，論点整理が行われ，2018年12月27日，オープンAPIのあり方に関する検討会（事務局：一般社団法人全国銀行協会）において，「銀行法に基づくAPI利用契約の条文例」が取りまとめられた。

　以下では，条文例の引用と，主として法的な観点からの解説を試みるものであるが，公表されている「銀行法に基づくAPI利用契約の条文例」に記載の解説を引用するものを除いては，筆者の私見に基づくものであることを付言する。

> 第1条　目的
> 　本契約は，銀行が指定する銀行のサービスの利用者が，接続事業者の提供するサービスを通じて銀行のサービスを利用できるようにするために，銀行が接続事業者に本APIの非独占的な使用を許諾し，接続事業者が本APIを使用して利用者に接続事業者のサービスを提供することについて，使用条件その他の基本的事項を定めることを目的とする。

　API利用契約では，APIの非独占的な使用を許諾し，接続事業者が本APIを使用して利用者に接続事業者のサービスを提供することについて，使用条件その他の基本的事項が定められる。第1条はこれを目的として掲げた規定である。API利用契約は，ライセンス使用許諾契約の類型に該当する。

第2条　定義

(1) 「営業日」とは，日本において銀行の休日として定められた日以外の日をいう。

(2) 「検証環境」とは，本APIを利用するソフトウェアの動作確認を行うために別途開放する銀行のシステムの検証環境をいう。

(3) 「書面等」とは，書面及び電磁的記録をいう。

(4) 「セキュリティチェックリスト」とは，接続事業者がセキュリティに関して銀行に提出する書面等による報告をいう（本契約の締結前に提出したものであるかを問わない。また，変更があった場合は変更後のものをいう。）。

(5) 「接続試験」とは，接続事業者が本APIを利用するソフトウェアを本APIに係る仕様に準拠していることを銀行が確認するために行われる試験をいう。

(6) 「トークン等」とは，接続事業者が本APIを通じて銀行のシステムにアクセスするためのトークンその他の情報をいう。

(7) 「不正アクセス等」とは，不正アクセス，ハッキング，ネットワークへの不正侵入をいう。

(8) 「本API」とは，アプリケーション・プログラミング・インターフェースであって，銀行が接続事業者に別途差し入れる仕様書（以下「本API仕様書」という。）の仕様によるものをいう。

(9) 「本APIアクセス権」とは，接続事業者が非独占的に本API連携することができる権利をいう。

(10) 「本API連携」とは，接続事業者が本APIを使用して，本銀行機能と本サービスを連携させることをいう。

(11) 「本銀行機能」とは，銀行が利用者に提供する銀行のサービスをいう。

[(12) 「本更新系API」とは，本APIのうち，利用者の預金口座の残高を移動するものとして本API仕様書において定められたものをいう。]

[(13) 「本参照系API」とは，本APIのうち，利用者の預金口座の残高を取得するものとして本API仕様書において定められたものをいう。]

(14) 「本サービス」とは，接続事業者が本APIを用いて利用者に対し提供するものとして別紙に定めるサービスをいう。但し，第17条第3項に基づき本サービスに新たなサービスが追加され，又は本サービスが変更された場合は，追加又は変更後の内容をいう。

(15) 「利用者」とは，本サービス及び本銀行機能を利用することに同意した者であって，接続事業者が本サービスの利用を認め，銀行が本銀行機能の利用を認めた者をいう。

(16) 「利用者情報」とは，接続事業者が利用者の指図に基づき本APIを通じて銀行か

11　銀行代理業と電子決済等代行業

ら取得した利用者に関する情報をいう。

⒄ 「連鎖接続」とは，本 API を通じて取得した情報の全部又は一部を利用者に伝達することを目的として連鎖接続先に提供し，又は利用者の指図（当該指図の内容のみを含む。）を連鎖接続先から受領して本 API を通じて銀行に伝達することをいう。

⒅ 「連鎖接続先」とは，銀行法施行規則第 34 条の 64 の 9 第 3 項に規定される電子決済等代行業再委託者をいう。

　「本銀行機能」とは，銀行が利用者に対して提供している銀行のインターネットバンキング等のサービスを意味しており，接続事業者が本 API を用いて提供する本サービスを含まない銀行の機能を指すものとして定義されている。「本サービス」とは，接続事業者が本 API を用いて利用者に対して提供する接続事業者のサービスを意味しており，多種多様な内容にわたることがあることも踏まえて，別紙で特定するものとされている。「本銀行機能」と「本サービス」を連携させるのが「本 API」であり，接続事業者が本 API を利用して本銀行機能と本サービスを連携されることを「本 API 連携」と定義されている。

　「本更新系 API」や「本参照系 API」の定義は，いずれの API も同じ契約書に基づき提供する場合であって，契約条項を書き分ける必要が生じたときに使用することが想定される。なお，条文例中のブラケットは，選択可能な条項例として記載されたものである。

　また，銀行法施行規則第 34 条の 64 の 9 第 3 項に規定されている電子決済等代行業再委託者を「連鎖接続先」と定義のうえで，連鎖接続先に対して情報を提供し，連鎖接続先から受け取った指図を銀行に伝達する行為が「連鎖接続」であると定義されている。

第 3 条　本 API の利用等　第 1 項（非独占的な使用許諾）
　銀行は，接続事業者に対し，本サービスを提供する目的の範囲内で，本 API の非独占的な使用を許諾する。なお，接続事業者は銀行の事前の書面等による承諾なく，本 API アクセス権について，譲渡，信託，[承継,] 担保権設定その他の一切の処分をすることができず，かつ，第三者に対して再使用許諾することはできない。[但し，第 22 条但書の規定に基づき，本 API アクセス権が譲渡 [又は承継] されることに係る承諾は不要とする。]

第3条　本 API の利用等　第2項（API 仕様の変更）

2　本 API の仕様は銀行が定める本 API 仕様書のとおりとする。銀行は，変更の〇営業日前までに接続事業者に変更後の仕様の内容を書面等により通知することにより，接続事業者の承諾を得ることなく，本 API の仕様を変更することができるものとする。[但し，セキュリティの改善等のため迅速な対応が必要になる変更については，速やかな通知で足りるものとする。]

第3条　本 API の利用等　第3項，第4項，第5項（第三者との共同実施及び連携並びに第三者への委託）

3　接続事業者は，第13条第1項に基づく連鎖接続又は銀行の事前の書面等による承諾を得た場合（第三者との共同実施や連携を行う旨を別紙に定める場合を含む。次項において同じ。）を除き，本サービスの全部若しくは一部又は本 API の使用を，第三者と共同して実施し，又は第三者に連携（利用者が接続事業者から利用者情報を取得するために使用するソフトウェアを第三者が開発すること，及びかかるソフトウェアを利用者が使用することを含まない。次項において同じ。）させてはならない。

4　接続事業者は，前項に基づく銀行の事前の書面等による承諾により，本サービスの提供の全部若しくは一部又は本 API の使用を，第三者と共同して実施し，又は第三者に連携させる場合には，当該第三者の行為についても本契約の定め（情報の適正な取扱い及び安全管理のための措置並びに法令等に基づき必要な事項に限る。以下本項において同じ。）による責任を負担し，当該第三者をして本契約の定めを遵守させるものとする。

5　接続事業者は，本サービスの全部若しくは一部又は本 API の使用を第三者に委託する場合，セキュリティチェックリストに記載されているときを除き，銀行に[事前に]通知するものとする。[但し，委託を行うことによりセキュリティチェックリストにおける記載を変更する必要があるとき[又は別紙に定める種類の業務の委託について]は，接続事業者は，銀行の事前の書面等による承諾を得るものとする。]

　API 利用契約の基本的内容を示した条項である。銀行は同じ API を複数の接続事業者に提供していくことを予定していることから，一の接続事業者に対して許諾を行うのは本 API の非独占的な使用であり，本サービスを提供する目的の範囲内で非独占的な使用が許諾されるものとされている。また，銀行の事

11　銀行代理業と電子決済等代行業　　227

前の書面等による承諾なく，使用許諾を受けた接続事業者が本 API アクセス権の譲渡等の処分を行ったり，第三者に対して再使用許諾することができないとされている。また，第三者と共同して実施し，第三者に連携させる場合や，第三者に委託を行う場合には，銀行の事前の書面等による承諾又は事前通知など，一定の手順を踏むことが必要とされている。なお，API 利用契約を締結して自身のサービスを提供する接続事業者は，銀行の委託先ではなく，接続事業者の委託先も銀行の再委託先ではないと解される。

　本 API の使用を第三者と共同で実施したり，第三者に連携させる場合には，第 3 条第 3 項及び同条第 4 項の規定が適用されるが，本 API の使用の結果取得した情報を第三者に提供する場合は，第 17 条のデータの取扱いにおいて規律され，第 2 条第 14 号及び別紙で定められる「本サービス」のために使用するものかが問われることとなる。

第 3 条　本 API の利用等　第 6 項（知的財産権）

6　銀行は，接続事業者に対し，本契約に定める範囲での本 API の使用のみを許諾するものであり，接続事業者は本 API，その派生物及び本 API により提供されるデータに係る著作権，特許権その他の知的財産権及び所有権その他の権利を取得するものではない。但し，本 API により提供されるデータについて銀行が著作権，特許権その他の知的財産権を有するか否かにかかわらず，接続事業者は，本 API により提供されるデータについて，本サービスの目的で加工すること，第 3 項に基づき第三者に連携すること，第 13 条に基づき連鎖接続先へ提供すること，及び第 17 条で認められる範囲内で使用することができる。

　API の使用許諾に際して，使用許諾を受けた接続事業者が API を使用することができるという権利を超える権利を有することとなるものでない旨が確認的に規定されたものである。

　本 API を使用して提供されたデータは，本サービスの目的の範囲内で，利用されることが想定されている。ただし書は，本 API により提供されるデータについて銀行が著作権を有している場合に，加工が同一性保持権の侵害に当たり，第 3 項に基づく第三者への連携及び第 13 条に基づく連鎖接続先への提供が複製権の侵害に当たる懸念があるとの指摘を踏まえたものと解説されている。

第4条　使用許諾料

　接続事業者が，銀行に使用許諾料を支払う場合は，接続事業者と銀行の合意により別途定めるものとする。

　使用許諾の対価の有無及びその金額等については，契約自由の原則により，接続事業者と銀行との合意によって定められる。

第5条　本 API 連携の開始

　　接続事業者は，本 API 連携を開始しようとする場合，銀行の定めるところにより，セキュリティチェックリストを銀行に提出する。

2　銀行は，セキュリティチェックリスト等により接続事業者の態勢が銀行の定める基準を満たしていることを確認したときは，接続事業者にその旨を通知する。なお，当該通知後，次項の接続試験の合格後であっても，接続事業者が銀行の定める基準を満たさないことが明らかになった場合には，銀行は本 API 連携を開始させず，又は本 API 連携を停止することができる。

3　接続事業者は，本 API 連携を開始しようとする日の〇営業日前までに，接続試験を行い，銀行の検査を受けるものとする。接続事業者は，銀行から検査に合格した旨の通知を受けた場合，本 API 連携の開始日の〇営業日前までに連携開始日を銀行に通知することにより，本 API 連携を行うことができる。銀行及び接続事業者は，連携開始日の延期を求める場合は相手方に速やかに（遅くとも連携開始日の〇営業日前までに）通知する。

4　銀行及び接続事業者は，銀行法第 52 条の 61 の 10 の義務に基づいて本契約を締結する場合には，［第 2 項の通知後速やかに／第 3 項の銀行による通知後速やかに］銀行法第 52 条の 61 の 10 第 3 項に定める事項を合意した上で公表する。

　本 API 連携開始までには，本 API 利用契約が締結されるが，契約締結と並行して，銀行から接続事業者への API 仕様書の差入れ，接続事業者から銀行へのセキュリティチェックリストの提出，接続試験等が行われるため，こうした手順を定める規定が置かれている。

第6条　認証とトークン

　　銀行は，利用者の申請に基づき，銀行が定める利用者の本人認証手続その他の手続により本 API 連携を認める場合，接続事業者に当該利用者に係るトークン等を付与する。

11　銀行代理業と電子決済等代行業

2　接続事業者は，銀行が発行したトークン等を自己の費用と責任において厳重に管理するものとし，トークン等を第三者に使用させ，又は貸与，譲渡，売買，質入れ等をしてはならないものとする。

3　接続事業者は，トークン等を当該トークン等に係る利用者の指図（包括的なものを含む。以下，この条において同じ。）に基づいて使用するものとし，銀行に伝達する指図その他の情報の過誤，取違え，改ざん及び漏洩について責任を負う。

4　銀行は，トークン等の使用があった場合で特段の事情がないときは，接続事業者が当該トークン等に係る利用者からの指図に基づいて使用しているものとみなすものとする。

5　接続事業者は，トークン等の盗難，不正利用の事実を知った場合，直ちにその旨を銀行に対して通知するものとし，銀行から指示があった場合には，これに従って対応するものとする。

6　接続事業者のトークン等の管理が不十分であること，又は接続事業者のトークン等の使用に過誤があることに起因して，銀行，接続事業者又は利用者その他の第三者に損害が発生した場合，当該損害に関する責任は接続事業者が負担するものとする。但し，当該損害の発生について，銀行の責めに帰すべき事由がある場合には，その責任割合に応じて接続事業者からの求償に応じるものとする。

　本 API 連携では，接続事業者が ID・パスワードを利用者から預かることなく，銀行から付与されたトークン等を用いてアクセスすることにより，利用者本人からの指図に基づくものであるとみなされる。具体的には，銀行が本人認証手続その他の手続によって本 API 連携を認めるという手順が踏まれ，トークン等の管理は接続事業者の責任となる。トークン等は利用者のために使用することが前提であり，利用者の指図に基づいて使用されることが義務づけられる。実務的には，本 API へのアクセスごとに利用者からの指図があるわけではなく，接続事業者側で随時本 API にアクセスすることが想定されていることから，包括的な指図で足りるものとされる。そして，銀行としてはトークン等を用いて本 API にアクセスがあった場合には利用者本人からのアクセスとみなすことが規定されている。特段の事情がある場合には利用者本人からのアクセスとみなさないとしているが，このような特段の事情がある場合としては，例えば銀行がトークン等の不正利用が一見明らかであると認識した場合が該当する。最後に第 6 項では，接続事業者のトークン等の管理についての責任を規定している。なお，接続事業者のトークン等の管理が不十分であること，又は接

続事業者のトークン等の使用に過誤があること以外に起因する利用者に生じた損害については，第 10 条によって補償及び賠償並びに求償が行われる。

第 7 条　接続事業者の義務　第 1 項（本サービスの利用規約）

　接続事業者は，利用者との間で，本サービスの方法及び内容に関し，利用規約を定めて利用者の同意を得るものとし，利用規約の内容を銀行に［事前に／事後遅滞なく］通知するものとする。接続事業者が，本サービスの方法及び内容を変更し，もって利用規約を変更しようとする場合も，その内容を銀行に［事前に／事後遅滞なく］通知するものとする。銀行は，利用者保護等の観点から必要と客観的かつ合理的な事由により判断するときは，接続事業者に本サービスの利用規約の内容を改善するよう求めることができ，合理的な期間内に改善が十分になされていないと客観的かつ合理的な事由により判断するときは［,接続事業者に事前に通知した上で,]本 API 連携を停止することができる。

第 7 条　接続事業者の義務　第 2 項（誤認防止）

2　接続事業者は，本サービスにおいて虚偽又は誤認のおそれのある表示，説明等を行ってはならず，利用者の保護のために必要な表示，説明等を行うものとする。銀行は，接続事業者が虚偽又は誤認のおそれのある表示を行い，その他誤認防止，利用者保護，利用者情報の適正な取扱い若しくは安全管理又は法令等遵守の観点から問題があると客観的かつ合理的な事由により判断するときは，接続事業者に対して改善を求めることができ，合理的な期間内に改善が十分になされていないと客観的かつ合理的な事由により判断するときは，［接続事業者に事前に通知した上で,]本 API 連携を停止することができる。但し，銀行は，接続事業者が虚偽又は誤認のおそれのある表示を行い，その他誤認防止，利用者保護，利用者情報の適正な取扱い若しくは安全管理又は法令等遵守の観点から高度に問題があると客観的かつ合理的な事由により判断するときは，改善を求めることを経ずに，接続事業者への事前通知を行うことなく，本 API 連携を停止することができる。

第 7 条　接続事業者の義務　第 3 項（問合せ窓口の設置）

3　接続事業者は，本サービスに関する利用者［及び連鎖接続先］からの苦情，問合せ等に対応するため，問合せ窓口を設置し，銀行に通知するとともに，公表するものとする。本サービスに関して利用者［及び連鎖接続先］から苦情，問合せ等が寄せられたときは，接続事業者は適切［かつ迅速］に対応するものとする。接続事業者は，本サービスに関する利用者又は第三者からの苦情，問合せ等に対

11　銀行代理業と電子決済等代行業　　　231

応する上で必要な銀行の協力を求めることができる。

第7条　接続事業者の義務　第4項（サービス利用環境等の整備）
4　接続事業者が本 API を経由して銀行のシステムにアクセスするために必要な，コンピュータ，ソフトウェアその他の機器，クラウド環境又はクラウド環境にアクセスするために必要な利用環境，その他の通信回線等の準備及び維持は，接続事業者の費用と責任において行うものとする。

第7条　接続事業者の義務　第5項，第6項（セキュリティ）
5　接続事業者は，銀行に提出したセキュリティチェックリストにしたがい，かつ銀行の定める基準にしたがったセキュリティを維持する。接続事業者は，セキュリティチェックリストに重要な変更が生じるときは，変更の〇営業日前までに銀行に変更後のセキュリティチェックリストを提出する。但し，接続事業者が緊急にセキュリティ対策を行う必要があるなどやむを得ない場合には，変更後のセキュリティチェックリストを速やかに銀行に提出する。銀行は，接続事業者のセキュリティが銀行の定める基準を満たさないと客観的かつ合理的な事由により判断するときは接続事業者に改善を求めることができ，合理的な期間内に改善が十分になされていないと客観的かつ合理的な事由により判断するときは［，接続事業者に事前に通知した上で，］本 API 連携を停止することができる。
6　接続事業者は，本サービスに関し，コンピュータウィルスへの感染防止，第三者によるハッキング，改ざん又はその他のネットワークへの不正アクセス又は情報漏洩等を防止するために必要なセキュリティ対策を，接続事業者の費用と責任において行うものとする。

第7条　接続事業者の義務　第7項（本サービスの提供）
7　接続事業者は，事前に銀行に通知した内容により，自らの責任において本サービスを提供する。接続事業者は，本サービスを停止又は終了しようとするときは，銀行に事前に通知した上で，利用者に事前に周知するものとする。但し，緊急的なセキュリティ対策等による一時的な停止の場合は，事後速やかに銀行への通知及び利用者への周知を行うものとする。

　本条は，接続事業者の義務を定めたものである。主として本サービスの提供にあたり，適切な内容の利用規約を締結すること，セキュリティ等に関して一

定の体制整備を行いこれを維持すること，利用者保護のための措置を講じることなどが必要とされている。銀行法上の要請を満たすために必要とされるものも含まれている。

第8条　不正アクセス等発生時の対応　第1項，第2項（報告，原因究明）

銀行及び接続事業者は，本 API 連携又は本サービスに関し，不正アクセス等若しくは不正アクセス等による情報の流出・漏洩・改ざん等若しくは不正アクセス等による資金移動が発生した場合，又は不正アクセス等による情報の流出・漏洩・改ざん等若しくは不正アクセス等による資金移動の具体的な可能性を認識した場合（銀行以外の金融機関との連携に関して不正アクセス等が判明した場合を含む。以下本条において同じ。），直ちに相手方に報告するものとする。

2　銀行及び接続事業者は，本 API 連携又は本サービスに関し，不正アクセス等若しくは不正アクセス等による情報の流出・漏洩・改ざん等若しくは不正アクセス等による資金移動が発生した場合，又は不正アクセス等による情報の流出・漏洩・改ざん等若しくは不正アクセス等による資金移動の具体的な可能性を認識した場合，速やかに実施可能な対策を講じた上で，相手方と協力して原因の究明及び対策を行う。銀行は，十分な対策が講じられるまでの間，本 API 連携を制限又は停止することができる。

第8条　不正アクセス等発生時の対応　第3項，第4項（情報開示，アクセスログ）

3　不正アクセス等若しくは不正アクセス等による情報の流出・漏洩・改ざん等若しくは資金移動が発生した場合，又は不正アクセス等による情報の流出・漏洩・改ざん等若しくは不正アクセス等による資金移動の具体的な可能性を認識した場合，銀行及び接続事業者は，相手方に対し，相手方と連携して情報収集にあたるため，口座情報，トークンその他の当該利用者を特定するための情報の開示を求めることができ，求められた当事者は合理的かつ適正な範囲内でこれに応じるものとする。開示を受けた当事者は，当該情報を第 16 条に基づき秘密情報として管理する。

4　接続事業者及び銀行は，不正アクセス等の発生時に原因の調査等を行うことができるよう必要なアクセスログの記録及び保存を行う。

不正アクセス等や不正アクセス等による具体的な事象が発生し，又はその可能性を認識した場合には，銀行と接続事業者が相手方に対して直ちに報告を行い，対応に当たるものとした規定である。また，こうした不正アクセス等の発

11　銀行代理業と電子決済等代行業

生時には，銀行と接続事業者間の情報の開示が必要となることから，当該開示に必要な事項や，情報の管理について定められている。個人情報保護法の対象となる個人データに関しては，この規定によって当該開示について利用者の同意が不要となるものではなく，個人情報保護法23条1項2号「人の生命，身体又は財産の保護のために必要がある場合であって，本人の同意を得ることが困難であるとき」に該当する可能性もあるものの，原則として利用者からの同意を得たうえで提供することが必要であると解説されている。

第9条　障害等発生時の対応（障害等発生時の対応）

　　銀行及び接続事業者は，本API連携又は本サービスの継続的提供に重大な影響を及ぼし，又は及ぼすおそれのある事由（本サービスの提供に利用するシステムに関する重大なシステム障害，本サービスの提供に関する重大な事務手続に起因する障害，不正出金等の金融犯罪，及び本サービスの提供に関与する接続事業者又は接続事業者の外部委託先の従業員による不祥事件の発生などを含むがこれらに限られない。以下，「障害等」という。）が発生した場合には，直ちに相手方に報告するものとする。

2　障害等が発生した場合，銀行及び接続事業者は，協働して当該障害等の発生原因を特定，除去するとともに，障害等による損害の拡大を防止するための措置及び再発防止のための措置（以下，「損害軽減措置」という。）をそれぞれ講じるものとする。かかる場合において，銀行及び接続事業者は，損害軽減措置を講じるために合理的かつ適正な範囲内で，相手方に対して障害等の発生した利用者に係る情報，障害等が発生した状況その他の情報の開示を求めることができ，開示を求められた当事者は合理的かつ適正な範囲内でこれに応じるものとする。開示を受けた当事者は，当該情報を第16条に基づき秘密情報として管理する。

3　障害等が，銀行又は接続事業者の監督官庁に対して報告が必要な事由に該当する場合には，銀行及び接続事業者は，相手方が監督官庁に報告するために必要な資料の提供その他の協力を行うものとする。

4　銀行は，第1項の障害等が銀行又は銀行の設備に起因する場合，遅滞なく当該障害等の内容の解析を実施するとともに本サービスの復旧に必要となる措置を講じ，障害等の内容と復旧措置について，接続事業者に対し回答する。他方，第1項の障害等が接続事業者又は接続事業者の設備に起因する場合，接続事業者は，遅滞なく当該障害等の内容の解析を実施するとともに本サービスの復旧に必要となる措置を講じ，当該障害等の内容と復旧措置について，銀行に対し回答する。本サービスの復旧に必要な事項が生じた場合には，銀行と接続事業者が協議の上

それぞれ必要な措置を行うものとする。

　システム障害等が発生し，又はそのおそれのある事由が発生した場合にも，銀行と接続事業者が相手方に対して直ちに報告を行い，対応に当たるものとした規定である。銀行法の枠組みの中では，監督官庁に対して必要な報告を要する場合がある。また，障害等の内容の解析と復旧のためにそれぞれ協力して必要な措置を行うことが規定されている。

第 10 条　利用者への補償

　接続事業者は，本サービスに関して利用者に損害が生じたときは，速やかにその原因を究明し，本サービスの利用規約に基づき賠償又は補償が不要となる場合を除き，本サービスの利用規約に従い，利用者に生じた損害を賠償又は補償する。但し，当該損害が預金等の不正払戻しに起因するものである場合，接続事業者は，一般社団法人全国銀行協会が公表しているインターネットバンキングにおける預金等の不正な払戻しに関する申し合わせにおける補償の考え方に基づき，利用者に補償を行うものとする。

2　接続事業者は，前項に基づき本サービスに関して利用者に生じた損害を利用者に対して賠償又は補償した場合であって，当該損害が専ら銀行の責めに帰すべき事由によるものであることを疎明したときは，接続事業者が利用者に賠償又は補償した損害を銀行に求償することができる。また，接続事業者は，前項に基づき本サービスに関して利用者に生じた損害を利用者に対して賠償又は補償した場合であって，当該損害が銀行及び接続事業者双方の責めに帰すべき事由によるものであることを疎明したときは，銀行に対し双方の責めに帰すべき事由の大きさを考慮して，誠実に協議の上銀行と合意した額を求償することができる。

3　接続事業者が第 1 項に基づき本サービスに関して利用者に生じた損害を賠償又は補償した場合において，当該損害が，銀行又は接続事業者のいずれの責めにも帰すことができない事由により生じたとき，又はいずれの責めに帰すべき事由により生じたかが明らかではないときは，銀行及び接続事業者は，当該損害に係る負担について，誠実に協議を行う。

4　銀行は，本銀行機能若しくは本 API に関して利用者に生じた損害を利用者に対して賠償若しくは補償した場合，又はやむを得ないと客観的かつ合理的な事由により判断して本サービスに関して利用者に生じた損害を利用者に対して賠償若しくは補償した場合，以下のとおり接続事業者に求償できる。

⑴　当該損害が専ら接続事業者の責めに帰すべき事由によるものであることを銀

行が疎明したときは，銀行が利用者に賠償又は補償した損害を接続事業者に求償することができる。

(2) 当該損害が銀行及び接続事業者双方の責めに帰すべき事由によるものであることを銀行が疎明したときは，接続事業者に対し双方の責めに帰すべき事由の大きさを考慮して，誠実に協議の上接続事業者と合意した額を求償することができる。

(3) 当該損害が，銀行又は接続事業者のいずれの責めにも帰すことができない事由により生じたとき，又はいずれの責めに帰すべき事由により生じたかが明らかではないときは，銀行及び接続事業者は，当該損害に係る負担について，誠実に協議を行う。

　本API連携では，銀行のAPIを利用して接続事業者が利用者に対してサービス提供をしているところ，銀行法52条の61の10第2項第1号では，電子決済等代行業者が銀行との間で締結する契約において，電子決済等代行業の業務に関し利用者に損害が生じた場合における当該損害についての銀行と電子決済等代行業者との賠償責任の分担に関する事項を定める旨規定されている。本条文例では次のように責任分担が行われることが想定されている。

　本サービスに関して利用者に損害が生じた場合には，本サービスの主体である接続事業者が一次的な賠償又は補償を行う。ただし書では，APIを利用した預金等の不正な払戻しについては，一般社団法人全国銀行協会が公表しているインターネットバンキングにおける預金等の不正な払戻しに関する申し合わせにおける補償の考え方を踏まえて補償を行うこととされている。契約の対象を参照系APIに限定する場合には第1項ただし書を削除することが考えられる。

　本サービスに関して生じた損害であるかどうかについては，具体的な事由によって判断される。例えば，本サービスが利用者の委託により送金の指図を銀行に伝達することを役務として提供するものであり，本銀行機能が当該送金の指図に基づいて送金の処理を行うことであった場合において，送金の指図の伝達の過程で誤りが生じた場合は，本サービスに関して生じた損害と考えられる。一方で，送金の指図の銀行への伝達は正しく行われたが，銀行が伝達された指図の内容と異なる内容の送金の処理を行ったことにより利用者に損害が生じた場合，当該損害は本サービスに関して生じたものではなく，本銀行機能に関して生じたものと考えられ，これに関して利用者に生じた損害は，接続事業者が

補償するのではなく，銀行が補償することが想定される。

　第1項では，一次的に接続事業者が利用者に生じた損害の賠償又は補償を行うことが規定されたうえで，第2項及び第3項において当該損害の分担を行うことが規定されている。なお，第2項及び第3項で求償の対象となるのは利用者に生じた相当因果関係の範囲内の損害である。したがって，接続事業者が上記損害額の範囲を超えて利用者に支払った部分は求償の対象とはならない。

　第2項では，一次的な賠償又は補償は接続事業者が行ったものの，利用者の損害の発生が銀行の責めに帰すべき事由による場合には接続事業者が銀行に求償できることを定めている。上記のとおり，求償の対象となるのは利用者に生じた相当因果関係の範囲内の損害である。第3項では，銀行と接続事業者のいずれの責めにも帰すことのできない事由により生じた利用者の損害については，誠実に協議して負担割合を決定することとされている。第4項では，利用者に生じた損害について銀行が一次的に補償する場合に，第2項及び第3項と同様の要件の下で，銀行が接続事業者に求償できるとされている。ただし，本サービスに関しては一次的には接続事業者が対応することになるため，銀行が本サービスに関して利用者に生じた損害について補償又は賠償できるのは，やむを得ない事由がある場合とされている。やむを得ない事由としては，第1項によって接続事業者が利用者に賠償又は補償を行う必要があるのに賠償又は補償を行えず銀行が補償を行った場合が考えられる。

　なお，本条はあくまでも，接続事業者又は銀行が利用者に対して賠償又は補償を行った場合の内部的な責任分担を定めた条項である。かかる責任分担の条項があるからといって，銀行や接続事業者が利用者に対して責任を負担する直接の根拠となるわけではない。あくまでも利用者との関係で，銀行又は接続事業者が責任を負うか否かについては，接続事業者と利用者との本サービスの利用規約や，銀行と利用者との間の本API利用規定に定めるところにより解されるものと考えられる。

第11条　モニタリング・監督

　銀行は，接続事業者のセキュリティ，利用者保護，本サービスの提供又は経営状況が銀行の定める基準を満たしていない可能性があると客観的かつ合理的な事由により判断する場合，接続事業者に対し，セキュリティ，利用者保護，本サー

ビスの状況及び経営状況について，報告及び資料提出を求めることができるもの
とし，接続事業者は実務上可能な範囲内で速やかにこれに応じるものとする。

2　銀行は，接続事業者のセキュリティ，利用者保護，本サービスの提供又は経営
状況が銀行の定める基準を満たしていない可能性があると客観的かつ合理的な事
由により判断する場合，接続事業者の同意を得て，自ら又は銀行が指定する者に
よる立入り監査を実施することができ，接続事業者は，拒絶する客観的かつ合理
的な事由がない限り同意するものとし，実務上可能な範囲内でこれに協力するも
のとする。

3　銀行は，前二項の結果，必要があると客観的かつ合理的な事由により判断する
ときは，接続事業者に改善を求めることができるものとし，合理的な期間内に改
善が十分になされていないと客観的かつ合理的な事由により判断するときは［○
日前までに接続事業者に通知の上で］本 API 連携を制限又は停止することができ
るものとする。

　銀行法上必要とされる措置を講じるために，銀行が接続事業者から報告・資
料提出や一定の場合に立入り監査等を求めることができるとし，接続事業者は
これに協力することが必要とされた規定である。

第 12 条　免責
　　両当事者は，天災，労働紛争，停電，通信インフラの故障，公共サービスの停
止，自然現象，暴動，政府の行為，テロ，戦争その他の不可抗力により相手方に
生じた損害について責任を負わない。

2　本 API に関する免責事項については本 API 仕様書で定めるものとする。また，
銀行は，通信機器，回線，インターネット，コンピュータ，ソフトウェア等の障
害，メンテナンス，セキュリティ改善のために本 API の提供ができないことにつ
いて，銀行の責めに帰すべき事由がない限り，責任を負わない。

3　銀行は，接続事業者に対し，別途接続事業者と合意する場合を除き，本サービ
ス及び本 API 連携のための技術支援，保守，機能改善等の役務を提供する義務を
負わない。

4　接続事業者は，第 3 条第 2 項に基づく本 API 仕様書に定める銀行の免責事項の
変更について，銀行から通知を受けてから○営業日以内に限り異議を述べること
ができるものとし，接続事業者が異議を述べた場合には，銀行と接続事業者は誠
実に協議するものとする。

　本条は，本 API に関して双方の免責事項を定めるものである。なお，免責の

238　　　**第 3 章**　消費貸借等

範囲は本 API の内容，対価の有無等によって異なるものであり，実際には利用
契約ないしは仕様書によって詳細が規定されることが想定されている。

第 13 条　連鎖接続先

　　接続事業者は，連鎖接続先の名称，連鎖接続の内容，開始時期その他予め両当
　事者が合意した事項を銀行に［事前に］通知することにより，連鎖接続を行うこ
　とができる。接続事業者は，連鎖接続先，連鎖接続の内容その他予め両当事者が
　合意した事項に変更があるときは，銀行に［事前に］通知する。
2　接続事業者は，連鎖接続を新たに開始し，又は連鎖接続先若しくは連鎖接続の
　内容に［重要な］変更があるときは，これにより影響を受ける利用者の同意を得
　るものとする。
3　接続事業者は，全部又は一部の連鎖接続先に係る連鎖接続を停止又は終了した
　ときは銀行に［速やかに］通知する。
4　接続事業者は，連鎖接続先に対し，本契約第 7 条，第 8 条，第 9 条，第 10 条，
　第 11 条，本条，第 14 条，第 16 条，第 17 条及び第 18 条における接続事業者と同
　等の義務を負わせ，連鎖接続先の費用と責任においてこれを遵守させる。
5　接続事業者は，連鎖接続先に対し，当該連鎖接続先のセキュリティ，利用者保
　護，利用者情報の適正な取扱い及び安全管理のために，連鎖接続先との間で連鎖
　接続の方法及び内容に関して契約を締結し，必要に応じて報告を求め，指導又は
　改善を行うものとする。銀行は，連鎖接続先に前項の義務の不履行があり，又は，
　接続事業者が連鎖接続先に対するかかる指導若しくは改善を適切に行っていない
　と客観的かつ合理的な事由により判断するときは，接続事業者に当該連鎖接続先
　との連鎖接続の停止を求めることができるものとし，又は接続事業者が相当期間
　内に当該連鎖接続先との連鎖接続を停止しない場合に本 API 連携を制限若しくは
　停止することができるものとする。銀行は，連鎖接続の停止を求める場合に可能
　な範囲でその理由を接続事業者に説明する［よう努める］ものとする。
6　接続事業者は，連鎖接続先が本条第 4 項に基づいて負う義務の不履行について，
　連鎖接続先と連帯して責任を負う。
7　接続事業者は，連鎖接続先のサービスを利用する者に生じた損害について連鎖
　接続先とともに責任を負うものとし，銀行は，銀行の責めに帰すべき事由がある
　場合を除き，連鎖接続先又は連鎖接続先のサービスを利用する者に生じた損害に
　ついて責任を負わないものとする。

　連鎖接続先とは，第 2 条(18)で規定されているとおり，銀行法施行規則 34 条の
64 の 9 第 3 項に規定する電子決済等代行業再委託者を指し，接続事業者からみ

11　銀行代理業と電子決済等代行業

て直接の接続先のみならず，二段階以上の接続先を含む。

　連鎖接続先の取扱いについては，接続事業者の責任において，本サービスの内容や接続事業者の管理体制等に照らして，事前に連鎖接続先それぞれについてその管理体制が十分であるか等を確認する必要があるが，連鎖接続の開始や連鎖接続先の追加に銀行の事前承諾を必要とすべき場合もあり得るため，一定の手順と責任の内容を定めた規定である。連鎖接続先においても，接続事業者におけるのと同等の利用者保護やセキュリティが確保されるようにするため，接続事業者が連鎖接続先に同等の義務を負わせることが規定されている。

　第6項において接続事業者が連鎖接続先と連帯して責任を負うこととされているが，最終的な負担関係を接続事業者と連鎖接続先が合意することを禁止するものではない。また，第7項において接続事業者が連鎖接続先のサービスを利用する者に生じた損害について連鎖接続先とともに責任を負うこととされていることとあわせて，第10条においても，連鎖接続先の責めに帰すべき事由は接続事業者の責めに帰すべき事由になるものと解説されている。

第14条　禁止行為　第1項

　接続事業者は，以下の各号の行為を行ってはならず，接続事業者の委託先が行わないように必要な措置を講じるものとする。

　(1)　本API又は本APIを経由してアクセスする銀行のシステム若しくはプログラムの全部又は一部（以下，これらの内容に関する情報を含み，「銀行のシステム等」という。）を，複製若しくは改変し，又は逆コンパイル，逆アセンブル等のリバースエンジニアリングすること

　(2)　銀行のシステム等を第三者に使用許諾，販売，貸与，譲渡，開示又はリースすること

　(3)　銀行のシステム等に付されている銀行の著作権表示及びその他の権利表示を削除し，又は改変すること

　(4)　銀行，銀行の提携先，接続事業者以外の本APIの使用許諾先その他の第三者の知的所有権を侵害し，これらの者の財産・信用・名誉等を毀損し，プライバシー権，肖像権その他の権利を侵害すること

　(5)　動作確認，接続試験以外の目的で検証環境に接続すること

　(6)　必要な銀行の検査に合格することなく，本API連携を実施すること

　(7)　銀行の事前の同意を得ることなく銀行の商標，社名及びロゴマーク等を使用する行為

⑻　本 API 及びその派生物を銀行から許諾を受けた目的外で使用する行為

⑼　インターネットアクセスポイントを不明にする行為

⑽　銀行法その他各種法令，又は本サービス若しくは本 API 連携に関する諸規則に抵触する行為

⑾　銀行のシステム等の負荷を著しく増加させる行為

⑿　本 API に対する第三者のアクセスを妨害する行為

⒀　トークン等を第三者へ開示若しくは漏洩し，又はかかるリスクを高める行為

⒁　公序良俗に反し，他人に著しい不快感を与え，又は銀行の風評リスクを高めるおそれのある行為

⒂　銀行の運営するサイト，サーバー，銀行のシステム等に関し，コンピュータウィルスを感染させ，ハッキング，改ざん，若しくはその他の不正アクセスを行う等，銀行のシステム等の安全性を低下させる行為

⒃　前各号に類する行為

第 14 条　禁止行為　第 2 項

2　銀行は，以下の各号の行為を行ってはならず，銀行の委託先が行わないように必要な措置を講じるものとする。

⑴　接続事業者，接続事業者の提携先その他の第三者の知的所有権を侵害し，これらの者の財産・信用・名誉等を毀損し，プライバシー権，肖像権その他の権利を侵害すること

⑵　接続事業者の事前の同意を得ることなく接続事業者の商標，社名およびロゴマーク等を使用する行為

⑶　銀行法その他各種法令又は本 API 連携に関する諸規則に抵触する行為

⑷　公序良俗に反し，他人に著しい不快感を与え，又は接続事業者の風評リスクを高めるおそれのある行為

⑸　接続事業者の運営するサイト，サーバー，接続事業者のシステム等に関し，コンピュータウィルスを感染させ，ハッキング，改ざん，若しくはその他の不正アクセスを行う等，接続事業者のシステム等の安全性を低下させる行為

⑹　本契約に定める場合又は合理的な理由がある場合を除き，接続事業者による本 API の使用を遮断し，制限する行為

⑺　前各号に類する行為

　本条は銀行と接続事業者それぞれについて，禁止行為を定めた規定である。かかる禁止行為に違反した場合には，第 20 条に基づき，本 API 利用契約の解

除権が発生することとなる。

第 15 条　使用停止

　　銀行は，以下の各号のいずれかにより本 API の一部又は全部を停止することができる。

　(1)　定期的な保守のために必要な停止期間を事前に明確に定めて接続事業者に通知すること

　(2)　(1)以外に緊急のセキュリティ対策のために必要な臨時の停止期間を定めて接続事業者に通知すること

2　銀行は，前項第 2 号により本 API の一部又は全部を停止しようとするときは，接続事業者に［相当な期間の事前の／停止期間開始の〇営業日前までに］通知を行う。但し，緊急のセキュリティ対策を行う場合でやむをえない事由があるときは，事前又は事後速やかに接続事業者に通知を行う。

3　銀行及び銀行から通知を受けた接続事業者は，本 API の一部又は全部の停止について利用者への周知を行う。第 7 条第 1 項，第 2 項若しくは第 5 項，第 8 条第 2 項，第 11 条第 3 項に基づき，本 API 連携が停止又は制限されるときも同様とする。

　本条は，一定の事由が発生した場合には，銀行が本 API の一部又は全部を停止することができる旨を定めた規定である。本条は銀行の提供する役務の範囲を画するものであり，これらの事由が発生した場合は，銀行は本 API の提供を行う義務を負わないと解される。銀行が本 API の一部又は全部の停止をしようとするときは，接続事業者のサービスに与える影響が大きいことから，相当期間前の通知を行うことを原則としつつも，緊急やむを得ない事由があるときは，事前又は事後の通知で足りることとされている。

第 16 条　秘密保持義務・機密保持義務

　　銀行及び接続事業者は，本契約を通じて知り得た相手方の情報（［秘密情報であることを明示したものに限る。］以下「秘密情報」という。）を，本契約の有効期間中及び本契約終了後も厳に秘密として保持し，相手方の事前の書面等による承諾なしに第三者に開示，提供，漏洩し，又は本契約の履行以外の目的に使用してはならない。但し，利用者情報については，第 3 条，第 13 条及び第 17 条によって扱うものとする。

2　前項の規定にかかわらず，以下の各号の一に該当する情報は，個人情報にあた

るものを除き，秘密情報にあたらないものとする。

(1) 開示の時点で既に被開示者が保有していた情報

(2) 秘密情報によらず被開示者が独自に生成した情報

(3) 開示の時点で公知の情報

(4) 開示後に被開示者の責めに帰すべき事由によらずに公知となった情報

(5) 開示される以前から被開示者が適法に保有していた情報

3　秘密情報を受領した当事者（以下「受領者」という。）は，自己の従業者といえども本契約履行のために秘密情報を知る必要がある者に対してのみこれを開示するものとし，開示を受けた従業者が秘密情報を本契約履行以外の目的に利用し，第三者に開示，提供又は漏洩しないよう厳重に指導及び監督しなければならない。なお，受領者は，本契約における自己の義務と同等の義務を従業者に課すものとする。

4　第1項にかかわらず，受領者は，次の各号に定める場合には，秘密情報を第三者に開示又は提供できる（以下，開示又は提供を許諾された第三者を「第三受領者」という。）ものとする。但し，開示する秘密情報は，本契約履行のために客観的かつ合理的に必要な範囲の秘密情報に限る。また，受領者は，本契約における自己の義務と同等の義務を第三受領者に課すものとし，かつ，第三受領者の責めに帰すべき事由により生じた開示者の損害を賠償する責任を負うものとする。

(1) 開示者の事前の書面等による承諾がある場合

(2) 弁護士，会計士等の法律上秘密保持義務を負う外部の専門家に提供又は開示する場合

5　受領者は，法令による場合，裁判所若しくは政府機関その他公的機関による命令，要求若しくは要請がある場合，又は［証券取引所，自主規制機関若しくは海外の類似の機関／証券取引所若しくは自主規制機関］の規則による場合は，これらに従うために必要な限りにおいて，秘密情報を開示することができる。但し，この場合，開示を行った受領者は，法令等に反しない範囲で，開示した旨及び開示内容を速やかに相手方に通知するものとする。

　本条は，本API利用規約の当事者間で受領した秘密情報について相互に守秘義務を負う旨が定められた規定である。

　これに対し，接続事業者が本API連携によって取得した利用者情報については，第17条によって規律されることとなり，利用者情報は本条の守秘義務の対象にならず，本APIの仕様や銀行システムに関する情報等が本条の守秘義務の対象になると解説されている。

11　銀行代理業と電子決済等代行業

第17条　データの取扱い
　　接続事業者は，利用者情報を，個人情報保護法その他の法令，ガイドライン等を遵守し，かつ本サービスの利用規約に従って取り扱うものとする。
2　接続事業者は，利用者情報を本サービスのためにのみ使用するものとし，本APIによる銀行への指図（指図の内容のみを含む。）の伝達は本サービスの遂行過程のみで行うものとする。
3　接続事業者は，本サービスに新たなサービスを追加し又は本サービスを変更しようとするときは，銀行に対して事前に通知を行うものとする。銀行は，当該通知を受けてから〇営業日の期間内に限り，接続事業者に対して異議を述べることができるものとする。銀行が当該期間内に異議を述べなかった場合には，当該通知に従って，新たなサービスが本サービスに追加され，又は本サービスが変更されるものとする。銀行が当該期間内に異議を述べた場合には，銀行と接続事業者は，新たなサービスの追加又は本サービスの変更について誠実に協議するものとし，両当事者の合意が成立した場合には，当該合意に従って，新たなサービスが本サービスに追加され，又は本サービスが変更されるものとする。銀行は，本サービスの追加又は変更に同意しない場合，可能な範囲でその理由を接続事業者に説明する［よう努める］ものとする。

　第1項は，銀行から接続事業者がデータを取得した場合に，利用者情報の管理責任は，接続事業者が負うものであることが確認的に規定されたものである。利用者情報が利用者の情報であることを前提にしつつも，銀行による顧客（情報）保護の観点から，銀行と接続事業者の間での合意事項とすることにより，仮に本項の違反があった場合にAPI接続の停止等の措置を講じることができるようにするために規定されたものと解説されている。

　第2項については，接続事業者が銀行から本APIによって取得した利用者情報は本サービスのためにのみ使用することができ，目的外利用が禁止されること，本APIによる銀行への指図の伝達は本サービスの遂行過程のみで行うことが定められた規定である。かかる規定によれば，仮に利用者が接続事業者における利用者情報の利用範囲の拡大（利用目的の追加），ひいては，接続事業者が本サービス以外で第三者に提供することについて同意をしたとしても，銀行から取得した利用者情報を本サービス外で使用することは，銀行との間で合意された本API利用契約に違反することになるため，第2条第14号及び別紙で規定

される「本サービス」の範囲がどの範囲のものとして特定されているかが重要となると考えられる。

　一方で，最初に合意された本サービスの範囲でしか利用者情報を使用できないという場合には，接続事業者の事業活動に支障が生じる可能性もあることから，本サービスの追加又は変更の手続が，あらかじめ第3項において定められている。自動的に本サービスの追加又は変更が行われることを回避するためには，本規定の枠組みに従って異議を述べるか，あるいは事前承諾等を求めるなどの条項の変更を行うことが考えられる。

第18条　反社会的勢力の排除

　　銀行及び接続事業者は，現在，暴力団，暴力団員，暴力団員でなくなった時から5年を経過しない者，暴力団準構成員，暴力団関係企業，総会屋等，社会運動等標ぼうゴロまたは特殊知能暴力集団等，その他これらに準ずる者（以下これらを「暴力団員等」という。）に該当しないこと，および次の各号のいずれにも該当しないことを表明し，かつ将来にわたっても該当しないことを確約する。

(1)　暴力団員等が経営を支配していると認められる関係を有すること

(2)　暴力団員等が経営に実質的に関与していると認められる関係を有すること

(3)　自己，自社もしくは第三者の不正の利益を図る目的または第三者に損害を加える目的をもってするなど，不当に暴力団員等を利用していると認められる関係を有すること

(4)　暴力団員等に対して資金等を提供し，または便宜を供与するなどの関与をしていると認められる関係を有すること

(5)　役員または経営に実質的に関与している者が暴力団員等と社会的に非難されるべき関係を有すること

2　銀行及び接続事業者は，自らまたは第三者を利用して次の各号の一にでも該当する行為を行わない。

(1)　暴力的な要求行為

(2)　法的な責任を超えた不当な要求行為

(3)　取引に関して，脅迫的な言動をし，または暴力を用いる行為

(4)　風説を流布し，偽計を用いまたは威力を用いて相手方の信用を毀損し，または相手方の業務を妨害する行為

(5)　その他前各号に準ずる行為

3　銀行及び接続事業者（以下，本条において「解除当事者」という。）は，相手方（以下，本条において「違反当事者」という。）が暴力団員等若しくは第1項各号

のいずれかに該当し，若しくは前項各号のいずれかに該当する行為をし，または第1項の規定にもとづく表明・確約に関して虚偽の申告をしたことが判明した場合，何らの催告をすることなく本契約を解除することができる。

4　前項の規定の適用により違反当事者に損害が生じた場合にも，違反当事者は解除当事者に何らの請求もできない。

　本条は，反社会的勢力の排除が定められた規定である。

第 18 条の 2　経済制裁への対応

　　銀行及び接続事業者は，国際連合，日本政府又は外国政府のいずれかによって経済制裁の対象とされている者（指定されている場合に限られず，支配関係，所在国等により対象となる場合を含む。以下，「経済制裁対象者」という。）ではないことを表明し，かつ将来にわたっても該当しないことを確約する。

2　銀行及び接続事業者（以下，本条において「解除当事者」という。）は，相手方（以下，本条において「違反当事者」という。）が経済制裁対象者に該当し，または前項の規定にもとづく表明に関して虚偽の申告をしたことが判明した場合，何らの催告をすることなく本契約を解除することができる。

3　前項の規定の適用により違反当事者に損害が生じた場合にも，違反当事者は解除当事者に何らの請求もできない。

　本条は，双方が経済制裁対象者でないことの表明を行うこと，該当した場合には無催告解除ができることが定められた規定である。

第 19 条　有効期間

　　本契約は，締結日から○年間効力を有するものとし，期間満了○か月前までに銀行及び接続事業者のいずれからも相手方に対して本契約を終了する旨の書面による通知がなされない場合には，さらに○年間延長するものとし，以後も同様とする。

2　本契約が事由を問わず終了した後も，第 10 条，第 11 条第 1 項（セキュリティ及び利用者保護に関する事項に限る。），第 16 条，第 17 条第 2 項，本条，第 21 条，第 22 条，第 23 条及び第 24 条の効力は存続するものとする。

　本条は，有効期間及び自動更新の手続が定められた規定である。契約終了時の効力存続条項については，本 API の使用が終了したとしても，接続事業者において本 API で取得したデータの利用が続くため，必要な条項については効力

が存続することの確認規定が設けられている。存続する必要がある条項については，利用するデータの内容や状況に応じて，一定の条項について存続期間を設けたり，対象の条項のうち一部を適用対象外としたりすることも考えられると解説されている。

第20条　解約・解除

　　銀行及び接続事業者は，相手方に対し〇か月前に書面により通知することにより，本契約を解約することができる。

2　接続事業者が次の各号の一つでも該当する場合には，本契約は直ちに終了するものとする。

(1)　電子決済等代行業者の登録が取り消された場合

(2)　破産手続の開始決定があった場合

3　銀行は，接続事業者が次の各号の一つでも該当する場合には，催告を要することなく，本API連携を停止し，又は本契約を解除することができるものとする。但し，接続事業者が業務改善命令を受けて第2号に該当する事由が発生したものの，銀行による当該事由に基づく解除がなされる前において，接続事業者が，業務改善計画を監督官庁等に提出し受理されたことを，書面等により銀行に通知した場合は，接続事業者が当該業務改善計画に沿って業務を継続していると認められる限り，銀行は当該事由のみを理由とする解除をすることはできないものとする。

(1)　本契約について重大な違反があった場合

(2)　本サービスに関する業務停止命令又は業務改善命令等の処分を監督官庁等から受けた場合

(3)　所有する財産について，第三者から仮差押，仮処分，保全差押若しくは差押の命令，通知が発送されたとき，又はその他の強制執行の申立を受けた場合

(4)　支払停止の状態になった場合，又は手形交換所若しくは電子債権記録機関の取引停止処分を受けた場合

(5)　破産，民事再生，会社更生，特別清算等の法的整理手続若しくは私的な整理手続の開始の申立を行った場合，又はこれらについての申立を受けた場合

4　銀行は，接続事業者が次の各号の一つでも該当する場合には，相当の期間を定めて催告の上，本API連携を停止し，又は本契約を解除することができるものとする。

(1)　本契約について違反があった場合

(2)　解散，［合併，］会社分割，事業の全部または重要な一部の譲渡を決定した場

合［(但し，本サービスに係る事業が対象とならない［合併，］会社分割若しく
は事業の譲渡又は本サービスに係る事業の全てが銀行の定める基準を満たす第
三者に承継される［合併，］会社分割若しくは事業の譲渡を除く。)］

(3)　接続事業者の業務の健全かつ適切な運営が確保されていないおそれがあると
銀行が客観的かつ合理的な事由により認めた場合，利用者の利益を害するおそ
れがあると銀行が客観的かつ合理的な事由により認めた場合，又は利用者の保
護を図る必要がある場合

(4)　前各号のほか，本契約上の義務の履行に重大な悪影響を及ぼす事由が発生し
た場合，または本契約を存続させることが不適当と認められる重大な事由があ
るとき。

5　前三項の規定の適用により接続事業者に損害が生じた場合であっても，銀行は
一切の責任を負わないものとする。

　本条は，契約当事者からの申出により解約ができる旨，本 API 利用契約の契
約当事者にあらかじめ定める一定の事由が発生した場合に，無催告解除又は相
当期間を定めて催告のうえでの解除・解約ができる旨が定められた規定である。

第 21 条　契約終了時の措置

　理由の如何を問わず本契約が終了した場合，接続事業者は，本 API 及びその派生
物並びにこれらに関連する資料（これらの仕様書，複製物を含むが，利用者情報は
除く。）の全てを消去及び破棄するものとする。但し，接続事業者は，法令により保
管が義務づけられている情報を法令で定められた期間保管することができる。

第 22 条　権利義務等の譲渡禁止

　銀行及び接続事業者は，相手方の事前の書面等による承諾のない限り，本契約上
の地位及び本契約によって生じる権利義務の全部もしくは一部を第三者に譲渡し，
［承継し，］又は担保に供してはならない。［但し，銀行は本銀行機能に係る事業の全
部又は一部を第三者に譲渡し又は承継させる場合に本契約上の地位及び本契約に
よって生じる権利義務の全部を［接続事業者に通知した上で］譲渡又は承継の対象
とすることができ，接続事業者は本サービスに係る事業の全部又は一部を銀行の定
める基準を満たす第三者に譲渡し又は承継させる場合に本契約上の地位及び本契約
によって生じる権利義務の全部を［銀行に通知した上で］譲渡又は承継の対象とす
ることができる。］

第 23 条　準拠法及び管轄

　本契約は，日本法に準拠し，日本法に従って解釈される。

2　本契約に関する一切の紛争については，○裁判所を第一審の専属的合意管轄裁判所とする。

第 24 条　誠実協議

　本契約に定めのない事項又は本契約の解釈に疑義が生じた場合には，銀行及び接続事業者が誠実に協議し，その解決に努める。

　第 21 条から第 24 条は一般条項である。

3　API 利用規定

　銀行 API を利用した接続事業者のサービスを受けようとする顧客と銀行との間では，約款等を設けずに画面表示で必要な事項を認識可能な状態として同意を行わせるものもあれば，インターネットバンキング等に関する利用規定の上乗せとして API 利用規定を設ける場合もあり，その内容も銀行によって様々である。銀行 API が利用される場合，もともと顧客と銀行との間で，預金口座が開設され，銀行取引に関する合意がなされていることが前提となるが，こうしたサービスが API を経由して接続事業者のサービスと一体的に提供されるため，かかる場面に対応した規定が必要となる。API 利用規定では，例えば下記のような条項を設けることが考えられる。

第 1 条（API サービス）

1．下表に定めるお客さまは，接続事業者との間で契約を締結することにより，接続事業者が提供するサービスを通じて下表に定める API を利用することができます（以下「API サービス」といいます。）。お客さまが契約を締結する接続事業者によって下表の機能のうち一部を利用できないことがあります。

API	利用可能なお客さま	機能
参照系 API	法人及び個人のお客さま	残高照会，入出金明細照会，振込振替・総合振込・給与賞与振込依頼データ状況取得
更新系 API	法人のお客さま	振込振替，総合振込，給与・賞与振込

11　銀行代理業と電子決済等代行業

２．お客さまが API サービスを利用するにあたり，接続事業者と契約することが必要となります。接続事業者との契約はお客さまご自身の責任において行うものとします。

３．API サービスを利用した当行のサービスには，当行が定める普通預金規定等の関係する各規定が適用されます。

　本条は，銀行が利用者に対して提供する API サービスの内容を示す規定である。もっとも，利用者は単体で API サービスを利用することができるわけではなく，あくまでも接続事業者とそのサービスに関して契約することが必要であり，接続事業者との契約は利用者の責任において行うことが規定されている。また，API サービスを経由して提供されるサービスは銀行のサービスであって，銀行が定める普通預金規定等の関係規定が適用されることが確認的に規定されている。

第 2 条（利用手数料）
　［お客さまには当行が別途定める API サービスに係る利用手数料を負担いただくことがあります。／ API サービスの利用にあたっては，追加料金は発生しません。］なお，接続事業者が提供するサービスを利用するにあたっては，接続事業者に対して料金の支払いが必要になる場合があります。

　API サービスの利用手数料に関しては，特に利用者に負担を求めないケースが多いと考えられるが，仮に手数料の支払が必要となる場合には利用者との間で合意が必要である。なお，接続事業者と利用者との間のサービスにかかる料金については，銀行と利用者との間の本 API 利用規定の枠外である。

第 3 条（API サービスの利用）
１．API サービスの利用開始にあたっては，接続事業者が提供するサービス経由で当行のインターネットバンキング利用規定に定める本人確認を受け，接続事業者ごとに利用登録を行う必要があります。［また，ご利用から一定期間を超えた場合には，再度本人確認及び利用登録を行う必要がある場合があります。］

２．前項の利用登録完了後は，接続事業者経由で連携されたサービスの認証情報をもって本人確認を行うこととし，当行は当該本人確認をもって，お客さまの情報を接続事業者と連携することについて，お客さまの指示があったものとみなします。

３．前二項の方法による本人確認を行ったうえで取引をした場合，接続事業者経由で連携されたサービスの認証情報につき不正使用その他の事故があっても当行は当該取引を有効なものとして取り扱うものとし，万一これによってお客さまに損害が生じた場合でも，当行の責めに帰すべき事由がある場合を除き当行は責任を負いません。

４．接続事業者が提供するサービスの認証情報は，お客さまの責任で厳重に管理し，他人に知らせず，紛失・盗難に遭わないよう十分注意するものとします。

５．お客さまは，接続事業者のサービス経由で API サービスをご利用いただく場合，当該接続事業者のセキュリティレベルでのご利用となることを了承します。

６．API サービスの利用にあたり，以下の各号に該当する事象が発生した場合は，当行は，接続事業者と連携して情報収集にあたるため，必要に応じ，口座情報およびその他のお客さまの情報を接続事業者に対し開示することができるものとします。

①　お客さまの情報が流出・漏洩した場合，またはそのおそれがある場合

②　不正利用が発生した場合，またはそのおそれがある場合

７．当行が接続事業者に開示した情報は，接続事業者によって管理されるものとし，接続事業者による管理不十分，使用上の過誤，不正使用等により発生した損害または損失について当行は責任を負いません。

８．API サービスの利用には，以下に該当する事象によってお客さまに損害が生じるリスクがあります。お客さまは，かかるリスクを十分に理解し，同意したうえで，API サービスを利用するものとします。

①　接続事業者の提供するサービスの利用に必要となるトークン等が流出，漏洩しもしくは偽造され，接続事業者もしくは当行のシステムが不正にアクセスされ，または接続事業者のシステム障害等により，お客さまの情報の流出等が生じる場合

②　接続事業者の責めに帰すべき事由（内部役職員の不正行為，システム管理の不備，お客さま保護態勢の不備等を含みますが，これらに限られません。）により接続事業者のサービス機能停止やお客さま情報の流出等が生じる場合

　本条は，銀行が API サービスを利用するうえでの所定の手続及びリスクを説明し，利用者の同意を求める規定である。オープン API によって銀行サービスを接続事業者のサービスの一部で利用可能となり，利用者利便に適うものと考えられるが，一方で銀行ではない接続事業者が銀行サービスを自身のサービスとあわせてサービス提供を行い，利用者に代わってトークンやデータを保持す

ることとなるため，利用者がこうした仕組みを理解したうえで利用者の自己責任において利用されるべきことが必要である。

第2項は，接続事業者経由で連携されたサービスの認証情報をもって本人確認を行うこととし，銀行は当該本人確認をもって，利用者の情報を接続事業者と連携することについて，利用者の指示があったものとみなすことが規定されている。第3項では，接続事業者経由で連携されたサービスの認証情報につき不正使用その他の事故があっても，銀行としては免責される旨が規定されている。所定の手続を経て認証が行われ，API連携があった場合には，仮に万が一利用者の意思に基づかないものであったとしても，特段の事情がない限り，銀行は免責を受けることとなると考えられる。

また，第6項及び第7項は，情報流出・漏えい，不正使用等，又はそれらのおそれが発生した場合には，銀行の顧客である利用者の情報を接続事業者に開示でき，開示された情報の管理責任を接続事業者が負担することが定められている。

第8項では，API連携を行った場合に一般に想定されるリスクを踏まえて，銀行の免責を定めた規定である。

第4条（APIサービスの変更・取止め申込み）
1．APIサービスの変更・取止めの申込みをされるお客さまは，お客さまがご契約された接続事業者が定める所定の方法により申し込むものとします。
2．当行は，変更・取止めのためにお客さまに発生した損害について責任を負うものではありません。

本条は，利用者が，APIサービスの変更・取止めの申込みを行う場合の手順が規定されたものである。

第5条（提供情報）
　APIサービスで提供される情報は，お客さまの照会操作時点で当行のシステム上提供可能なものに限られ，必ずしも最新の情報あるいはすべての情報を反映したものとは限りません。

本条は，APIサービスで提供される情報は提供可能な情報に限られ，最新の情報あるいはすべての情報が反映されるものではない旨の留保を行う規定であ

る。

第6条（免責事項）

1. 当行は，APIサービスに関し，APIを用いて接続事業者が提供するサービスとの一部機能との連携が常時適切に行われること，お客さまの利用目的に適合すること，連携結果が正確性，適格性，信頼性，適時性を有すること，接続事業者のシステム管理態勢その他のセキュリティレベル，顧客保護態勢，信用性等が十分であること，第三者の権利を侵害していないことの保証を行うものではありません。
2. 接続事業者の提供するサービスについては，接続事業者がお客さまとの間で締結した当該サービスに関する利用規約に従い，接続事業者が責任を負います。当行は，あらかじめ定めた当行と接続事業者との間の責任分担の規定に従い接続事業者から求償を受ける場合を除き責任を負いません。
3. APIサービスに関する技術上の理由，当行の業務上の理由，セキュリティ，保守その他の理由により，お客さまに事前に通知することなく，APIサービスの全部または一部が一時的に制限，停止されることがあります。

　接続事業者の提供するサービスに万一問題が生じた場合には，利用者と接続事業者との間の利用規約によって規律されることとなり，利用者に対しては接続事業者が一次的な責任を負うこととなると解される。銀行はAPI利用契約によって求償を受けて責任分担を行う場合を除いては，責任を負わないことが明記された規定である。ただし，かかる免責規定があるとしても，銀行に何らかの落ち度があるような場合には，民法や消費者契約法の定めに従って損害賠償責任を負う可能性があるため，留意が必要である。

第7条（サービス内容又は規定の変更）

　当行はAPIサービス又は本規定の内容を変更する場合，当行のホームページに表示し，変更日以降は変更後の規定により取り扱うものとします。

第8条（サービスの休止）

　当行は，システムの定期的な保守点検，安全性の維持・向上，その他必要な事由がある場合は，APIサービスを休止することができるものとします。また，この休止の時期・内容等に関するお客さまへの告知については，当行定める方法によることとします。

11　銀行代理業と電子決済等代行業

第 9 条（サービスの廃止）

　当行は，API サービス全部又は一部について，お客さまに通知することなく廃止する場合があります。また，サービス廃止時には，本規定を変更する場合があります。

第 10 条（関係規定の適用・準用）

　本規定に定めのない事項については，普通預金規定等関係する各規定により取り扱います。また，これらの規定と本規定との間に齟齬がある場合には，本サービスに関しては本規定を優先して適用するものとします。

　第 7 条から第 10 条は一般条項である。あくまでも API サービスは銀行サービスを接続事業者に連携するものであることから，銀行サービスに関して適用される関係規定はそのまま適用されることが確認されている。

12 デリバティブ契約

谷　本　大　輔
島　田　充　生

I　はじめに

1　「デリバティブ契約」とは

　デリバティブ（Derivative）とは，金利・為替・株式等を原資産として，これらを一定の取決めで受け渡したり，インデックス（指標）として利用する取引の総称と定義される。代表的なものとしては，①将来の一定の期日に，一定の金融資産を特定の価格で受渡しする，又は差金で決済することを前もって約定する先物（フューチャー）・先渡（フォワード）取引，②あらかじめ定めた算式に基づいて，将来のキャッシュ・フローを交換するスワップ取引，③金利・為替等の金融資産やその先物取引を一定の価格で，将来のある期日（までの間）に買う，又は売る権利を売買するオプション取引などがある。その他，一定金額の証拠金を預託し，株式，株価指数・株価指数先物，債券先物等の価格を参照し，取引開始時と終了時の価格差により決済が行われる証券 CFD 取引や，信用リスクを当事者間で移転するためにプレミアム（保証料）とプロテクション（契約）の対象となる参照債務に一定の信用事由（クレジット・イベント）が生じた場合に金銭等を受け取る権利を交換（スワップ）するクレジット・デフォルト・スワップ（CDS）などもデリバティブ取引の一種である。

　デリバティブを利用する目的は，金融機関・ファンド・事業会社・個人などデリバティブのユーザーにより様々であるが，主にヘッジ目的と投資目的に分けられる。例えば，TIBOR[1]等に基づいて算出される変動金利で借入れを行っている企業が将来的な金利上昇リスクをヘッジするため，固定金利を支払い，

---

[1]　Tokyo Interbank Offered Rate の略称。一般社団法人全銀協 TIBOR 運営機関が算出・公表する東京の東京市場における銀行間の資金の出し手レートを意味する。

変動金利を受け取るスワップ取引を行う場合がある。また，単に将来的な金利変動を見込んだ利得目的でこのようなスワップ取引が行われることもある。

　本稿では，主として，金融商品取引市場などの公開市場を介さず，当事者同士が相対で取引を行う店頭デリバティブ取引（金商2条22項参照）に係る契約を取り上げ，その特徴及び留意点を考察したい。

　なお，顧客保護のための適合性原則や説明義務といった行為規制については本稿では取り上げない。

2　ドキュメンテーションの現状

　デリバティブ取引であっても，どのような形式・内容の契約書を用いるかは契約当事者の選択に委ねられる。しかしながら，取引当事者又は個々の取引ごとに異なる契約書式が使用されると，契約交渉に際しての時間的・経済的コストの負担が発生するのみならず，各社のリーガル・リスクへの対応も契約書ごとにまちまちとなってしまう。そのため，店頭デリバティブ取引については，標準取引契約書が用いられるのが通常であり，その代表例が，ISDA(International Swaps and Derivatives Association〔国際スワップス・デリバティブズ協会〕）が作成したMASTER AGREEMENT（基本契約書。以下「ISDA MASTER AGREEMENT」という。）である[2]。このような契約書の使用を通じて，デリバティブ契約の標準化が図られている[3]。

Ⅱ　ISDA MASTER AGREEMENT

1　構　　成

　ISDA MASTER AGREEMENT の特徴は，その契約当事者間で複数の個別のデリバティブ取引が行われることを想定し，それら個別取引が ISDA MASTER AGREEMENT に基づいて行われるという形式をとっている。ISDA MASTER AGREEMENT は，定型文言である本文部分と，この本文部分を追加・変更する

---

[2]　ISDA MASTER AGREEMENT は改訂が重ねられ，現在の最新版は 2002 年版である。本稿でも主として 2002 年版を扱う。ただし，現在でも 1992 年版の利用者も少なくない。

[3]　このほか，ISDA MASTER AGREEMENT 以外にも，British Bankers' Association（英国銀行協会）と各国の外為市場委員会が共同で制定した資金為替取引に関する各種 MASTER AGREEMENT，各金融機関が独自に制定している対顧客取引用の和文基本契約書等も我が国で用いられている。

ための SCHEDULE から構成されている。個別のデリバティブ取引の経済条件
は ISDA が公表する個別取引用の定義集（DEFINITIONS）を参照して
CONFIRMATION（コンファメーション）にて定められることが多い。また，当事
者間の選択により，デリバティブ取引の担保契約として CREDIT SUPPORT
ANNEX（クレジット・サポート・アネックス。以下「CSA」という。）が締結されること
もある。

　ヘッジ目的であれ投資目的であれ，契約期間中に相手方（カウンター・パー
ティー）が破綻して契約が終了し，将来得られるべき利益を失ってしまうと，当
該目的を達成することができないことが想定される。そのため，デリバティブ
取引では，相手方の信用リスクの適切な管理，すなわち，相手方（カウンター・
パーティー）の信用力が著しく悪化することで債務の履行に支障が生じて，当該
相手方に対する債権の価値が著しく損なわれるような信用事由の発生によって
もたらされる損害額を適切に管理することが重要となる。ISDA MASTER
AGREEMENT 及び CSA においても，その重要な目的の一つは，相手方（カウン
ター・パーティー）について一定の信用事由が生じた場合には相手方（カウンター・
パーティー）との取引すべてをクローズアウト・ネッティング（後述）により一括
して清算することで，相手方の破綻による損害を軽減する点にあるといえる。

　以下では，信用リスクの適切な管理という観点から，ISDA MASTER
AGREEMENT 及び CSA の一部の条項について紹介する。

2　ISDA MASTER AGREEMENT 及び CSA について

(1)　ISDA MASTER AGREEMENT

(a)　期限の利益喪失事由及び終了事由

ISDA MASTER AGREEMENT 本文には，デリバティブ取引の期限前終了を
もたらす事由として，以下の期限の利益喪失事由（Event of Default）と終了事由
(Termination Event) を定めている[4]。ISDA MASTER AGREEMENT は，これ
らのいずれかの事由が生じた場合に，いずれの当事者が期限前終了を行う権限
を有するかや，期限前終了時の契約関係の処理について，当事者間の公平性を
考慮した規定を個別においている。

---

　[4]　これらの期限の利益喪失事由と終了事由の詳細については，ISDA Japan ドキュメンテーショ
　　　ン・コミッティー「2002 年版 ISDA マスター契約概説書」（2004）を参照されたい。

(ア)　期限の利益喪失事由

① 　支払又は引渡の不履行

② 　約束違反及び約束の履行拒絶

③ 　信用保証に係る債務不履行

④ 　不実の表明

⑤ 　指定取引に関する不履行

⑥ 　クロス・デフォルト（後述）

⑦ 　破産[*5]

⑧ 　債務の承継を伴わない合併

(イ)　終了事由

① 　違法事由

② 　不可抗力事由

③ 　課税事由

④ 　合併に伴う課税事由

⑤ 　合併に伴う信用不安事由

⑥ 　その他の終了事由

(b)　期限前終了及びクローズアウト・ネッティング（Early Termination; Close-Out Netting）

ISDA MASTER AGREEMENT 本文には，一方当事者に上記の期限の利益喪失事由や終了事由といった期限前終了事由が生じた場合に，履行期が未到来の（当事者間の）すべての取引について，残存期間に対応する新たなデリバティブ取引を第三者と締結したと仮定した場合の再構築コスト（クローズアウト金額）と期限前終了日までに履行期が到来していた未払金額を算出し，合算して一つの債権又は債務に置き換えて清算するというクローズアウト・ネッティング（一括清算）の規定が設けられている。

　クローズアウト・ネッティング（一括清算）は，期限前終了事由という信用事

＊5　各国倒産法制に対応できるよう広範に定義されており，解散，債務超過，支払不能や倒産手続開始の申立て・開始，公的管理，管財人の選任申立て・選任といった事由が定められている。日本法上においては，破産法，民事再生法，会社更生法等の倒産手続開始の申立てのほか債務超過や担保権者による全資産の差押え等がこれに該当すると通常考えられているが，例えば，銀行取引約定書旧ひな型に規定されている手形の不渡処分，（仮）差押え，租税の滞納処分等が本項に含まれるかについては疑問の余地がある。実務的には，SCHEDULE にて，これら手形の不渡処分等を期限の利益喪失事由として追加することもある。

258　　　　　第3章　消費貸借等

由の発生によってもたらされる損害額，すなわち相手方に関する信用リスクを，ネット後の金額に限定することにより，当該リスクの削減を図るものである。

かつてクローズアウト・ネッティングの法的有効性は自明ではないとされていた時期があったが，日本では，1998年12月に金融機関等が行う特定金融取引の一括清算に関する法律（以下「一括清算法」という。）が施行され，その後，2005年に倒産法（破産法58条，民事再生法51条及び会社更生法63条）が改正された結果，これらの法令によって保護されている範囲においてはその有効性が法的に担保されている*6*7。しかしながら，これらはバイラテラル（二当事者間）の一括清算が中心であり，マルチラテラル・ネッティング（多数当事者間の一括清算）の有効性については明文の規定がないことから，その法的有効性や倒産法上の取扱いが論点となり得る。この点，近時，その有効性について注目すべき判断を示した最高裁判決がある（後記3(1)参照）。

(c) クロス・デフォルト（Cross Default）

一般に，クロス・デフォルトとは，ある契約における相手方に対する債務について履行遅滞が生じていなくとも，他の契約に基づく債務（第三者に対する債務を含む。）について履行遅滞が生じている，又は期限の利益が喪失している場合には，当該契約における相手方に対する債務についても期限の利益が喪失するというものである。日本においても権利の濫用等の特別な事情がない限り，その有効性が認められると通常は解されている*8。

SCHEDULE では，クロス・デフォルトが適用されるか否かを当事者ごとに選択することができる。適用を選択した場合，さらに指定債務（Specified Indebtedness）の範囲や極度額（Threshold）を SCHEDULE で追加的に指定することができ，極度額を超える金額の指定債務についてのデフォルトの発生を

＊6　破産法58条は，破産手続の開始を発動事由とする一括清算条項の効力を認めているにすぎないが，このことは，それ以前の時点を基準とする条項の有効性の確認を支えるものと解されている（小川秀樹編著『一問一答 新しい破産法』〔商事法務，2004〕98頁）。

＊7　クローズアウト・ネッティング（一括清算）の対象となる契約は，「取引所の相場その他の市場の相場がある商品の取引に係る契約であって，その取引の性質上特定の日時又は一定の期間内に履行をしなければ契約をした目的を達することができないもの」（破58条1項）に限定されている。この点につき，商品の流動性等があれば，「市場の相場がある」といえるのか，又は，「その取引の性質上特定の日時又は一定の期間内に履行をしなければ契約をした目的を達することができないもの」といえるのかといった問題が生じる可能性を指摘する論者もいる。田中輝夫「新破産法のデリバティブ取引の影響」国際商事法務33巻4号440頁。

＊8　森下哲郎「いわゆるクロス・デフォルト条項に基づく期限の利益の喪失の当否」金法1812号25頁。

12　デリバティブ契約

もって，ISDA MASTER AGREEMENT 上の期限の利益喪失事由が発生することとなる。指定債務としては，預金取引やローン取引といった ISDA MASTER AGREEMENT の対象外のオンバランスの資金取引に関する債務が含まれるように指定されることが多い。

クロス・デフォルトにより，ISDA MASTER AGREEMENT の対象取引だけでなく，上記のようなオンバランスの資金取引も適用対象とすることで，当事者は総合的に相手方についての信用リスクの管理を図ることができる。

(d) 自動的期限前終了（Automatic Early Termination）

SCHEDULE では，自動的期限前終了条項が適用されるか否かを当事者ごとに選択することができる。自動的期限前終了条項の適用を選択すれば，ISDA MASTER AGREEMENT の定める倒産事由のうち一定の事由（倒産手続開始の申立て等の事由）が生じた場合には当該倒産手続開始の申立て等の直前の時点で期限前終了日が到来し，当事者間のすべての取引に関して一括解約かつ一括清算が行われることになる。

同条項の趣旨は，破産手続又は会社更生手続等の倒産手続の開始によって任命された（破産）管財人による恣意的な選択的解除権（履行選択権）の行使（チェリー・ピッキング）を排除し，倒産手続開始やその申立てにかかわらず取引を解除・清算することを定めることで取引の安定性を図るものと解されている。

(2) CREDIT SUPPORT ANNEX（CSA）

CSA の重要な役割は，相手方の信用リスクの削減にある。

クローズアウト・ネッティング（一括清算）が有効であることを前提とすれば，当事者にとって，クローズアウト・ネッティング後の相手方に対するエクスポージャー（デリバティブ取引が終了し，一括清算が有効に行われた際に相手方から支払われるべき金額をいう。）に対する保全措置が次なる関心事である。

CSA は，負（マイナス）のエクスポージャーを有する当事者が，正（プラス）のエクスポージャーを有する相手方に対し，当該エクスポージャーに対応する信用リスクを保全するための担保を差し入れることにより，当事者間の信用リスクを削減する担保契約として締結される。

担保目的物は，現金のほか，国債，社債等が選択されることが多い[9]。

＊9　近時の証拠金規制（後記4(2)参照）により，当該規制の対象となる非清算集中店頭デリバティブ取引について授受する担保については，金銭，国債等の一定の適格担保物でなければならない

動産又は不動産に関する物権及びその他の登記をすべき権利は，その目的物の所在地法によることが原則である（法適用13条）。CSAに従って，日本法を準拠法とする担保物を差し入れる場合，日本法上の対抗要件具備の条件を充足しつつ対抗要件具備を行うことになるが，CSAが外国法準拠で締結される場合には日本法に従った対抗要件具備のために契約文言を調整する必要が生じる場合がある。日本法準拠のCSAでは，担保目的物に質権を設定する方法による担保差入れ（質権構成）と，有価証券又は現金を消費貸借（又は消費寄託）し，有価証券の場合は，同種，同等，同量（旧民587条，新民587条の2）の有価証券を返還するか，その時価相当の金銭を返還するかの選択権を，担保受領者が有するという条件で担保差入れを行う方法（消費貸借構成）のいずれかを選択し得るように規定されている[*10]。実務的には，消費貸借構成がとられることが多い。なぜなら，一括清算法が認めるデリバティブ取引と担保の一括清算は，担保取引の構成が消費貸借又は消費寄託に限定されており，質権構成は適用対象とされていないからである（一括清算法施行規則1条1号・2号）。

なお，消費貸借構成における日本法上の論点については後記3(4)で詳述する。

3 デリバティブ取引に係る裁判例
(1) 三者間相殺の有効性に関する最高裁判例

相殺は，通常，2人が互いに同種の債務を負う場合（「相互性の要件」と呼ばれる），対当額の債務を消滅させるために利用されるが（民505条1項），これを複数当事者間で行うものは多数当事者間相殺と呼ばれ，特に三者間で行うものは「三者間相殺」「三角相殺」と呼ばれる。多数当事者間相殺が法的に有効とされれば，例えば，ある会社との取引におけるエクスポージャーが，その子会社や関連会社との取引のエクスポージャーと一括清算することができ，企業グループの単位で相手方の信用リスクを管理できる可能性があり，マルチラテラル・ネッティング（多数当事者間の一括清算）を実現することも可能となり得る。平時には契約自由の原則に従って，契約によってこのような行為を有効になし得ると解され

旨が定められている（金融商品取引業等に関する内閣府令123条8項，金融商品取引業等に関する内閣府令第123条第8項及び第9項の規定に基づき，金融庁長官が定める資産及び割合を定める件）。

[*10] 近時の証拠金規制（後記4(2)参照）に対応するために締結される変動証拠金のための日本法を準拠法とするCSA（2016 CREDIT SUPPORT ANNEX FOR VARIATION MARGIN (VM)）においては，消費貸借構成のみが用意されている。

12 デリバティブ契約　　　261

■図　関係図

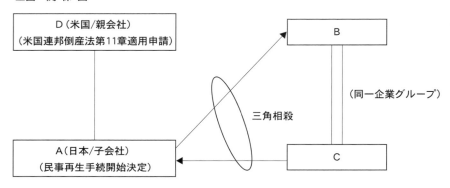

るが，法的倒産手続のような危機時期にこのようなマルチラテラル・ネッティングが認められるかは，従来から議論されている[*11]。この点に関し，近時，最高裁は，民事再生手続における三者間相殺の効力を否定する判断を示した[*12]。本件は，Aという証券会社が，B及びBの関係会社Cを相手方としてそれぞれISDA MASTER AGREEMENTを締結し，デリバティブ取引を行っていたところ，Aの米国親会社Dが米国連邦倒産法第11章（日本の民事再生手続に相当）の適用申請を行い，Aも民事再生手続開始の決定を受けた。そこで，Bが，AがBに対して有する清算金債権とCがAに対して有する清算金債権を対当額で相殺する旨の意思表示を行ったところ，当該相殺の有効性が争われた事案である。

本件において一方当事者（A）と他方の当事者（B）の間で締結されたISDA MASTER AGREEMENTには，そのSCHEDULEにおいて，Aの信用保証提供者（D）について破産手続等の開始申立てがなされた場合，期限の利益喪失事由に該当し，取引は期限前に終了する旨の特約が定められていた。さらに，一方当事者（A）について期限の利益喪失事由が生じ，ISDA MASTER AGREEMENTの期限前終了が生じたときは，他方の当事者（B）は，B及びその関係会社（C）がAに対して有する債権と，AがB及びその関係会社（C）に対して有する債権とを相殺することができる（以下「本件相殺条項」という。）との規定

[*11] 最判平7・7・18裁判集民176号415頁・判タ914号75頁・金法1457号37頁，永石一郎編著『Q&A 倒産手続における相殺の実務』（新日本法規出版，2005）257頁以下。
[*12] 最判平28・7・8民集70巻6号1611頁・金法1500号4頁。

がSCHEDULEで合意されていた。すなわち，本件相殺条項の規定内容は，A が再生債務者となった場合であっても，Bが，自らの関係会社CがAに対して有する債権を自働債権とし，AのBに対する債権を受働債権として相殺することができるというものである。

1審及び2審は，いずれも本件相殺条項に基づく相殺の効力を認めたものの，最高裁判決は，以下①ないし③のように民事再生法の文言を重視して，相殺の効力を否定した。

① 民事再生法92条は，再生債権者が再生計画の定めるところによらずに相殺をすることができる場合を定めているところ，同条1項は「再生債務者に対して債務を負担する」ことを要件とし，民法505条1項本文に規定する2人が互いに債務を負担するとの相殺の要件を，再生債権者がする相殺においても採用しているものと解される。

② 再生債務者に対して債務を負担する者が他人の有する再生債権をもって相殺することができるものとすることは，互いに債務を負担する関係にない者の間における相殺を許すものにほかならず，民事再生法92条1項の上記文言に反し，再生債権者間の公平，平等な扱いという上記の基本原則を没却するものというべきであり，相当ではない。

③ このことは，完全親会社を同じくする複数の株式会社がそれぞれ再生債務者に対して債権を有し，又は債務を負担するときには，これらの当事者間において当該債権及び債務をもって相殺することができる旨の合意があらかじめされていた場合であっても，異なるものではない。

本件判決に関しては，会社更生法48条1項及び破産法67条1項が，民事再生法92条と類似の条文を定めているため，会社更生手続や破産手続の場合であっても，その射程が及ぶものと考えられる。

もっとも，本件判決には，補足意見が付されており，一定の状況下で，「関係会社」をより限定的に規定した契約書を作成することによって，民事再生法92条の該当性を肯定することや，あるいは，立法によって，同法92条等が許容する相殺とは別個の債権者平等原則の例外となる債権債務の差引清算の措置を採用すること等が検討課題となるとされた。

(2) デリバティブ取引における損害に関する裁判例

デリバティブ取引における期限前終了時における損害とは，取引が解約され

た場合に失う取引のエクスポージャーであり，これは，理論的には残存期間に対応する新たなデリバティブ取引を第三者と締結したと仮定した場合のコスト（再構築コスト）に基づいて算定されるのが原則と考えられる[13]。

　実際にスワップ取引の損害金の存否が争われた裁判例も，損害に対する上記の考え方を首肯する[14]。これは，約定の各決済日における日本円とペセタ（ESP）の各想定元本に対する金利を相互に支払うことを内容とする，いわゆるクーポン・スワップ取引といわれる契約が，契約途中で顧客の債務不履行により解除されたことにより，X銀行が，顧客Yに対し，当該解除に伴う損害賠償を求めた事案である。本判決では，このようなスワップ取引が，債務不履行により解除されると，契約の一方当事者は，解除後に到来する各決済日に相互の金利交換を受ける地位を失い，金利交換に伴う利益を受ける地位を受けることができないことになるが，このような利益は，X銀行が将来得べかりし利益にほかならないとして，その損害賠償請求を肯定するとともに，当該利益の算出方法については，契約の解除日における先物為替レートに基づいて算出されるべきとした[15]。

(3)　デリバティブ取引の損害の算定基準時に関する裁判例

　1992年版のISDA MASTER AGREEMENTの条項によれば，損害（Loss）は，原則，期限の利益喪失時点を基準日として算出されることになるが，現実的にその時点での算定が不可能である場合に，基準日をいつにするのかが問題となる。

　裁判例[16]では，期限前終了日（2008年9月15日）が非営業日であるために「損

---

[13]　金融庁による平成17年6月15日付「金融先物取引法の一部を改正する法律の施行に伴う金融先物取引業者の自己資本規制に関する内閣府令（案）」についての「コメントの概要とコメントに対する金融庁の考え方」3頁の「第17条関係（取引先リスク相当額）」及び平成19年8月17日付告示59号「金融商品取引業者の市場リスク相当額，取引先リスク相当額及び基礎的リスク相当額の算出基準等を定める件」1条52号参照。

[14]　東京高判平9・5・28判タ982号166頁・金法1499号32頁。

[15]　本判決は，続けて，その数値を金利，為替及び株式等の情報提供会社が公開している先物為替レートは，信頼性が高いものと認められるから，これらの数値に基づいて将来の得べかりし利益を算出することは，合理性があるとした。なお，東京高判平25・4・17判時2250号14頁では，損害を「時価評価額と再構築コストを合算した再構築価格」としているが，取引が解約された場合に失う取引のエクスポージャーの時価評価額と再構築コストは同一の損害額を示す概念であり，両者を合算することは有り得ないという指摘がなされている。和仁亮裕「期限前終了したISDAマスター契約に基づくデリバティブ取引の損害の範囲及び損害の算定基準日」判評682号〔判時2271号〕158頁。

[16]　前掲注（[15]）東京高判平25・4・17。

264　　　**第3章**　消費貸借等

害」算定に必要な当日の為替レートの相場（市場価格）が存在しないという事例において，基準日である9月15日の時点において存在する最も近似した相場（市場価格）をもって同日の為替レートであると推認するのが合理的であり，非営業日である期限前取引終了日の直前の営業日（2008年9月12日）の市場における終値の為替レートを採用するのが相当であるとした。その理由として，「本来の基準日は期限前終了日である9月15日であることからすると，その時点で存在している直近の為替レートは同月12日のものであり，直後の営業日（同月16日）における相場の動向は，基準日においては本来考慮することができない基準日以降の事情を反映したものであるから，このような直後の営業日の為替レートを採用して「損害」を算定すべきであるとする考え方には疑問があるといわざるを得ない。」「本件損害の定義規定〔筆者注：1992年版の ISDA MASTER AGREEMENT における「損害」の定義〕によれば，前記原則による決定が『合理的に実行不能』である場合には，例外的に，期限前終了日以降合理的に実行可能となった最初の日の時点での『損害』を決定することにも一定の合理性があるように思われる。しかしながら，本件においては，9月15日の時点で同月12日の為替レートを用いて『損害』を算定することが『合理的に実行不能』であるとはいえないから，本件は，上記例外的方法によるべき場合ではないというべきである。」と判示した。

当該判示に対しては，損害の算出時点が遡及できると解することには契約文言上無理があるにもかかわらず，期限前終了日より前の数値が使えることから，安易に文言から離れた解釈をするものであるなどという批判も強い[17]。

(4) 消費貸借構成の担保差入れと余剰部分の返還請求権に関する裁判例

CSA に基づき消費貸借構成によって差し入れた担保物が，デリバティブ取引の債務の金額を超過し，担保余剰となっていた状態で，担保提供者ではなく，担保権者が法的倒産手続の開始決定を受けた場合，余剰部分の返還請求権が倒産手続上，いかに取り扱われるかが問題となる。

裁判例では，担保権者に民事再生手続開始決定がなされた事案において，余

---

[17] 本件は，米国リーマン・ブラザーズ・グループの倒産に端を発したケースであり，翌営業日である9月16日は市場が非常に混乱していたことから，むしろ，市場の混乱が収まり，通常の市場環境での計算ができると合理的に判断できる時点での数値を用いるべきであったとする論者もいる。和仁・前掲注（*15）159頁。

12 デリバティブ契約

剰となった担保物について，取戻権（民再52条1項）を認めることはできず，他の一般債権と同様，再生債権として余剰担保差入部分の価額に相当する権利行使が認められるにすぎないとしたものがある[18]。

消費貸借構成をとった場合は，担保物の所有権が担保権者に移転することから，差入担保物に設定した担保権が，会社更生法上，更生担保権（会更2条10項）として扱われ，その権利行使が制限されることは避けられると解し得るものの，この場合は上記のとおり，余剰担保差入部分が一般の倒産債権として扱われてしまうことが避けられないという問題がある。

4　近時の規制動向

2008年9月15日に，アメリカ合衆国の投資銀行であるリーマン・ブラザーズ・ホールディングスが破綻したことに端を発する世界的金融危機を契機に，デリバティブ取引に対する規制の強化がグローバルに進行している。以下では，その代表的な規制を紹介する。

(1)　中央清算機関への取引集中

2009年9月に開催されたG20ピッツバーグ・サミットにおいて，「遅くとも2012年末までに，標準化されたすべての店頭（ＯＴＣ）デリバティブ契約は，適当な場合には，取引所又は電子取引基盤を通じて取引され，中央清算機関を通じて決済されるべきである」[19]と国際的に合意され，我が国でも，金融商品取引法が改正され，国内での取引量が多い一定の円金利スワップ取引や内国法人の信用事由を参照する一定のクレジット・デフォルト・スワップについては，相対で決済するのではなく，株式会社日本証券クリアリング機構（以下「JSCC」という。）等の金融商品取引清算機関[20]や外国金融商品取引清算機関といった中央清算機関（以下「CCP」という。）での清算参加者による利用が義務づけられた（金商156条の62。店頭デリバティブ取引等の規制に関する内閣府令参照）。

---

[18]　東京高判平22・10・27金判1360号53頁。

[19]　G20 2009c. Leaders' Statement The Pittsburgh Summit September, 24–25 2009（最終閲覧日：2019年 1 月 15 日）https://www. mofa. go. jp/policy/economy/g20_summit/2009-2/statement.pdf, 外務省「首脳声明ピッツバーグ　サミット（仮訳）」（2009）（最終閲覧日：2019年1月15日）https://www.mofa.go.jp/mofaj/gaiko/g20/0909_seimei_ka.html#top

[20]　当該金融商品取引清算機関が連携金融商品債務引受業務を行う場合には，連携清算機関等（他の金融商品取引清算機関，外国金融商品取引清算機関又は外国の法令に準拠して設立された法人で外国において金融商品債務引受業と同種類の業務を行う者をいう。金融商品取引法156条の20の16第1項）を含む。

第3章　消費貸借等

JSCC は，店頭デリバティブ取引の当事者間において発生した債務を負担するとともに，それに対応する債権を取得し，債権・債務の当事者となる，すなわち，原取引の契約関係は清算参加者と JSCC の契約関係に置き換えられることとなる。その目的は，店頭デリバティブ取引のカウンター・パーティーを CCP に一元化し，相手方に対する信用リスク（カウンター・パーティー・リスク）を，CCP を通じて集中的に管理する点にある。これにより，将来，リーマン・ショックのような市場の混乱が生じた際にも，CCP において適切にリスク管理が行われ，CCP に十分な損失吸収能力が確保されていることを前提として，デリバティブ契約の不履行が他の参加者に連鎖するリスクが削減されることになる。

(2)　非清算集中取引への証拠金規制

　清算集中されない店頭デリバティブ取引については，債務不履行時には市場参加者間の取引停止の連鎖等により，金融システムの安定性を揺るがすおそれがあると考えられている（システミック・リスク）。そのため，2011 年 11 月に開催された G20 カンヌ・サミットにおける国際的合意として，「2012 年 6 月までに，中央清算されない店頭デリバティブに対する証拠金に係る基準を市中協議用に策定するよう求め」[21]られ，我が国でも，2016 年 3 月 31 日に最終規則（「金融商品取引業等に関する内閣府令の一部を改正する内閣府令」及び「主要行等向けの総合的な監督指針」等の一部改正）が公表され，一定規模以上の店頭デリバティブ取引を行う第一種金融商品取引業者及び登録金融機関[22]を対象に，非清算店頭デリバティブ取引に係る証拠金規制[23]が，2016 年 9 月 1 日より段階的に施行されることになった（金商業 123 条 1 項 21 号の 5・21 号の 6・7 項～11 項）。

---

[21]　G20 2011b. G20 Cannes Summit Final Declaration "Building Our Common Future: Renewed Collective Action for the Benefit of All" Draft（as of 4th Nov 2011）（最終閲覧日：2019 年 1 月 15 日）https://www.mofa.go.jp/policy/economy/g20_summit/2011/declaration. html，外務省「G 20 カンヌ・サミット最終宣言 "我々の共通の将来の建設：すべての人の利益のための改訂された集合的行動"」（2011）（最終閲覧日：2019 年 1 月 15 日）https://www.mofa. go.jp/mofaj/gaiko/g20/cannes2011/declaration_ky.html

[22]　金融商品取引業等に関する内閣府令において規制対象とならない金融商品取引業者等及びその他の一定の金融機関等についても，監督指針に基づき，非清算店頭デリバティブ取引について適切な管理体制の整備が求められる。

[23]　ISDA MASTER AGREEMENT を締結している当事者間では，これらの証拠金規制への対応は，CSA を締結又は改訂することにより行われることが多い。なお，当該締結・改訂にあたっては，日次で行われる変動証拠金授受のオペレーション・フローにかかわる規定が論点となることも多い。

その結果，第一種金融商品取引業を営む金融商品取引業者及び一定の登録金融機関[24]を規制対象者として，清算集中されない店頭デリバティブ取引について，証拠金[25]の授受が義務づけられることになった。証拠金として充てることができる資産（適格担保）はあらかじめ定められており，また，この資産の種類ごとに異なるヘアカット率（担保掛目）が定められている[26]。

(3) 早期解約条項の一時的な停止（ステイ）

金融機関が当事者となっている多数のデリバティブ取引契約等が，ISDA MASTER AGREEMENT の自動的期限前終了等の期限前終了条項に従って一斉に解約され，一括清算されると，金融市場が大きく混乱し，金融システムの安定性を揺るがすおそれがあると考えられている（システミック・リスク）。そのため，主要国の中央銀行，金融監督当局，財務省等の代表が参加する金融安定理事会（Financial Stability Board）は，2011 年 11 月に「金融機関の実効的な破綻処理の枠組みの主要な特性」を公表し，破綻処理を行う当局は，デリバティブ契約等の早期解約条項の発動を一時的に停止する権限を有するべきと表明した。

これを受けて，我が国でも，2013 年に預金保険法が改正され，内閣総理大臣は，金融危機対応会議の議を経て，期限前終了条項や一括清算条項について，一定期間，その効力を有しないこととする決定ができるとされている（預金保険 137 条の 3，預金保険法施行規則 35 条の 18・35 条の 19）。このような決定の効力が，外国法に準拠して締結される ISDA MASTER AGREEMENT にも及ぶかどうかについては疑義があるとされており，金融庁は，日本で規制対象となっている金融機関等に対し，外国法準拠の契約について日本法上の上記決定の効力を及ぼすための条項を追加することを求めるため，監督指針の改正を行っている[27]。

---

*24　登録金融機関である銀行，株式会社商工組合中央金庫，株式会社日本政策投資銀行，全国を地区とする信用金庫連合会，農林中央金庫及び保険会社である。

*25　金融商品取引業等に関する内閣府令が規定する証拠金には，非清算店頭デリバティブ取引の現在価値（カレント・エクスポージャー）をカバーする変動証拠金（金商業 123 条 1 項 21 号の 5）と，当事者がデフォルトした場合にポジション処理が完了するまでの間の損失の見積額（ポテンシャル・フューチャー・エクスポージャー）をカバーする当初証拠金（金商業 123 条 1 項 21 号の 6）の 2 種類がある。

*26　金融商品取引業等に関する内閣府令 123 条 9 項 3 号ロ。証拠金規制導入前も，一部の金融機関等では CSA 等により証拠金の授受が行われていた。

*27　金融庁による平成 28 年 8 月 8 日付「『主要行等向けの総合的な監督指針』等（案）に対するパブリックコメントの結果等について」。

13 デリバティブ取引関係訴訟

宮 坂 昌 利

　本稿は，司法研究報告書68輯1号「デリバティブ（金融派生商品）の仕組み及び関係訴訟の諸問題」[*1]を全面的に参照させていただいた。

I　デリバティブの意義

1　デリバティブの本質

　デリバティブ（derivative／derivatives）は，英語の derive（派生する）から来た用語であり，「金融派生商品」と訳されることもある。すなわち，伝統的な金融商品である株式，債券，通貨等から派生して，これら金融商品に内在するリスク（典型的には相場の変動により生ずる市場リスク）に着目し，これを人工的に抽出することで，当該リスク自体を取引の対象にしようとして生まれた商品にほかならない。

　例えば，（A）金融機関から変動金利借入れを行っている企業は，将来，金利水準が高騰したときに支払総額が増嵩するリスクを負っている。逆に，固定利率で借りたのに金利水準が低迷・下降を続けた場合には，結果的に割高な金利負担を背負ったことになる（これもリスクである。）。また，（B）現在の為替レートを前提に収益見通しを立てて，ドル建てで商品を仕入れる輸入業者であれば，為替相場が円安に振れるリスクを負い，輸出業者はその逆の円高リスクを負う。

　このようなリスクを現物取引から切り離して抽出し，当事者間で自由に配分・移転するためのツールがデリバティブなのである。例えば，（A）のケースで考えられるのが「キャップ（cap）」というデリバティブ商品（スワップション）であり，これは，相手方に一定のオプション料を支払うことで，借入期間中に

[*1]　研究員：宮坂昌利，有田浩規，北岡裕章，小川暁，協力研究員：神作裕之。

変動金利が一定水準を超えた場合に，その超過分の金利を相手方に支払っても
らえるものである。その結果，変動金利借入れを維持したまま，金利変動リス
クの上限を画することができる（金利上昇リスクのヘッジ）。また，（B）のケース
で考えられるのが「通貨スワップ」であり，これは，当該輸入業者が，例えば
向こう5年間，半年ごとに，相手方に円の固定金利を支払い，相手方からドル
の変動金利を受け取ることができるものである。その結果，先行き円安（ドル高）
のリスクをヘッジすることができる。

2 デリバティブ取引の目的

それでは，そのようなリスクを引き受けてくれる相手方にとってのデリバ
ティブ取引の目的とは何であろうか。

第1に考えられるのは，逆方向のリスクヘッジ（金利下落⇔上昇，円安⇔円高）を
求めている企業間の実需のマッチングが実現した場合である。これを「出会い」
ということがあるが，実際には，出会いの実現は簡単ではないようである。

第2は，リスクヘッジではなく，むしろ積極的にリスクを取りにいくケース
がある。すなわち，リスクの反面におけるリターンに期待しているということ
であり，将来の相場の動向を推測（speculate）し，その相場観に基づいてリスク
テイクする。このような取引主体をスペキュレーター（speculator）という。為
替，金利等の厚みのあるマーケットを支えているプレーヤーは，圧倒的にスペ
キュレーターであるといわれている。

第3は，取引の相手方というよりも仲介者としてのフィービジネスをしてい
る場合である。なお，取引所取引では，取引の相手方は取引所であり，証券会
社等は商法上の問屋として取引を仲介しているにすぎないが，相対（あいたい）
取引（OTC：Over-the-Counter）として行われる店頭デリバティブ取引であっても，
実体は仲介に近い場合が少なくない。その典型は，金融機関が顧客とのデリバ
ティブ取引に係るポジションリスクを中和する反対取引（カバー取引）を第三者
と行う場合である。この金融機関にとって，カバー取引で仕入れた商品に利ざ
やを乗せて顧客に販売しているという意味合いになる。ただし，カバー取引は，
1対1対応の個別ヘッジで行うとは限らず，マクロヘッジという手法でポジ
ションリスクを拡散している場合もある。

Ⅱ　デリバティブ取引に係る規制

1　商品先物取引と金融デリバティブ

　デリバティブ取引は，大別すると，商品先物取引法の規制を受ける商品先物取引と，金融商品取引法（以下「金商法」という。）の規制を受ける金融デリバティブに分かれる。両者は，歴史的な沿革と所管官庁の違い（商品先物取引法は農水省〔農産物等〕及び経産省〔工業原料等〕，金商法は金融庁）等を反映して，市場の性格，業者の体質，顧客層，取引文化に大きな違いがあり，同じデリバティブ取引といっても，一括りにして論ずるのが難しい面がある。以下の論述は，もっぱら金融デリバティブの分野に絞らせていただく。

2　金商法による規制

　我が国におけるデリバティブ取引の法規制は，平成10年の金融システム改革法で初めて本格的に導入され，銀行法，旧証券取引法及び金融先物取引法に規定が設けられた。その後，業態ごとの縦割り規制を改めて，幅広い金融商品について包括的・横断的な利用者保護の枠組みを整備するという観点から，平成18年の改正により旧証券取引法が金商法に再編され，現在，金商法がデリバティブ取引に関する基本的な業法となっている。

　金商法の利用者保護法制としては，①企業内容等の開示規制（ディスクロージャー），②金融商品取引業者の業規制（登録制度，金融庁による監督等），③金融商品取引業者の行為規制（誠実義務，契約締結前書面の交付，禁止行為，損失補てんの禁止，適合性原則等），④すべての市場参加者に課せられる不公正取引等の規制（不正行為，風説の流布，相場操縦行為，空売りの禁止等）等がある。ただし，いわゆるデリバティブ・プロを相手方とする店頭デリバティブ取引は，基本的に金融商品取引業から除外される（金商2条8項，金商令1条の8の6第1項2号）。

　これら業法上の規制は，私法上の義務と直結するものではないが，金融商品取引業者の行為規制に関しては，不法行為法上の注意義務を考えるうえで，参考になる内容を含んでいる。例えば，説明義務違反との関係では，契約締結前書面の交付（金商37条の3）は参照されるべき規範となるし，断定的判断の提供（金商38条2号）は不法行為の特別法である金融商品の販売等に関する法律（以下

「金販法」という。）4条，5条により，適合性の原則（金商40条）は判例（株価指数オプション取引と適合性原則に関する最判平17・7・14民集59巻6号1323頁。以下「平成17年最判」という。）により，それぞれ不法行為の責任原因となり得ることが承認されるに至っている。

III　最近のデリバティブ関係訴訟の主な類型

1　概　観

デリバティブ取引は，農作物の先物取引という形で近世から行われており，17世紀初頭のアムステルダム取引所におけるチューリップの投機的な先物取引や，1730年（享保年間）に大阪・堂島に開設された堂島米会所の帳合米取引（差金決済を伴う米の先物取引）などが知られているが，金融デリバティブが本格的に展開されるようになったのは1980年代以降であり，歴史の新しい分野である。このため，本格的なデリバティブ関係紛争が訴訟の場に持ち込まれるようになったのも比較的最近のことであり，特に平成20年9月のリーマンショック後の数年間に集中している。

以下では，この時期のものを中心に，主な紛争類型ごとに，その背景と展開を取り上げてみたい[*2]。

2　最近の訴訟に現れた主な紛争類型

(1)　銀行による取引先事業者向けの為替デリバティブ，金利スワップ等の販売

(a)　背景等

我が国の金融界においては，いわゆるバブル崩壊後の「失われた10年」を経て，ようやく不良債権処理と業界再編に目途をつけた邦銀が目を向けたのが，デリバティブ取引による新たな収益源の開拓であり，取引先事業者がその販売対象とされた。米国のインベストメントバンクが最先端の金融工学を駆使した

[*2]　本稿の位置づけ（「現代の契約法」の「消費貸借」の大分類）からすると，企画意図としては，貸出債権や社債を保有する金融機関等において，信用リスクをヘッジする目的で盛んに用いられるようになっているクレジット・デリバティブ（CDS，インデックスCDS等）が主たるテーマになるのかもしれない。しかし，裁判実務の現場でデリバティブ取引といえば，圧倒的に金融商品に係る投資被害の回復を目的とする損害賠償請求訴訟が中心的な地位を占めるので，以下の叙述もそのような内容になることをお断りしておきたい。

デリバティブ取引で効率的に高収益を上げているのと対照的に，巨大なバランスシートを使って利幅の薄い貸付業務を行うことしか知らない邦銀の営業手法は時代遅れに思われたのである。

　例えば，大手都銀の中では，平成13年以降，金利スワップの販売を推進する事業計画を策定するなどしてデリバティブ取引の営業に力を入れたところも現れ，変動金利借入れをしている事業者に対し，将来の金利上昇リスクをヘッジすることをうたったペイヤースワップ（固定金利支払，変動金利受取の金利スワップ）が活発に販売された。また，この時期，銀行の取引先事業者に対する為替デリバティブの販売も活発に行われ，特に平成16年度から平成19年度にかけては，特に輸入部門をもつ事業者に対して，先行き円安リスクをヘッジすることをうたった為替デリバティブ（通貨オプション等）が大量に販売された[*3]。

(b)　一部都銀による販売手法と病理現象

　上記のような一部都銀による取引先事業者に対する金利スワップの重点的な営業活動は，「優越的地位の濫用」という病理現象を引き起こすこととなった。すなわち，平成17年12月2日，公正取引委員会は，三井住友銀行に対し，独占禁止法19条（不公正な取引方法14項〔優越的地位の濫用〕1号）の規定違反を理由とする排除勧告を行った。融資の条件として明示又は示唆して金利スワップ商品の購入を押し付けたというものであり，これを受けて金融庁も，三井住友銀行に対し，半年間の金利系デリバティブ商品の販売勧誘停止等の行政処分を課すに至った。

　その後，さすがに，融資の見返りとしてデリバティブ商品を押し付けるというような露骨な事例は見られなくなっているが，金融機関が行うデリバティブ商品の販売のあり方を考えるうえで，反面教師として記憶にとどめるべき事例といえる。

(c)　リーマンショック後の事態の推移

[*3]　この頃販売された通貨オプションの典型例を紹介すると，①ドルのコールオプションの買いとプットオプションの売りを組み合わせて，相互のオプション料を相殺してゼロコストオプション（又はローコストオプション）とする，②顧客にとってのオプションの買いと売りは後者の比率（レシオ）が高く設定されており，顧客が負けたときの損失の谷が深い，③期間は5年間などとされ，中途解約は原則として認められない（解約するときは，再構築コストに相当する違約金の支払が必要となる），④円安方向ではノックアウト条項があるが，円高方向でのノックアウトはない，などというものであり，円安の相場観を前提とすればかなり有利な条件とされているが，逆に円高に振れたときのリスクは大きい。

2007（平成19）年夏頃から顕在化した米国のサブプライムローン問題は，金融市場を大きくかく乱し，遂に2008（平成20）年9月には，リーマンショックという形でグローバルな金融危機（システミックリスク）に発展することとなった。多くの金融商品（特にリスクを加工して複雑に組み入れたCDO〔債務担保証券，Collateralized Debt Obligation〕のような商品）の流動性が極端に枯渇し，時価評価額は暴落した。それまでの数年間1ドル＝105円ないし120円で推移していた為替は一時的に1ドル＝80円前後という信じられない円高水準に到達し，金利も低迷した。その影響をまともに受けたのが「金利上昇リスクヘッジをうたった金利スワップ」であり，更に増幅された形で影響を受けたのが，リスクの大きい商品特性を有していた「円安リスクヘッジをうたった為替デリバティブ」であった。特に，事業者向け為替デリバティブは，平成22年9月時点で1万9000社の中小企業が保有していたとされ*4，為替デリバティブ関連倒産が急増するなど社会問題化した。なお，これら中小企業は為替デリバティブを販売した金融機関にとっても与信残高のある取引先顧客である例が多く，その倒産の拡大は販売側金融機関にとっても深刻な問題になりかねないものであった。

(d)　金融ADRによる対応

　上記のような中小企業向け為替デリバティブの破滅的な状況に対処したのが，金融ADRであった。金融ADRは，平成21年6月に成立した「金融商品取引法等の一部を改正する法律」（平成21年法律第58号）により創設された制度であり，デリバティブ取引に係る指定紛争解決機関として，銀行業務に関しては全国銀行協会（全銀協）が平成22年10月から，証券業務に関しては証券・金融商品あっせん相談センター（通称FINMAC）が平成23年4月から，それぞれ苦情処理・あっせん業務等の活動を開始した。平成23年から24年をピークに大量の申立てがあり（為替デリバティブが大多数で，次いで金利スワップ，個人向け仕組債等が対象となった。），そこでは，例えば，オーバーヘッジになっていたり，定量的なヘッジニーズの把握が不十分と判定された通貨スワップについて，ヘッジ目的との不適合を理由に適合性原則違反による賠償義務を緩やかに認める一方，大幅な過失相殺も許容する大胆な手法で，事態の解決に大きな成果を上げた。なお，金融ADRの実務は，あっせん委員によるあっせん案の提示等を経てい

---

*4　平成23年3月11日金融庁「中小企業向け為替デリバティブ取引状況（米ドル／円）に関する調査の結果について（速報値）」。

274　**第3章**　消費貸借等

るとはいえ，基本的には合意による自主的な解決であり，ここでの運用を裁判
規範と同視することはできない。しかし，大きな実績を残したその解決のあり
方には，裁判実務の立場からも学ぶべき点が多いように思われる。

(e) 訴訟の動向

上記のような経緯で問題となった金利スワップ，為替デリバティブ等をめぐ
る紛争の一部は，訴訟の場に持ち込まれることとなった。このうち，九州の中
堅企業2社がいずれも三井住友銀行との間で行ったプレーン・バニラ・タイプ
の金利スワップ取引は，①最判平25・3・7裁判集民243号51頁・判タ1389
号95頁，②最判平25・3・26裁判集民243号159頁・判タ1389号99頁の2
件の最判 (以下，併せて「平成25年最判」という。) の対象事案であり，これまでに述
べてきた時代背景の下で生成した典型例というべき紛争といえる。為替デリバ
ティブについても相当数が裁判所に提訴されたが，平成20年代後半以降，潮が
引くようにこの種の訴訟を見かけることがなくなった。その理由は，いわゆる
アベノミクス (平成25年以降) の下，急速に円高が是正され，それまで多額の支
払を余儀なくされていた為替デリバティブが一転して利益を生む状況に至った
ことが大きいようである[5]。いずれにせよ，現在(平成30年)は，リーマンショッ
ク後の嵐が過ぎ去った後の「デリバティブ関係訴訟の凪の時代」ということが
できる。

(f) 今後の展望

これまでに述べてきたのと同様に金利スワップや為替デリバティブに関する
紛争は，今後も引き続き出現するであろうか。

以下はあくまでも個人的な感想ということになるが，おそらくまったく同じ
ような形での紛争が再現される可能性は低いように思われる。なぜなら，金融
機関は，取引先事業者に安易にリスクの高いデリバティブ商品を売りつけて，
自らの首を絞めかねない事態に至った今回の事態の転帰から，大きな教訓を学
んだはずだからである。輸出入部門をもつ事業者に対し，具体的な資料に基づ
くことなく，ヘッジニーズの定量的な分析を行うこともなく，リスクの高い為
替デリバティブをアバウトに売りつけるというような乱暴な手法[6]は，金融

---

[5] 筆者が実際に担当していた事件では，通貨スワップで受け取った大量のドル (円高のために大
きく目減りしていたドル) をドル建て債券などとして寝かしていたところ，その後のドル高でそ
れまでに発生していた損失を取り戻してしまったとして，訴えを取り下げた。これと似た事例
は他にも相当数あったようである。

ADRではっきりとダメ出しをされており，今後，同様のことはできないはずである。他方，今後のデリバティブ商品の販売戦略と金融・経済情勢の変化に伴い，これまでと違った衣をまとった新たな形の紛争が今後も発生することは大いに予想される。その場合でも，今回問題となった金利スワップ，為替デリバティブ等をめぐる紛争解決を通じて形成された法理論や紛争解決ノウハウは必ず役に立つはずである。

(2) 富裕層個人向けの仕組債の販売[*7]

(a) 背景等

個人向けのデリバティブ関連商品として，最も早い時期に裁判実務に現れたのはワラント（新株引受権証券）であると思われ，いわゆるバブル崩壊直後から相当数の訴訟が裁判所に係属した。これに続くトレンド（第1期）となったのは，金融システム改革法（平成10年12月）に係る規制緩和により，個人に対して仕組債を販売することが可能となった時期であり，ＥＢ債や日経平均リンク債等が個人向けに販売されるようになった。この時期の商品は，後に登場する仕組債よりも相対的に単純な構造の商品であったといえる。その後一時的に下火となったが，平成16年ないし20年頃の時期が仕組債販売のトレンド第2期であり，かなり複雑な商品構造のものが多くみられるようになった。この時期に販売された仕組債が，平成19年から20年のサブプライムローン問題及びリーマンショックによって甚大な影響を受けることになったのは，先に触れた為替デリバティブなどと同様である。

(b) そもそも仕組債とは

仕組債とは，債券（社債）にデリバティブ（オプション等）を組み込んだ金融商品である。低金利時代が長引く中で，有利な投資先を求める富裕層個人をターゲットに，魅力的な表面利率を実現した高利回りの金融商品として開発されたものである。その具体的な内容は実に多種多様であるが，本質的な考え方は同じで，基本は顧客がオプションの売り取引をしているのである。オプションを売ることで，顧客はプレミアム（オプション料）を取得することができるはずであるが，このプレミアムがクーポン（利払）に形を変えて，通常の社債ではあり

[*6] 例えば，同じ輸入といっても，ドル建てで直接買い付けるのか（直接貿易），商社を通じて円建てで買い付けるのか（間接貿易）で，為替の影響は異なってくるが，こうした分析も満足にされていない例が少なくなかった。

[*7] 青木浩子「仕組債に関する裁判例の動向と考察」金法1984号92頁参照。

得ないような表面利率を実現している。

　ところで，仕組債の販売に係る訴訟において，証券会社側は，仕組債がデリバティブ組込商品であること自体を平気で争ってくることが少なくない。これは，デリバティブ就中オプションの売り取引のリスクの大きさを強調したい原告側の戦略（「金融工学レベルの説明義務が必要」などの極論になりがちである。）に巻き込まれたくないという防御的な姿勢に由来するものと思われるが，誤導的で不適切・不誠実な対応といわざるを得ない。このような訴訟対応が，デリバティブ関係訴訟の審理を必要以上に混迷に導いていたように思われる。

（c）　仕組債の例その1（EKO債／ノックインプット・エクイティリンク債）

　仕組債の代表的なものの一つである EKO 債の具体例を，訴訟の実例[8]を通じて説明する。この事案では，ノムラヨーロッパ NV を発行体とする発行価額5000 万円の社債につき，表面利率 13.5％という極めて高い確定利息が保証されている一方，次のようなオプションが付帯されている。すなわち，あらかじめ設定された 10 銘柄の株式のうちの 1 つでもノックイン価格（社債発行時価格＝A円の 55％）を下回ると（その価格＝B円），［5000 万円×（A円－B円）］が損失額として償還額から控除される。複数銘柄がノックインすれば，各銘柄ごとに計算した損失額が累積的に控除される。つまり，結果的に暴落した銘柄に発行価額全額をつぎ込んだのと同じ損失を被るわけである。ちなみに，この訴訟の事案では，サブプライムローン問題での株価の急落を受けて 3 銘柄がノックインし，3250 万円の損失が生じた。

（d）　仕組債の例その2（ターンズ債／ターゲット・リデンプション・ノーツ）

　これも訴訟の実例[9]を通じて紹介すると，ノムラヨーロッパ NV を発行体とする発行価額 50 万ドル，満期 10 年の社債で，クーポンは初年度こそ 7 ％と確定しているが，2 年目以降は，参照金利（LIBOR）の変動に応じて増減し，ゼロになることもある。支払利金の累計がターゲットレベル（発行価額の 10.36％）に達すると満期前の早期償還を受けることができる（ノックアウト条項）。顧客は，初年度の確定利払を受けた後，長期間にわたって投資金を「塩漬け」にされるリスクがあり，この事案では，早期償還が見込めない中，約 34 万ドルでの

　＊8　東京高判平 26・4・17 金法 1999 号 166 頁の事例。
　＊9　京都地判平 25・3・28 判時 2201 号 103 頁，その控訴審である大阪高判平 25・12・26 判時 2240
　　　号 88 頁の事例。

13　デリバティブ取引関係訴訟

中途売却を余儀なくされた。なお，この商品の満期は 10 年であるが，ターンズ債や FX ターン債（為替と連動させたもの）の中には，期間が 20 年とか 30 年に設定されているものも少なくない。

(e) 仕組債の問題点

仕組債は，目先有利な表面利率を実現するために損失の谷の深いリスクを内蔵させている金融商品である。このため，仕組債の販売の違法を攻撃しようとする立場からは，特定の契約条項の不利益性を取り上げて，いわば欠陥商品論ともいうべき主張（商品組成上の注意義務違反）がされることがある。例えば，上記(d)のターンズ債の例でいえば，業者のリスク（高額の利払の継続）は早期償還条項によって制限されている一方，顧客は利払を受けられないまま満期まで契約の拘束を受けるリスクを負うものであり，顧客側に一方的に不利になっているなどという主張である。しかし，そのような不利な条項の反面で表面利率等において顧客側に有利な内容が実現できているのであって，これを分断して一面的な批判をしても説得力をもたない。ただし，そのことを踏まえても，あまりに大きな業者利潤が乗せられている点でやはり商品設計に問題があるのではないかという問題提起はなお残されており，そこに焦点を当てた主張立証がされることもある。その場合の実体法上の問題点は，後に取り上げたい。

(3) 契約当事者の破綻による期限前終了の処理

デリバティブ取引は，ISDA マスター契約に準拠して行われることが多いが[*10]，ISDA マスター契約上，一方当事者の倒産等はデリバティブ取引の期限前終了事由とされており，清算金（クローズアウト・アマウント）の支払が行われる。この清算金の計算等をめぐって訴訟になるケースもあり，これが本格的に争われると，ISDA マスター契約の解釈やデリバティブの時価評価額（再構築コスト）の算定等の高度に専門的な内容に踏み込まざるを得なくなる。

また，期限前終了に伴う処理として，相互の債権債務の精算（クローズアウト・ネッティング）も問題となる。この関係で，当事者間の事前の合意に基づく三者相殺（完全親会社を同じくする他の会社の有する債権を自働債権として行う相殺）は民事再生法 92 条 1 項に基づく相殺として許容されるかという法律問題が争われた

[*10] ISDA とは，「International Swaps and Derivatives Association, Inc」（国際スワップ・デリバティブズ協会）の略称である。そのマスター契約は英文であるため，邦銀独自の契約ひな形を使用する例もあるが，内容的には ISDA マスター契約に準じた内容になっているものが多いようである。

のが，最判平 28・7・8 民集 70 巻 6 号 1611 頁である（結論的に相殺の効力を否定した。）。

(4)　インターネット上の外国為替証拠金取引（FX）

外国為替証拠金取引（FX）関係で実務上よくみかけるのは，ロスカット（証拠金維持率が一定水準を下回った場合に建玉を強制決済する処理）の執行が不当に遅れたために損失が拡大したとか，フィルタリング（市場実勢から著しくかい離するレートを顧客に配信することがないように配信を停止する措置）が不適切であったなどと主張されるものである。他の類型と異なり，適合性原則や説明義務違反が問題とされることはほとんどなく，デリバティブ関係訴訟の中にあって，特殊な分野といえる。

Ⅳ　デリバティブ関係訴訟における実体法上の諸問題

1　最近の訴訟の特徴

デリバティブ関係訴訟の本流を成しているのは投資被害の回復を目的とするものであり，その手法として，契約の効力を否定して不当利得返還等の形で契約関係の清算を行うアプローチもあるが，さほど実効性を上げているとはいえず，中心となっているのは損害賠償（原状回復的損害賠償）請求訴訟である。

そして，損害賠償の責任原因として，適合性原則（狭義）違反と説明義務違反が二本の柱となっているという認識は衆目の一致するところと思われる。このうち適合性原則（狭義）違反は平成 17 年最判によって理論的・実務的に一定の地位が確立されたものの，その後の運用面で「領域縮小」ないし「機能不全」が指摘されており*11，その反面において，説明義務違反の役割が相対的に拡大しているというのが最近の大きな傾向であると考えられる。そして，このような流れの中，説明義務というツールへの要求が肥大化する傾向が一部に見られるようになっていたことも否定できないと思われる。

他方で，最近数年以内の新しい流れと思われるが，「プライシングの不当性・不透明性」を指摘する議論が訴訟の場に持ち出されるようになっており，法的な位置づけが必ずしも明確となっていないデリバティブ商品の時価評価額であ

＊11　潮見佳男「適合性の原則に対する違反を理由とする損害賠償―最高裁平成 17 年 7 月 14 日判決以降の下級審裁判例の動向」『民事判例Ⅴ〔2012 年前期〕』（日本評論社，2012）6 頁参照。

るとか金融工学的知見に関する諸々の主張（「契約時時価評価額の説明義務」，「金融工学的知見の説明義務」等のいわゆる「新規な説明義務」）をめぐって，訴訟運営が難渋するという事態が見られるようになっていた。

このような中，プレーン・バニラ・タイプの金利スワップに関する平成25年最判と，武富士メリル事件に関する最判平28・3・15裁判集民252号55頁・判タ1424号103頁（以下「平成28年最判」という。）によって，混迷していた幾つかの議論について一定の道筋が示されたことは間違いないと思われる。もっとも，これらの最判はいずれも事例判断にとどまるものであり，その射程等をめぐってはなお議論が残されているというのが現状であろう。

2　説明義務違反をめぐる議論の整理と展望

(1)　説明義務の実質的根拠

説明義務のあり方は，その実質的な根拠をどこに求めるかという基本的な立場によって解釈上の違いを生ずる可能性があり，具体的には，①情報格差の是正，自己決定基盤の確保，②消費者（社会的弱者）の保護，③専門家責任，信認関係の観点のそれぞれに根拠を求める考え方がある[*12]。このうち，平成25年最判，平成28年最判と最も整合的と考えられるのは，①を基調とする立場であると解され，学説上も通説と思われる。すなわち，投資取引においては自己責任に基づく自己決定原則が大前提となるが，金融商品を販売する業者と顧客との情報・知識の大きな格差の存在を踏まえると，真に対等で自由な顧客の意思決定を確保するためには，業者に顧客への情報提供義務を負わせることが正当化されるというのである。

(2)　平成25年最判と平成28年最判を通じて見えてきたもの

平成25年最判と平成28年最判の詳細な事案の紹介と分析は紙数の関係で割愛するが，両最判は，デリバティブ関係商品について説明義務違反の有無が争われたという点では同一延長線上の問題といえるものの，内容的には好対照なケースについて，非常に興味深い判断を示している。すなわち，平成25年最判は，対象商品がプレーン・バニラ・タイプの金利スワップであり，デリバティブとしては最もシンプルで理解が比較的容易なものである一方，顧客は地方中

＊12　実際にはニュアンスの違いも含め更に多様な見解がある。潮見佳男『不法行為法I〔第2版〕』（信山社，2013）139頁以下，同『債権総論I〔第2版〕』（信山社，2008）566頁以下参照。

堅企業（パチンコ店，足場設置工事会社）であり，デリバティブ等の金融商品取引に
ついて特段の経験・知識があるわけではなかった。他方，平成 28 年最判では，
極めて複雑・難解で高度な経験・知識を要する取引[*13]が行われているものの，
顧客（武富士）は，東証一部及びロンドン取引所に株式を上場させ国際的な金融
事業を行っている大企業であり，本件以前にも同様の取引を行った経験があっ
たというのである。

　このように，平成 25 年最判と平成 28 年最判は，商品特性も顧客の属性もまっ
たく対照的な事案でありながら，説明義務の骨格として，いずれも「取引の基
本的な仕組み」と「リスク」の説明をもって，基本的に説明義務は尽くされた
という判断が示されている点が注目される。この枠組みは，私法上の説明義務
（損害賠償の根拠となる説明義務）を規定する実定法である金販法 3 条 1 項とも調和
するものである。すなわち，同項は，説明義務の対象として，リスクの内容及
び要因（同項各号の各イ，ロ）と，「取引の仕組みのうちの重要な部分」（同ハ）を要
求しており，これは最判の用語にいう「取引の基本的な仕組み」と「リスク」
に相応するものと考えてよいと思われる。

　特に，平成 25 年最判では，「清算金の具体的な算定方法」，「先スタート型と
スポットスタート型の利害得失」については，説明義務自体が否定されており，
最判が考える「取引の基本的な仕組み」の範囲を理解するうえで参考になる。
また，「固定金利の水準が妥当な範囲にあるか否かというような事柄」は，自己
責任に属するものであり説明義務が及ばないと判示しているが，これは，上記
(1)で述べたとおり，自己決定原則を大前提に，情報格差の是正，自己決定基盤
の確保を図る限度での情報提供義務を要請するという説明義務の基本的な思想
との親和性を示すものといえる。

(3)　説明義務をめぐる個別の論点について

(a)　金融工学的知見，過去の指標データの説明義務

[*13]　ごく簡単にいうと，顧客である武富士が，その発行した社債（総額 300 億円，利率年 4 ％）の
実質的ディフィーザンス（オフバランス化）を行うため，その元利償還金原資を信託銀行に信託
し，信託銀行は，インデックス CDS の組み込まれた仕組債でその運用を行うというものである。
この仕組債は年 4 ％の利払に見合うものであることが要求される一方，高い格付を得る必要が
あり，そのために複雑なキャッシュフローが組み込まれている。そして，業者であるメリルリン
チと仕組債の発行体の間では，この仕組債の元利金の支払を目的とするスワップ取引が行われ
るが，インデックス CDS と担保証券の評価額が大きく低下すると期日前償還（事実上は額面割
れでの清算）を行うものとされていた。詳細は判文及び評釈を参照されたい。

13　デリバティブ取引関係訴訟

上記**1**（最近の訴訟の特徴）で触れたとおり，近年のデリバティブ関係訴訟においては，金融工学的知見とか過去の指標データの説明義務違反等の主張がされるなど，説明義務に過剰ともいえる要求が盛り込まれる傾向が生じていた。しかし，平成25年最判及び平成28年最判を通じて，説明義務の対象は基本的に「取引の基本的な仕組み」と「リスク」に尽きるという理論的な骨格が示され，かなり議論は整理されてきたように思われる。今後の実務における審理の焦点は，そのような「説明義務の対象」よりは，顧客の属性に応じた「説明の方法・程度」（金販3条2項）に移っていくのではないかと思われる。

(b) プライシングに関する説明義務

他方，説明義務の分野で残された課題となっているのは，プライシング内容の説明義務（理論価格，価格の構成要素，特に業者利潤の開示義務）の問題である[14]。これが投資判断の前提として不可欠なものといえるかどうかをめぐっては様々な議論があるが，水掛け論の域を超えて，積極説の立場から十分な根拠が実証的に示されているとはいえないように思われる。

また，このテーマは，業法上の「手数料等」の開示義務（金商37条の3第1項4号，金商業81条）とも関連するが，少なくとも現状の業規制の実情[15]を前提とする限り，直ちに私法上の義務としてこれを肯定することは困難であると思われる。もっとも，今後，日本証券業協会等の自主規制を含め，手数料等（特に業者利潤）の開示が進展する場合には，それを反映した私法上の義務を改めて検討する必要はあると思われる。このような観点から議論が展開していく可能性は残されていると考えられ，今後の動きを注視する必要がある。

3　適合性原則違反をめぐる議論の整理と展望

(1)　現在までの理論的到達点

適合性原則の直接の実定法上の根拠は，金商法40条1号の行為規制であって，本来的に業法上の規制（業法ルール）である。しかし，この規制を私法ルールに反映させる解釈論上・法制上の模索が続けられてきた結果，①解釈論レベルでは，平成17年最判が示した「適合性原則違反を理由とする不法行為」があり，

---

* 14　業者利潤が高すぎることを理由に契約の無効を導くアプローチ（公序良俗違反等）も考えられるが，一般的にいって，ハードルが高くてさほど有効でない場合が多いと思われる。
* 15　福島良治「店頭デリバティブ取引のプライシングや手数料の説明に関する補論」金法1978号71頁参照。

②立法的に手当てされたものとしては，適合性原則の考え方を説明義務の方法・程度として投影した金販法３条２項がある。

このうちの前者（①）は，「狭義の適合性原則」の考えに基づくものとされる。狭義の適合性原則とは，「ある特定の利用者に対してはいかに説明を尽くしても一定の商品の販売・勧誘を行ってはならない」というルールである。これは，自己責任原則が妥当する自由競争市場で取引耐性のない顧客を後見的配慮に基づいて市場から排除することによって保護するルールにほかならず，これを「排除の論理」と呼ぶことがある。平成17年最判の判決文からも，このような思想が背景にあることを読み取ることができる。

これに対し後者（②）は，「広義の適合性原則」の考えに基づくものとされる。広義の適合性原則とは，「業者が利用者の知識・経験・財産・目的に適合した形で販売・勧誘を行わなければならない」というルールである。顧客の属性（知識，経験，財産の状況及び当該金融商品の販売に係る契約を締結する目的）に応じた説明義務の実質化を図ったものとされ，この考え方は，金販法を直接の根拠規定とする損害賠償請求だけでなく，金融商品の販売に係る投資損害賠償請求に関する限り，一般不法行為に基づくものであっても妥当するものと解される。

(2) 適合性原則と私法ルールに関する未解決の問題

(a) 学説の状況等

「適合性原則の私法ルールへの反映」というテーマに関し，なお未解決となっている課題として，広義の適合性原則が包含する「投資支援」の側面に着目した新たな不法行為類型の当否，そのあり方という議論がある。その嚆矢となったのは，平成17年最判の才口千晴裁判官の補足意見に示された「指導助言義務」であると思われる。学説でも，かねて潮見佳男教授は，適合性原則は「商品の勧誘・販売に際しては顧客の目的や資産状況に適合した商品を推奨し，販売しなければならない」という「推奨ルール」が含まれているとして，これに着目した「積極的投資支援型の投資者保護理論」を提唱していたところである[16]。

(b) ヘッジニーズ不適合事案

---

[16] 潮見・前掲注（*11）のほか，同「投資取引と民法理論―証券投資を中心として（1）〜（4・完）」民商117巻6号807〜840頁，118巻1号1頁，2号161〜177頁，3号362〜380頁（特に，118巻3号378頁），同「適合性原則違反の投資勧誘と損害賠償」新堂幸司＝内田貴編『継続的契約と商事法務』（商事法務，2006）165頁。また，王冷然『適合性原則と私法秩序』（信山社，2010）（特に367頁）も参照。

上記のテーマに関して特に問題となるのは，業者において顧客のヘッジ目的に適うものとして勧誘されたにもかかわらず，実際に販売されたデリバティブ商品は顧客の具体的なヘッジニーズに適合していなかったという事案（ヘッジニーズ不適合事案）への対応であり，従前の実務の二本の柱とされてきた「狭義の適合性原則違反」と「説明義務違反」というツールで対応するには，ミスマッチの感を免れず，これを適切に救済する理論的受皿が整備されてこなかったように思われる。従前，このような類型は，主に金融 ADR で適合性原則違反の問題として処理されてきたことは前述したとおりであり（上記Ⅲ2(1)(d)），その実績は高く評価されるべきものであるが，そこでいう適合性原則とは，狭義と広義のいずれを指すのか，前者だとすると排除の論理という思想と整合するのか，後者だとすると従来の判例法理の枠を超えたものとなるがいかなる法理として理解すべきなのかといった議論は詰め切れておらず，裁判規範としての通用性，成熟性には疑問が残るといわざるを得ない。

(c)　不適合商品勧誘の不法行為

　私見としては，「狭義の適合性原則」，「排除の論理」に由来する不法行為類型（仮にこれを「不適合顧客勧誘の不法行為」と呼ぶ。）と並置する形で，「広義の適合性原則」，「支援の論理」に由来する不法行為類型（仮にこれを「不適合商品勧誘の不法行為」と呼ぶ。）を構築する必要があると考えている。前者（不適合顧客勧誘の不法行為）は，適合性原則の考慮要素のうちの特に顧客の判断能力（知識，経験）及び財務耐久力（財産の状況）との不適合が問題となる場合であるのに対し，後者（不適合商品勧誘の不法行為）は，投資目的との不適合が問題となる場合と考えることもできる。その内容は，一般的・包括的な指導助言義務といったものではなく，①顧客のヘッジニーズに適うことをうたった自らの勧誘行為（先行行為）に基づく作為義務（誤解を解く義務）の要素，②誤導的な説明により投資判断を誤らせたという要素，③信認関係を背景とする専門家に対する信頼の保護の要素といった実質的根拠に裏づけられている必要があると考えている。もっとも，現時点では，試論の域を出ないものであり，その概念，射程等を含め，今後の議論に委ねられる部分が多いと認識している。

14 シンジケートローンにおける約定内容と契約法の機能

浅 田 　 隆

I　はじめに

　海外金融市場において誕生し我が国に導入されたシンジケートローン取引は,今や我が国においても有力な金融取引手法となっている。その取引内容は,主に民法に基づく契約が重視され,契約自由の原則の下,詳細な約定化により設計されている。すなわち,シンジケートローン取引においては,消費貸借,(準)委任,売買など民法上の典型契約に加えて,海外での契約実務を参考とし,また取引実務の要請から,様々な非典型契約が用いられている。

　本稿では,シンジケートローン取引について,概要を述べたうえ,契約法を中心に,今般の民法改正による影響や同改正に係る法制審議会民法(債権関係)部会(以下「法制審」という。)での議論に適宜触れながら,検討することとしたい。また,類似するファイナンス形態である社債に係る規律(会社法,金融商品取引法等)と対比することにより,契約法による取引設計上の特徴も述べることとしたい。なお,本稿の意見は私見であって,筆者が所属する組織とは関係がない。

II　シンジケートローンの概要

1　基本的な仕組み

　シンジケートローンは,一般に,複数の金融機関が協調し,ある借入人に対して同一契約書に基づき融資を行う貸付形態を指す[*1]。

[*1]　教科書的文献として,さしあたり,神田秀樹ほか編著『金融法講義〔新版〕』276頁(岩波書店,2017)〔渡辺展行〕,青山大樹編著／佐藤正謙＝丸茂彰監修『詳解シンジケートローンの法務』(金融財政事情研究会,2015)4頁,坂井豊監修／渥美坂井法律事務所・外国法共同事業編『最新シンジケートローン契約書作成マニュアル〔第3版〕』(中央経済社,2018)。また,Philip Wood,

我が国における伝統的な相対貸付（以下「相対貸付」という。）取引では，金融機関が協調的に同一時期に貸付を行う場合でも，借入人と個別に条件交渉をし，各金融機関が個別に，おのおの定める銀行取引約定書及び金銭消費貸借契約書に基づき，融資や回収・債権保全を行う。これに対し，シンジケートローンでは，以下の特徴を有する。融資に参加する金融機関（以下「参加金融機関」という。）は，それぞれ借入人に対し個別独立した金銭消費貸借契約を締結するものの，①その約定内容については，（融資額は別として）利率・期間・弁済条件等は同一の条件であって，弁済や回収金の扱いについても，原則として参加金融機関が公平・平等に取り扱われるように約定されている（「公平性」)[*2]。また，②参加金融機関間の団体性を尊重し，借入人に対する権利行使（元利金の回収，契約変更等）が協調的になされるよう約定がなされ（「団体性」），例えば請求により期限の利益を喪失させること（以下「請求失期」という。）の可否判断などは，あらかじめ定められた手続に基づき，参加金融機関全体（「シンジケート団」又は「シ団」と呼称される。）としての意思結集を行ったうえで，権利行使が斉一的に行われるように設計がなされる。さらに，③シンジケートローンの組成・期中管理は，借入人や各貸付人が個々で行うのは容易でないので，特定の金融機関等にその業務を担当させる。すなわち，組成に際して，借入人は，特定の金融機関等（「アレンジャー」と呼称される。）にその組成を委託し（「マンデート」と呼称される。），これに基づき，アレンジャーが，借入人と借入額その他条件を適宜協議しつつ，他の金融機関と交渉して，組成を行う。また，融資後は，参加金融機関の融資実行手続，回収その他権利行使の取りまとめ役として，特定の金融機関が（「エージェント」と呼称される。）が置かれる。また，④以上の仕組みの結果，シンジケートローン債権は譲渡性が高く，債権売買市場（「セカンダリーマーケット」とも呼称される。）での取引を指向していることも特徴である。

　このように，シンジケートローンは，金融市場（貸出に係るプライマリーマーケット及び上述セカンダリーマーケット）を活用する借入形態の調達手段であるので，「市

Law and Practice of International Finance: University Edition (Sweet & Maxell, 2007) pp. 93f, Agasha Mugasha, *The Law Of Multi-Bank Financing; Syndicated Loans and Secondary Loan Market* (Oxford, 2007) pp. 22f, Ravi C. Tennekoon, *The Law & Regulation of International Finance* (Butterworth, 1991) pp. 43f など参照。

＊2　なお，条件等が異なる複数のシンジケートローンを1つの契約にまとめるものも存在する（各層の融資は「トランシェ」と呼ばれる。）。これにより，コベナンツや保全方法を共通化し，また各金融機関の意思結集も統一的に運用することが可能となる。

場型間接金融」に分類される[3]。

2 経済的意義

シンジケートローンは，国際金融市場において 1960 年代以降に発展し[4]，邦銀もこの市場に参加していたが，我が国の金融市場で本格的に登場したのは 1990 年代後半である。これは，当時の金融危機を契機に，企業の資金調達手法や調達先の多様化が求められたこと，また特定融資枠契約に関する法律（以下「特定融資枠法」という。）（後述）の制定によりコミットメントラインによる将来の安定的な資金調達が可能となったことなどが背景である。その後，シンジケートローンは後述する企業及びメリットにより，貸出金額及び利用場面が拡大した。すなわち，初期には，優良な大企業に対する無担保融資が中心であったが，近時では，中小企業向けや有担保融資にも利用され，また，通常の企業融資のほかにも，M&A ファイナンス，プロジェクトファイナンス，再生ファイナンス（DIP ファイナンス）など，利用場面が拡大している。その結果，2018 年のシンジケートローンの実行件数は 3106 件，与信残高 78.6 兆円（同年 12 月末現在，うち，タームローン 58.7 兆円，コミットメントライン 19.9 兆円。なお，全国銀行貸付残高 498.5 兆円）に至っている。貸付債権売買市場については，我が国ではまだ市場拡大は十分とはいえないが，2018 年の 1 年間で計 1063 件，2.5 兆円（正常債権，指名債権譲渡方式）となっている[5]。

シンジケートローンのメリットは，借入人にとって，①調達先が増え，多額の調達が可能となること，②アレンジャーにより，融資交渉・契約手続が一元化されること，③複数金融機関との交渉過程により，「マーケット・メカニズム」が機能するので，より客観的な資金調達が可能となること，④IR（インベスター・リレーション）活動により財務や事業内容のアピール機会が与えられること等が挙げられる。

また，金融機関にとっては，セカンダリーマーケットの活用も含め，①特定の借入人に対するリスク分散や，機動的なポートフォリオ運営（ALM）が可能と

---

[3] 定義等につき，小谷範人『シンジケートローン市場構造と市場型間接金融』（淡水社，2009）114 頁以下参照。

[4] 80 年代までの歴史につき，澤木敬郎 = 石黒一憲監修／三井銀行国際金融研究討議グループ著『国際金融取引(1)実務編〔新版〕』（有斐閣，1989）12 頁以下が詳しい。

[5] 現在，全国銀行協会が取組金額を定期的に取りまとめ公表している（「貸出債権市場取引動向」「全国銀行預金・貸出金速報」https://www.zenginkyo.or.jp/abstract/stats/）。

14 シンジケートローンにおける約定内容と契約法の機能 　　287

なること，②新規取引金融機関にとっては新規取引獲得の機会となること，③
エージェントの存在によって，一定の期中管理が効率的に処理されること，④
アレンジャー等就任により非金利手数料の収益機会となることが挙げられ
る[*6]。

3　契約書上の特徴とその法的意義（総論）

(1)　契約標準化への志向

(a)　特　　徴

㋐　JSLA の存在

我が国のシンジケートローン契約書の内容形成にあたっては，2001 年設立の
日本ローン債権市場協会（英文略称：JSLA）の貢献が大きい。JSLA は，市場の健
全な拡大（我が国におけるローン債権の流動性の向上，シンジケートローンの組成市場や
ローン債権の売買市場〔セカンダリーマーケット〕等の健全な成長），標準的契約の整備，
標準取引方法の整備等を目的として，金融機関，格付機関や弁護士事務所など
の市場関係者から成る民間団体である。JSLA は，特別法により自主規制や約
款制定権を付与されたものではなく[*7]，いわば自主・自治的な団体である。な
お，海外においても同様の団体は，米国(Loan Syndications and Trading Association,
1995 年設立)，欧州中東アフリカ（Loan Market Association, 1996 年設立。以下「LMA」
という。），アジア太平洋（Asia Pacific Loan Market Association, 1998 年設立）が存在
し，推奨契約書やユーザーガイド等を策定している[*8]。

㋑　標準的な契約書

JSLA は，「標準的契約書の整備」の一環として，与信契約に関する書式につ
き，2001 年に「リボルビング・クレジット・ファシリティ契約書」を，2003 年
に「タームローン契約書」を解説書とともに作成・発表した[*9]。また，債権売

[*6]　神田ほか編著・前掲注（＊１）277 頁以下，Mugasha・前掲注（＊１）86 頁，小谷・前掲注（＊
　　3）6 頁，など参照。また，金融機関に対する取引意義のアンケート結果につき，シンジケート
　　ローン研究会「シンジケートローン取引に関する実態調査アンケート報告」（2013 年）問5②，
　　問9参照（http://www2.osipp.osaka-u.ac.jp/~nomura/project/syndicated/index.htm）。

[*7]　一部の有価証券売買等取引約款については，金融商品取引法に基づき認可金融商品取引業界
　　協会が約款内容を制定等している（浅田隆「定型約款（その１）」債権法研究会編『詳説 改正債
　　権法』（金融財政事情研究会，2017）382 頁，特に脚注 36 参照）。

[*8]　西村あさひ法律事務所編『ファイナンス法大全上〔全訂版〕』(商事法務，2017) 477 頁。Wood・
　　前掲注（＊１）99 頁，Mugasha・前掲注（＊１）204, 585 頁以下等。

[*9]　一連の JSLA 公表資料は JSLA ホームページ（https://www.jsla.org）に掲載されている。

買取引の契約書式に関しても，JSLA は，2001 年に，「貸付債権譲渡に関する基本契約書」及び個別契約書として「貸付債権譲渡契約書（汎用バージョン）」並びに解説書を公表した。さらに，問題債権（不良債権）を対象とする売買取引についても，JSLA は 2005 年に，別途「貸付債権譲渡に関する契約書（問題債権用）」を公表した。金融機関等は，この推奨契約書をベースとしながら，独自の雛形契約書を作成し，個別案件に使用していたところ，その後，JSLA は各自の雛形を持ち寄って比較調査し，契約実態に合わせた「推奨契約書」の策定を行い，2013 年に，「コミットメントライン契約書」（以下「CL 契約書」又は「CL」という。），「タームローン契約書」（以下「TL 契約書」又は「TL」という。），「貸付債権譲渡に関する基本約定書」及び「貸付債権等譲渡契約書（汎用バージョン）」「貸付債権等譲渡契約書（異議なき承諾バージョン）」を平成 25 年度版として公表した[10]。

　以上の契約書は，一般的な企業向け無担保融資取引を念頭に作成された標準的な契約書式であって，個別取引の事情，アレンジャーの方針や交渉内容等によって，適宜加除修正がなされるものである。もっとも，実際上，我が国の実務で用いられている契約書においては，基本的な約定内容に大きな差異がないように思われる[11]。

　　（ウ）　行為規範等

　加えて，JSLA は，「標準取引方法の整備」の一環として，まず，セカンダリー取引について，2002 年に，公正な市場としての発展と貸付債権の流動性が高められることに必要になるルールを定めるとして，「ローン・セカンダリー市場における情報開示に関する行為規範」（以下「JSLA 情報開示規範」という。）を公表し，次いで，プライマリー取引については，2003 年に，借入人に関する情報，契約内容の尊重に焦点を当て，関連当事者に期待される役割と責任について論点整理を行い，現行実務における契約関係から導かれる法的義務をベースに「ローン・シンジケーション取引における行為規範」（以下「JSLA 行為規範」という。）を公表した。さらに，取引参加者に望まれる行動と役割につきベストプラクティ

＊10　村本修「シンジケートローンの取引形態と諸課題への JSLA の取組み」金法 1948 号 12 頁。平成 25 年度版標準約定書についても https://www.jsla.org に掲載。なお，平成 25 年度版解説書は，JLSA 会員向けのみ開示されているが，概要は，佐藤正謙＝青山大樹「平成 25 年改訂版 JSLA 標準約定書の概説」金法 1967 号 6 頁以下参照。

＊11　シンジケートローン研究会・前掲注（＊6）問 19 参照（取引経験ある 65 金融機関中，31 機関が JSLA を 6 機関が LMA 等を利用しているとの結果）。筆者は，一時期，所属する銀行が締結するすべてのこの種の契約をチェックする機会があったが，作成者によって，実質的な内容に差異はなかったとの印象がある。

スを示すために，2007 年に「ローン・シンジケーション取引における取引参加者の実務指針について」（以下「JSLA 実務指針」という。）も公表している[*12]。

(b) 法的意義

(ア) 標準契約書の効用

　一般に，金融取引契約の標準化には，取引コストの低減，（約款以外の）契約条件の比較可能性の向上，取引銀行変更コストの低下による競争の促進，金融取引の商品化(コモディティ化)，法的明確性の向上，内容の適正性の確保等のメリットがあり，一方で，顧客の選択・交渉機会の喪失，個別事情に適さない契約内容であっても放置されること等のデメリットがあると指摘されている[*13]。シンジケートローン取引においては，①複数の参加金融機関を含め契約当事者が多いこと，②転売市場における潜在的債権譲受人も想定し，流動性を高める必要があること，③約定内容が多岐にわたること等を踏まえると，標準化の必要性が高いといえる。そして，市場参加者による契約の利用や交渉の積み重ね，また上述推奨契約の見直し過程において，契約条項の詳細な解釈についても順次共有化されていよう。

(イ) 慣習の形成

　加えて，JSLA 情報開示規範や JSLA 行為規範は，その策定過程及び現在までの周知・運用に鑑みると，私見では，少なくとも金融機関における商慣習又は商慣習法（法適用 3 条，民 92 条，商 1 条）といえるに至ったと評価可能と思われる[*14]。そうだとすれば，契約に関する場面においては，いわゆる事実たる慣習

---

*12　日本ローン債権市場協会「『ローン・シンジケーション取引に係る取引参加者の実務指針』の概要」金法 1821 号 8 頁。

*13　森下哲朗「団体による標準契約書等の作成」金融法務研究会『金融取引における約款等をめぐる法的諸問題』〔金融法務研究会報告書26〕（金融法務研究会事務局，2015）79 頁。

*14　制定過程につき，JSLA 行為規範 1 ⑶（1 頁），注 2（11）頁。また，制定直後の論考につき，吉田正之「ローン・シンジケーション取引における行為規範―商慣習・商慣習法と関連して」金法 1701 号 10 頁以下参照。筆者は，その後実務運用に鑑みると，現時点では，同規範は，商慣習等を叙述しているものと評価可能と考えている。事実，後述（**V** 1 ⑸(a)(ウ)）するとおり，アレンジャーの情報開示に関する最高裁判決等において，JSLA 行為規範の記載内容が参照されたと考えられるものがある。
　また，特に JSLA 情報開示規範では，その冒頭（「1．目的」）で，「本行為規範は……必要となると思われるルールを定めるもの」と記載していることから，これを「ソフトロー」と類型づけすることも可能かもしれない。この場合，裁判所としてどういう場合に商慣習・取引慣行を裁判規範として取り込むかという議論はあろう。この点，本規範が市場参加者間で反復継続して遵守されると認められれば，ソフトローの私法的効果の一つとして，慣習（法）として法的意義を有する場合があるとされる（清水真希子「ソフトロー：民事法のパースペクティブ（3・完）」阪大法学 68 巻 3 号 742 頁参照）。

として，契約その他の意思表示の解釈の基礎となり，また，意思表示で述べられていないことを補充する（民92条参照）効果をもつ[15]。さらに，商慣習法とされるときは，民法の規定を超えて適用されることになる（商1条）。

JSLA 行為規範においては，アレンジャーと参加金融機関間など直接契約関係にたたない当事者間について，後述するように不法行為責任を除き基本的に権利義務がない旨の記載があるほか，契約当事者間について，「II　ローン・シンジケートローン契約の尊重」の記載がある（3頁以下）。そこでは，例えば，「契約当事者は，シンジケーション契約書の内容を尊重すべきであり，他の契約当事者に対し契約書上で明示された以外の権利・義務を主張すべきでない」（同2項）等を明示している。この内容は，シンジケートローンには多数の当事者が関与し，また債権の流通が想定されていること，並びに詳細な約定内容が規定されていること（後述）から合理的である。以上に鑑みると，シンジケートローン取引の契約関係は，少なくとも金融機関間（参加金融機関・アレンジャー・エージェント間）については，まずは契約書に規定されたことを優先して考慮すべきであり，逆に契約書に規定されていない事項は，（いわば英米契約実務でいう完全条項〔Entire Agreement Clause〕付契約[16]のように）原則として考慮すべきではないと考えられる[17]。

(ウ)　定型約款の非該当性

なお，平成29年改正民法においては，約款のうち一定のものが「定型約款」として改正民法548条の2以下の特則の適用を受ける。この点，JSLA 策定の契約書（上述(a)(イ)）は，JSLA が利用を推奨する標準的な契約案文であって，アレンジャーの方針や個別取引における関係者間交渉によって修正が加えられることが想定されている。したがって，これら契約書は，いわゆる「ひな型」であって，定型約款の定義（新民548条の2第1項）における要件としての画一性や補充目的性を欠くことから，定型約款に該当しないと考えられる[18]。よって，

---

[15]　吉田・前掲注（＊14）12頁，川島武宜＝平井宜雄編『新版注釈民法(3)総則(3)』（有斐閣，2003）252頁以下〔淡路剛久〕参照。

[16]　坂井監修・前掲注（＊1）333頁以下。なお，TL や CL 契約には同条項はない。

[17]　吉田・前掲注（＊14）13頁。ただし，この商慣習等は強行法規ではないので，個別事案での契約当事者間において口頭・黙示合意が成立していたと事実認定される場合は，当該個別契約が認められよう。もっとも，その事実認定にあたっては，この商慣習等が斟酌されるであろう。

[18]　浅田・前掲注（＊7）407頁，井上聡＝松尾博憲編著『practical　金融法務　債権法改正』（金融財政事情研究会，2017）279頁〔髙梨俊介〕。なお，業界団体作成ひな型を利用する場合につき，村松秀樹＝松尾博憲『定型約款の実務 Q&A』（商事法務，2018）45頁，58頁参照。

従来とおり，通常の契約の一類型として取り扱われる。

(2)　詳細な契約による取引内容の設計

(a)　設計の必要性

(ア)　根拠法としての民法（契約法）

　私法上，シンジケートローンと同様に均一の金銭債権を用いて資金調達を行う手法として，会社法に基づく社債がある。会社法上に特別な規定を置く理由として，①権利の流通を可能とすること（有価証券化），②対公衆起債のため発行について特別の技術処理を設けること（募集社債の割当等），③多数の社債権者を保護し集団的な取扱いを行うこと（社債管理者設置，社債権者平等の確保等）が挙げられる[19]。シンジケートローンでも同様に，①転売による債権の流通を想定していること，②複数（多数）貸付人を招聘すること，③貸付人間の関係性（平等性，団体性）及び一斉的取扱い（エージェント）が構築されているなどが必要であり，この点，社債と同様といえる。

　しかし，社債においては，会社法というパッケージ化された根拠法により上述の目的が達せられているのに対し，シンジケートローンにおいては，特別法がないので，民法とりわけ契約法によって，これを設計するほかない。すなわち，後に詳述するとおり，①債権売買を前提としたローン契約及び債権譲渡契約の標準化，②アレンジャーによる参加金融機関の招聘活動と契約締結実務，③参加金融機関間の平等性と団体性等を確保するためのシンジケートローン契約書上の約定により設計している。例えば，団体性を設計するために，社債では債権者集会を会社法上の規律として設けているのに対し[20]，シンジケートローンでは，エージェントと参加金融機関の意思結集手続を約定によって設けていることになる。

　さらには，シンジケートローン取引では，海外金融契約に用いられる与信管理手法を導入し，貸付実行（の）前提条件（Conditions Precedent），表明保証（Representation & Warranties），誓約事由（Covenants）等の条項を利用している。これらは我が国の民法上また伝統的な契約実務上も，直接該当する概念がなく，よって，同様の効果を契約により創出していく必要が生じる。

＊19　神田秀樹『会社法〔第21版〕』（弘文堂，2019）326頁。
＊20　神田・前掲注（＊19）333頁参照。

(イ)　限定的な公法規制

公法上の取引規制として，社債には，金融商品取引法の適用があり，発行・流通等について規律づけがなされている。これに対して，シンジケートローン取引を直接対象とする公法規制はない[21]。なお，平成18年証券取引法改正時に，シンジケートローン債権は，社債との類似性に鑑みて，「みなし有価証券」として取り扱うべく政令指定（現在の金融商品取引法2条2項7号）とすべきとの議論があった。しかし，資金提供者が金融機関である実態や，条件や開示内容ついて個々の検討を行う余地があることなどから，今後とも取引実情などに注視して引き続き検討を行うべきとされつつも（平成17年12月22日金融審議会金融分科会第一部報告），政令指定はされなかった[22]。以上より，シンジケートローン取引の規律は，約定（及び行為規範による自主的な規律づけ）によるしかない。

業者規制としては，銀行は銀行法上，業務範囲規制を受けるが，貸付（含むコミットメントライン設定）は貸付業務（銀行10条1項）として，アレンジメント業務やエージェント業務は「その他の付随業務」（同条2項柱書）として，貸付債権売買業務は「金銭債権の取得又は譲渡」（同条2項5号）として，営業として行うことが可能である。

なお，当然，一般的な公法規制の適用は受ける[23]。例えば，当該取引により，競争行為を阻害して独占禁止法に抵触しないか[24]，エージェントによる不良債権の回収により弁護士法72条や債権管理回収業に関する特別措置法（サービサー法）に抵触しないか[25]，利息や手数料収受が出資法上の高金利規制（みなし

---

[21] 　JSLA 行為規範1頁は，この認識を前提に，公的規制に期待することなく，貸付取引のプロであることから，市場参加者の共通の理解に基づく市場慣行を実現することを志向していると述べる。

[22] 　ただし，一時期，みなし有価証券対象となった一部の学校債につき，その定義が学校法人等向けシンジケートローンに該当することとなった（詳細は，JSLA「『金融商品取引法下における学校法人等向けシンジケートローン実務指針の検討』の JSLA 会員向け公表にあたって」(2008年12月)参照）。現在では，金融機関のみが貸付人である場合には，同法適用が除外されている（金商令1条の3の4第3号）。

[23] 　神田秀樹ほか編『金融法概説』（有斐閣，2016）268頁〔浅田隆ほか〕参照。

[24] 　荒井弘毅「シンジケートローンと独占禁止法」公正取引784号44頁。EU 競争当局は，2017年に市場調査を開始し（Management Plan 2017 DG COMPETITION (http://ec.europa.eu/competition/publications) 11頁），2019年に委託調査報告書を公表した（European Commission "EU loan syndication and its impact on competition in credit markets" (http://ec.europa.eu/competition/publications/reports/kd041933enn.pdf)）。

[25] 　特に貸付債権が不良債権化した場合に，エージェントが引き続き回収業務を行うならば問題となる。青山編著・前掲注（＊1）313頁，JSLA「貸付債権譲渡に関する基本約定書及び貸付債権譲渡契約書 (JSLA 平成13年度版)の解説」32頁以下参照。実務では，シ団を解体しエージェントは辞任することが多い。

利息）に抵触しないか（後述）といった検証が，個々の取引実態に照らして必要となる。

(b) 法的意義

以上のとおり，シンジケートローン取引内容には，我が国の民法が想定していないものがあり，公法上の規律もない。そのため，類似する機能の典型契約の活用や，契約自由の原則に基づく約定内容の工夫により，関係当事者間の法律関係を適切かつ十分に設計する必要がある。

そして，上記(1)も併せ考えると，また海外シンジケートローン約定内容を参考にすると，シンジケートローン契約には，相対融資契約（銀行取引約定書と金銭消費貸借契約等）と対比して，相当に詳細な約定が必要となる。ある借入人にとっては，その多数の金融機関との間では，それぞれの金融機関との取引経緯に応じて包括的な契約書，慣行，黙示の合意事項等が各別に存在する可能性があるところ，これを排除し，斉一的な法律関係を各当事者間に設定するためにも，おのおのの事由に関してあらかじめ詳細な約定を明記しておくことは重要である。同様の意味で，シンジケートローン契約には，各参加金融機関が銀行取引約定書を締結していたとしてもこれを排除する条項がある（TL28条4項参照）。

(3) 契約書の基本構成

シンジケートローン取引において使用される契約書には，典型的には，融資の際に締結される，①借入人と参加金融機関・エージェント間のシンジケートローン契約書（例えば，TL契約書やCL契約書），②借入人とアレンジャー間のマンデート・レター（アレンジメント契約書）がある。また，債権売買時に締結される際に締結される，③譲渡人と譲受人との間の債権売買契約書がある[26]。さらに，取引によっては，担保関連契約や貸付人間協定書などが別途締結されることがある。

本稿では，契約法を主に論じるため，上記契約内容を分類して，以下，Ⅲ資金供与に関する契約（ローン及びコミットメントライン契約，上記①の一部），Ⅳ貸付人間関係を規律する契約（平等性，団体性の設定，上記①の一部），Ⅴ役務提供に関する

---

[26] なお，売買契約に代えて，パーティシペーション（利益参加）契約が用いられることがある。これは，貸付人が，パートインする「参加者」より対価を受け取る代わりに，借入人から受け取る元利金の全部又は一部を渡すことを約する無名契約である。借入人に知られずに取引ができるが，参加人は，借入人と当該貸付人双方の信用リスクを負担する（山岸晃「金融機関の貸出債権にかかるローン・パティシペーションの取扱い」金法1423号35頁，また，西村あさひ法律事務所編・前掲注（＊8）435頁参照）。

契約（アレンジメント契約，エージェント契約，上記②及び①の一部），Ⅵ債権売買契約
（上記③）に分けて，シンジケートローンの特徴[27]及び契約法上の論点に重点を
置き，海外（英米）の契約や我が国での民法改正議論に適宜言及しつつ，述べる
こととしたい。

Ⅲ　資金供与に関する契約

1　シンジケートローン約定内容と特徴

以下，シンジケートローンの典型的な約定書例として，JSLA 策定の TL 契約
書，CL 契約書について検討する（ただし，両契約書には重複している条項が多いこと
から，条文引用する場合は，主に TL 契約書条項を引用して説明する）。

（1）　約定内容

まず，TL 契約書については，計 28 条からなっており，大別すると，①融資条
件（貸付人の権利義務，貸付実行前提条件，貸付の実行／不実行，増加費用及び違法性，利
息・遅延損害金，表明保証，コベナンツ），②返済方法（元本弁済，期限前弁済），③参加
金融機関間の調整（貸付人への分配，相殺・許容担保権の実行等），④エージェント条
項（エージェントフィー，エージェントの権利義務，辞任及び解任），⑤変更（契約の変更，
借入人による地位譲渡等，貸付実行後の譲渡，第三者からの回収等），⑥その他（定義，一
般規定）に分類できる。

これらを大別すると，例外もあるが，おおよそ，①②⑤⑥は，相対融資契約
においても見受けられる条項である。ただし，前述のとおり，我が国の伝統的
な相対融資契約（銀行取引約定書と金銭消費貸借契約等）に比し，詳細な約定がなさ
れている。また，③④は，複数の貸付人間の権利義務の調整に必要となる取決
めであって，シンジケートローンに特徴的な条項である（それぞれⅣ，Ⅴにおいて
後述する。）。このようにシンジケートローン契約書は，相対貸付における契約書
（銀行取引約定書と金銭消費貸借契約又は貸付手形など）と比べ，契約条項が多く，数十
ページに及ぶことが多い。

また，コミットメントライン取引（後述3）を追加した CL 契約書は，計 33 条
からなっている。具体的には，TL 契約書の約定に加え，第 4 条（本契約の発効），

---

[27]　相対貸付等など銀行取引一般に係る改正民法の影響については，井上 = 松尾編著・前掲注（＊
18）参照）。

第5条（借入の申込），第9条（貸付人の免責），第15条（コミットメントフィー），第32条（全貸付人の貸付義務の終了）と，コミットメント契約の成立，借入手続・手数料，免責に係る約定が規定されている。

2　貸付契約
(1)　改正前民法下での諾成的消費貸借契約
　民法の典型契約の分類上，TL 契約書における貸付契約は，金銭の消費貸借契約である。

　改正前民法上，消費貸借契約は要物契約（民587条）であり，通常の相対貸付の契約書では，契約日と借入日が一致するように作成されている。これに対し，シンジケートローンでは，契約成立日（契約締結日）とは別に貸出実行日が設定されており，また，融資実行日には後述する「貸付実行の前提条件」（TL 4条）を充足することが貸付の条件となっている。この方式は，英国法やニューヨーク法を準拠法とすることが多い国際的な（シンジケート）ローン契約書では一般的である[28]。英国法等では要物性の制約がないので，契約締結後・融資実行の間に一定の確認作業（due diligence）の機会を設定することは，可能かつ合理的であるからである。我が国においても，少なくとも有償（有利子）の消費貸借については，判例[29]や，学説[30]で諾成的消費貸借が認められていることから，シンジケートローン契約書では，この考え方を採用したと考えられる。なお，諾成契約とすれば，貸付人にとっては，契約締結時点で「貸付義務」が発生することから，その後に借入人が信用悪化した場合にも融資実行を回避できないという与信リスクをはらむことになるが，上記「貸付実行の前提条件」条項の設定により，このリスクは適切にコントロールされることになる。

(2)　改正民法の影響
　改正民法においては，明文で，諾成的消費貸借が，「書面でする」場合に認められた（新民587条の2第1項・2項）。また，諾成的消費貸借契約は，「貸す債務」を含む双務契約となると考えられる。そうすると，「貸付実行の前提条件」は，

---

[28]　Wood・前掲注（＊1）100頁，Mugasha・前掲注（＊1）230頁参照。

[29]　最判昭48・3・16金法683号25頁，最判平5・7・20裁判集民169号291頁・判タ872号183頁。

[30]　内田貴『民法Ⅱ債権各論〔第3版〕』（東京大学出版会，2011）251頁，中田裕康『契約法』（有斐閣，2017）356頁参照。

消費貸借契約が成立したうえで「貸す債務」の履行条件を定めるものと構成するのが素直であるし，また，契約文言（「充足されることを条件に……個別貸付を実行する。」(TL 4 条)）にも整合的である。したがって，改正民法は，改正前における実務につき，上記の点において，法的安定性に寄与するものと評価できる。

なお，改正民法587条の2第3項は，借主（と貸付人）が破産手続開始の決定を受けたときにはその消費貸借契約の効力を失うと規定する一方で，会社更生や民事再生手続開始のときの効力については規定しておらず，双方未履行契約の解釈等に委ねられることになる。もっとも，「貸付実行の前提条件」条項により，破産手続においてはその前（破産手続申立て）の時点で，また，会社更生などその他の倒産手続の場合でも期間の利益喪失事由（以下「失期事由」という。）の発生に該当する時点で，貸付義務が発生しないように約定されていることから，信用不安時に貸付義務が存続するといった問題は生じない。

また，改正民法587条の2第2項は，借主解除権を創設する。この解除権は強行法規とされ[31]，特約によっても排除できないと考えられる。他方，改正民法は，貸主が解除によって損害を受けたときは，借主に対し損害賠償を請求できると規定する（新民587条の2第2項）。この賠償額については，約定利息全額をうべかりし利益として請求することはできないとされるが[32]，貸付人は，再運用費用（貸出に備え市場調達していた資金を再運用に付した場合，再運用利率が低かったときに生じる損失で，適用利率と再運用利率の差に期間を乗じた金額。いわゆる Funding Loss。期限前償還時につき TL 1 条 23 号「清算金」参照）は，損害として請求できると考えられる。実務的には，この点を約定上明確にしておくことになろう[33][34]。

3　コミットメントライン契約

---

[31]　筒井健夫＝村松秀樹編著『一問一答民法（債権関係）改正』（商事法務，2018）294頁（注4）。

[32]　筒井＝村松編著・前掲注（[31]）294頁。衆議院法務委員会議事録第8号6頁（平成29年4月5日）小川秀樹民事局長回答（「貸し付けを予定していた資金，これは業者ですので，そういった資金を他の貸付先に流用することができるわけですから，……そもそも具体的な損害自体も発生していないという考え方は十分可能」）参照。

[33]　日本銀行円建てクロスボーダー・シンジケートローンに関する研究会『円建てクロスボーダー・シンジケートローン契約書参考書式』第1.7条では，貸付人の不履行以外の貸付不実行の場合に，"Break Funding Costs" の対象とされている。https://www.boj.or.jp/announcements/release_2008/data/itaku0804c.htm/

[34]　契約文言改定例として，井上＝松尾・前掲注（[18]）325頁〔長谷川卓〕参照。なお，この清算金は損害賠償金であることから，利息ではないことはもちろん，利息制限法上等の「みなし利息」にも該当しないと考えられる。

(1) 改正前民法下での法的性質

　コミットメントライン契約は，貸付残高の最高金額（極度額）を定め，その範囲内で，一定時期の間に借入人の請求があれば，貸付実行前提条件を満たしている限り，各参加金融機関が反復継続して融資を実行することを約する契約である。本契約により，借入人は，コミットメント手数料（通常は，未使用貸付極度額に一定量率を乗じた金額）を払う代わりに，手元流動性を確保することができ，もって資金調達の機動性を増大することができる。

　コミットメントライン契約の法的性質としては，改正前民法上，①消費貸借の予約（民 559 条・586 条・589 条）[*35]，②諾成的消費貸借（上述2(1)），③諾成的消費貸借の予約の考え方があり得るが[*36]，③が通説である[*37]。そして，③は，②と比べ，借主のみが予約完結権を有する点と，これに伴い，消費貸借契約の成立時点，すなわち「貸す義務」及び「借りる義務」の発生時点が異なる点において，差異がみられる[*38]。また，③では，コミットメントライン契約締結時点では，融資極度額（枠）を設定しただけであって[*39]，消費貸借契約の要素たる具体的な借入金額が確定していないことから，要物契約としても諾成契約としても消費貸借契約は成立しておらず，その予約契約が締結されたにとどまると考えられる（そして，契約当事者に破産手続開始決定があれば失効する〔旧民 589 条〕。）。その

[*35] 特定融資枠法（後述）2 条に「消費貸借を成立させる権利」との文言がある。もっとも，これは，法制上，諾成的消費貸借が認められるかの論点を回避する（道垣内弘人『ゼミナール民法入門〔第 4 版〕』（日本経済新聞出版社，2008）172 頁参照）必要から，この表現となったとも思われる。

[*36] 城市智史「現代的な貸付契約と債権法改正」金法 1874 号 104 頁。また，法制審議会民法（債権関係）部会第 54 回議事録 6 頁以降〔松本恒雄委員，鎌田薫部会長，中井康之委員の各発言〕参照。

[*37] 特定融資枠法の立案担当者解説として，揖斐潔＝古閑裕二「コミットメントライン契約に関する新法の紹介」金法 1545 号 15 頁。また，潮見佳男『契約各論Ⅰ』（信山社，2002）337 頁，中田・前掲注（＊30）117 頁，森田宏樹『債権法改正を深める』（有斐閣，2013）256 頁・261 頁，三枝健治「消費貸借の予約」潮見佳男ほか編著『Before/After 民法改正』（弘文堂，2017）384 頁，樋口孝夫『債権法改正とローン契約』（金融財政事情研究会，2018）11 頁参照。法制審でも，事務当局はこの考え方を前提としている（「部会資料 44」23 頁，法務省民事局参事官室「民法（債権関係）の改正に関する中間試案の補足説明」〔平成 25 年 4 月，以下「中間試案補足説明」という。〕445 頁）。

[*38] 中田・前掲注（＊30）356 頁，森田・前掲注（＊37）253 頁，三枝・前掲注（＊37）384 頁参照。なお，②の諾成的消費貸借における「借りる義務」の有無及び発生時点については，諾成消費貸借契約の成立によって（直ちに）借りる義務が発生するものではなく（潮見佳男『民法（債権関係）改正法の概要』（金融財政事情研究会，2017）280 頁参照），合意の内容（中田・上掲）や，貸主の履行提供の有無（森田・上掲）などにより異なると考えられる。また，改正民法においては，前述のとおり，借主解除権が規定されている。

[*39] 中田裕康「貸付をすべき義務」中田裕康＝道垣内弘人編『金融取引と民法法理』（有斐閣，2000）7 頁は，基本的契約（枠契約）と個別契約（消費貸借契約）の二重構造を指摘する。

後，借入人から請求があり予約完結権が行使された時点で，（諾成的）消費貸借契約が成立し，これに伴い（貸付実行前提条件を満たすという解除条件付で）貸す義務及び借りる義務が生じることとなる。

(2) 高金利規制を踏まえた約定内容

コミットメントライン契約の設計にあたっては，出資法と利息制限法の高金利規制を考慮する必要がある。「利息」は，現行法上「元本使用の対価であり，貸付額と貸付期間に比例して支払われる金銭その他の代替物」と考えられており[40]，コミットメント時点では使用する元本が存在しないことから，その役務対価たるコミットメント手数料は「利息」ではない。しかし，両規制法は，脱法行為を防止するため，「いかなる名義をもってするを問わず」，「消費貸借に関し債権者の受け取る元本以外の金銭」（利息３条），「貸付けに関し受ける金銭」（出資取締５条の４第４項）を利息とみなすと規定する（「みなし利息」）。コミットメント手数料が「みなし利息」に該当するかについては，解釈上は肯定説[41]・否定説[42]に分かれるが，かかる疑義を立法的に解消するため，特定融資枠法が制定された。同法は，「一定の期間及び融資の極度額の限度内において，当事者間の一方の意思表示により当事者間において当事者の一方を借主として金銭を目的とする消費貸借を成立させる権利を相手方が当事者の一方に付与し，当事者の一方がこれに対して手数料を支払うことを約する契約」（特定融資枠２条。以下「特定融資枠契約」という。）について，一定の借入人（会社法上の大会社など，十分な経営基盤と交渉能力を有すると考えられる同法２条１項各号に列挙される借入人）と締結する場合は，コミットメント手数料は利息制限法３条及び出資法５条の４第４項の適用除外[43]とすることとしている。

以上を踏まえ，CL契約書は，本コミットメントライン契約が特定融資枠契約に該当するように，一定期間に請求があれば極度額まで貸出義務を負うという一種のオプション権（予約完結権）を設定する内容としている（CL２条１項・15条参照）。CL契約上，この予約完結権は貸付実行前提条件を満たさない場合に

---

[40] 我妻榮『新訂債権総論（民法講義Ⅳ）』（岩波書店，1964）42頁，幾代通＝広中俊雄編『新版注釈民法⑮債権(6)〔増補版〕』（有斐閣，1996）56頁〔森泉章〕。

[41] 揖斐＝古閑・前掲注（＊37）15頁。

[42] 金融法委員会「『コミットメント・フィーに関する論点整理』について」（平成10年11月25日）。

[43] なお，貸金業者に適用ある貸金業法にも別途の高金利規制（貸金業12条の8）があるが，特定枠融資枠法は同法の適用場外を規定していない（立法趣旨は不明である。）。

14 シンジケートローンにおける約定内容と契約法の機能 299

行使できない旨が規定されているが (CL 2 条 1 項・6 条)，これは「貸主が再審査のうえ，融資を行うか否かを決定する」[44]ように貸主の裁量によるものではなく，あらかじめ定められた客観的なオプション権の解除条件であることから，コミットメント性を害するものではないと考えられている。

(3)　改正民法の影響

(a)　改正前民法 589 条削除の影響

改正民法においては，改正前民法 589 条 (消費貸借の予約) の条文は，貸す義務の設定が「消費貸借の予約」でなくとも諾成的消費貸借で達成できることから，また，同条が規定する借主破産時の取扱いは改正民法 587 条の 2 第 3 項の法意から導かれることから[45]，削除された。もっとも，有償 (＝利息付) の金銭消費貸借については，売買の予約に関する民法 556 条が同法 559 条により準用される。よって，改正民法下でも，諾成的消費貸借契約につき予約完結権を設定することは依然として可能である[46]。

なお，諾成的消費貸借は書面を必要とする要式契約である (新民 587 条の 2 第 1 項)。その立法趣旨 (軽率な締結を防ぐ) に鑑みれば，諾成的消費貸借の予約契約を「書面」でしていた場合には，この書面要件を満たすと考えられ，予約完結権行使までは「書面」は不要と考えられる[47]。この点，CL 契約書がこの書面要件を満たす。よって，借入人から貸付請求があった場合，貸付前提条件を満たせば，その時点で諾成的消費貸借契約が成立する。

(b)　特定融資枠法適用への影響

特定融資枠法は，民法改正関連法による改正の対象となっていない。また，改正民法 589 条 2 項で，利息が金銭受領以後発生することが明確化されたことにより，貸付前の役務対価たるコミットメン手数料が民法上の「利息」ではないことが明らかになった。もっとも，コミットメント手数料が利息制限法等での「みなし利息」に該当することには変わりがないので[48]，CL 契約書は，依然

---

*44　揖斐＝古閑・前掲注（＊37）15 頁。
*45　法制審議会民法（債権関係）部会第 81 回議事録 6 頁〔住友俊介関係官発言〕。
*46　中田・前掲注（＊30）356 頁。
*47　潮見・前掲注（＊38）282 頁。筒井＝村松編著・前掲注（＊31）293 頁脚注 3，潮見佳男＝千葉恵美子＝片山直也＝山野目章夫編『詳解改正民法』（商事法務，2018）449 頁〔千葉恵美子〕。したがって，理論的には，予約完結権の行使自体は，口頭でも足りることになる。
*48　三上徹「消費貸借」債権法研究会編・前掲注（＊7）478 頁は，「みなし利息」の解釈の再検討の必要性を主張する。

として，特定融資枠法上の特定融資枠契約に該当するように設計しておく必要がある。

4　我が国にない概念を用いた貸付関連条項

(1)　総　　論

我が国のシンジケートローン契約書は，国際金融市場において用いられている契約書にある（特に英米法の）概念を用いた条項が散見される。日本法を準拠法とした契約である以上，これら約定内容を日本法の文脈で構成・解釈する必要がある[*49]。

この点，我が国の契約法の基本原理として「契約自由の原則」があり，改正民法においては，下位原則である「契約内容の自由」を含めて明文化された（新民521条）。この「契約内容の自由」原則の下では，たとえ外国法の概念や文言を用いた約定であったとしても，その合意内容が契約当事者間で明確に認識される限り，当該合意内容に従って契約は有効となる。ただし，これには次の点を考慮する必要がある。解釈指針として，①契約内容に解釈上の疑義があれば，契約当事者の合理的意思解釈が探求されるところ，当該条項が民法（又は学説上の）典型契約と同視する（一類型と考える）ことが可能であれば，我が国の「典型契約」の機能により，典型契約の類型の考え方が契約解釈や紛争解決の指針となり得る[*50]。これは，学説上の法概念を用いて性質決定を行う場合も同様といえよう（後述(2)(b)の「履行条件」など）。また，制約要件として，②契約内容の自由には，民法の基本原則（民1条。信義則等），公序良俗（新民90条），強行法規（伝統的通説は民法91条の反対解釈と説く）の規律に従うなど，一定の限界があると考えられていること，③上記①と同様に典型契約と同視できる内容の約定がある場

[*49]　北川善太郎「国際ローン契約の国際化」法学論叢110巻4〜6号141頁以下は，初期の日本法準拠シンジケートローンにおいて英米法の法律用語を用いた契約書が使用されていたこと，これにつき，英米法上の用語はそれに対応する日本法の比較法的「等価物」の意味に置き換えて解釈すべきことを発見することを指摘する。

[*50]　中田・前掲注（*30）64頁参照，青山大樹「英米型契約の日本法的解釈に関する覚書(上)『前提条件』，『表明保証』，『誓約』とは何か」NBL894号8頁注（2）参照。なお，典型契約の意義は，かつて消極的評価（補完的な役割）であったが，近時は，積極に評価する多くの学説が紹介されている（長坂純「典型契約・冒頭規定の強行法性」椿寿夫編著『民法における強行法・任意法』（日本評論社，2015）227以下，石川博康「典型契約規定の意義─典型契約冒頭規定を中心として」安永正昭＝鎌田薫＝能見善久監修『債権法改正と民法学II　債権総論・契約(1)』（商事法務，2018）444頁，参照）。

合，それが任意規定に該当するとしても，任意規定の秩序づけ機能を通じて，我が国の当該典型契約に係る公序により制御されることがある[*51]。

したがって，我が国にない概念を用い約定したとしても，私法上において，民法の一般規律に服するのはもちろんのこと，当該約定内容に同視できる典型契約に即して，解釈され，又は，適用ある強行法規により法的効果が制限されることがあるといえる[*52]。よって，我が国にない概念を用いた約定だとしても，その分析にあたっては，まずは，民法典上の典型契約や概念に該当するものがあるか検討する必要があると考えられる。

以下，かような条項の代表例として，貸付実行前提条件条項 (TL 4 条)，表明保証条項 (TL16 条)，誓約条項（コベナンツ。TL17 条）について検討する[*53]。

(2) 貸付実行前提条件条項

(a) 条項内容及び機能

貸付実行前提条件条項は，「貸付を実行する」ことにつき，何らかの条件ないし期限を定める付款である。これは，もともと英米法を準拠法とした契約実務における "Conditions Precedent" 条項を導入したものである。

本条項は，シンジケートローン契約自体の発効要件ではなく，当該契約の効力は維持したままで，与信判断の前提となっている一定の条件が充足されるまで新規貸付実行を行う義務がない旨を定めたものである。具体的な条件例としては (TL 4 条)，貸付不能事由 (TL 1 条 9 号で定義) が生じていないこと (TL 4 条 1 号)，表明保証条項 (後述(3)) 記載事項が真実かつ正確であること（同条 2 号），本契約に違反しておらず，かつそのおそれもないこと（同条 3 号），所定の書類を提出しその内容にエージェント（及び全貸付人）が満足していること（同条 5 号）などである。そして，この条件成就の判断は，参加金融機関ごとに行われる (TL 6 条 1 項)。

なお，海外シンジケートローン契約例では，単なる貸付を行う条件にとどま

[*51] 中田・前掲注 (＊30) 29 頁・58 頁・64 頁参照は，具体例として消費者契約法 10 条を挙げる (65 頁)。また，倒産法も該当すると考えられる（実体法的再構成と倒産法的再構成につき，伊藤眞「証券化と倒産法理(上)破産隔離と倒産法的再構成の意義と限界」金法 1657 号 9 頁参照)。

[*52] 別の見方として，これを典型契約に係る強行法規に実質的に抵触する内容を実現する法律行為だとして，「脱法行為」と評価することも可能と思われる。

[*53] LMA 標準契約 ("Multicurrency Term and Revolving Facilities Agreement", 2017 年。LMA の会員向け資料である。) では，それぞれ，4 条，19 条，21 条。公刊の契約文例として，Mugasha・前掲（＊1）527 頁以下の "Multicurrency Term Facility Agreement" の 4 条，19 条，21 条参照。

らず，借入人に条件成就の義務も課す条項も存在する（"promissory condition"）とされるが[*54]，我が国では見られない。

(b) 法的性質

「前提条件」の法的性質に関して，我が国では，主に，「停止条件」とする見解と「履行条件」と解する見解が紹介されている[*55]。まず，「停止条件」説は，Condition Precedent の訳語を「停止条件」だとして，民法 127 条 1 項でいう停止条件と同視し，法律行為（契約）の効力発生要件と解する見解である。これに対し，「履行条件」説は，条件の内容及び効力を契約当事者が合意により自由に定めることができることから，民法上の「履行期限」に対応するところの「履行に関する条件」を定めたと捉える見解である。前者に対しては，シンジケートローン契約の一部を構成する確約（コベナンツ），守秘義務，裁判管轄権等の条項の効果までも貸付実行前提条件の成就に付すことになるが，それは不合理であり，また，仮に貸付実行後に条件不成就が判明したとすれば，貸付債権の成立に疑問が生じてしまうとの批判がある[*56]。そうすると，停止条件の内容を当事者の黙示の合意により，貸付義務に付された停止条件という限定的な付款と捉えるべきことになる。このように考えると両説は近接したものと考えられるが，「履行条件」と解するのがより直截であって，約定文言にも沿っている（「……を条件に……貸付を実行する」と，もっぱら，参加金融機関の融資義務の履行について規定している。）。

以上の条項内容は，強行法規その他公序に反するものではなく，有効と考えられる。また，改正民法では，条件規定の一部が改正（新民 130 条 2 項の新設）されるが，本条項について影響はないであろう。

(3) 表明保証条項[*57]

(a) 条項内容及び機能

[*54] Tennekoon・前掲注（＊1）69 頁。

[*55] 青山・前掲注（＊50）9 頁（同時履行抗弁権，約定解除権の留保，期限とする考え方についても検討している。），藤原総一郎編著『M&A の契約実務』（中央経済社，2010）132 頁，井上聡「金融取引における表明保証」金法 1975 号 51 頁参照。なお，北川・前掲注（＊49）151 頁は，履行期限の特約と解する。

[*56] 同旨として，青山・前掲注（＊50）9 頁，金田繁「表明保証に関する裁判例を踏まえた実務上の方策―『前提条件』に関する補足を含めて」金法 1788 号 36 頁。

[*57] 井上・前掲注（＊55）45 頁，潮見佳男『新債権総論 I』（信山社，2017）420 頁，青山大樹「英米型契約の日本法的解釈に関する覚書(下)『前提条件』，『表明保障』，『誓約』とは何か」NBL895 号 73 頁。

表明保証条項は，一般に，契約の一当事者が他の当事者に対し，一定時点における一定の事実が真実かつ正確であることを「表明」し，「保証」する条項である。これは，米国の契約実務で発展した概念（Representations and Warranties）であり，事実と齟齬ある表示（misrepresentation）を行っただけでは契約違反（breach of contract）の責任を問えないことから，損失補償（賠償）を求めるために，Warranty（保証）を約定として組み込んだとされる[58]。我が国では，伝統的な相対貸付契約では利用されないが，シンジケートローンやM&Aにおいて利用されている。

　表明保証条項の具体例（TL16条）としては，「借入人は，本契約の締結日及び実行日において，表明保証事項につき，真実に相違ないことを表明及び保証する」と確約する内容である。この具体的な表明保証事項として，借入人法人の適法な設立・存続（同条1号），借入れに係る契約締結のための必要手続の履践事実と適法性（同条2号・3号），法人代表者の権限（同条4号），契約の法的拘束力・執行可能性（同条5号），提出する決算書類等の正確性（同条6号）及び重大な後発事象の不存在（同条7号），重大な訴訟等の不存在（同条8号），失期事由の不存在（同条9号），暴力団等でないこと（同条10号）が挙げられる。これら条項は，貸付債権が適法・有効かつ執行可能である等の貸付取引の有効性に関する条項（上記1号〜5号），借入人の返済能力・借入妥当性に係る開示情報の正確性に関する条項（上記6号〜10号）に大別される。なお，表明保証事項は，個別事案に応じて適宜加除修正され，例えば，買収ファイナンスでは買収対象会社の事業適法性や財務書類の正確性等，不動産ノンリコースローンでは対象不動産の負担なき所有権や規制法遵守に関する事項が通常追加される。

　シンジケートローンの表明保証条項の機能としては，主に，取引リスクを合意どおりに分配する機能（以下「リスク分配機能」という。）と，借入人に情報開示を促進する機能があるとされる[59]。私的自治・自己決定原則の下では，決定を行う者が判断に必要な情報収集やその精査・分析を行うのが原則であり，伝統的な相対貸付取引においては，銀行は決算書等徴求をはじめヒアリングや側面調査を行い，その結果の与信判断に起因するリスクは自ら負うことになる。その

＊58　潮見・前掲注（＊57）420頁参照。
＊59　Mugasha・前掲注（＊1）233頁，Wood・前掲注（＊1）107頁，また，井上・前掲注（＊55）49頁以下は，これらに加え，表明保証に抵触するような契約無効・取消しを主張することを原則として封じる機能があると指摘する。

うえで，シンジケートローンにおいて表明保証が利用される理由は，海外取引慣行に倣ったという経緯に加え，市場型間接融資市場において新規に参加する金融機関にとって，インフォメーション・メモランダム上の情報やアレンジャーを通じた照会などの情報につき，現実問題として，自ら十分に精査する（デューディリジェンスを行う）時間面やコスト面等で制約があることから，また，公募社債のように金融商品取引法上の開示規制により開示情報の正確性が担保されないことから，情報収集に係るリスクを一部，契約によって，表明者たる借入人に転嫁せんとすることといえよう。

(b) 契約としての法的性質

我が国の概念上，「表明」に近い「表示」について考えたとしても，（「意思表示」ではなく）事実に関する「表示」に関連するものして，消費者契約法4条1項でいう不実表示が挙げられるが，事業者間取引に適用のある民法には直接存しない概念である。また，この「保証」はwarrantyの訳語であって，民法446条以下に典型契約として規定される保証とはまったく異なる。これを，表明事由の真実性を保証するという一種の結果債務と考え，表明保証違反という債務不履行責任を問うとしても，損害賠償請求するためには表明者の故意過失が要求され，本条項の目的（リスク分配機能）を十分に果たせない。さらに，表明保証条項を基にその違反判明時において，事実誤認を理由として錯誤無効（新民95条）を主張することは，表明保証条項に従い処理をするとした合意の効果（リスク分配機能）を奪うことになるので，許されないと考えられている[60]。以上より，表明保証条項は，それ自体で実質的に意義ある約定とはならず，法的効果を与えるためにも実務上は，表明保証違反の効果を定める約定と併せて規定化されることが原則となる。

その効果を定める約定には，一般に，損失を補償する約定がまず挙げられる（狭義の表明保証）[61]。表明保証及び損害補償の約定を組み合わせて一体の契約として捉えた約定の法的性質については，主に，瑕疵担保責任の特則と捉える見解と，損害担保契約と捉える見解が紹介されている。このうち，後者が有力であり[62]，この場合，表明者の故意過失の有無を問わず損害補償請求をすること

---

*60　潮見・前掲注（*57）423頁参照。
*61　潮見・前掲注（*57）421頁参照。
*62　井上・前掲注（*55）51頁，青山・前掲注（*57）75頁，潮見佳男「表明保証と債権法改正」銀法719号20頁。また，表明保証違反に基づく補償請求権の性質により整理した論稿として，

が可能である。狭義の表明保証条項は，シンジケートローン契約にも規定される（TL28条2項3号）。もっとも，貸付人に損害補償請求権が発生したとしても，併有する貸付債権金額以上の損害が発生することは稀であることから[63]，実質上は牽制的な意味にとどまると思われる。

これに対し，表明保証条項違反を事由に，解除権，反対債務の履行停止権，期限の利益の喪失等の多種多様な効果を定めることがある（広義の表明保証条項）。シンジケートローン契約においては，表明保証違反が契約解除事由になると規定されることは少ない一方で，通常，貸付実行前提条件条項の未充足（TL4条3号）や請求失期（TL18条2項2号）の事由となると規定されている。これは，新規融資を回避し早期回収を可能とするので，与信管理上有意な約定である。この法的性質を考察すると，まず，表明保証条項自体は，貸付実行前提条件条項や請求失期条項の適用事由としてそれぞれ参照される列挙事由にすぎないと解すべきである。そして，当該事由違反の効果は，貸付実行前提条件条項や請求失期条項における契約上の効果として捉えられることになる[64]。すなわち，貸付実行前提条件条項については上述したとおりの効果が生じ，また，失期条項については銀行取引約定書5条の失期条項と同様に，民法137条の期限の利益の喪失事由に付加した特約として，期限の利益が喪失する効果が生じることになる。ただし，例えば，債権保全上の必要性がないにもかかわらず形式的な齟齬を理由に請求失期を行う場合は権利濫用の主張を受けるなど，一般法令の制限に服する[65]。

なお，改正民法の立法過程での検討においては，不実表示，錯誤，担保責任について審議がなされたが，その中で表明保証に関連した議論がなされた経緯がある。この点，不実表示については，立法化がなされなかった。錯誤については，錯誤の効果が取消しとなることや動機類型の明文化など一部改正がなされたが（新民95条），さらに表明保証に関連する直接的な立法には至らなかった。また，担保責任については，契約不適合責任構成による改正がなされたところ（新民562条〜564条），これは狭義の表明事項に親和性があると考えられるもの

藤原総一郎ほか「債権法改正によるM＆A契約実務への影響」商事2157号28頁及び引用文献（脚注5〜8）。

[63]　あえて想定し得るものとして，貸付債権売却時に売却価額が低く抑えられてしまった場合が挙げられる（井上・前掲注（[55]）50頁脚注21）。

[64]　潮見・前掲注（[57]）421頁参照。

[65]　最判平18・4・18金判1242号10頁参照。

の，表明保証に関する上述の検討にさほど影響する点はないと考えられる[66]。

(4) コベナンツ（誓約条項）[67]

(a) 条項内容及び機能

一般に，コベナンツ（Covenants，誓約条項。確約条項ともいう。）は，融資契約又は社債要綱において，債務者が融資を受けている期間に債権者に対し一定の作為（Affirmative Covenants）・不作為（Negative Covenants）を誓約する条項をいう。コベナンツは，もともと英米での融資契約慣行であったが，我が国でも，ストラクチャードファイナンスやシンジケートローンで導入され，現在では，通常の企業相対貸付においても，担保・個人保証に依存しない融資手法[68]として，利用される場合が見受けられるようになった。

コベナンツ条項の内容は，融資形態（企業融資，プロジェクト／アセット・ファイナンス，再生ファイナンス，買収ファイナンスなど），借入人の属性（財務状況，決算開示状況など）によってまちまちである。一般的な無担保シンジケートローンにおける具体的条項内容（TL17条各号）は，財務等の報告，担保提供制限，法令遵守，主たる事業内容変更制限，パリパス（pari passu：他の無担保債務に劣後させないこと）の確約，組織再編の制限，反社行為の制限，財務制限（純資産額を一定額以上に維持することなど），一定の外部格付維持などが挙げられる。

その機能としては，①各種報告義務を課すことで（TL17条1項。失期事由や表明保証違反事由の発生時を含む。同項1号・6号），借入人のモニタリングが可能となること（モニタリング機能），②コベナンツ遵守を貸付実行前提条件（TL4条3号）や，同違反を失期事由（TL18条2項3号。請求失期事由）あるいは補償事由（TL28条2項3号）と約定化することにより，その遵守を確保することとともに，債権保全上必要な場合には，新規実行の停止や期限前回収を図ること（債権保全機能），③②

---

[66] 不実表示につき，民法（債権法）改正検討委員会「債権法改正の基本方針」別冊NBL126号30頁1．5．15（不実表示），法務省民事局参事官室「民法（債権関係）の改正に関する中間的な論点整理の補足説明」（平成23年5月。以下「中間的論点補足説明」という。）231頁参照。錯誤につき，井上聡「錯誤」債権法研究会編・前掲注（＊7）18頁，井上＝松尾編著・前掲注（＊18）14頁〔山名萌木〕等，藤原ほか・前掲注（＊62）28頁，山下純司「錯誤（表明保証を中心に）」金融法務研究会『金融法務研究会報告書34民法（債権関係）改正に伴う金融実務における法的課題（その2）』（2019年3月）9頁以下参照。担保責任につき，大澤加奈子「売買・請負の担保責任」債権法研究会編・前掲注（＊7）453頁，藤原ほか・前掲注（＊62）30頁参照。

[67] 一般的解説として，コベナンツ研究会『コベナンツ・ファイナンス入門』（金融財政事情研究会，2005），「特集 金融実務とコベナンツ」金法1704号9頁以下参照。

[68] 金融庁「リレーションシップバンキングの機能強化に関するアクションプログラム」（平成15年3月28日）においても推奨されている。

14 シンジケートローンにおける約定内容と契約法の機能

記載に挙げた事由が生じた場合に，請求失期等の行使を猶予する代わりに，追加担保や信用スプレッド変更などの条件交渉を行うこと（交渉促進機能）などがあると考えられる[69]。

(b) 約定としての法的性質

コベナンツ内容はまちまちであり，一般的には，貸付契約の付随義務を定める契約であり[70]，一概に特定の典型契約に類似性を見出すことができない無名契約が多いと考えられる。合意による契約である以上，同条項の違反は債務不履行責任の発生原因となる。もっとも，一般的に，救済手段のうち，①損害賠償（新民 415 条）については，因果関係の挙証が容易ではないことや併有する貸金返還請求による回収以上のものを期待できないこと，②解除については，付随義務違反は当然には契約解除とならず，契約の目的達成が阻害される場合に限ると考えられること[71]，③強制執行についても，その義務の内容（付随義務，なす債務）であることに鑑みれば，間接強制は別として困難と考えられること[72]に鑑みると，コベナンツ条項のみの法的効果はあまり認められないと思われる。さらに，借入人倒産時の取扱いについても，コベナンツ約定内容が様々あるとしても，参加金融機関の請求債権（更生債権か更生担保権かなど）の計算においては，貸金債権（及びその担保権）にて財産的に評価は尽くされており，財産上の請求権の権利としては独立した存在意義をもたないと考えられる[73]。以上に鑑みると，コベナンツ条項は，上述のとおり，失期条項等との組合せにより，その法的効果を発揮するものと考えられる。

---

[69]　小山潔人「コベナンツの意義と活用方法」金法 1704 号 12 頁，Mugasha・前掲注（＊1）238 頁。なお，Wood・前掲注（＊1）109 頁は，株式における議決権類似の効果を約定により設定することを示唆するが，これは「デットのガバナンス」の考え方（赤羽貴「デットのガバナンス」銀法 625 号 1 頁）に通ずるものがあると思う。すなわち，一般に，負債契約には自己拘束（bonding）の機能があり，これは債務不履行に陥ると支配権が脅かされるという意味において，経営者に対する規律づけの効果を有するとされる。そして，この手段として，負債契約上のコベナンツを梃子とすることが挙げられている（行岡睦彦『社債のリストラクチャリング』（有斐閣，2018）13 頁。特に同頁脚注 30 参照）。

[70]　青山・前掲注（＊57）83 頁参照。

[71]　最判昭 36・11・21 民集 15 巻 10 号 2507 頁，山本敬三『民法講義 IV－1 契約』（有斐閣，2005）178 頁，青山・前掲注（＊57）84 頁参照。なお，改正民法においては，コベナンツ違反による解除は，「債務の不履行がその契約及び取引上の社会通念に照らして軽微であるとき」（新民 541 条ただし書）との軽微要件の問題として位置づけることができよう。

[72]　青山・前掲注（＊57）84 頁参照。

[73]　井上聡「シンジケート・ローン契約に基づく誓約等の倒産手続における効力」長島・大野・常松法律事務所編『ニューホライズン 事業再生と金融』（商事法務，2016）87 頁。

なお，約定内容いかんによっては，独占禁止法違反（優越的地位の濫用など）その他公序良俗に反する懸念が生じるものがあり得るので注意が必要である[74]。

改正民法の影響については，具体的な約定内容いかんによるが，コベナンツが契約である以上，債務不履行責任（新民412条〜422条の2）や契約解除（新民540条〜548条）等の改正の影響を受けることになる。しかし，実務の観点からは，コベナンツの上述機能からすれば，契約としてのコベナンツ約定自体の違反に伴い損害賠償請求や契約解除等を行使することは通常は考えがたく，よって，改正民法の影響は小さいと考えられる。

5　各参加金融機関の関係（個別独立性）

(1)　基本的な設計

シンジケートローンにおいては，複数貸付人が，一通の契約書にて，貸付人間の団体性や平等性を確保するための約定をしている。契約書面を1通とする理由は，①契約書はエージェントが保有し，他の参加金融機関がコピーを保有すれば足りる，②同一内容の契約であることが担保される，③印紙税の節約になるといった理由であって，シ団の貸付債権を全部で1個とすることを企図したものではない。

参加金融機関の権利及び義務は，海外シンジケートローンと同様に[75]，互いに個別かつ独立の関係にあることが前提で設計されており，その旨の明文規定がある（TL2条）。これは，貸付実行の可否を各参加金融機関が判断するとした条項（TL6条）にみられるように，参加金融機関が，その貸付義務及び貸付能力を互いに保証・引受けを意図せず，よって，他の参加金融機関の与信判断をすることなく参加の可否を判断する取引実務と整合的である。また，回収局面でも，特定の貸付人に係る「許容根抵当権」実行回収金による弁済につき調整不要と規定されていること（TL20条4項），や債権譲渡に他の参加金融機関の同意を要しない建付けとしていること（後述Ⅵ2(1)参照）とも整合的である。このように，シンジケートローンの設計は，各参加金融機関がそれぞれ単有の1個の債権を有している。そして，これら複数の貸付債権が，いわば束のように並列

---

[74]　三上徹「コビナンツ」金法1639号24頁。

[75]　Mugasha・前掲注（＊1）535頁記載の契約例2条参照。権利義務は，separate, several とされる（同207頁。また，Wood・前掲注（＊1）97頁）。

して存在することを企図している。そもそも，シンジケートローンの貸付債権
は，複数の者が保有しようとしても，金銭債権としての性質上から，（また，改正
前民法では，当事者間の意思表示による不可分債権化も認められていたが，シンジケートロー
ン取引においては，不可分とする別途の合意が存在していないことから），不可分債権で
はなく（改正前後の民法428条参照），よって分割債権であると考えられる。そうす
ると，準共有関係にならないのが原則であって（民264条ただし書・427条），複数
の参加金融機関が1個の債権を有するわけではない。

　この考え方に対し，参加金融機関間の団体性に着目し，かつ，アレンジャー
の法的責任を基礎づける根拠として，参加金融機関及びアレンジャーの関係を
組合契約（民667条以下）と捉え，組合の業務執行者としての善管注意義務とし
て導く説がある[76]。この説に沿えば，各参加金融機関は貸付債権を準共有する
ことになる（民668条）[77]。確かに，組合契約を法的構成として採用することは，
組合成立要件に関し指摘されている論点（民法667条1項により組合成立時点で出資
を要する点）につき柔軟な解釈論を採ることで，理論的な選択肢としてあり得な
いわけではない[78]。しかし，もとより，参加金融機関には組合契約を締結する
意図はないし，仮に，組合契約を前提とするならば，例えば，参加金融機関は
組合債務の規律（旧民675条，新民675条）に基づき予期せぬ割合にて貸出義務を
要求されるし，個別金融機関の預金債権との相殺も不可能となり（旧民677条，
新民676条2項），また，貸付債権の譲渡時も，組合の加入（旧民667条：出資を要す
る。新民677条の2）・脱退（民678条・679条）の規律，あるいは契約地位の譲渡に
係る規律[79]に従うことになるなど，企図した取引内容に反することになる。し
たがって，組合契約と考えることはできない。

(2)　連帯債権（パラレルデット）の利用可能性

　シンジケートローンのために担保を設定する際には，各参加金融機関が個別

---

*76　大西邦弘「シンジケートローンにおける参加金融機関相互の法律関係―契約／信認／不法行
為」金法1773号22頁，宮川不可止「諾成消費貸借における契約上の地位の譲渡―シンジケート・
ローンを題材にして」法時87巻4号93頁。

*77　最判昭33・7・22民集12巻12号1805頁。

*78　神吉正三「シンジケート・ローンの組成過程における諸問題」龍谷50巻1号21頁。

*79　解釈上，組合員たる地位の譲渡も加入と脱退の組合せと構成して考え，可能と解されている（鈴
木禄彌編『新版注釈民法(17)債権(8)』（有斐閣，1993）159頁〔菅原菊志〕参照）。これは，民法改
正後も同様に解せられる（山本豊編『新注釈民法(14)債権(7)』（有斐閣，2018）580頁〔西内康人〕
参照）。

に（ただし，同順位とするなど同条件で），又は準共有として1個の担保権の設定を受けることになる。この場合，債権譲渡に伴う担保移転が必要であるが，事務が煩雑であり費用もかかる。この解決策としては，平成19年施行の改正信託法（3条1項1号・55条参照）に基づく担保権信託（セキュリティ・トラスト）により，被担保債権と分離して担保権を受託者に管理させる方法が考えられる[80]。もっとも，現実的には，受託手続やコストのためか利用例は少ない。

近時，代替策として，信託概念を認めない法域で用いられるパラレルデット（parallel debt）の利用が議論されている。これは，概略，シンジケートローンの個別債務に係る債権について，並行的な債権を追加的に発生させこれをエージェントに保有させる方法であり，参加金融機関保有の債権移転にかかわらず，このエージェント保有債権によって担保管理・実行を可能とすることを企図している。そして，この手法は，我が国においても，解釈上認められる連帯債権を，契約自由の原則に基づき作出することにより，少なくとも理論上は改正前民法下でも，導入可能と考えられている[81]。

この連帯債権は，改正民法において明文化された（新民432条〜435条の2）。これには，シンジケートローンでの利用可能性の観点から，法制審において，銀行界等が連帯債権の法制化を求める意見を述べた経緯がある[82]。条文化され法的安定性が確保されたからには，連帯債権が活用されることが期待される。もっとも，本方式においては，例えば，エージェントにとっては，他の参加金融機関分（少なくとも譲受があった分）の担保権者としても業務を行う必要があることから，通常のエージェントと対比して責任が重くなること，また，参加金融機関にとっては，エージェントが受領する担保代り金から分配金を受けて回収するまでエージェントの信用リスクを負うことなどの課題が考えられることから，約定上の手当てを含めた実務面での更なる検討が必要となろう[83]。

---

[80]　青山編著・前掲注（＊1）315頁以下，道垣内弘人『信託法』（有斐閣，2017）37頁参照。実例として，浅田隆「我が国初の不動産担保セキュリティの取組み」金法1831号7頁。なお，セキュリティトラストは，受益権を複層化することにより，動産譲渡担保等においても，後順位担保権を設定可能とする機能も有する。

[81]　潮見佳男『新債権総論II』（信山社，2017）627頁脚注154参照。詳細については，青山編著・前掲注（＊1）328頁参照。

[82]　法制審議会民法（債権関係）部会第43回議事録51頁〔佐藤則夫関係官発言〕・53頁〔岡本雅弘委員発言〕。

[83]　例えば，鈴木健太郎＝宇治野壮歩「連帯債権を利用したパラレルデット―民法（債権関係）改正に関する中間試案に基づく論点整理」金法1988号62頁参照。

Ⅳ　契約による平等性・団体性の設計

1　総　　論

　シンジケートローンでは，各参加金融機関の権利義務が相互に個別かつ独立であるのが原則である。そうすると，債権回収など自己の権利行使も独自の判断により個別に行えることになる。

　しかし，シンジケートローンはリスク分散を図る目的から，可能な限り，各参加金融機関は平等の回収期待を確保できるよう設計する必要がある。このためには，融資契約時においては，前述のとおり，1つの契約書により均一の貸出条件を設定するとともに，保全・回収局面においても，他の金融機関が駆け抜け的に回収等がなされないよう設計することが望ましい。これは，特に借主につき情報が少なく交渉力を有さない新規の金融機関にとって，参加判断がしやすくなるという点からも，また借主にとって，借入や保全交渉を斉一的に対応できる点からも有益である。

　そこで，シンジケートローンでは，各参加金融機関の権利義務の個別独立性と平等性を両立するようバランスよく設計し，その設計内容をシンジケートローン契約書において約定化している。これらの約定内容を大別すると，①平等性を確保する条項（回収金の平等的回収を現実に図るため，回収金を分配・調整する約定），②団体性を設計する条項（シ団の斉一的な判断・権利構成のための意思結集手続を定める約定），及び③エージェント条項（①②双方の実現のため，各参加金融機関からエージェントに対して事務を委託する約定）がある。

2　平等性を確保する条項

　法律上，相対貸付取引では，各債権者が独自に期限や失期条件を定めて回収を行えるのが原則であり，債権者平等については，他の債権者を含めた一般債権者間において，偏頗弁済に係る民法上の詐害行為取消権や破産法上の否認権により修正されるのにとどまる。

　社債に関しては，同一回号の社債権者間の平等性確保のために，偏頗弁済の特則として，「社債発行会社の弁済等の取削しの訴えの制度」（会社865条以下）を設け，また，社債管理設置債の場合は，社債管理者による弁済受領（会社705条）

312　　　**第3章**　消費貸借等

と受領金分配時等の公平誠実な取扱い（会社704条1項）の規律を設けている。もっとも，社債権者間の平等も一貫されたものではなく，債務弁済の催告又は請求，債務弁済受領など個別的に行使することができる権利があり[84]，また，個別社債権者による相殺回収も可能である[85]。この点，シンジケートローンにおいては，以下に述べるように，契約により，同一シンジケートローン契約における参加金融機関間の平等が一定限度で実現できるように設計されている。

(1) エージェントへの弁済金受領・分配その他事務手続の委任

借入人は，いったんエージェントを介して一斉に返済することとし(TL14条)，エージェントは，約定に従い，債権額に応じて平等 (pro rata) に参加金融機関に回収金を分配する (TL15条)。借入人が個別参加金融機関に直接弁済しても，シンジケートローン契約上の債務履行とは認めないとされる（TL14条2項）。

借入人が返済時に入金する口座としては，①借入人名義口座を利用する「(返済時) シンジケート口座方式」と，②エージェント名義口座を利用する「(返済時) エージェント口座方式」があり[86]，それぞれ弁済の効果発生時を約定により定めている（TL14条1項：①エージェント口座への入金時，②シンジケート口座からの引落し時）。なお，改正民法において，預貯金口座に対する払込みによる弁済の特則が規定化された（新民477条）。この規律はエージェント口座方式に適用し得るが，同方式による弁済をエージェントによる代理受領と考えると，約定の内容は改正民法と同様の結果となる（入金時＝預金債権発生時と考えた場合）。いずれにしろ同改正条項は任意法規と考えられるので，従来の約定内容に影響がない[87]。

(2) 斉一的な期限前弁済・期限の利益喪失

借入人は，全貸付人及びエージェントの事前の承諾がなければ期限前弁済ができない (TL10条)。期限の利益喪失については，当然失期事由 (TL18条1項) が発生した場合はもとより，請求失期事由（同条2項）が発生した場合で多数貸付人の請求があるとき（後述3参照）も，全参加金融機関の当該個別シンジケートローン契約に基づく債権が同時に期限到来する (TL18条)。

---

[84] 橋本円『社債法』（商事法務，2015）368頁参照。
[85] 最判平15・2・21金法1678号61頁。
[86] JSLA「リボルビング・クレジット・ファシリティ契約書（JSLA平成13年度版）の解説」3頁 (https://www.jsla.org/ud0200.php)，青山編著・前掲注（＊1）98頁以降・122頁以降参照。
[87] 井上＝松尾編著・前掲注（＊18）236頁以下〔小笠原恵美〕参照。

これは，上記(1)だけでは，一部の参加金融機関による抜け駆け的回収（特に相殺，保証又は担保回収）を阻むことに限界があるので，本約定により，法律上の回収可能時点を斉一に設定することを企図したものである。

(3) 貸付人間の調整（シェアリング条項）

本条項は，もともと，多額の預金を保有したエージェント銀行等が駆け抜け的に回収した際の批判を契機に，国際実務慣行として設けられたという経緯がある[88]。TL契約においては，シンジケートローンの期限到来時には，単独の参加金融機関が預金等との相殺や弁済充当を行うこと又は借入人が逆相殺を行うことができることとする（TL19条1項・2項）。その一方で，当該回収金は，約定に従い，他の参加金融機関に対し平等弁済になるよう分配を行う（その代わり，相当する貸付債権を他の参加金融機関から債権譲渡を受ける。）（TL20条）。

本条項は，相殺回収が一定の場合に管財人等に対抗できることから，上記(1)の例外として，一定の場合に相殺回収を認めたうえで，その果実をこの調整条項を通じて全参加金融機関に分配するものである。これは，全参加金融機関にとって平等性を確保しつつ回収を極大化することを企図している[89]。

(4) 平等性の例外

参加金融機関間の平等性は，約定内容によって，柔軟に設計することも可能である。この点，一定の根担保（シンジケートローン締結時以前に設定を受けた根担保や，全参加金融機関の承諾を得た根担保等。TL1条12号で定める「許容根担保権」）からの回収については，上記(3)の調整の対象外とすることを定める（TL20条4項）。これは，我が国の融資市場における共有認識として，根担保権は当該貸付人にとって固有の権利であるとの一定の理解があることが背景にあると思われる[90]。

また，預金からの回収についても，同様の考えから，一定の預金（例えば，エージェント業務関連以外の預金）との相殺を貸付人間調整の対象外と規定する契約例もある[91]。

---

[88] Mugasha・前掲注（＊1）261頁以下で，1979年イラン革命や1981年アルゼンチン危機での事例が紹介されている。

[89] JSLA・前掲注（＊86）59頁。

[90] 「これまでのところ日本では，根担保権を持つ所謂メインバンク（主要取引銀行）がシンジケートローンのアレンジャーとなるケースが多く，かかるアレンジャーはこれを固有の権利と捉え，また，この考え方にシンジケートローンの参加者である他の貸付人も一定の理解を示している。」という見方が紹介されている（JSLA・前掲注（＊86）64頁）。

[91] 青山編著・前掲注（＊1）133頁。エージェントとして開設した預金以外を除外する例が散見される。

3　団体性を確保する条項（意思結集条項）

(1)　意思結集による団体的行為の必要性

　仮に参加金融機関の個別の権利行使を許容する場合，他の貸付人が静観するまま，一部の参加金融機関が先んじて自己の権利行使をし（抜け駆け回収），回収が劣後する可能性がある。また，一部の参加金融機関の不適切な信用判断によって，不用意に単独で失期請求した場合は，クロスデフォルトが生じて借入人の倒産を惹起してしまうことにより，債権者全体の利益を害することがある。また，担保付シンジケートローンの場合は，全貸付債権について期限を到来させなければ，担保権が実務上機能しないという問題もある[*92]。

　そこで，シンジケートローンでは，一定の権利行使については，参加金融機関間で意思結集を行ってシ団としての決定手続を経たうえで，全貸付人が斉一的に行使するという団体的行動をとるように約定されている。

(2)　意思結集決定の対象事項と方式

　意思結集条項の具体例については，TL契約書を例にとれば，次の条項が挙げられる。(a)回収に関する条項として，①期限前弁済承諾（TL10条），②期限の利益喪失請求（TL18条），③第三者からの回収（TL27条1項・2項）。(b)与信管理に関する条項として，④貸付不能事由発生・解消（TL1条9号・4条1号），⑤ネガティブプレッジ（担保設定禁止条項）の猶予（当該シンジケートローン債務以外に対する担保設定につきTL17条2項，当該シンジケートローン債務につきその一部の参加金融機関に対するものにつき同条3項），⑥契約の変更（TL24条），⑦公正証書作成（TL28条9項）。(c)エージェントに関する事項として，⑧エージェントの選解任（TL22条），⑨エージェントに対する指示（TL21条5項）。なお，すべての権利行使が意思結集手続に付されているわけではない。例えば，相殺権の行使（上述2(3)参照），倒産法上の債権届・会社法上の異議届出（資本減少・合併時の異議）は，個別に行使可能である。

　意思結集の方法には，全貸付人の同意を必要とする方法（以下「全会一致方式」という。）と，多数貸付人の同意による方式がある（以下「多数決方式」という。）。TL契約書においては，全会一致方式は上記①・③・⑤（のうち，TL17条3項適用事項）・

[*92]　例えば，株式譲渡担保のような準共有担保権設定の場合，一部参加貸付人の持分を担保実行することは実務上困難である。また，個別に複数の不動産抵当権を同順位設定した場合は，単独実行は可能であるが，損害金等の計算時期が各別になることから配当金額が異なり，これを精算・調整すべきか，という問題もある。

⑥・⑦・⑨にて採用されている一方，多数決方式は上記②・④・⑤（のうち，TL17条2項適用事項。ただし全会一致方式を選択することもできる。）・⑧にて採用されている。ただし，実務上の効率性の観点から，全会一致方式を重要事項に限定列挙し，それ以外の事項については多数決方式を原則とする約定[93]も，個別事案によっては存在する。さらに多数決方式における可決要件（定数，議決権の単位，必要可決議決数）についても，事案に応じ異なる設計が存在する[94]。この点，TL契約書では，基本的に，貸付債権金額に応じて議決権が与えられ，参加金融機関の個数は問題とならず（頭数要件がない），定数がなく，全貸付債権額に対する賛成貸付人の貸付債権額の合計額が一定割合に達すれば，可決する設計となっている（TL1条17号・27号）。この一定割合の数値は，個別事案に応じて約定で定め（過半数，3分の2以上が多い[95]。），また，社債権者集会のように出席債権者数（会社724条1項）に対する相対的割合ではない。

　一般論として，全会一致方式は，各参加金融機関にとっても意に反した意思決定とならないメリットがある一方で，少数の参加金融機関であっても拒否権を与えることになり機動性を欠いたり[96]，「ごね得」など経済的不合理が生じたりするデメリットが生じる。これに対し，多数決方式は，機動性や効用の最大化[97]が期待できるメリットがある一方で，決定に異論を有するが多数者に拘束される少数反対者が生じたり，「ただ乗り」「合理的無関心」[98]といった経済不合理性（「集合行為の問題」と称される。）が生じたりするデメリットが生じる。

---

*93　青山編著・前掲注（＊1）212頁参照。

*94　（多少古い文献であるが）我が国における法定多数決に関する網羅的な紹介・分析につき，千葉正士「我が国実定的多数決制度の諸方式」日本法哲学学会編『多数決原理』（有斐閣，1962）93頁参照。私見では，その要件設定に統一的なルールは見出しがたい。また，立法後に，政策的理由により，多数決の対象や要件等が改正されることもある（例えば，区分所有建物の共有部分変更（区分所有建物等に関する法律の平成14年改正17条関連），社債の元利金減免（法制審議会会社法（企業統治等関係）要綱案第3部第1・2(1)会社法706条関連））。

*95　Wood・前掲注（＊1）136頁。

*96　青山編著・前掲注（＊1）173頁。

*97　ただし，多数決を正当化する根拠については，効用最大化を含め，単純多数決を前提とする議論が多い（長谷部恭男『憲法の理性』（東京大学出版会，2006）181頁以下「第13章なぜ多数決か」で列挙する根拠例（自己決定の最大化，功利主義，コンドルセの定理等）参照）。また，多数決の設定によって結論が変わる等の指摘もある（坂井豊貴『「決め方」の経済学』（ダイヤモンド社，2016）144頁等参照）。シンジケートローンの多数決の設計は，上述のとおり多様な決め方があるので，その経済的意義もまちまちとなろう。

*98　社債権者集会の多数決の経済的意義等について，藤田友敬「社債権者集会と多数決による社債の内容の変更」鴻常夫先生古稀記念『現代企業立法の軌跡と展望』（商事法務研究会，1995）220頁以下，森まどか『社債権者保護の法理』（中央経済社，2009）192頁以下，行岡・前掲注（＊69）9頁以下参照。

第3章　消費貸借等

（3） 約定による意思結集決定の有効性

　シンジケートローンの意思結集手続は，会社法上の社債権者集会や倒産法上の債権者集会等のように制定法上の手続ではなく，英米法準拠のシンジケートローンと同様[99]，契約に基づき設定している。意思結集手続は，全関係当事者（全参加金融機関，借主[100]及びエージェント）の合意に基づく契約であり，「契約自由（とりわけ契約内容の自由）の原則」が適用されるはずである。もっとも，同原則は，改正民法で明文化された（新民521条）ものの，その限界に関しては，「法令の範囲内」であること以外は明確化されず，信義則（民1条2項）を含めた一般原則の適用を含め，依然として解釈に委ねられている。そこで，本条項の有効性について検討する。

（a） 全会一致方式

　全会一致方式では，個別参加金融機関の意思に反した権利行使を強制されることはない。しかし，個別かつ独立した債権者としての権利行使が他の参加金融機関の意思によって制限されること，換言すれば単独に権利行使することを放棄することが有効かという論点があり得る。考えるに，一般に，債権者は，自らの権利を任意に放棄することが可能であり，民事執行の追行の権利でさえ放棄は可能である（当事者処分権主義における執行契約，不執行の合意[101]）。また，具体的に上記(2)記載の全会一致方式の対象条項の内容は，例えば債権放棄のような重大な権利放棄でなく，任意の合理的意思に基づいているものといえようか

---

[99]　久保田隆「アレンジャーの情報提供責任と集団行動条項の有効性」ジュリ1372号162頁，Mugasha・前掲注（＊1）265頁。また，様々な実務的取決め例については，Eng-Lye Ong, "Syndicate Democracy in Good Times and Bad", Andrew Shutter consultant ed., *A Practitioner's Guide to Syndicated Lending* (Sweet & Maxwell, 2010) が詳しい（分割投票の可否，棄権を反対票と見做す取決め（snooze and lose provision），借入人による反対貸付人保有債権の売却指示権（yank the bank clauses）など，我が国ではまだ見受けられない実務が紹介されている。）。

[100]　借主との契約により，貸付債権の弁済期の定めたる期限の利益喪失条項は，貸付債権の内容を構成すると考えて，多数決貸付人の請求がない限り，借入人は期限の利益を喪失しないと整理する見解につき，加毛明「民法（債権関係）改正と債権譲渡―譲渡制限の意思表示に関する民法改正が金融実務に与える影響」金融法務研究会『〔金融法務研究会報告書(32)〕民法（債権関係）改正に伴う金融実務における法的課題』(2018年3月) 42頁脚注100参照。

[101]　中野貞一郎＝下村正明『民事執行法』(青林書院，2016) 65頁・68頁注1参照。なお，財団法人国際金融情報センター「集団行動条項を巡る国内法制上の論点に関する研究会報告書」（座長：内田貴）（平成16年7月）25頁は，「一種の約款」であるソブリン債券の要項における一般・抽象的な条項を根拠として訴権を制限することに疑問を呈する。これに対し，シンジケートローン契約においては明示的な契約であるので，かかる疑問が妥当する場面ではないと筆者は考える。

ら，本条項は有効と考えられる。

(b) 多数決方式

多数決に関しては，契約によって多数者が少数者を拘束することの可否が論点となる。この点，我が国では判例学説の蓄積が少なく，わずかに，一般論として，「債権者が多数決に従う旨を同意するなど，債権者がみずからの意思に基づいて団体（権利能力なき社団や組合等）を形成することは現行法上も可能である。」という見解や[102]，「事前に同意をしていれば，多数決原理を導入することは何らの問題がないという米国での議論が，日本でも原則論として受け入れることができる」という見解が紹介されているくらいである[103]。以上も踏まえて考えるに，多数決方式に従う合意について，これを契約自由の原則から否定する理由はなく，また，消費者契約や定型約款に該当せず不当条項規制の適用はないことからも，原則として有効と考えてよいだろう。

制定法上の多数決制度をみると，例えば会社法（社債権者集会，株主総会）や倒産法（債権者集会）における多数決制度には，決議内容の特定及び内容に応じた決議要件設定，少数権者の保護（反対者の買取請求等），利益相反による弊害の防止（議決からの除外）や後見的機関の存在（裁判所の許可等）など決議内容の公正さを担保する制度が備わっている。これに対し，シンジケートローン契約における多数決条項は，契約である以上，公序良俗・権利濫用等の民法の一般原則に基づく制約に当然服するべきである。また，その契約意思は，当然のことながら，任意の合理的意思に基づいていることが前提である[104]。したがって，約定内容たる多数決の設計内容（決議事項，要件，手続）がまずは合理的である必要があろう。この点，実際の TL 契約での多数決条項の内容（前述）を前提とすると，主に債権保全強化の要否に係る決議にとどまり，元本減免等の重大な権利毀損に繋がらない事項であることも考慮すれば，反対者の救済手段や後見的機関等の制度がないとしても，有効性に障害となるに至る不合理性はないといえ

---

[102]　公益社団法人商事法務研究会「事業再生に関する紛争解決手続の更なる円滑化に関する検討会報告書」（平成 27 年 3 月）6 頁は，この団体を形成することにより，シンジケートローンにおいても事業再生 ADR の多数決化を可能と述べる。

[103]　（基本的に民法が準拠法と考えられる）ソブリン・サイムライ債における多数決条項の議論として，財団法人国際金融情報センター・前掲注（*101）13 頁以下，また同研究会第 1 回ないし第 3 回議事録（http://warp.da.ndl.go.jp/info:ndljp/pid/1364654/www.mof.go.jp/jouhou/kokkin/tyousa/CACs.htm）参照。

[104]　財団法人国際金融情報センター・前掲注（*101）13 頁にも同様の指摘がある。

よう*105。また，参加金融機関が，自らが少数債権者となった場合の不利益の可能性及びその場合の救済内容を理解しつつ，約定内容や約定の可否につき交渉する機会が与えられていることが重要であるが，一般の社債権者や株主と異なって，議決権者たる参加金融機関は金融のプロであることに鑑みると，実際上，これが問題となることは少ないであろう。

　なお，参加金融機関が借入人に対して当該シンジケートローン以外の取引関係を有する場合は，参加金融機関間の利害関係が対立する可能性がある。例えば，当該シンジケートローン参加金融機関全体にとっては，失期請求をして早期回収を図るべきであっても，一部の参加金融機関が債務者株式や劣後ローン債権を有する場合や通常貸金であっても当該シンジケートローンより早期に弁済期が到来する場合は，失期を回避し借入人の経営維持を図る方が合理的であるケースがあり，利害が対立する。かかる利害関係人が議決権を行使できるかについて，会議体の一般原則は慎重に扱われるべきとされつつも，規律の仕方は様々とされる*106。例えば，取締役会においては，特別利害取締役が議決から排除される（会社369条2項）。これは，委任関係に基づく会社に対する誠実義務（忠実義務）を負うことからとされる。一方，株主総会においては，忠実義務を負うとされない株主は，利害関係を有することだけを理由に株主総会の議決から排除されないが，「決議につき特別の利害関係を有する者が議決権を行使したことによって，著しく不当な総会決議」があれば，決議取消原因となる（会社831条1項3号）。これは，権利濫用の一類型とされる*107。社債権者集会においても，多数決濫用等により*108，決議が著しく不公正となった場合，裁判所の不認可事由となるとされる（会社733条3号）。

　シンジケートローンにおいて，これらの規律が仮に契約法においても妥当す

---

　*105　青山編著・前掲注（＊1）216頁も，大要，合理的範囲内な変更内容であれば，実質的な不利益性がないこと，付随的契約条件にとどまること，予見困難でないこと等を踏まえれば，参加貸付人の利益を不合理に制約するものではないと述べる。

　*106　利益相反研究会編『金融取引における利益相反〔各論編〕〔別冊NBL129号〕』（商事法務，2009）52頁〔神作裕之発言〕参照。

　*107　江頭憲治郎『株式会社法〔第7版〕』（有斐閣，2017）368頁。なお，支配株主に誠実義務があるとする学説があり，平成26年会社法改正でも議論があったが，現判例上認められておらず（同書131頁），同年の改正にも反映されていない。

　*108　上柳克郎ほか編『新版注釈会社法(10)社債(1)』（有斐閣，1988）168頁〔神田秀樹〕，奥島孝康ほか編『新基本法コンメンタール会社法3〔第2版〕』（日本評論社，2015）209頁〔清水忠之〕参照。なお，多数決濫用に限らず，社債権者の利害の均一性一般を害する場合と解する説もある（江頭憲治郎編『会社法コンメンタール(16)社債』（商事法務，2010）239頁〔丸山修平〕）。

るとしても，各参加債権者はシ団に対して忠実義務を負う関係になく，また，エージェントについても機械的・事務的で非裁量的な事務受任を負うにとどまり（後述Ⅴ2⑶参照），仮に利益相反行為があるとしても多数決条項を含んだ約定に参加金融機関はあらかじめ承諾していることから（後述Ⅴ2⑷(b)参照），議決権行使に関し忠実義務が問題となるケース（取締役会型）は通常考えがたく[*109]，どちらかといえば株主総会・社債権者集会の規律に親和性があろう。

　こう考えた場合，忠実義務を負わない参加金融機関であっても自己の利益を優先するために，他の参加金融機関にとって不利な決議行動を行うことはどうか。事案によろうが，特別の利害関係を有するだけでは権利行使の障害にはならないが，権利濫用の民法一般原則に該当するような著しい不当性が存在する場合は，問題となろう[*110]。ちなみに，英国の権利濫用（abuse）の事例として，シンジケートローンの多数決条項につき，多数貸付人が少数貸付人に対して，議決権を誠実に（in good faith）行使し，詐欺（fraud）に至る悪意により行使してはならないという裁判例が紹介されている[*111]。私見では，我が国でも少数貸付人の利害を害することを主目的とした場合は権利濫用の一般法理の適用を免れるわけではなかろう。しかし，多数貸付人が誠実に権利行使をしている限り，プロ同士の会合で，リスク負担に応じた議決権を行使することは，実際上，問題とならないと考える[*112]。

4　平等性・団体性条項の維持

　個別参加金融機関が債権譲渡・地位譲渡を行った場合や（後述Ⅵ），第三者からの債権回収を受けた場合においても，平等性や団体性を維持すべく，条項が承継者にも適用されるように約定されている（TL25条2項1号・26条1項1号・27条3項1号）。

　[*109]　西村あさひ法律事務所編・前掲注（*8）464頁。ただし，同書465頁は，参加貸付人がエージェントの有する借入人情報に頼っている実情を鑑みれば，高度な義務を課すことは決して不合理ではないと述べる。
　[*110]　利益相反研究会編・前掲注（*106）51～54頁の諸発言参照。
　[*111]　Redwood Master Fund Ltd v TD Bank Europe Ltd［2002］All ER（CHD）。秘密の利益を得て少数債権者に不利となる議決を行ったとして提訴。判決自体は少数貸付人の請求を棄却。Ong・前掲注（*99）329頁脚注1，Mugasha・前掲注（*1）266～268頁参照。なお，同裁判例につき，信認義務の問題として捉える考え方がある点について，野村美明「シンジケートローン債権者間の多数決問題」ジュリ1374号85頁。
　[*112]　利益相反研究会編・前掲注（*106）51頁〔森下哲朗発言〕・52頁〔道垣内弘人発言〕・〔井上聡＝松尾直彦発言〕53頁参照。

V　シ団の組成・管理に係る役務契約

1　アレンジメント契約
(1)　アレジメント業務の概要

一般的なアレンジメント実務は，概略以下のとおりである。①アレンジャー候補たる金融機関は，借入希望者（以下単に「借入人」という。）との間で，資金ニーズの把握のうえ，借入に係る主要融資条件（金額，利率，返済期日，担保等。「タームシート」と呼称される。）や，アレンジメント委託条件（組成方法（後述），招聘予定金融機関，手数料・費用，免責等）等について助言，提案を行う。②最終的にこれらを記載した提案書を提示して，借入人がこれに合意する場合は，通常，「同提案記載の条件を承諾のうえ，シンジケートローンの組成を委託する」旨のレター（「マンデート・レター」と呼称される。）を当該金融機関に出状する[113]。これにより，当該金融機関は，アレンジャーに就任する。③アレンジャーは，借入人情報や財務状況等を記載した「インフォメーション・メモランダム」を借入人と協議し作成し，これをもって金融機関を招聘する。なお，同書面上には，通常，借入人の開示・提供した情報に基づいて作成されたこと，参加金融機関が自らの情報・検討に基づき独自に審査するものとすること，アレンジャーは情報の真正さ・正確さ・十分さ等について責任を負わないこと，また他の取引において現在及び将来入手する情報について開示する義務を負わないこと等の免責文言が明記される。④一定の融資判断を行った招聘金融機関から参加表明を取得する，⑤借入人と適宜協議しつつ，参加表明があった各金融機関に対する借入金額の配分（アロケーション）や借入条件その他シンジケートローン契約書内容を調整のうえ，内容を確定する，⑥借入人・参加金融機関間で同契約書の締結を行うための支援を行う。

なお，組成方法には，「ベストエフォート方式」と「引受方式」がある。前者は，アレンジャーは組成に向けて最善の努力を払うが，組成金額の引受けや確約を行わず，招聘に成功した参加金融機関・参加金額のみによりシ団が組成さ

---

[113]　青山編著・前掲注（＊1）49頁。Mugasha・前掲注（＊1）109頁参照。通常の企業向けシンジケートローンでは，上述のように，申込（提案）書と承諾書の往復による letter agreement の体裁をとることが多い。

14　シンジケートローンにおける約定内容と契約法の機能　　　321

れる。これに対し，引受方式の場合は，アレンジャー組成金額の全部又は一部を確約し，招聘活動の結果にかかわらず，合意した引受金額との不足額が生じれば，アレンジャーが資金提供を行うことを約するものである。

(2) 借入人との契約関係

上記(1)の過程において，アレンジャーは「タームシート」記載内容でのアレンジメント契約を行う申込みを行い，次に，借入人はこれを承諾することにより，同契約が成立する。同時に合意する形式を採る双方調印による契約ではなく，この申込み・承諾による契約方法については，改正民法において明文化された（新民 522 条1 項）。

アレンジメント契約は，シ団組成に向けて情報提供や借入人と参加金融機関間の契約条件の調整等を行うことを借入人がアレンジャーに委託することである。これは，委任契約又は準委任契約と解されている[114]。ただし，シ団の組成は，借入人がシンジケートローン契約に調印をしてはじめて確定するものであって，アレンジャーは諸調整活動を行うものの，それは事実行為であり，借入人から法律行為をすることを受託して行動しているわけではない。よって，アレンジメント契約は，厳密には委任契約ではなく，準委任契約（民 656 条）と考えられる[115]。

なお，「ベストエフォート方式」は，準委任の善管注意義務の程度として「最善の努力を払う」ことを述べるが，組成金額を確約する旨を「請負」（民 632 条）うことを約するわけではない。提案書においても，実際の組成額は予定額を下回る可能性があること，市場環境によっては組成中止となる場合があること等の記載がなされる。一方，「引受方式」の場合は，上記準委任契約に加え，招聘不足額について，一定の条件にてアレンジャーが一参加金融機関の立場としてシンジケートローン契約をすることを約する契約であり，これは消費貸借契約の予約（契約義務方式）と考えられよう[116]。実務においては，ベストエフォートベースが相対的に多く，以下この方式について述べる。

(3) アレンジメント契約上の論点

(a) 善管注意義務の程度

---

[114]　JSLA 行為規範 4 頁，青山編著・前掲注（＊1）46 頁は「(準) 委任」とする。
[115]　後掲注（＊133）最判平 24・11・27 での田原睦夫判事の補足意見は「準委任」と述べる。また，田澤元章「アレンジャーの利益相反行為」ジュリ 1471 号 38 頁。
[116]　青山編著・前掲注（＊1）46 頁脚注 1 参照。

322　　　**第 3 章**　消費貸借等

アレンジャーは、委任の本旨に従い、マンデート・レターで借入人と受任内容を合意した借入条件や「インフォメーション・メモランダム」等の開示情報に沿って、組成に向け「最善の努力」を行う善管注意義務を負うことになる。

もっとも、招聘活動の過程において、経済状況や借入人の財務状況の変化が生じたなどして、当該借入条件や開示情報による組成が困難な場合に、アレンジャーは、能動的に、合意した受任内容を超えて、条件変更や追加開示を促す提案をすべき注意義務があるかについて、議論が分かれている。すなわち、①「アレンジャーは単に借入人が開示を希望する情報を参加金融機関に伝達するだけの役割を担っているにすぎない」[*117]、②「積極的にアドバイスすることをもアレンジャーに要求するならば、それはアレンジャーの義務を実質的に組成の請負に近づけることとなり、ベスト・エフォート・ベースとの関係では行き過ぎであると思われる。」[*118]等の理由で消極的見解を示すものがある。一方で、③アレンジャーは委任の本旨であるシンジケートローンの組成のために客観的合理的に必要と認められる行為を主体的かつ積極的に行動すべき義務を負うという積極的見解もある[*119]。

(b) アレンジメント契約の終了

アレンジメント契約は、シンジケートローン組成時点で、その目的を達成し、当然に終了すると考えられる。我が国では、アレンジャーは、シンジケートローン組成後にエージェントに就任することが多い。前者は借入人の受任者で後者は各参加金融機関の受任者となるが、同時に双方に就任することがないので、利益相反の問題が生じることはない(また、参加金融機関は、アレンジャーに就任していたことを了知したうえでエージェントに選任するのだから、利益相反があったとしてもこれを承諾している。)。

中途解約については、通常、マンデート・レター上に特段の約定がないこと

[*117] JSLA 行為規範 4 〜 5 頁。

[*118] 森下哲朗「シンジケート・ローンにおけるアレンジャー、エージェントの責任」上法 51 巻 2 号 21 頁参照(以下「森下①」という。)。一方で、森下哲朗「シンジケートローンにおけるアレンジャーの責任に関する最高裁判決」金法 1968 号 14 頁脚注 18(以下「森下②」という。)は、表明保証違反である事情をアレンジャーが知っている場合は、ローンが直ちに表明保証違反でデフォルトとなってしまいかねないシンジケートローンをそのまま組成することはアレンジャーの責務を果たせないことから、アレンジャーの開示を助言することが求められるべきではないか、と述べる。

[*119] 清原健＝三橋友紀子「シンジケート・ローンにおけるアレンジャーおよびエージェントの地位と責務」金法 1708 号 9 頁。

も多いが，別途の規定がない限り，各当事者はいつでも委任を解除できる（民651条1項）。ただし，「相手方に不利な時期に委任を解除した」場合に，やむを得ない事由があったときを除き，損害賠償の責任を負う（同条2項。なお，改正民法では，損害賠償義務を同条2項2号のときにも認めたが，アレンジメント契約における受任者の利益は，通常「専ら報酬を得ることによるもの」と考えられようから，同号の適用はないであろう。）とされる。例えば，後述のとおり，借入人がその重大なネガティブ情報の情報提供を，参加金融機関に対して拒否する場合は，やむを得ない事由があったとして，アレンジャーは，損害賠償責任を負わずに辞任することが可能だと考えられる。

(c) アレンジメントフィー

アレンジメントフィー（アレンジメント業務の役務対価）は，準委任契約の受任者の報酬である（民648条・656条）。具体的内容は，マンデート・レター等で約定化されるが，通常の企業向けシンジケートローンでは，シンジケートローン契約締結日（＝組成日）に，一括して，組成金額の一定割合等の計算方法による金額を支払うのが一般的である。この約定内容は，改正民法648条の2の「成果等に対する報酬」に該当するとも考えられるが，仮にそうだとしても，同新法規律と整合的である。

なお，アレンジメントフィーは，規制法たる利息制限法及び出資法における「みなし利息」の該当性につき論点となるが，消極的に解されている[120]。

(4) 参加金融機関に対する契約上の責任の有無

アレンジャーと参加金融機関には明示的な契約関係がない[121]。参加金融機関にとって，アレンジャーは「借入人の意向に沿って単に情報を伝達するだけの主体」として行動するものであり，代理行為を含め法律行為を行っていない。

なお，アレンジャーがインフォメーション・メモランダムを参加金融機関に開示する際に，守秘誓約書をアレンジャー（及び借入人）に差し入れさせる実務がある。しかし，これは，開示情報に関し，招聘金融機関が片務的に守秘義務を約するにとどまり，それ以上にアレンジャーと招聘金融機関の間の法律関係を規定するものではなく，また，他の黙示的契約が成立していると考えられる

---

[120] 金融法委員会「論点整理：シンジケートローン取引におけるアレンジメントフィー／エージェントフィーと利息制限法及び出資法」（平成21年6月22日）参照。

[121] JSLA行為規範4頁。また，後掲注（＊133）最判平24・11・27の田原睦夫判事の補足意見において「アレンジャーと参加金融機関の間には，明示的な契約関係は存在しない」との指摘がある。

事情も見当たらない。

(5) 参加金融機関に対する情報開示の要否

(a) アレンジャーの責任根拠

実際上，アレンジャーは，借入人の主力取引銀行が就任することが多く，また，アレンジメント業務の過程において借入人から情報を得ることから，参加金融機関より多くの情報を有する。この点，JSLA は，金融機関間の情報蓄積量が異なることは必然とし，アレンジャーが有する情報のすべてが特定のシンジケートローンに直接関係するわけではなく，参加金融機関は，他の金融機関と同等の情報がなくとも参加可否の判断が可能であり，また，必要と判断すれば追加情報を要求すればよく，満足すべき情報がなければ参加を断念すればリスク回避が可能と考えている[122]。加え，アレンジャーは，借入人に対する守秘義務[123]も考慮する必要がある。もっとも，以下述べる諸点を根拠として，アレンジャーは，粉飾情報など与信判断上ネガティブな情報を能動的に開示すべき義務があるのではないかという議論が展開されている。

(ア) 仲立契約

アレンジャーは，借入人との（準）委任契約に基づき，参加金融機関の契約締結に尽力するという事実行為すなわち媒介行為を行っており，その際，民事仲立人として，媒介の相手方である参加金融機関に対する注意義務を負うとする見解がある[124]。しかし，（民事又は商事）仲立人は，両当事者の中間に立って媒介をなす役割を果たす者であり，そのために媒介の相手方に対しても公平にその利益をはかる義務を負うのに対し[125]，アレンジャーはあくまでも借入人の利益のために契約交渉に関与するにすぎない。そもそも，参加金融機関にとって貸付行為は商行為であるので（商 502 条 8 号，会社 5 条），アレンジャーは，民事仲立人ではなく，また，参加金融機関に対し報酬請求権（商 550 条）がないものと取り扱われているので，商事仲立人でもない。したがって，アレンジャーは仲立人ではなく，参加金融機関に対し何らかの契約上の注意義務を負うものではないと考えられる[126]。

---

[122] JSLA 行為規範 6 頁以降。

[123] 銀行の守秘義務につき最決平 19・12・11 民集 61 巻 9 号 3364 頁。

[124] 大垣尚司「情報提供に係る注意義務の内容を規定する要素」金法 1921 号 59 頁。

[125] 江頭憲治郎『商取引法〔第 8 版〕』（弘文堂，2018）235 頁以下参照。

[126] 参加金融機関との契約関係につき否定的な見解が多いことにつき，青山編著・前掲注（＊1）58 頁脚注 22 頁参照。海外の議論でも否定的であることを示唆するものとして，牛嶋将二ほか

14 シンジケートローンにおける約定内容と契約法の機能

(イ) 信認義務

　参加金融機関のアレンジャーに対する信頼・依存関係等を理由に，アレンジャーは信認義務（fiduciary duty）が存在し，契約責任又は不法行為責任を負うという見解がある[127]。信認義務は，英米法（Equity）上の概念であり，我が国においても，一定の権限を他人に委ね，信頼し依存する信認関係において受任者が自己の利益を図ることを禁止するなど，契約法と別に定立する試みがあるとされる[128]。しかし，シンジケートローン取引におけるアレンジャーについては，一般に英米法の学説では，sophisticated financial institutions としての参加金融機関が行う独立当事者取引（arm's length）であることから，fiduciary duty を課すことにつき否定的な見解が有力であり[129]，仮に存在するとしても契約条項により有効に同義務を排除しているとしている[130]。日本法においても，そもそも，信託法に基づく信託行為がある場合等を除き，かかる実体法上の概念が認められるかは議論途上にある段階であり，いずれにしろ，上述のとおりプロたる金融機関とアレンジャーとの間について信認関係を消極的に解するのが一般的である[131]。

(ウ) 信義則上等の説明義務

　JSLA は，以下の要件をすべて満たす場合で，アレンジャーが借入人に開示を促すことなく組成を進めたときは，アレンジャーに詐害性があるとして民法709 条に基づく不法行為責任を負う可能性があると指摘している[132]。(a)アレンジャーが知っていながら，参加金融機関に伝達していない情報が存在すること，(b)その情報が借入人により開示されていない限り，参加金融機関が入手し得ないものであること，(c)その情報は，参加金融機関のローン・シンジケーショ

　「座談会シンジケートローン実務の法的側面（特集 検証・シンジケートローン）」金法 1591 号 30 頁〔佐藤正謙発言〕。

*127　近江幸治「判批」判評 630 号〔判時 2114 号〕27 頁。また，小出篤「シンジケートローン・社債管理者業務に関する利益相反問題」金法 1927 号 67 頁は，信認義務を一般に消極に解しつつも，アレンジャーの事実上の裁量権限が広く参加金融機関がコントロール困難である場合などは例外的に正当化する方向へ働くであろうと述べる。

*128　中田・前掲注（*30）57 頁。

*129　Mugasha・前掲注（*1）160 頁，森下①・前掲注（*118）46 頁。

*130　LMA の標準条項を説明するものとして，Mugasha・前掲（*1）160 頁。

*131　森下①・前掲注（*118）46 頁，青山編著・前掲注（*1）57 頁，田澤・前掲注（*115）42 頁。野村美明「シンジケートローン契約におけるエージェントの免責規定はどこまで有効か」加賀山茂先生還暦記念『市民法の新たな挑戦』（信山社，2013）566 頁脚注 55，道垣内弘人ほか「信認関係に基づく説明義務」論究ジュリ 23 号 147 頁〔山下純司発言〕参照。

*132　JSLA 行為規範 7 頁。以下「JSLA 三要件」という。

ンの参加の意思決定のために重要な情報（「重大なネガティブ情報」）であること。

　実際に，アレンジャーの不法行為責任を肯定した最高裁判決がある[133]。本事案は，借入人が，同社のメインバンク（本件アレンジャーとは別の金融機関）が決算書に疑念を抱いたというにとどまらず，外部専門家による精査を強く指摘したうえ，別件シンジケートローンの参加金融機関に周知させた事実をアレンジャーに告げたにもかかわらず，アレンジャーが参加金融機関に開示することなく融資実行がなされたところ，その後借入人が倒産したという事案である。最高裁は，本事案において，信義則上，情報を提供すべき注意義務があるとした。その判断においては，①アレンジャーが開示を受けた本件情報は，②「（参加金融機関が）自ら知ることは通常期待し得ない」もので，③「（借入人の）信用力についての判断に重大な影響を与えるもの」と述べるなど，上記の JSLA 三要件を参照したものと評することができる。また，その後に出た東京地判平 25・11・26 金判 1433 号 51 頁は，アレンジャー自身が重大なネガティブ情報を知らなかった以上，参加金融機関に信義則上の情報提供義務に違反することはないとして，アレンジャーの責任を否定したが，本判決も，上記の JSLA 三要件の考え方に整合性があるものといえる。

　なお，上記最高裁判決は，かなり特殊な事案において[134]，ネガティブ情報を「本件シ・ローンの組成・実行手続の継続に係る判断を委ねる趣旨で」アレンジャーに伝えたという事実認定の下で，守秘義務違反が問題とならないとの判断が可能であった場合における事例判決である。よって，これをもってアレンジャーの参加金融機関に対する情報提供義務が一般的に認められたと考えるべきではない[135]。あくまでも，各経済主体は，市場原理に基づく自己責任の下，自分で必要な情報を収集して判断・決定するのが原則である。そのうえで，例外的に，自己決定基盤の保護のために情報格差を是正すべく，信義則上の情報提供義務が生じる場合があるとされる。

　この点，法制審においては，契約締結過程における信義則に基づく情報提供義務（・説明義務）として，明文化が試みられ，法務省「民法（債権関係）の改正に関する中間試案」（第 27，2）では，その要件として，概略，（Ⅰ）一当事者が

---

[133]　最判平 24・11・27 裁判民集 242 号 1 頁・判タ 1384 号 112 頁。
[134]　本事案の特殊性を指摘したものにつき，浅田隆 = 本多知則「異例なアレンジャー業務の事例判決」金法 1921 号 65 頁参照。
[135]　潮見・前掲注（*57）146 頁の本文及び脚注 56 参照。

当該情報を契約前に知り，又は知ることできたこと，（Ⅱ）他方が当該情報を知っていれば契約を締結しなかったこと，かつそれを相手方が知ることができたこと，（Ⅲ）一切の事情に照らし，他方が当該情報を入手するのを期待することができないこと，（Ⅳ）契約締結による不利益を当事者一方に負担させることが（Ⅲ）の事情に照らし相当でないことが挙げられた。しかし，結局，本案は，一律の規定になじまないものとして，法務省「民法（債権関係）の改正に関する要綱仮案」作成の段階で断念された[*136]。もっとも，本要件案は，それまでの法制審の議論を踏まえ，「従来から判例上認められていた情報提供義務をそのまま明文化しようとするもの」[*137]と説明されたことからも，今後の解釈論においても参考になると思われる。この観点から，上述の JSLA 三要件と中間試案の4要件を比較すると，大宗，整合性を有していると思われる（若干の広狭の差はあるが，上記の JSLA 要件(a)は中間試案要件（Ⅰ）と，同様に(b)は（Ⅲ）と，(c)は（Ⅱの前半）に相当する。なお，上述のとおり JSLA 三要件は必要要件であり，（Ⅳ）は損害賠償認定の当否を判断する際の実質的な考慮要素となろう。）。

なお，この情報提供義務違反の法的性質については，不法行為責任と考える見解のほか，契約責任と考える見解があり[*138]，法制審の審議においてもその両者は排除されていない[*139]。しかし，アレンジャーのケースについて考えると，上述のとおりアレンジャーと招聘金融機関の間には契約関係がなく，また，借入人との契約に注目するとしても本件はその契約を締結するかどうかの判断に関することであって説明義務がその契約に基づいた義務というのは「一種の背理」[*140]と考えられる。よって，本責任は，契約責任ではなく[*141]，やはり不法

[*136]　法制審議会民法（債権関係）部会資料81－3・30頁

[*137]　中間試案補足説明345頁。審議内容と従来の判例・学説・法制との関係を説明したものとして，横山美夏「契約締結過程における情報提供義務」安永ほか監修・前掲注（*50）377頁参照。

[*138]　法制審議会民法（債権関係）部会資料41・28頁，また潮見・前掲注（*37）121頁以下（特に124頁脚注22）参照。

[*139]　中間試案補足説明において法的性質について言及されていない。また，法制審前の議論として，民法（債権法）改正検討委員会編『詳解 債権法改正の基本方針Ⅱ』（商事法務，2009）40頁も参照。

[*140]　最判平23・4・22民集65巻3号1405頁・金法1928号106頁。

[*141]　学説には，（前掲注（*140）最判平23・4・22の千葉勝美判事補足意見にあるように）提供すべき情報の種類によって契約責任を認める説や（同最判にかかわらず）契約責任と解する説もある（中田・前掲注（*30）132頁参照）。しかし，本事案は，同補足意見で契約責任の一つと挙げられる「契約締結のための準備段階における過失」（又は，「契約の履行に向けられた情報提供義務」横山美夏「契約締結過程における情報提供義務」ジュリ1094号130頁参照）の問題はない。

行為責任と考えられる。

(エ) 政策的観点からの規律

金融取引における情報格差を是正する私法上の特別法として，金融商品の販売等に関する法律が制定されている。本法は，説明義務（金販3条）や，これに違反した場合の損害賠償責任（金販5条。無過失責任）が定められており，前者（金販3条）は信義則上の説明義務を明確化したもので，後者（金販5条）は不法行為法の特則とされる[142]。もっとも，両条文は，シンジケートローンのアレンジャーを対象としていない。なぜなら，仮にアレンジャーが同法上の「金融商品販売業者等」（金販2条3項）だとしても，シンジケートローン債権は，同法上の有価証券やみなし有価証券ではなく（金販2条1項5号。同号は金融商品取引法2条のみなし有価証券（前述Ⅱ3(2)(a)(イ)参照）も同法の対象とすることを規定する。），また，参加金融機関の太宗は，金融商品販売に関する専門知識及び経験を有する者として定められる「特定顧客」（いわゆるプロ）であるからである（金販3条7項1号，金販令10条）[143]。

また，政策上の選択肢としては，不適切な商品を排除するゲートキーパーとしての機能をアレンジャーに期待する考え方もあり得ないわけではない[144]。しかし，一般投資家が参加する証券市場と異なり，我が国のシンジケート市場は，金融機関間における情報格差の存在を了知し，自己責任により判断を行うことを前提として形成されることを指向している[145]。また，アレンジャーの調査能力の限界や差異をどこまで許容するか，その調査コストをどのように誰に転嫁させるべきかという議論やゲートキーパーとすべきとする認識の共有化がなければ容易に採用すべきものではない。よって，ゲートキーパーとして期待すべきではないと考える。

(b) 実務対応

---

[142] 立案者解説として，岡田則之＝高橋康文編『逐条解説 金融商品販売法』（金融財政事情研究会，2001）114頁。

[143] 前掲注（＊22）のとおり，従前，学校法人等向けシンジケートローンは金融商品取引法の適用があったので，その際アレンジャーは同法上の私募取扱業者として，参加金融機関に対し書面交付等を行っていた。

[144] 杉村和俊「格付会社の私法上の義務と民事責任に関する一考察：各種ゲートキーパー責任との比較に照らして」金融研究33巻3号138頁以下参照。また，Wood・前掲注（＊1）380頁。

[145] 小塚荘一郎「アレンジャーの責任に関する理論とあてはめと政策論」金法1925号32頁参照。また，利益相反の観点から，証券会社との機能上の差異を述べたものとして，浅田隆「金融取引における利益相反に関する実務課題―設例を通じた問題提起」金法1927号33頁参照。

上述のとおり，アレンジャーが参加金融機関に対し情報開示を求められるのは，上記の JSLA 三要件に該当するような場合に限定される。しかし，現実の事案においては，その要件該当性を判断するのは容易ではなく，また，アレンジャーには守秘義務があり，当該情報が「疑い」にとどまるものであれば，開示によって借入人の風評被害を与えることにもなりかねないこと等から，アレンジャー自ら開示することにはかなり困難が伴う[146]。かかる場合のベストプラクティスは，まず，ネガティブ情報を参加金融機関に正確に開示するよう借入人に促し，借入人が応じない場合は，シ団組成を中止すべき（又は委任契約を解除し，アレンジャーを辞任すべき）とされる[147]。

(6) 免責文言の効果

上述のとおり，アレンジャーは参加金融機関に対し不法行為責任を負う場合があるが，インフォメーション・メモランダム上の上記免責文言により，アレンジャーは免責されないか。

この点，英国法上，適切に規定された免責文言は，詐欺の場合を除き通常，アレンジャーを免責すると考えられており[148]，尊重されるべきとの同国裁判例も紹介されている[149]。我が国について考えると，適切に記載された本免責文言は，参加金融機関はこれを知りつつ当該情報を使用することから，免責契約に関する意思の合致があったとして，一種の損害賠償の特約（契約）と考えることができる[150]。また，参加金融機関の期待合理性を限定させることによりアレンジャーの注意義務を限定する効果[151]や，不法行為法上の過失相殺の要素と捉えること[152]も可能だろう。

一般に，契約責任や不法行為責任に関する免責条項や責任制限条項について

---

[146] 浅田＝本多・前掲注（[134]）67 頁参照。なお，前掲注（[133]）最判平 24・11・27 の田原睦夫判事補足意見は，かかる場合に借入人には守秘を求める利益を有しない旨述べるが，仮にそうだとしても，要件該当性の判断は容易でないし，また，ネガティブ情報には借入人以外の第三者の情報を伴う場合もある。

[147] JSLA 実務指針 6 頁参照。

[148] Wood・前掲注（[1]）390 頁，Tennekoon・前掲注（[1]）52 頁。英国では，Misrepresentation Act 1967, Unfair Contract Term Act, 1977 の下で，合理的な範囲内のみ免責が認められる等が指摘されている。

[149] 森下①・前掲注（[118]）54 頁の紹介裁判例参照。

[150] JSLA 行為規範 6 頁。また，樋口孝夫「シンジケート・ローンにおけるアレンジャーの参加金融機関に対する法的責任の問題点」銀法 761 号 40 頁参照。

[151] 森下哲朗「シンジケートローンにおけるアレンジャーの責任」銀法 732 号 12 頁。

[152] 窪田充見『不法行為法〔第 2 版〕』（有斐閣，2018）287 頁でいう「（注意）看板」の効果。

は，民商法典には一般的な規定を設けておらず，これは，私的自治ないし契約自由の原則により，公序良俗又は信義則に反しない限り有効であると説かれる[153][154]。ただし，故意・重過失を免責する条項は信義則・公序良俗に反する不当なものとして無効と考えられている[155]。また，一般的・全面的に免責を規定する条項は，故意・重過失ある場合に免責効がないとされる[156]。

以上より，インフォメーション・メモランダム上の免責文言は，基本的に有効であるが[157]，アレンジャーが，インフォメーション・メモランダムに重大な虚偽記載があることを知りながら，それを告げずに参加金融機関に配布した場合には，(因果関係等他の不法行為要件を充足すれば) 損害賠償責任を負うことがあり得ると考えられる[158]。この点，前掲注 (＊133) 最判平 24・11・27 は，免責文言があるとしても当該事案の事実に照らせば情報提供を期待するのが当然と判示した。本判決は，免責文言の射程につき規範的基準を説示したものではないが，その有効性の限界を示す一例といえる[159]。

2　エージェントに係る契約

(1)　エージェント契約の概要

エージェント業務は，参加金融機関の委託を受けて，参加金融機関の代理人として (TL21 条 1 項参照)，一般には次のとおり，契約において委任された事務を行うものである。①資金決済業務：参加金融機関と借入人の間において，融資実行資金や返済資金の授受や決済を行う業務である (TL 1 条 2 号・5 条・11 条・15 条・20 条参照)。②通知業務：借入人又は参加金融機関から発出される通知を受領し，他の当事者に回付する業務 (TL10 条 2 項・3 項・17 条 1 項・7 項・21 条 11 項・18 条・25 条 2 項・26 条 2 項・28 条 5 項・6 項)。③意思結集手続業務：上記意思結集

---

[153]　宅配業者の免責約款につき，最判平 10・4・30 裁判集民 188 号 385 頁・判タ 980 号 101 頁。

[154]　奥田昌道編『新版注釈民法(10) II 債権(1)』(有斐閣，2011) 209 頁・225 頁〔北川善太郎＝潮見佳男〕，中田・前掲注 (＊30) 125 頁参照。なお，シンジケートローン取引においては，消費者契約法 10 条や定型約款 (前述 II 3(1)(b)(ウ)) の特則の適用はない。

[155]　奥田・前掲注 (＊154) 217 頁以下〔北川＝潮見〕参照。

[156]　最判平 15・2・28 裁判集民 209 号 143 頁・判タ 1127 号 112 頁 (宿泊約款)。その他，企業間取引における裁判事例につき，日下部真治＝工藤泰子「企業間取引契約における責任制限条項をめぐる裁判例」判タ 1349 号 67 頁。

[157]　森下①・前掲注 (＊118) 54 頁，青山編著・前掲注 (＊1) 64 頁。

[158]　JSLA 行為規範 6 頁参照。

[159]　一方，前掲(5)(a)(ウ)東京地判平 25・11・26 は，有効性を肯定する判示と思われる。

14　シンジケートローンにおける約定内容と契約法の機能　　**331**

手続において，各参加金融機関の意思決定内容を取りまとめる業務（TL23条）等。

このうち①，②は，複数の貸付人との事務手続について，貸付人の窓口をエージェントに一本化することで，借入人・貸付人双方にとって事務効率化に資するものであり，③（また②）は，上述の貸付人の団体性を維持するために必要な事務である。なお，取引規模やスキームの複雑さによっては，エージェント業務を複数の金融機関が分担したり（例えば，上述①と②を分ける。それぞれ「ペイング・エージェント」「ファシリティ・エージェント」とか呼称される。），対象業務を追加したりすることがある（担保契約管理のためのセキュリティ・エージェントの設置）。

一方で，エージェント業務内容は限定列挙されており，また，それ以外の履行責任を負わないように約定されている（TL21条1項）。例えば，エージェントは参加金融機関のため，コベナンツの遵守状況等のモニタリング義務等を負わない[160]。

(2) エージェント条項の法的性質

エージェントに係る役務提供契約の法的性質は，参加金融機関とエージェントとの間の（準）委任契約と解される（民643条・656条）。借入人との間において委任関係はない。ただし，エージェントフィーについては，借入人との間の合意によって借入人が負担する（TL12条）[161]。

(3) エージェントの責任範囲

シンジケートローン契約上，上記(1)の①ないし③の具体的な業務内容は，その個々の条項においてそれぞれに規定されるが，総じて事務的・機械的で非裁量的な内容に限定されている。加え，これら業務を追行する際のエージェントの権利・義務について，共通に適用される条項が置かれる（エージェント条項と呼称される。）。

エージェント条項は，エージェントの権利義務の明確化及びエージェントの免責が中心的な内容となる。権利義務については，エージェントは，（借入人ではなく）貸付人の代理人であること，契約書に明示的に定められた義務のみ負うこと，エージェント業務を行うに際し「通常必要又は適切とエージェントが認

---

[160] JSLA 行為規範Ⅱ⑤参照。
[161] 第三者のための契約と解する説もある（借入人が参加貸付人のためにエージェントに支払を約すると構成する。井上・前掲注（*73）85頁）。

める権限」を行使し，その範囲で善管注意義務を負うこと（TL21条1項・3項）等が規定され，エージェントの権利義務の明確化（限定化）が企図されている。

免責については，エージェントは，一定の書類等，貸付人の所定の指示や，貸付人又は借入人からの所定の通知に依拠して判断した限り，責任を負わないこと（同条2項・5項・6項），エージェントは契約の有効性や表明保証事項に保証せず，貸付人は自己責任で取引等を行うこと（同条7項），エージェントの貸付人としての義務は他の貸付人と同等であり，また，他の銀行取引を行うことができ，本シンジケートローン契約に基づいて送付されたことが明示されていない限り他の貸付人に情報開示をする義務がないこと（同条8項）等が規定され，エージェントが所定の手続を履践する限り，免責が図られることが企図されている。

一般に，受任者が負う善管注意義務の内容は，当事者間の知識・才能・手腕の格差，受任者に対する信頼の程度等に応じて判断されると解されており[162]，その程度については，大きな権限を与えられた受任者ほど，また委任者によるコントロールが受任者に対して及びにくいほど，受任者の責任は大きくなると考えられている[163]。この点，参加金融機関も融資のプロであるのでエージェントへの依存度は少なく，委任内容も事務的・機械的で非裁量的なものであり（その限りにおいて，「通常必要又は適切とエージェントが認める権限」を有するにすぎない。），またエージェントへの約定指図権（TL21条5項）や解任権（TL22条2項）があることに鑑みると，特別な個別事情がない限り，受任者の責任は相当制限されると考えてよい[164]。なお，商行為の受任者は商法505条の適用があるが，特段の善管注意義務を課すことを意図したものではないと解されており，また任意規定であることから，結局，約定によって注意義務の内容が定まることになる[165]。

法制審においては，委任（又は役務提供一般における）における受任者の善管注意義務に関しては，忠実義務との関係と指図遵守義務（の例外）の論点が議論されたがそれ以外については，特に大きな議論は見受けらなかった。忠実義務については，善管注意義務を負う受任者が忠実義務も負うと解釈されていること

[162] 内田貴『民法Ⅱ債権各論〔第3版〕』（東京大学出版会，2011）291頁
[163] 樋口範雄『フィデュシャリー［信認］の時代—信託と契約』（有斐閣，1999）131頁，JSLA・前掲注（[86]）66頁参照。
[164] JSLA・前掲注（[86]）66頁，青山編著・前掲注（[1]）71頁参照。
[165] 近藤光男『商法総則・商行為法〔第7版〕』（有斐閣，2018）140頁，蓮井良憲＝森淳二朗編『商法総則・商行為法〔第4版〕』（法律文化社，2006）183頁参照。

を踏まえ[*166]，忠実義務に関する一般的規定を置くことが検討されたが，見送られた[*167]。この過程においては，いったん，忠実義務を任意規定として条文化する考え方も示されたが[*168]，全面的に排除できるとすることが妥当かどうかは疑問との意見もあった[*169]。指図遵守権の論点についても，委任者の利益を害する場合には指図を遵守しても善管注意義務を負う場合の明文化等について議論がなされたが[*170]，立法には至らなかった。私見では，審議における議論を踏まえても，改正民法において，上述のとおりのエージェント条項の有効性自体に別段影響を与えるものはないと考える。

エージェント条項における免責条項の有効性については[*171]，契約自由の原則より基本的に有効と考えられるが，アレンジャー責任につき上述1(6)で述べたことと同様に，故意・重過失がある場合は効力を否定され得ると考えられる。

なお，エージェント等の免責条項について，改正前民法 572 条（売買の担保責任を負わない旨の特約）の規定から考え，悪意（重過失を含む）の場合には契約自由の原則が及ばないとする指摘がある[*172]。考えるに，エージェント契約は有償契約なので，民法 559 条により改正前 572 条を含む担保責任の規律等が準用される。もっとも，エージェント契約に基づく「なす債務」[*173]につき，売買契約同様の担保責任や「知りながら告げなかった」こと等をそのまま概念することは容易ではない。そもそも，民法上の売主担保責任の諸規定は強行法規ではないとされるが，改正前民法 572 条は，信義則に反するとみられる 2 つの場合につき，この例外を定めるものであるとされる[*174]。そうすると，この準用の具

---

*166　最大判昭 45・6・24 民集 24 巻 6 号 625 頁。いわゆる同質説。
*167　法制審議会民法（債権関係）部会資料 46・49 頁以下等。
*168　法制審議会民法（債権関係）部会資料 24・8 頁。
*169　中間的論点補足説明 374 頁。また，法制審議会民法（債権関係）部会第 17 回議事録 36 頁〔能見善久発言〕，部会第 24 回議事録 13 頁〔中田裕康発言〕参照。
*170　中間的論点整理補足説明 372 頁。また山本編・前掲（*79）252 頁〔一木孝之〕参照。
*171　英米法を踏まえた検討として，野村・前掲注（*131）549 頁。また，牛嶋ほか座談会・前掲注（*126）34 頁〔佐藤正謙発言〕参照。
*172　清原＝三橋・前掲注（*119）14 頁。また，岩原紳作「金融機関と利益相反：総括と我が国における方向性」金融法務研究会『〔金融法務研究会報告書(17)〕金融機関における利益相反の類型と対応のあり方』（金融法務研究会事務局，2010）99 頁も参照。
*173　請負契約においても「仕事の完成物」につき担保責任規定（旧民 634 条）がある。もっとも，これは無形の仕事の完成を内容とする請負にも適用されるべきで，この場合，修補は追完を意味するとの指摘がある（我妻榮『債権各論中巻一民法講義V₂』（岩波書店，1957）632 頁。このように，「なす債務」だからといって担保責任を否定される訳ではない。しかし，実際に具体的な適用局面を考えると限定的であろう。
*174　星野英一『民法概論IV契約』（良書普及会，1994）139 頁，柚木馨＝高木多喜男編『新版注釈

体的意味は，売買に際して「知りながら告げなかった」と同様の信義則に反する行為について，免責効が制限されると考えられよう。改正民法においては，売主担保責任は契約不適合責任に変容し，より契約内容によって責任限定を明確化することができるものの上記の強行法規性を有する民法 572 条は存続することから，上述の点は影響を受けないと考えられる。

　以上，エージェントの責任は，プロにより構成される市場慣行に基づく内容により契約自由の原則に基づき，機械的・事務的業務に限定すべく設計されたものといえる。この点で，公衆投資家が存在し，法定権限（会社 705 条 1 項等）があり，強行法規性ある公平誠実義務・忠実義務（会社 704 条 1 項・2 項）等がある社債管理者の責任よりも，エージェントの責任は相当程度軽いといえる[175]。

(4)　契約法上の論点

(a)　情報提供義務

　エージェントは，シンジケートローン契約上，借入人より貸付人に伝えるべき通知を受領した場合，速やかに全貸付人に通知する義務を負うと規定する（TL21 条 11 項）。一方で，当該契約以外の取引において取得した借入人に関する情報は開示する義務を負わず，かつ，借入人から受領する情報についても，本契約に基づき送付されたことが明示されていない限り，本契約以外の取引において取得したものとみなすと規定する（同条 8 項）。これは，エージェントはメインバンクなど既取引銀行が就任することが多く，借入人（又は第三者）から日常的に様々な情報を受領する中で，情報提供元との守秘義務とエージェントの事務負担を勘案したうえで，情報提供義務の範囲を明確化したものである。一般に，委任契約の受任者の義務には，前述の善管注意義務（民 644 条）のほかに，委任事務処理状況に関する報告義務（民 645 条）があるが，この報告義務は，委任者（＝参加金融機関）から「請求があるとき」及び委任終了後に限られ[176]，また，任意規定である。これら両義務から生じる情報提供義務があるとしても，

　　民法(14)債権(5)』（有斐閣，1993）414 頁〔柚木馨＝高木多喜男〕，我妻＝有泉亨ほか『我妻・有
　　泉コンメンタール民法―総則・物権・債権〔第 5 版〕』（日本評論社，2018）1176 頁。
＊175　「金融取引におけるフィデューシャリー」に関する法律問題研究会（以下「日銀研究会」という。）「金融取引の展開と信認の諸相」金融研究 29 巻 4 号 222 頁以下参照。
＊176　幾代通＝広中俊雄編『注釈民法(16)債権(7)』（有斐閣，1989）170 頁〔中川高男〕。
　　法制審の審議過程では，委任者の指図を求める必要がある場合に，受任者に対する（能動的な）説明義務を明記する検討可能性が示唆されたが（中間的論点補足説明 377 頁），立法に至らなかった。

前述のとおり原則として，特約により軽減・免除することが可能と考えられる。そして，参加金融機関の融資専門家としての属性に照らすと，合意により情報提供義務があるとしてもこれに制限を付すことも原則として有効と考えられる[177]。

このことは，エージェントが当該契約以外の取引により，借主に係る不芳情報（借入人の信用力に係るネガティブ情報）を入手した場合においても，直ちに情報提供義務が生じないことを意味する。そもそも，かような情報の情報開示義務は借入人の義務であり（TL17条），エージェントの義務とされるものではない[178]。もっとも，シンジケートローン契約では，一般に，期限の利益喪失事由に該当する情報を入手した参加金融機関（エージェントである場合を含む。）は，エージェントにその旨を通知し，エージェントは当該情報を各参加金融機関に共有する義務が規定される（TL18条4項。なお，この場合，借入人に対する守秘義務が免除される（TL28条1項1号））。したがって，当該不芳情報が失期事由に相当する場合は，情報共有がなされることになる[179]。

(b) 利益相反[180]

エージェントは，参加金融機関の代理人であるが，受任者として忠実義務を負うとすると，自己や第三者のために行動してはならず，また，本人の利益と自己の利益が衝突するような地位に身を置いてはならないことになる。そうだとすれば，エージェントが当該シンジケートローンとは別に，同一借入人と別途取引を行っていた場合は，例えば借入人に信用悪化が生じた際に，その債権管理・回収に制約を受けることになってしまう。英米法では，信認義務（アレンジャーについては，前述1(5)(a)(イ)参照）との関係で同様の論点があるが，そもそもエージェント業務が事務的・非裁量的業務であることから信認義務の適用は慎

---

[177] 青山編著・前掲注（＊1）75頁参照。

[178] JSLA行為規範Ⅱ③。

[179] 森下①・前掲注（＊118）67頁，青山編著・前掲注（＊1）74頁。もっとも，実務においては，借入人自らエージェント及び貸付人に通知するように助言することによるケースが多い（神田ほか編著・前掲注（＊1）243頁）。

[180] アレンジャーにおいても，利益相反の論点は，公法上の論点（利益相反管理体制構築義務。銀行13条の3の2等）を含めて議論される（小出・前掲注（＊127）63頁以下参照。なお，そもそも，我が国においては，利益相反が何であるか明確な定義がなく，利害対立状況を一律に排除すべきとする一般的規律がない。よって，ある利害対立状況が具体的に何の規律に抵触するのかまず問題とするべきである（森下哲朗「金融取引と利益相反についての基本的視座」金法1927号52頁，浅田・前掲注（＊145）26～28頁参照）。

重であるべきとの見解があり，また，いずれにしろ契約上同義務が排除されている（排除効を肯定した裁判例もある。）[181]。

この点，我が国でも，上述(3)で述べたとおり，限定的なエージェント業務内容から，そもそも利益相反の問題が生じないとの見解が有力である[182]。また，仮に利益相反に該当するとしても，本人の承諾を得れば許容（免責）されると考えられることから[183]，エージェント条項において参加金融機関から許容されるべきいくつかの行為を列挙しつつ，包括的な承諾を得ることとしている（TL21条8項）。一般論として，包括的な承諾（これに伴う免責）については，その射程が問題となるが，プロたる参加金融機関にとってエージェントと借入人との間に将来どのような取引が発生するか相当程度予想可能であることから，基本的には包括的承諾で足りると考えられる[184]。もっとも，前述(3)で述べたとおり，悪意性が高い駆け抜け的な追加担保請求など，信義則等に反する行為は承諾（免責）の射程外とされようし，また，エージェントが任意・能動的に事務的な役割以上の役割を引き受けたような場合（リスケジュール交渉時にシ団の交渉窓口になるなど）は，約定にかかわらずエージェントが裁量的業務を行うとの期待が参加金融機関側に生じて，後日利益相反の責任が生じる可能性がある点には留意すべきである[185]。

なお，かかる承諾は，エージェントとしての代理行為の有効性（弁済受領等の代理行為の法的効果が本人に帰属すること）においても意味がある。すなわち，改正前民法108条は，自己契約・双方代理行為につき，本人のあらかじめの許諾がある場合を除き，禁止していたところ，改正民法は，従来の解釈に沿って，利益相反となる代理行為についても，あらかじめの許諾がある場合を除き禁止し（新民108条2項），かつ，そのときの効果として無権代理行為となること（同条1項参照）を明確化した。この利益相反は外形的・客観的に判断されると解されるところ[186]，上述したエージェントの限定的な権限等に照らすと，エージェン

---

[181] Wood・前掲注（＊1）135頁，Mugasha・前掲注（＊1）408頁参照。また，森下①・前掲注（＊118）69頁以下参照。

[182] 森下①・前掲注（＊118）70頁以下，日銀研究会・前掲注（＊175）231頁，今井克典「エージェントの利益相反行為」ジュリ1471号45頁，青山編著・前掲注（＊1）73頁参照。

[183] 北居功「シンジケート・ローンにおけるアレンジャーとエージェントの免責」ジュリ1471号35頁参照。

[184] 森下①・前掲注（＊118）70頁，日銀研究会・前掲注（＊175）230頁，青山編著・前掲注（＊1）73頁。

[185] 森下①・前掲注（＊118）73頁。

14　シンジケートローンにおける約定内容と契約法の機能

トの行為は，この利益相反には原則該当しないと解される。仮に，利益相反に該当する局面があるとしても，上記エージェント条項により，かかる許諾があったとされ，無権代理にはならないと考えられる。

Ⅵ　貸付債権売買取引

1　譲渡性向上への指向

　貸付債権売買は，金融機関にとって，リスク分散や自己資本比率その他ポートフォリオ管理の一手段となり，資金提供力の増強や効率化が図られる。これは，借入人の資金調達力にも寄与するものである（上述Ⅱ2参照）。このため，シンジケートローン債権についても，その譲渡可能性の向上の観点から，①譲渡対象債権の原因契約であるシンジケートローン契約上の条項（特約）設定，②売買契約の標準契約化等が図られている。

2　シンジケートローン契約上の仕組み

(1)　債権譲渡条項

　シンジケートローン契約書には，債権譲渡を前提とし，その条件と手続等を定めた条項がある。貸付債権譲渡条項（TL26条，CL30条）は，既実行済みの貸付債権に関し，①譲受人が本契約の各条項（貸付義務を除く。）に拘束されること，②譲受人が一定の業種等に限定されること，③一部譲渡の場合には一定の金額以上であること，④（海外法人宛譲渡など）源泉徴収税等が発生して借入人の支払金額が増加しないこと，⑤対抗要件を具備すること（及び相殺の抗弁権を放棄すること）を規定する。このうち①②は，シ団の平等性と団体性を維持することを企図した特約であり，その他は手続等の明確化・合理化を企図した特約である。

　①について敷衍すると，シ団の一体性維持の観点から，債権譲渡の際，平等性や団体性を確保する各種特約（権利・義務）を債権とともに譲受人に移転させる必要があるが，特約が債権譲渡に伴って当然に移転するかは民法上明らかではない。この点，解釈論及び移転させるに必要な法的手当については，(i)債権

＊186　筒井＝村松編著・前掲注（＊31）33頁，潮見＝千葉＝片山＝山野目編・前掲注（＊47）54頁〔中舎寛樹〕，潮見・前掲注（＊38）22頁参照。

譲渡と債務引受の組合せ，(ii)契約当事者の地位の譲渡，(iii)契約当事者の合意による契約の変更，(iv)第三者のためにする契約，からのアプローチが紹介されている[187]。

その中で有力な見解と思われる(i)のアプローチは[188]，各種条項を4分類し，(a)債権に法律上付随する権利の内容を構成する条項（相殺禁止，期限利益喪失条項等），(b)貸付人の権利・権限を定める条項（借入人の表明保証，財務制限条項等），(c)借入人の抗弁を構成する条項（責任財産限定特約，譲渡禁止特約等），(d)貸付人の債務・責任の内容を構成する条項（守秘義務条項等）に分けて分析する。そして，基本的には，貸付人の有する権利は，当事者間で譲渡の効果を認めて債務者への通知等により対抗関係の問題として処理し，一方で，債務者の抗弁については，債務者の個別承諾があった場合を除き譲受人に移転するとし，また貸付人の債務・責任（守秘義務等）については，重畳的債務引受があった場合と同様とすると考える。本分析は，相応の範囲で特約の承継を説明できるものであるが，特約移転や抗弁権放棄について明示又は黙示の合意の存在を必要とするものもある。よって，このアプローチにおいても，借主には（事後の個別承諾を求めることはあり得るが）あらかじめ包括的に，譲受人には譲渡の際に，合意を求めることは有効な方法である。実務上は，この債権譲渡条項により，貸付債権に係る権利義務の一切が譲受人に移転することを明確化することが多い[189]。その他のアプローチにおいても，債権譲渡条項は，(ii)においては，シンジケートローン契約の一当事者（譲渡人）が地位譲渡契約を締結した場合にかかる他方当事者（借入人）としてのあらかじめの承諾として，(iii)においては三面契約の一部として，(iv)においては受益者（譲受人）が受益の意思表示をすることにより創設する契約内容として，特約が移転する法的根拠になると考えられる。

次に，②について敷衍すると，譲受人を日本国内で営業する金融機関や金融商品取引法上の適格機関投資家，証券化目的SPC等に限定することが多い。これは実際上，市場参加者としてのJSLA行為規範等の遵守期待，借主の通常

---

[187]　吉田正之＝北村豊「シンジケートローン契約に基づく貸付債権の譲渡について」（2003年10月）JSLA公表（https://www.jsla.org/ud0200.php）。

[188]　金融法委員会「ローン債権の譲渡に伴う契約譲渡の移転」（平成16年3月23日），（①及び）②につき，浅田隆「債権譲渡に係る論点」全国銀行協会『銀行取引に係る債権法に関する研究会報告書』（平成19年4月）38頁，樋口孝夫ほか「シンジケートローンの譲渡の基礎理論と電子記録債権制度への適用(上)」金法1848号10頁。

[189]　青山編著・前掲注（＊1）199頁。

14　シンジケートローンにおける約定内容と契約法の機能

の意向，投資家保護（前述Ⅱ3(2)(イ)の金融商品取引法上のみなし有価証券の議論参照）に沿うであろう。

そして，貸付債権譲渡条項（TL26条1項など）は，①ないし④のすべての要件が満たされる場合に限り，貸付債権譲渡を行うことができると規定する。このように譲受人を制限する条項（以下「譲受人制限条項」という。）は，改正前民法466条2項の譲渡禁止特約の一種に該当すると考えられる。よって，譲受人制限条項に反する譲渡契約は，善意（判例上は無重過失）の譲受人を除き，無効（物権効）といえることになる。また，シンジケートローンの上述のような性格からすると，単純な指名債権と異なり，シンジケートローン債権はその性質上譲渡を許さない（民466条1項）とする見解もあり，これに従えば，当事者合意により譲受人制限条項の要件を満たす場合に限って，譲渡が認められることになる[190]。

なお，かような譲受人制限特約は，海外の融資契約でもよく見受けられる[191]。そして，多くの法域では，少なくとも債務者の関係で，譲渡禁止特約に反した譲渡は無効とされる[192]。

(2) 地位譲渡条項

コミットメントライン契約においては，極度額のうち未実行（空き枠）部分や，タームローン契約であったとしても，貸出前提成就・融資実行前の未貸出部分が残存し，参加金融機関の貸出義務が残存している場合，それに係る契約上の地位について規定する条項がある（TL25条，CL29条）。貸出義務（為す債務）は当然には譲渡できず，現行法上解釈で認められる契約上の地位の移転に基づくものであり，譲渡人，譲受人と当該契約の他方当事者（借入人）との三面契約，又は譲渡人・譲受人の合意と他方当事者の承諾がまず必要となる。本条項は，これらの要件に加え，事務的観点からエージェントの承諾を要件とし，かつ，貸出義務の実質に鑑み，借入人が行う譲渡については全貸付人の事前の個別承諾（書面）も要件とし（TL25条1項，CL29条1項），また，貸付人が行う譲渡についても借入人の事前の個別承諾（かかる承諾を合理的な理由なく拒むことができない旨規定する）のほか債権譲渡条項同様の要件（譲受人制限等）とすることなどを規定して

---

[190]　森下哲朗「ローン債権の移転」ジュリ1471号59頁脚注25。
[191]　条項例として，Mugasha・前掲注（＊1）560頁の契約書（26条）。樋口・前掲注（＊37）93頁は，「ローン債権の譲渡は絶対無効とするのがグローバルスタンダード」と述べる。
[192]　Wood・前掲注（＊1）462頁。また，譲渡制限が肯定された海外判例の紹介として，藤澤尚江「貸付人の地位に対する制限」ジュリ1375号110頁。

いる（TL25条2項，CL29条2項。なお既実行の貸付債権譲渡については，事前の個別承諾要件の対象外である。）。個別同意を要件とするのは，貸付人・借入人双方にとっても，返済義務者や貸出義務者が誰かが重要であり，包括同意は適切でないからである[*193]。

(3) 守秘義務条項

前述のとおり金融機関は取引先たる債務者に対し守秘義務を負う。一方，貸付債権の売買（交渉）の際には，譲渡先候補者に対し，譲渡債権の情報や一定の債務者信用情報を開示する必要がある。また，債務者に通知しないサイレント売却の場合には，譲渡後に譲受人に対し，譲渡人やエージェントが継続して情報開示をする必要がある。

この点，債権譲渡に際しての情報開示については，解釈論として，守秘義務の例外とされる「正当業務行為」であるとする見解[*194]や，「黙示的承諾」があるとの見解が存在する。特に後者については，法人情報については全国銀行協会「貸付債権市場における情報開示に関する研究会」報告書（平成16年）[*195]により，個人情報については個人情報保護法の適用に関する金融庁の当局見解[*196]により，合理的範囲内における開示許容性について解釈論がなされており，実務上参考になる。

もっとも，判例がない論点であるので，債務者から，開示範囲や開示方法を明確化したうえで，あらかじめ承諾を得ておくのが確実である。そこで，シンジケートローン契約書では，相手方に守秘義務を負わせることを条件として，同契約書に関連して入手した借入人信用情報や譲渡対象債権情報などを開示することを借入人からあらかじめの承諾を得ている（TL28条1項）。

3 貸付債権売買等に係る契約書

以下，シンジケートローン売買に係る典型的な契約書例として，JSLAが平

[*193] JSLA・前掲注（＊86）75頁脚注27，青山編著・前掲注（＊1）195頁。

[*194] 三上徹「金融機関の守秘義務」金法1600号29頁。

[*195] 全銀協ホームページ（https://www.zenginkyo.or.jp/fileadmin/res/news/news160490–1.pdf）参照。

[*196] 金融庁「金融機関における個人情報保護に関するQ&A」問Ⅳ–4（平成19年10月1日。平成29年3月31日改正においては，問Ⅴ–4），西方建一「債権譲渡に関する個人情報保護法23条の解釈上の取扱い」金法1728号51頁以下参照。また，中田裕康「債権譲渡と個人情報保護」潮見佳男ほか編『特別法と民法法理』（有斐閣，2006）1頁参照。

成25年に改訂した前述「貸付債権譲渡に関する基本契約書」(以下「基本譲渡契約書」又は「基」という。)と，基本契約書の適用を前提に個別取引ごとに条件等を定める，個別譲渡契約書(以下「個別譲渡契約書」又は「個」という。)について検討する[197]。これら契約書は，譲渡人(参加金融機関)と譲受人の二者間契約である。

(1)　約定内容

基本譲渡契約書は，計10条から構成されており，主要条項には，①個別譲渡手続，②情報の取扱い(情報開示の範囲や守秘義務)，③表明(譲渡人・譲受人双方)，④個別譲渡取引の前提条件等がある。個別譲渡契約書は，計8条から構成されており，(i)譲渡対象の債権及び付随する担保権・保証等の特定，(ii)譲渡価格・受渡方法，(iii)表明保証・譲渡前提条件(基本譲渡契約書における上記③④の特則)，(iv)対抗要件具備の具体的取扱い，(v)事務委任(譲受人が譲渡人に対する回収委託等の有無・条件)，(vi)相殺等の取決め等がある。

その主な条項内容について，基本譲渡契約書及び個別譲渡契約書に基づき，概要を述べると以下のとおりである。

(a)　主な売買条件

個別譲渡取引の成立時点(＝個別譲渡契約書締結時)，譲渡価格及び代金の受渡し，随伴する／移転させる担保・保証や関連手形等の取扱い，対抗要件具備方法(通知・承諾，登記，留保の別)，関連契約書の交付の有無，その他手続が定められる(基3条，個1条～3条)。

(b)　表明条項

①譲渡人と譲受人双方は，相互に基本譲渡契約手続の適法性，行為能力等の表明事項を表明し(基5条1項，なお個3条1項により個別取引ごとに特則を付すことがある。以下同じ。)，②譲渡人は，個別譲渡契約締結の適法性，売買対象債権の執行可能性や権利無瑕疵等の表明事項を(基5条2項)，③譲受人は，個別譲受契約締結の適法性，支払能力等の表明事項を(基5条4項)，それぞれ表明する。そして，表明が真実かつ正確でないことが判明した場合の効果として，①通知すること(上記各項)，②それにより相手方に与えた損失等を負担すること(同)，加えて，③譲渡人の表明違反については買い戻すこと(基5条3項)を約する。

---

[197] JSLAによる両契約書の解説書として，JSLA「貸付債権譲渡に関する基本契約書及び貸付債権譲渡約書(JSLA平成13年度版)の解説」参照。なお，個別契約については，債務者の異議なき承諾を得られることを前提とする「異議なきバージョン」も策定しているが，ここでは汎用版を採り上げる。また，本稿では問題債権用(前述Ⅱ3(1)(a)(イ))は割愛する。

なお，本表明条項は，シンジケートローン契約（前述Ⅲ4⑶）やM&A契約に見られる表明「保証」条項に類似しているものの，「保証する」の文言がない。その理由は，JSLA解説書等では明らかではない[*198]ものの，表明「保証」条項と同様に解されているようである。そもそも，「表示」の意義は，表明保証条項で検討した（Ⅲ4⑶参照）とおり，不実表示や錯誤の効果を招来し得るが，表明違反の効果については，上述のとおり明確に約定されており，その契約目的を達するに十分であろう。また，譲渡人の表明違反については，確かに，M&A取引では，いったんM&Aを実行した後は，表明保証違反が発見されてもM&Aを解除することは現実上困難であることから，損害担保（補償）が有力な救済手段となるので，同効果を導く「保証」文言が（必須ではないにしろ）有用となる。これに対し，債権売買取引では，譲渡人の買戻資力に問題がない限り，損害額を算定のうえ賠償請求するよりも，上述約定とおり，直截に買戻をさせるのが簡便であるので，あえて損害担保を強調する必要は低い。

(c) 個別譲渡取引前提条件

各個別譲渡取引においては，譲渡人による譲渡と，譲受人による支払は，表明事実の正確性や譲渡手続の履践など一定事項が満たされていることが「条件」[*199]となると規定される（基6条1項）。この「条件」の法的性質は，TLやCLにおける貸付実行前提条件条項（Ⅲ4⑵）と同様と考えられる。

以上の(a)から(c)を含めた本契約の特徴をあえて述べてみると，他の財産の売買契約（不動産，M&A等）と対比すると，売買当事者外の債務者に係る取決め（債務者対抗要件，守秘義務等）や，売買成立時以降も返済金のキャッシュフローが発生するのでその処理（回収委託や相殺時の処理等）に関する取決めが存在する点が挙げられる。

(2) 自己責任取引原則と担保責任

シンジケートローンのセカンダリー市場については，債権売買当事者は金融

[*198] 青山編著・前掲注（＊1）474頁，佐藤＝青山・前掲注（＊10）15頁参照。推測するに，上述のとおり「保証」の文言自体は法的に重要とはいえず，逆に，およそ金融機関が金銭債権に係り「保証」を約することは，支払承諾類似の会計上等の取扱いを求められることを懸念したのではないであろうか。

[*199] 青山編著・前掲注（＊1）469頁参照。なお，前述のとおり貸付実行前提条件の法的性質は「履行条件」とするのが有力であるところ，本契約において，JSLA・前掲注（＊197）は，「停止条件付売買契約」と述べる（思うに，譲渡と支払という売買両当事者の各中核的義務を本条件にかからしめているので，どの考え方を採っても実質的に差異はなかろう）。

機関等というプロに限定されており（上述の債権譲渡条項（2(1)）参照），また，守秘義務により譲渡人による情報開示には限界がある（上述の守秘義務条項（2(3)）参照）。そこで，JSLA 情報開示規範は，プロとしての公正かつ誠実な取引の推奨として，譲受人が債務者の信用情報を自ら特定・模索したうえで，自らの責任で取引開始の意思決定，与信管理，回収を行うべきとしている[200]。そして，売買契約書上も，譲渡人は借入人の信用情報は原則として開示する義務を負わず，また譲受人は譲渡人の情報開示の有無にかかわらず自ら適切と考える情報等や独自の判断に基づき譲渡取引の決定を行うこと，譲渡人は借入人の資力を保証しないことの確認等が約定されている（基4条各項参照）。すなわち，セカンダリー市場における市場参入者は，プライマリー市場と同様，自己責任原則が求められており，約定上もその趣旨は随所で明確化や反映がなされている。

　もっとも，重大なネガティブ情報を譲渡人が保有しているのにかかわらず開示しないまま取引を行った場合には，錯誤や詐欺，不法行為責任を排除できないとの指摘もある[201]。しかし，かような情報の範囲を画するのは困難であり，最終的には個別事案に応じて判断せざるを得ないだろう。ただし，この点，インサイダー規制上で社債に関し「重要事実」とされる事由（＝支払停止や法的倒産手続申立て。金商166条6項6号，取引等規制府令58条）を，譲渡人が最低限提供すべきものと捉える考え方が示されている[202]。これは，同規制は，「重要事実」につき情報非対称性がある当事者間での売買等取引を禁止するものである。これに対し，ローン債権の売買等取引については，同規制が適用されない。もっとも，保守的に，経済的に近しい社債に対する規制に準じた扱いをすることは，公正な取引の観点から妥当である。実際，基本譲渡契約書においては，譲渡人の表明事項として，「譲渡人の知りうる限り」，支払の停止や法的倒産手続の申立てがないことの旨が規定されており（基5条2項11号），当該情報に関する格差がないことが取引の前提となっている。

　また，改正前民法上，債権売買についても，売主は一般原則に従い，目的債権に権利や量的瑕疵が存在する場合は，瑕疵の種類に応じて，改正前民法560条ないし568条の担保責任を負うとされる[203]。改正前民法570条は「物」に

---

*200　JSLA 情報開示規範3(4)。
*201　JSLA・前掲注（*197）10頁〜12頁（第4条解説箇所）参照。
*202　JSLA・前掲注（*197）11頁参照。
*203　山本・前掲注（*71）311頁，柚木＝高木編・前掲注（*174）236頁〔柚木＝高木〕参照。

344　　　**第3章**　消費貸借等

対する瑕疵担保責任条項も，瑕疵概念を広く解する立場からは，担保・保証付債権として売買された場合にそれが伴っていないときは，瑕疵担保責任を負うものされる[*204]。もっとも，同規律は，基本的に任意規定であり[*205]，契約により免責することは可能である。そして，本セカンダリー市場取引の実態に鑑みると，民法上の担保責任（権利・量的瑕疵等）が発生する取引は現実にはないだろうし，また，仮に発生したとしても表明条項により対処可能であろう（例えば，代金減額請求権や損害賠償請求などの担保責任の追及は，金額算定や挙証等の点で実務上煩雑であるのに対し，表明違反に基づく買戻権行使は，実務上簡便であるし，売主の信用力に鑑みれば現実的である。）。以上より，シンジケートローンにおいては，実際上，瑕疵担保責任が問題となることが少ない。

なお，債務者資力の有無については，瑕疵の問題ではなく，売主が当然に担保責任を負うものではない[*206]。債務者が無資力の場合においても担保責任を負わせるならば，資力担保にかかる別段の特約をしなければならない（民法569条は，この理解を前提に，担保特約を締結したときに，いつ時点の資力を担保したかについて推定規定を置くものである。）[*207]。これは，改正前民法572条にかかわらず，売主が債務者の資力がないことを知って買主に告げなかった場合も同様と考えられる。しかるに，債権譲渡基本契約等においては，かかる資力担保をするという特約がなく，逆に，債務者の資力を保証せず買戻しを原則行わない旨を明記している（基4条4項）。よって，契約上の資力担保責任はない（ただし，事案に応じて別途，不法行為責任を負う可能性を考慮する必要がある点に留意が必要である。）[*208]。

4　改正民法の影響

改正民法では，債権売買取引につき，債権譲渡法制を含め多岐にわたる改正があるが，ここでは主な影響について述べる。

(1)　譲受人制限特約

---

*204　柚木＝高木編・前掲注（＊174）260頁・342頁〔柚木＝高木〕参照。
*205　山本・前掲注（＊71）314頁，中田・前掲注（＊30）328頁参照。消費者契約法など特別法の制約や，知りながら告げなかった事実等について免責特約が否定されることがあるが，本取引において適用場面が考えにくい。
*206　柚木＝高木編・前掲注（＊174）257頁〔柚木＝高木〕参照。なお，民法572条は強行法規と考えられている（前述Ⅴ2(3)参照）。
*207　我妻＝有泉ほか・前掲注（＊174）1170頁，柚木＝高木編・前掲注（＊174）256頁〔柚木＝高木〕参照。
*208　JSLA・前掲注（＊197）12〜13頁参照。

14　シンジケートローンにおける約定内容と契約法の機能　　　345

改正民法 466 条 2 項は，債権譲渡につき，その制限特約の有効性を制限し（物権効の否定），履行拒絶や弁済先固定効を規定する（新民 466 条 2 項以下）。したがって，一義的には，譲受人制限条項をもって，譲受人を制限することはできなくなるように思われる。もっとも[209]，改正前民法下でも，譲渡禁止特約は「債務者の利益を保護するために付されるもの」であるから，譲渡債権者は「債務者に譲渡の無効を主張する意思があることが明らかであるなどの特段の事情がない限り，その無効を主張できない」[210]というリスクは存在しており，これは改正民法下でも変わらないと考えられる。さらに，改正民法によっても，当然に，貸付人の契約関係やエージェント条項まで譲受人に移転することにならないと考えられることから，エージェントの同意なく貸付債権を譲渡した場合は，弁済金の分配や情報伝達の局面において，従前どおり，譲渡人を貸付人として取り扱えば足りることになる[211]。この場合，所定の手続を経ずして債権を譲り受けたならば，譲受人は企図した資本回収ができなくなってしまう。また，実際問題として，譲受人制限条項に違反した譲渡人は，マーケットから排除されるリスクも負うことが指摘されている。以上を併せ考えると，実際上，譲受人制限条項に反した譲受人が出現するリスクは低いと考えられよう。加えて，改正民法においても，上述（2(1)）のとおり，性質上譲渡が制限されている債権と考える見解もあり，この見解に従えば，そもそも譲渡はできないことになる。

ただし，万一，実際に無断で債権譲渡がなされた場合に備え，債務者，エージェント，参加貸付人との間で誰を当該譲渡債権に係る債権者として取り扱えばよいか，あらかじめシンジケートローン契約において明確化しておくのが望ましいだろう。特に，エージェント契約や貸付人間契約上の地位は当然に譲受人に移転しないのであるから，受領した弁済金を譲渡人との間の委任契約に基づき依然として譲渡人に分配すること（これにより生じた譲渡人の不当利得は，譲渡人と譲受人との間の問題である），貸付人間の意思結集時の議決権も譲受人が行使

---

[209] 以下の諸点につき，井上＝松尾編著・前掲注（*18）198 頁以下〔井上聡＝松尾博憲〕参照。
[210] 最判平 21・3・27 民集 63 巻 3 号 449 頁・金法 1870 号 44 頁参照。
[211] 加毛・前掲注（*100）41 頁は，シンジケートローンは弁済受領権をエージェントに排他的に付与する合意が付された債権であるとし，よって，譲受人は弁済受領権のない債権を取得する結果，譲渡後も借入人はエージェントに対して弁済義務を負うと述べる。この見解を敷衍すれば，例えば多数決条項等についても，少数貸付人のみの失期請求が阻止されるといった借入人の利益があることに鑑みると，かかる合意が付された債権と考える余地があり，そうだとすれば，譲受人は（議決権は譲渡人のままで）かかる合意付債権を譲り受けたと考えることも可能ではないか。

することなどを約定上明確化するのが望ましい。加えて，かように明記することにより，無断譲渡を牽制することにもなる。

なお，借入人倒産や支払延滞が生じた場合は，多数貸付人の意思結集によりエージェントが後任の任命なしに辞任することができる条項を規定することがある（TL22条5項）。かかる辞任がなされ，シ団が解体された場合は，債権譲渡にかかる上述の障害点はなくなると思われる。

(2) 契約上の地位譲渡

改正民法では，契約上の地位の移転が明文化された（新民539条の2）。改正民法539条の2によれば，譲渡人・譲受人間の契約上の地位譲渡の合意に加え，その契約の相手方（＝借入人）が譲渡につき承諾したときに，契約上の地位は移転する。よって，債権譲渡時の特約移転（前述2(1)の(ii)アプローチ）や地位譲渡条項の有効性については，民法条文上の法的根拠が与えられたことになる。もっとも，借入人の承諾については，どの程度に包括的な事前の承諾が許容されるかは明確でない。

法制審では，承諾不要な場合の類型化（賃貸不動産の譲渡については立法化（新民605条の2・605条の3））のほかに，事前承諾の明文化（あるいは，相手方の通知・了知表示[212]等の要件化）について議論されたが，特定類型（労働契約）の適用につき慎重意見が出たこともあり，明確化は断念された経緯にある[213]。よって，本点は，依然として解釈問題となる。考えるに，契約上の地位譲渡については，従来，債権譲渡と債務引受の議論が併せ検討されていたことに鑑みると，将来債権譲渡や将来債務引受の議論と同様に考えるべきであろう[214]。この考えに対しては，改正民法の法典編成上，契約上の地位の移転（第3編第2章「契約」第1節「契約総則」の一つ）と債権譲渡（同第1章「総則」の一つ。債務引受も同じ）と位置

---

[212]　法制審議会民法（債権関係）部会資料9－2・67頁，部会資料38・19頁。

[213]　法制審議会民法（債権関係）部会第46回議事録33頁〔安永貴夫委員発言〕・34頁〔山川隆一幹事，中井康之委員各発言〕。中間試案補足説明273頁。また，規定が強行法規化することの懸念を示すものとして，部会第46回議事録35頁〔三上徹委員発言〕。
　　なお，第29回部会（関係団体ヒアリング）に提出された意見書のうち，シンジケートローンなどの事例を念頭に，改正前民法上の解釈整理とともに，包括的な事前承諾を認めるべき等の意見につき，流動化・証券化協議会「民法（債権関係）の改正に関する中間的な論点整理に対する意見」36頁参照（なお，筆者は作成に係る一員として，別途法務省からヒアリングを受けた。http://www.moj.go.jp/content/000076496.pdf）。

[214]　通説は，一般論として，債務引受における他方当事者の事前承諾を有効と解する（例えば，我妻・前掲注（＊40）569頁，潮見・前掲注（＊81）530頁）。また，将来債務引受の有効性につき，井上聡「債務引受」債権法研究会編・前掲注（＊7）285頁。

14　シンジケートローンにおける約定内容と契約法の機能

づけが異なること，また，各々の事前承諾についても法制審事務当局は別の位置づけとして立案していたと見受けられることから[215]，反論があるかもしれない。しかし，この法典編成については，法制審において批判が出されたものである[216]。また，事前承諾は，契約上の地位譲渡において，もっぱら債務者の利益の問題にすぎない効力要件の問題であることから，債権譲渡対比，効力を否定すべき必要性は低いと考えられる[217]。以上から，地位譲渡契約の事前同意は，原則として有効と考えてよいのではないか。ただし，この承諾においては，譲渡対象契約が識別できる程度に特定されており，また，公序良俗等の一般規範に反さないことを前提とすべきであろう。具体例として，貸出義務（コミットメント）の移転については，貸出能力がない者が譲受人になれば問題となろうが，私見では，地位譲渡先を限定・明記したうえで承諾している以上，事務上は通知が必要となろうものの，その有効性は理論上肯定されてよいのではないかと考える。

もっとも，実際上は，借入人の事前承諾を要求するかは，借入人保護への配慮，商品性，取引慣行等を考慮に入れた契約設計上の判断で決するべきものであり，いずれにしろ，現在の契約実務では事前承諾を要することになる（前述2(2)参照）。

(3) 債務者の抗弁切断

債務者の抗弁切断については，現行法の「異議なき承諾」制度が廃止され，債務者の自由意思に基づく抗弁放棄の意思表示によりなされることとなった。したがって，個別の借入人承諾においては，放棄対象の抗弁の特定と放棄の意思を明確化した書面を実務上取得することになろう。一般論として，あらかじめの包括的な抗弁の意思表示の効力については，解釈に委ねられているところ[218]，あまりにも包括的な抗弁放棄は信義則等により無効とされるリスクがあると考えられる。ただし，与信保全などの実務ニーズからは，すべての抗弁

---

[215] 法制審議会民法（債権関係）部会第2分科会第4回議事録60頁〔潮見佳男幹事質問に対する松尾博憲関係官回答〕，潮見＝千葉＝片山＝山野目編・前掲注（[47]）313頁〔野澤正充〕。

[216] 法制審議会民法（債権関係）部会第97回議事録14頁〔潮見佳男幹事発言〕は，債権譲渡，債務引受，地位譲渡は連続性があるとして編成案を批判する。同24頁〔大村敦志幹事発言〕も同旨。本審議等の分析につき，野澤正充「債務引受・契約上の地位の移転(1)─民法（債権関係）改正案の検討」立教法学92号290頁以下参照。

[217] 流動化・証券化協議会・前掲注（[213]）37頁脚注22参照。

[218] 法制審議会民法（債権関係）部会資料74A・12頁。

348　**第3章**　消費貸借等

を封じる必要はなく，相殺の抗弁権の放棄だけでほぼ十分といえよう。そして，相殺に限定した抗弁権であれば，合理的範囲内であり有効と考えられるので，その旨を契約書上明記する実務対応も考えられる[*219]。

(4) 表明条項と担保責任

表明条項については，上述の表明保証の検討（Ⅲ4(3)，Ⅵ3(1)(b)参照）において述べたことと同様であり，改正民法の影響はあまりないと考えられる。

一方，担保責任については，改正民法は，法定責任説を否定して契約責任説に基づき「瑕疵担保責任」から「契約不適合責任」に変更され，引渡目的物が「契約の内容に適合しないものである」場合に，債務不履行責任として，損害賠償責任等が生じるものとした（新民562条以下。なお，民法569条の債務者の資力担保規定について，内容に変更はない。）。本改正に伴い，いくつかのデフォルトルールが変更されており，これに伴い一般的な売買契約条項の改訂が提案されている（隠れたる瑕疵条項，救済条項など）[*220]。もっとも，この担保責任に係る規定は，信義則に反する類型である民法572条（改正前と同様の内容）を除くと任意規定であり[*221]，そして，契約責任説に基づく新たな担保責任は，合意内容をより重視して判断されることになる。この観点から，シンジケートローン債権の売買については，もともと売買対象が有体物と異なって隠れたる瑕疵の存在可能性が少なく，また現契約書においても，売買対象（債権，付帯担保等），条件や免責が十分に約定され，さらに，実務上行使が簡便である表明条項違反に伴う救済規定（買戻等。基5条3項）もあることから，改正民法の実務的影響はあまりないと考えられる。

Ⅶ　ま と め

1　契約としての特徴

[*219]　前掲Ⅱ3(1)(a)(イ)のJSLA「コミットメントライン契約書・タームローン（JSLA平成25年版）の解説」（会員向け）100頁の規定例及び解説参照。

[*220]　例えば，遠藤元一編『債権法改正　契約条項見直しの着眼点』（中央経済社，2018）21頁以下参照。

[*221]　中田・前掲注（＊30）328頁。なお，河上正二「ロー・クラス債権法講義［各論］⑫第2部契約各論　第2章売買・交換　第5節売買契約の効力　売主の担保責任（その2）」法セ760号22頁は，消費者契約や約款規制の場合に任意規定性を欠く旨示唆するが，シンジケートローンの場合は対象とならない。

本稿のはじめ（Ⅱ3）においては，シンジケートローン契約書について，「契約書」としての外形面からの特徴として，契約標準化，詳細な契約，契約書の基本構成について述べた。ここで改めて，上述の検討を踏まえ，その「契約」上の特徴につきまとめると，次のとおりになる。

(1) プロ参加の市場型国際取引を指向した取引内容

市場型間接金融として，債権流通性と市場参加者の予測可能性を確保するために，プライマリー取引とセカンダリー取引双方において，契約の標準化やJSLA行為規範の制定がなされている。実際上，契約重視の姿勢や約定解釈内容は，市場参加者に相応に共有されていると思われる。また，その規律内容は，社債という伝統的な商品と十分に競合・共存できるよう，合理的なものとなっている。

また，本取引の我が国への導入経緯もあるが，今日においても海外金融機関を参加金融機関やアレンジャーとして参加を促進し，市場拡大を図るために，取引内容は海外市場取引におけるものと一定程度類似性を維持するのが政策上得策であると思われる。さらに，与信管理手法は，もともと国内外を問わず共通するものがある。この観点からも，シンジケートローン契約においては，我が国独自のものとは異なる契約構成や使用概念（表明保証等）が用いられている。これらは，上述の検討のとおり，我が国の契約法と整合して捉えることが可能である。

(2) 多数当事者間の契約

シンジケートローン契約には，借入人，参加金融機関（及び譲受人），アレンジャー，エージェントといった多数の契約当事者が存在する。もっとも，基本的な契約構造は，複数の二当事者間の契約（借入人と参加金融機関，参加金融機関とエージェント等）であり，これに参加金融機関間の平等・団体性を確保するための関係者間契約が加わる。すなわち，多数債権者間の調整は，（改正民法下での連帯債権の合意がある場合を除き，）民法典上の「多数当事者間の債権及び債務」（民427条以下）の規律ではなく，関係者間契約により決される。また，多数当事者間契約であるが，上述（Ⅲ5(1)）したとおり組合などの別の典型契約に性質決定されることはないと考えられるし，現状シンジケートローン契約の内容に鑑みれば，特別の制約考慮が生じるわけでもないと考えられる[*222]。

＊222　近時の学説では，サブリースや割賦販売などのいわゆる多角的取引における複合的契約につ

350　**第3章**　消費貸借等

(3) 契約と自治規律による取引設計

　一般に，典型契約の分類として，①「移転型」，②「貸借型」，③「役務型」（，④その他）にされるところ[223]，シンジケートローン契約は，①消費貸借契約（Ⅲ），②委任契約（Ⅴ），③売買契約（Ⅵ）と，それぞれの型の典型契約を利用している。そして，これまで見てきたとおり，実際の契約においては，この典型契約を核としつつ，詳細な定めを規定して，シンジケート取引内容を設計している。

　上述したとおり，各契約者間の権利義務関係は詳細な契約により規定されることにより，シンジケートローン取引内容が設計されている。JSLA 行為規範や解説集は，同取引に参加する金融機関（及び借入人の代理人弁護士）における慣習化や契約意思解釈の定着を通じ，契約内容を補完しているといえる。これらにおいては，ある約定について誰が契約当事者であり当事者でないのか（アレンジャーと参加金融機関），また，契約当事者間で何を契約していないか（責任範囲ではないか）も併せて，可能な限り明確化がなされている。

　契約による取引設計においては，契約（内容の）自由の原則が重要である。その限界については，公序良俗，強行法規，信義則をはじめ，学説では，既に多層的な議論の蓄積がある[224]。この点，シンジケートローン取引においても，上述した検討のとおり，権利濫用（例えば，多数決条項），倒産法公序（例えば，コベナンツに基づく請求権の可否），付随義務（例えば，アレンジャーの説明義務），性質決定（例えば，表明保証条項の解釈，各貸付契約の組合該当性）などが論点となるが，総じていうと，プロたる金融機関間の契約についてはなおさら，個別取引における特段の事情がない限り，大きく問題となる点は特段見当たらないと考えられる。

2　改正民法の影響

いて，直接の契約相手方以外の権利義務（解除権や抗弁権など）を考察・提言するものがある（例えば，2016 年日本私法学会シンポジウム。同シンポジウム資料「多角・三角取引と民法」NBL1080 号 4 頁以下の特集参照）。この点，シンジケートローンでは，一枚の契約書と契約標準化も併せ考えると，各当事者が他の当事者間の契約も含めて合意内容を了知しており，また，不合理な差別取扱い（民法（債権法）改正検討委員会・前掲注（＊66）418 頁 3．2．16.17（多数当事者間型継続的契約）参照）も約定により回避されている。

＊223　我妻榮『債権各論中巻一（民法講義Ｖ₂）』（岩波書店，1957）220 頁，中田・前掲注（＊30）67 頁参照。

＊224　網羅的に整理したものとして，中田裕康「民法（債権法）改正と契約自由」法の支配 156 号 25 頁や，同「債権法における合意の意義」新世代法政策学研究 8 号 1 頁が詳しい。

改めて，改正民法のシンジケートローン取引に対する影響をまとめてみると，以下のとおりになる。

(1) 契約自由の原則の明文化

シンジケートローンにおいて「契約内容の自由」の原則が重要であることは繰り返し述べた。本原則は，改正民法521条2項において明文化されたが，この規律の具体的内容が立法的に詳述化・明確化されたわけではない[225]。さらに，改正民法521条は，典型契約の冒頭規定と異なり，権利発生根拠規定ではなく，単に契約法の一般原則について述べるにすぎない原理的規定として理解すべきとする見解もある[226]。もっとも，少なくとも明文化が同原則適用に関する法的安定性に寄与していることは明らかである。今後は，本原則の限界について，従来からの議論（上述）の解釈論をもとに，特に2項の「法令の制限内において」という文言に注目し，解釈の進展が期待される[227]。

(2) その他の影響

上記(1)以外に特筆すべき点としては，連帯債権（新民432条以下）につき，担保付シンジケートローンにおける活用可能性が生じることが挙げられる。

その他については，保証，相殺，弁済，消滅時効，詐害行為取消権，債権譲渡担保など相対貸付を含めた融資取引一般に影響する点は別として，シンジケートローン契約に関する影響について検討すると，本稿で述べたとおり，諾成的消費貸借，債権譲渡規律などいくつかの点が指摘できる。もっとも，総じていうと，現契約条項の解釈や手当により，いずれも大きな実務的影響はないものと思われる。ただし，実務上は，明確化の観点も含め，契約条項の若干の見直し（Ⅲ2(2)，Ⅵ4(1)～(3)等参照）や解釈の整理が必要な箇所があることから，今後の契約書や解説書の改訂に向けた検討が望まれる。

更に，改正となった事項は当然であるが，改正に至らなかった論点（受任者の責任内容等）についても，法制審での審議内容，これを受けた学説の進展や実務対応を含め，今後もシンジケートローン契約に関する議論の進展が期待される。

---

[225]　中田・前掲注（＊30）23頁以下参照。また，法制審における議論状況について，山田希「契約自由の原則とその制約法理をめぐる改正議論の帰趨」立命363・364合併号935頁以下参照。

[226]　石川博康「債権法改正法をめぐる理論的諸問題」司法修習所論集127号131頁。

[227]　明文化を契機とした議論進展の着想につき，中田裕康ほか『講義 債権法改正』（商事法務，2017）51頁参照。潮見・前掲注（＊57）8頁は，「法令の制限」につき，公序良俗，不当条項規範に限定する。また，民法91条はこの「法令の制限」内で契約をすることができる確認規定と位置づけることができる（潮見＝千葉＝片山＝山野目編・前掲注（＊47）379頁〔増野裕夫〕）。

〔付記〕　本稿校正脱稿後，森下哲朗＝道垣内弘人編著『シンジケート・ローンの法的課題』（商事法務，2019）に接した。

15 ファクタリング契約

小 林 明 彦

I　ファクタリングとは

　いわゆるファクタリング取引とは，一般に，企業が保有する売掛債権を買い取る方法によって当該企業に資金供給することを目的とした取引をいう。その形態には多様なものがあるが，大別すれば，スキーム構築のうえで資金供給者（ファクタリング会社）と密接な関係に立つ当事者が対象債権の債権者（納入企業）である場合と，対象債権の債務者（支払企業）である場合に分類することができる。前者（納入企業主導型）は，資産流動化取引のシンプルな一例といえる。後者（支払企業主導型）は，支払企業が手形廃止に伴う買掛債務の支払手段として設計する場合を典型例とする。今日では，いずれの形態も一定のニーズをもって展開されているが，前者は納入企業のオフバランス化を目的とする場合には企業会計原則とも密接な関連をもち，また資本市場での資金調達を目的とする場合などでは特別目的会社の設立や信託財産化など複雑なスキームが多様に存在して一般化しがたい面もあることから，本稿では，主として後者，すなわち支払企業の手形廃止に伴うファクタリング（一括ファクタリングと呼ばれる。）を中心として解説する。

　以下では，部品や原材料を納品して売掛債権の債権者となる企業を納入企業，この納品を受けて納入企業に対し買掛債務を負担する企業を支払企業，納入企業から売掛債権を買い取ることで納入企業に資金供給する金融会社をファクタリング会社，と呼ぶ。なお，下請代金支払遅延等防止法（下請法）の適用場面を念頭に置けば，納入企業が下請事業者，支払企業が親事業者ということになる。

第3章　消費貸借等

II 一括ファクタリング（支払企業主導型ファクタリング）

1 経　緯

(1) 手形廃止の流れ

　日本の企業間取引における代金決済は，長い間，約束手形の振出によって行われることが通例であった。しかし，手形の振出は，作成事務が煩瑣であり（チェックライターや押捺印の管理など），印紙税の負担もあるばかりか，運搬途中での紛失・盗難リスクも存在することから，できることであれば手形決済は廃止したいというのが支払企業の要請となっていた。

　ところが，支払企業から約束手形を受け取った多くの納入企業では，これを取引金融機関に持ち込んで手形割引を受けることにより早期資金化を図るのが通例であったため，単純に手形を廃止したのでは，納入企業のこうした早期資金化ニーズに応えることができないこととなる。特に，納入企業が下請法の適用企業である場合には，同法に定める親事業者の遵守義務違反となって，公正取引委員会から勧告等の処分を受ける可能性もあるから，支払企業には慎重な対応が求められた。また，かといって従来の手形交付日に現金払いしていたのでは，支払企業のキャッシュフローが大幅に狂ってしまうことになる。

　こうした中，手形廃止に伴う代替手段としてまず登場したのが，譲渡担保方式による当座貸越の融資であり，次いで，一括ファクタリング方式，これの応用版である一括信託方式，さらには併存的債務引受方式，といった諸形態が表れ，これら4つの方式が，「一括決済方式」と呼ばれる下請法違反にならない手形代替スキームとして公正取引委員会によっても公認されたのであった[*1]。

　なお，現在では，電子記録債権の発生記録によって手形振出と類似の効果を発生させ，これを金融機関等に譲渡（譲渡記録）することで早期資金化する取引が増えつつある[*2]。

[*1] 「一括決済方式が下請代金の支払手段として用いられる場合の下請代金支払遅延等防止法及び独占禁止法の運用について」（平成11年7月1日事務総長通達第16号による改正後の昭和60年12月25日公正取引委員会事務局長通達第13号），「一括決済方式が下請代金の支払手段として用いられる場合の指導方針について」（平成11年7月1日取引部長通知による改正後の昭和60年12月25日公正取引委員会事務局取引部長通知）。

[*2] 電子記録債権についても，「電子記録債権が下請代金の支払手段として用いられる場合の下請代金支払遅延等防止法及び私的独占の禁止及び公正取引の確保に関する法律の運用について」

---

15 ファクタリング契約

(2) 譲渡担保方式の限界

これは，納入企業の支払企業に対する売掛債権を金融機関が譲渡担保に取ったうえで，金融機関が納入企業に対し当座貸越による融資をすることで，納入企業の早期資金化ニーズに応えようとするものである。支払企業の手形レスが目的であるから，支払企業と金融機関の二者が中心となって契約関係を整備し，納入企業はこれを利用する立場となる。支払企業は毎月の買掛債務リストを金融機関に提出するから，金融機関は担保対象債権の存在を疑う必要がない。納入企業から当座貸越に伴う譲渡担保化の要請があれば，支払企業から金融機関に確定日付ある承諾書が提出されて対抗要件を具備できる，という形で，支払企業と金融機関との連携により，納入企業への資金供給が実現できるのである。

ところが，この譲渡担保方式には大きなネックが存在した。それは，譲渡担保権者（金融機関）には物的納税責任（税徴24条）というものが定められており，譲渡担保設定者（納入企業）が租税債務を滞納したときには，一定の要件の下，譲渡担保権者が譲渡担保に徴求したはずの財産（支払企業に対する売掛債権）から滞納者の租税債務の支払に充てられるとするものである。

そこで金融機関は，この譲渡担保権者の物的納税責任によって当座貸越融資の担保を喪失する事態を回避するため，一括支払システムに関する契約において，国税の滞納処分に先立って，対象の売掛債権を譲渡担保状態から代物弁済での被担保債権充当に移行させる約定を設けた。すなわち，譲渡担保財産から納税者の国税を徴収しようとする税務署長は，まず譲渡担保権者に対しその旨の告知をすることとされているのであるが（税徴24条2項），その告知書が発信された時には当然に当座貸越の弁済期が到来し，かつ譲渡担保権が実行されて当座貸越の弁済に充当される，とする規定を置いた。この合意が有効であれば，上記の告知が金融機関に到達する時点では，既に担保目的移転ではなく代物弁済による確定的移転となっているから，譲渡担保権者の物的納税責任が生じる余地はない，という解釈である。

しかし，国税当局と金融機関の間でこの合意の有効性が争われ，結局のところ，この合意は，国税徴収法24条が定める物的納税責任を回避しようとする無

（平成21年6月19日公正取引委員会事務総長通達第12号），「電子記録債権が下請代金の支払手段として用いられる場合の指導方針について」（平成21年6月19日公正取引委員会事務総局取引部長通知）がある。

効なものとされた[*3]。

こうして，納入企業に万一滞納租税があっても影響を受けない新たなスキームの構築が求められ，ここで登場したのが，譲渡担保ではなく真正譲渡を前提とした一括ファクタリングであった。

2　一括ファクタリングの仕組み

(1)　初期バージョン（月次譲渡型）

譲渡担保方式による当座貸越が租税債権との関係でリスクを抱えることは，前掲注（＊3）最判平15・12・19を待つまでもなく，既にその1審である前掲注（＊3）東京地判平9・3・12の前後から実務現場では認識され始めていた。そこで，新たなスキームとして，納入企業が有する売掛債権を譲渡担保ではなく真正売買で買い取る方式が構築されることとなった。

これは，納入企業を譲渡人，ファクタリング会社（金融機関自体でもよかったのだが，系列ファクタリング会社を利用する例が多かった。）を譲受人として，売掛債権の真正売買を行うものである。手形割引のように，3か月後の額面100万円の債権を現時点の割引現在価値にして98万円で買い取るという方式であるが，3か月後に支払企業が当該債務の焦げ付きを起こしたときに納入企業に買戻しをさせたのでは，手形割引同様の実質的融資となり，対象債権の譲渡は担保目的にすぎないと見られてしまって，国税徴収法24条の物的納税責任を免れないこととなるから，とにかく担保目的譲渡との評価を受けることのないよう，対象債権の信用リスクはファクタリング会社自身が負担することを明確に規定することなど，真正売買性の確保に意が注がれた。

ファクタリング会社は，債権譲渡人である納入企業にリコースできないのであるから，支払企業の信用リスクのみに依存することとなる。この点において，このファクタリングは，支払企業の財務内容等につき豊富な情報をもつ支払企業のメインバンク系列のファクタリング会社だからこそ実現可能なスキームだったといえよう。なお，支払企業から毎月の買掛債務リストがファクタリング会社に提出され，納入企業から債権買取要請があれば，債権譲渡の手続とと

＊3　最判平15・12・19民集57巻11号2292頁。なお，原審である東京高判平10・2・19判タ1004号138頁及び第1審である東京地判平9・3・12判時1618号43頁でも同旨の判断がされていた。

15　ファクタリング契約

もに，支払企業から金融機関に確定日付ある承諾書が提出されて債権譲渡の対抗要件が具備される，という仕組みは，譲渡担保方式の場合と同様である。この初期スキームは，債権譲渡の有無が納入企業による毎月の選択によって決定されるため，「月次譲渡方式」などと呼ばれている。

(2) 債権譲渡登記制度の登場によるハードル

こうして月次譲渡方式の一括ファクタリング取引がスタートしたのであるが，まもなくして，新たなハードルにぶつかることとなる。それは，平成10年10月1日施行の債権譲渡特例法（「債権譲渡の対抗要件に関する民法の特例等に関する法律」〔平成10年6月12日法律第104号〕，その後の改正により現在は「動産及び債権の譲渡の対抗要件に関する民法の特例等に関する法律」）が定める債権譲渡登記制度の登場である。

従来，ファクタリング会社への債権譲渡に先立って納入企業が他者に債権譲渡していないかのチェックは，支払企業のみによって行うことができた。支払企業は対象債権の債務者であるから，ここをインフォメーションセンターとして債権譲渡の情報が集約されるとするのが民法の予定した構造である。万一，納入企業による先行譲渡があれば，支払企業はファクタリング対象となる月次買掛債務から除外することで，自身のメインバンク系列であるファクタリング会社の二重譲渡リスクを排除することが可能であった。

ところが，債権譲渡登記の制度は，登記をすることにより第三者対抗要件を具備できるとするものであり，平常時においては債務者サイレント，すなわち債務者である支払企業への情報集約はない仕組みである。そうすると，ファクタリング会社が納入企業による先行譲渡がなく自身が第一順位の債権譲受人であることを確認するためには，支払企業からの情報に加えて，自ら債権譲渡登記の有無を調査する必要が生じることになる。しかし，支払企業一社あたり数百にも及ぶ納入企業について，先行する債権譲渡登記の有無を毎月調査するというのは，費用的にも労力的にも時間的にも困難を極めるものであり，到底実行可能ではなかった。

そこで，それまでの月次譲渡型を止揚して登場したのが，次に述べる将来債権譲渡型の一括ファクタリングである。

(3) 将来債権譲渡型

これは，ファクタリング会社が納入企業による先行譲渡がないことの確認を

年に１回程度で済ませるところにポイントがある。

　この一括ファクタリングを利用して売掛債権の早期資金化を図ろうとする納入企業は，例えば４月１日から翌年３月31日までの間に支払企業に対して発生する売掛債権をすべてファクタリング会社に売買し，支払企業から確定日付ある証書をもってその承諾を得ることで対抗要件を具備する。この債権譲渡契約は，例えば始期に先立つ３月１日に締結し，同日に支払企業から確定日付ある承諾書を得る。そこから始期である４月１日までの１か月の期間を利用して，ファクタリング会社宛て債権譲渡の対抗要件具備時である３月１日よりも前に債権譲渡登記がされた先行譲渡がないかの確認作業をする。この先行譲渡がなければ，譲渡対象債権の始期である４月１日を安心して迎えることができるし，逆に先行譲渡が発見されれば，一括ファクタリングによる債権譲渡は解除される，という仕組みである。

　これであれば，毎月の売掛債権を早期資金化するたびに先行登記を洗う必要がなく，年に１回，納入企業が多数であっても時間的余裕をもって調査することが可能となる。

　なお，後述するように，債権譲渡代金は毎月の売掛債権金額をベースとして一定のルールの下に支払われ，早期資金化のニーズにも当然に対応する仕組みである。

３　将来債権譲渡型一括ファクタリングにおける留意点

(1)　譲渡対象債権の特定

　将来発生する債権の譲渡性については，最判平11・１・29民集53巻１号151頁が「将来発生すべき債権を目的とする債権譲渡の有効性については，目的債権がその発生原因や譲渡に係る額等をもって特定される必要があり，将来の一定期間内に発生し又は弁済期が到来すべき幾つかの債権を譲渡の目的とする場合には，適宜の方法により右期間の始期と終期を明確にするなどして譲渡の目的債権が特定されるべきであるが，契約の締結時に右債権発生の可能性が低かったことは，右契約の効力を当然に左右するものではない。」と判示したことから，この要件を満たす形で契約することになる。

　条項記載例としては，次のようなものがある。

第○条（譲渡債権の範囲）

　この契約による譲渡債権の範囲は，次の始期と終期の間に支払日が到来する売掛債権とする。

　始期　　　　　年　　　月　　　日

　終期　　　　　年　　　月　　　日

（筆者注）　定義規定において，別途，次のように定められていることを前提としている。
　　　　　「譲渡債権」は始期終期の間に含まれるすべて（例えば1年分），これを毎月締めの単位にしたものが「月次債権」である。また，手形でいえば，手形振出予定日が「支払日」，手形満期が「決済日」に相当する。
　　　　　［譲渡債権］：この契約に基づいて甲（納入企業）から丙（ファクタリング会社）に譲渡される債権群
　　　　　［売掛債権］：甲（納入企業）の乙（支払企業）に対する商品の販売，製造の請負，製品・材料の販売及び役務の提供等により生じた代金債権及びこれに附帯する一切の債権
　　　　　［月次債権］：譲渡債権のうち，一定の期日を基準に集計されて一個の決済手段の提供の対象とされた債権群の単位（筆者注：債権譲渡の対象は1年分であるが，支払企業と納入企業の間では月末締めサイト90日，のように約定されるから，その1か月単位で集計された債権を意味する用語の定義である。この債権額面を「月次債権額面」と呼ぶことにしている。
　　　　　［支払日］：月次債権につき，甲乙間の約定において乙が甲に対し現金，手形の交付その他の方法により決済手段を提供することとされている日
　　　　　［決済日］：月次債権につき，甲乙間の約定において乙が甲に対し提供した決済手段について現実に決済することとされている日

（a）　基準とするイベント

　始期と終期で特定するといっても，その始期と終期の間にどのようなイベントが属すればよいのかを明らかにしなければならない。一般的には，その始期と終期の間に「発生」したことを要求することが多いように思われるが，実はその「発生」とは何かという点も曖昧である。発注・受注の日か，納品日か，検収日か，請求書発送日か，などの問題がある。そこで上記の例では，「支払日」（従来なら手形振出日として予定されていた日を意味するものとして定義）を基準としている。これは一例ではあるが，何らかの方法でできるだけ明確に定めることが望ましい。

（b）　期間の範囲

　前述の例では始期と終期の間を1年としているが，これがどの程度まで可能かという問題もある。前掲最判平11・1・29は8年3か月分の将来債権譲渡契

約が締結された事案であったが，譲渡担保と違って真正売買では，あまり長期間にわたるものは譲渡意思の真正性が疑われかねず，担保目的と見られるおそれにも通ずることから，これまでの実務の大勢は，向こう1年分かせいぜい2年分といった範囲で展開されてきたといってよかろう。

（c） 商品特定の要否

売掛債権といった場合，どのような商品を売買したことにより生じた債権であるか，といった商品内容の特定まで記載する必要があるかが問題となる。最判平 12・4・21 民集 54 巻 4 号 1562 頁では「債権譲渡の予約にあっては，予約完結時に譲渡の目的となるべき債権を譲渡人が有する他の債権から識別することができる程度に特定されていれば足りる。そして，この理は，将来発生すべき債権が譲渡予約の目的とされている場合でも変わるものではない。本件予約において譲渡の目的となるべき債権は，債権者及び債務者が特定され，発生原因が『特定の商品についての売買取引』とされていることによって，他の債権から識別できる程度に特定されているということができる。」（二重カギ括弧は筆者による。）としていたことから，実務の一部では対象商品特定の必要性が意識された時期もあったが，現在では，この判例の事案がそこまで記載された例だったというだけであり，特定のための必須の要件として求められているわけではないとの理解が定着している。

⑵　対価の定め

譲渡担保ではなく真正売買であることを明確にするため，最も注意が必要な要件である。

初期バージョンである月次譲渡型なら，額面 100 万円の債権を 98 万円で買い取る，という明確な合意を毎月形成できるから何の問題もなかったのであるが，将来債権譲渡型では，向こう1年間に発生する将来の売掛債権を現時点で確定的に売買合意する必要があるため，債権売買の対価をどのように規定するかが問題となる。

すなわち，前述の例のように4月1日から翌年3月31日までの1年間に発生する将来債権を対象として，始期に先立つ3月1日にこれを譲渡しようとする場合，その1年間にどの程度の取引量があるかは定まっていないのであるから，債権売買の対価を金額で定めることができない。かといってここで対価を定めなければ，それは売買契約（民555条）としての要素を欠くことになり，債

15　ファクタリング契約

権移転原因が未完成ゆえ債権譲渡の効力がない，と判断されることになるのであるから，この事態は何としても避けなければならない。

ここで，民法の売買契約の構成要素たる代金額とは，「代金額の定め」がある場合のほか，「代金額の定め方の定め」であってもよいと理解されていることが想起される。代金額を数値で定めることができなくとも，一義的客観的な定め方の合意があれば，それは「対価の合意」として完成したものとなる（不動産の売買代金を「来年の固定資産税評価額の3倍とする」と定めるような場合である。）。

したがって，一括ファクタリングにおいても，この「代金額の定め方の定め」を規定に置くこととなる。

そして，スキームとしての柔軟性をもたせるなら，納入企業が毎月の売掛債権について必ず早期資金化を希望するとは限らないことに対応するため，早期資金化を希望する場合と希望しない場合の双方に対応できる条項とする必要がある。

以下の条項記載例は，納入企業が売掛債権につき早期資金化をしない場合を原則型としつつ，早期資金化を希望する場合には納入企業によって変更予約完結権が行使される，と法律構成されたものである。

（a）　早期資金化をしない場合の原則型

第○条（譲渡代金額及び支払時期）
　譲渡代金額は月次債権額面の合計額とし，その月次債権代金支払期日は月次債権の各決済日として，丙は甲に対し，各月次債権の決済日に当該月次債権額面相当額を支払う。

例えば，月末締めで翌月末にサイト90日の約束手形を交付するという約定で5月分の売掛債権が300万円あったとき，ファクタリング会社は納入企業に対し，5月分売掛債権の買取代金として，9月末に300万円を支払う，という形を基本形とする。この場合は早期資金化がないから，納入企業は一括ファクタリングを利用せず支払企業から満期に支払を受けた場合と同一経済条件となる。ただし，債権自体は売却済みであるから，キャッシュフローとしては，支払企業からファクタリング会社に商品の買掛債務が支払われ，ファクタリング会社から納入企業に債権売買代金が支払われる形となる。

（b）　早期資金化をする場合の変更予約完結権条項

　これを基本形と定めつつ，納入企業が早期資金化を希望した場合の条項として次のような規定を置く。法律的には，納入企業が変更予約完結権を行使することにより契約条件変更の効力が生じるという構成である。

第○条（譲渡代金額及び支払時期に関する変更の意思表示に基づく譲渡代金の割引支払）

1　甲（納入企業）は，丙（ファクタリング会社）との間で，甲が丙に対し変更の意思表示をすることにより，月次債権代金の全部又は一部について，本条の定めるところにより譲渡代金額及び月次債権代金支払期日を変更できるとの合意をした。

2　甲が前条の月次債権代金支払期日の前に譲渡代金の支払を受けることを希望する場合には，甲は，次の内容を指定して変更の意思表示をする（筆者注：一部略）。

　①　変更する月次債権の範囲

　②　変更後の月次債権代金支払期日（ただし，支払日から決済日の前日までの間の日）

3　前項の意思表示があったときは，丙は甲に対し，前項で指定された変更後の月次債権代金支払期日において，次の算式により得られる金額を変更後の譲渡代金額として支払う。

　　変更する月次債権額面－変更する月次債権額面×丙所定の利率×短縮日数÷365

　　（注）　短縮日数とは，変更後の月次債権代金支払期日から当初の月次代金債権支払期日までの日数をいう。

4　（略）

　例えば，納入企業が5月分の売掛債権300万円のうち200万円だけを早期資金化したいと考えた場合，その200万円という早期資金化の範囲と，その資金の受取り希望日（本来の手形受取日に相当する6月末日以降の日を指定する。例えば7月5日）を指定した意思表示をすることにより，3項の算式で得られた額（例えば198万円）が7月5日に支払われる，というわけである。

　いずれも，債権譲渡当事者間の恣意性を排除し，一義的客観的な債権売買条件が定まるものとすることにより，1年分一括譲渡の合意があらかじめ確定的なものとなっていることを明らかにする趣旨である。

（3）　**対抗要件**

上記のように債権譲渡合意が確定的[*4]なものとなっていれば，権利変動の対抗要件を具備することができる。この支払企業主導型ファクタリングでは，支払企業の積極的な協力が得られるから，対抗要件としては，確定日付ある証書による債務者（支払企業）の承諾が使われる[*5]。そして，この対抗要件を具備したうえで，これに先立つ先行譲渡登記がないことの確認作業を行うことについては前述した。

(a) 「事前の承諾」をめぐる問題

ここで，いわゆる「事前の承諾」の問題に触れておきたい。

従来，債権譲渡が行われるに先立って債権譲渡通知を発状する「事前の通知」は，これを受け取った債務者の地位を一方的に不安定にするものとして対抗要件としての効力を認めることができないが，債務者自身が行う「事前の承諾」は，当該債務者自身が不安定な地位に置かれることを甘受しているのだから対抗要件としての効力が認められる，と説かれることが多かったように思われる[*6]。

ところが，大阪地判平9・5・28判タ957号230頁は，「未だ譲渡予約がなされたに過ぎない時点での債務者の認識は，あくまで将来譲渡がなされる可能性の認識にとどまり〔括弧内中略〕，この認識によっては，第三者に譲渡の事実自体を表示することはおよそ不可能であるから〔括弧内中略〕，前述した本条の対抗要件の構造に鑑み，譲渡予約時点での確定日付ある証書による承諾をもって，その後の予約完結権行使による譲渡の対第三者対抗要件に代えることはできないと解するのが相当である。そして，民法467条2項は強行規定であり，確定日付ある証書による承諾を不要とする譲渡当事者間での特約は無効であるが，もし譲渡予約時点の右承諾をもって譲渡の対第三者対抗要件に代えることを認めると，右のような特約の効力を認めるのと同様の結果となるからである。」として，事前の承諾は債務者対抗要件ならばともかく，第三者対抗要件にはならないとした。

この下級審判例は，最判平13・11・27民集55巻6号1090頁の第1審なのであるが，上級審では予約の対抗要件の問題として判断され，「事前の承諾の効力」

---

*4 最判平13・11・22民集55巻6号1056頁。
*5 民法（債権関係）改正前であるから，当然に「異議なき承諾」であった。
*6 例えば，西村信雄編『注釈民法(11)債権(2)』（有斐閣，1965）375頁〔明石三郎〕など。

の問題としては採り上げられなかったため，最高裁では判断されていない。

私見としては，債権譲渡時点に近接した時期に，債権譲渡時点を明らかにしたうえで取得した承諾であれば，債務者のインフォメーションセンター機能に支障はないものとして適法に第三者対抗力を具備すると解してよいのではないかと考えている。ただ，最高裁の判例も存在しない現段階では，この「事前の承諾」に該当すると見られないよう，手当てすることが必要と考えておくべきであろう。

(b) 「事前の承諾」の回避

事前の承諾とならないようにするためには，確定的な債権譲渡合意[*7]が先行し，それに次いで債務者たる支払企業の承諾がある，という時間的先後を明らかにしておくことが相当である。

将来債権譲渡型の場合は，前述のように，3月1日に譲渡契約を締結して4月1日以降1年分の債権を譲渡した後に，これに対する支払企業の承諾を確定日付ある証書で求めるという形になる。承諾のみ3月1日に得て先行譲渡登記の確認作業に入っても，譲渡契約が4月1日となっていたのでは，「事前の承諾」の問題が何ら解消されないので，留意を要するところである。

(4) 新たな期間の債権譲渡と更新

4月1日から翌年3月31日までを始期・終期とする債権譲渡が行われた後，順調に一括ファクタリング取引が進行して，翌年の4月を迎えようとする場合，これを「契約更新」と受け取る例が少なくなかった。

しかし，これは次の4月1日からその翌年3月31日までを始期・終期とする新たな債権譲渡行為であり，従来と同一条件をもって契約を更新することとは異なる。次の1年分についても，債権譲渡の確定的合意をした後に，確定日付ある書面で支払企業の承諾を得て対抗要件を具備し，そのうえで始期までの間に先行譲渡登記の有無を洗い出す作業が必要となる。この間に先行登記や租税債権の差押え等があれば，一括ファクタリング取引は当然に打ち切らなければならない。

なお，一括ファクタリング取引においては，最初に基本契約を締結して基本となるルールを合意し，そのうえで，この基本契約に対する個別契約の位置づけで1年分一括債権譲渡契約が締結される例が多い。この場合は，基本契約が

[*7] 前掲注（*4）最判平13・11・22。

1年単位で自動更新されていくとする条項を置くこともあろうが，この基本契約の自動更新と，新たな1年分の債権譲渡対象を定めて債権売買する個別契約の新規締結とは，まったく別次元のものであることを銘記すべきである。

4　その他の一括決済方式

以上で見てきたような一括ファクタリング方式，特にそのうちの将来債権譲渡型の一括ファクタリング方式が現在では標準的なスキームといってよいであろうが，このほかにも，一括信託型と併存的債務引受型というものがある。

一括信託型は，納入企業が売掛債権を信託銀行に信託譲渡し，これによって信託委託者たる納入企業が取得した信託受益権を第三者（例えば他の信託勘定）に処分することで早期資金化ニーズに応えるという仕組みである。信託受益権が絡むほかは，譲渡担保と疑われないように留意すべき点や，債権譲渡登記制度ができたことによるハードルを将来債権譲渡（信託）の形でクリアすることなど，一括ファクタリングで述べたことがほとんど当てはまる。

併存的債務引受型というのは，ファクタリング会社が債権を買い取るのではなく，支払企業が負う買掛債務をファクタリング会社が併存的に債務引受したうえ，これを早期弁済することで納入企業の早期資金化ニーズに応えようとするものである。もともとは，他への先行債権譲渡登記が存在する場合のリスクを将来債権譲渡型ファクタリング以外の方法でクリアしようと考案されたもののようであるが，私見では，この点をクリアできるスキームにはなっていないものと考えている。債務引受時点で既に先行債権譲渡登記をした先行譲受人がいる場合，その譲受人との関係では債務引受人たるファクタリング会社は「債務者以外の第三者」（動産債権譲渡特4条1項）であって，登記による債権譲渡の対抗を受けてしまうと考えられるからである。

Ⅲ　納入企業主導型ファクタリング

1　基本的な仕組み

これまで紹介してきた支払企業主導型ファクタリングは，支払企業1社につき数百社にも及ぶ納入企業が存在し，これを支払企業のメインバンク系ファクタリング会社が支払企業と連携しながら納入企業の資金調達ニーズに応えよう

とするものであったが，逆に，納入企業1社が抱える複数の売掛先に対する売掛債権群を資金化しようとする場合もある。

　納入企業は，自身の複数の売掛先（例えば20社）に対する売掛債権を一括してファクタリング会社に債権譲渡する。この形態では，支払企業が複数にわたることから，回収不能リスクが分散されるところに重要なポイントがある。「分散型」ともいわれる。

　対抗要件は，債務者からの直接回収を予定する通常のファクタリングなら民法上の対抗要件である確定日付ある通知によることになるが，債権流動化取引によるオフバランス等が主目的なら，債権譲受人から債権譲渡人への取立委任という形を介して債務者サイレントでよいことになるので，債権譲渡登記が用いられることも多い。

2　買取代金の一部留保

　債権を買い取ろうとするファクタリング会社は，譲渡担保融資の形にしてしまったのでは納入企業が租税債務を滞納する局面で前述した国税徴収法24条の物的納税責任を負わされてしまうから，やはり真正譲渡性は確保しておきたい。しかし同時に，ファクタリング会社は売掛債権の債務者である支払企業の信用状態を十分に把握しているわけではないから，支払企業の不払リスクにも備えておきたい。

　そこで，債権買取時には債権買取代金の全額を支払うのではなく，一部の買取代金の支払を留保して，満期における支払企業からの回収実績を見届けてから支払う，という方法がとられることも多い。ここでは，支払企業の手形廃止ニーズとは無関係であり下請法が関係する場面ではないから，債権買取代金の一部留保も許される。もっとも，この留保代金部分が大きすぎると，担保目的の融資と見られるおそれが増す。実際には，30％程度までの留保は真正売買性を阻害しないとされることが多いようであるが，明確な基準が存在するわけではない。

3　診療報酬・介護報酬など

　これは分散型というわけではないが，譲渡対象債権の債権者主導という意味では，医療機関が社会保険診療報酬支払基金等の保険者に対し取得する診療報

酬債権をファクタリングする形態もここに分類されるであろう。介護事業者の介護報酬債権についても同様である[8]。

　この形では，診療報酬や介護報酬の規模が毎月ある程度一定していることに着目して，ファクタリングによる債権買取代金のうち早期資金化部分を毎月一定額とし，残余を留保代金とする例もある。ここでの一部代金留保の意味は，債務者の焦げ付きリスクへの対応ではなく，保険審査機関による対象債権否認のリスクである。もっとも，対象債権の発生ボリュームにかかわらずファクタリング会社から医療機関等に一定額の資金供給がされるとなると，債権買取の色彩が弱まり，譲渡担保融資の形態に近づくともいえるので，このスキームについては慎重に検討する必要がある。

---

[8]　小林明彦「介護サービス事業者の国保連宛て介護報酬債権の存否—大阪高判平27・9・8をめぐって」金法2034号24頁。

第 4 章　雇用・労働

16　有期労働契約
——平成 24 年労働契約法改正以降の状況を踏まえた実務的対応

宮島　哲也

I　平成 24 年労働契約法改正

　企業において正社員との間で格差をつけられ，雇用も不安定である非正規労働者対策として，非正規労働者の多くの契約形態である期間の定めのある労働契約（有期労働契約）を規制するため，平成 24 年 8 月，以下の内容で労働契約法（以下「労契法」という。）が改正された。

> ①　無期労働契約への転換（労契 18 条）
> 　有期労働契約が繰り返し更新されて通算 5 年を超えたときは，労働者の申込みにより，期間の定めのない労働契約（無期労働契約）に転換できる制度の新設
> ②　「雇止め法理」の法定化（労契 19 条）
> 　最高裁判例で確立した「雇止め法理」を，そのままの内容で条文化
> ③　不合理な労働条件の禁止（労契 20 条）[※1]
> 　有期契約労働者と無期契約労働者との間で，労働者の職務の内容（業務の内容及び当該業務に伴う責任の程度）と当該職務の内容及び配置の変更の範囲その他の事情を考慮して，不合理と認められる労働条件の相違を設けることの禁止

※1　平成 30 年 6 月 29 日に成立した「働き方改革を推進するための関係法律の整備に関する法律」に基づき，パートタイム労働法は，パート・有期労働法（正式には，「短時間労働者及び有期雇用労働者の雇用管理の改善等に関する法律」）に改められ，従来のパートタイム労働法 8 条は，労契法 20 条を吸収し，パートタイム労働者と有期労働者の双方に適用されることとなった（施行日は 2020 年 4 月 1 日。中小企業については 2021 年 4 月 1 日）。しかしながら，右改正は，条文の定め方を改めるにすぎず，これまでの労契法 20 条の内容を変更するものではない。

これらの法改正の施行日は、②「雇止め法理」の法定化については、平成24年8月10日、①無期労働契約への転換及び③不合理な労働条件の禁止については、平成25年4月1日とされた。各企業においては、上記法改正を踏まえた対応が必要となったが、特に①無期労働契約への転換制度については、施行日から5年後の平成30年4月以降、無期転換権を取得する労働者が具体的に出現することに備え、それまでに各企業において具体的な体制づくりが迫られることとなった。

Ⅱ　無期労働契約への転換制度に対する各社の対応

無期労働契約への転換制度に対する企業の対応状況については、平成28年10月から11月にかけて実施された企業に対するアンケート調査[*2]によれば、「何らかの形で無期契約にしていく」企業が、フルタイム契約労働者で62.9%、パートタイム契約労働者で58.9%であったのに対し、「有期契約が更新を含めて通算5年を超えないように運用していく」企業（フルタイム8.5%、パートタイム8.0%）を大きく上回った。

労契法改正にあたっては、無期労働契約への転換制度を設けることにより、5年経過直前での有期契約労働者の雇止め事例や契約更新の上限制度の導入事例が増加し、かえって有期契約労働者の雇用が不安定となることが懸念されたが、上記調査結果を見る限り、改正労契法が及ぼす影響は限定的となっている。

他方、「何らかの形で無期契約にしていく」としている企業においても、既存の正社員区分に転換する方針の企業から、新たな区分は設けずに各人の有期契約当時の業務・責任、労働条件のまま、契約だけ無期へ移行させる方針の企業まで種々であり、無期転換後の処遇・労働条件の設定について、各企業において検討が続いている状況である。

そこで以下では、改正労契法を踏まえ、まず無期転換後の処遇・労働条件を設定していくうえでの留意点を整理し（Ⅲ）、次に契約更新の上限制度を導入するなどして有期労働契約を終了するにあたっての留意点（Ⅳ）、三番目に、有期労働契約と無期労働契約との間に労働条件の相違を設けるにあたっての留意点

　＊2　独立行政法人労働政策研究・研修機構による「『改正労働契約法とその特例への対応状況及び多様な正社員の活用状況に関する調査』結果」（平成29年5月23日記者発表）。

（V），最後に民法（債権関係）改正と有期労働契約について整理する（VI）。

III　無期転換後の処遇・労働条件に関する留意事項

1　既存の就業規則との関係

労契法18条1項に基づき労働者の無期転換権の行使によって無期労働契約が成立した場合，当該労働契約の内容である労働条件は，原則として，現に締結している有期労働契約の内容である労働条件と，契約期間を除き同一の労働条件となる。ただし，「別段の定め」をすることにより，労働条件の内容を変更することは可能であり（労契18条1項），「別段の定め」とは，労働協約，就業規則，又は労働者と使用者との個別合意を指す。

したがって，無期転換後の労働者のみを適用対象とする就業規則がなく，既存の就業規則の適用範囲が正社員に限らず広く期間の定めのない労働者を対象としている場合，無期転換後の労働者の労働条件は，「別段の定め」である既存の就業規則により，当該就業規則の水準まで引き上げられることとなる（労契12条）。

この点，無期転換後の労働者を正社員に区分する方針の企業であれば，当該労働者との間で無期転換後は正社員としての労働条件となることを確認すれば足り，特に就業規則について変更は不要である。

これに対し，無期転換後の労働者の労働条件を正社員とは異なる内容とする方針の企業の場合は，まず，既存の就業規則に無期転換後の労働者は適用対象外であることを明示し[3]，さらに，無期転換後の労働者を適用対象とする就業規則を新たに制定する必要がある[4]。

なお，労働者による無期転換権行使前に，無期転換後の労働者を対象とする就業規則を制定した場合には，労契法7条が適用され，就業規則の合理性・周

---

[3]　既存の就業規則の適用対象に無期転換後の労働者を含めたまま，無期転換後の労働者のみを適用対象とする就業規則を新たに制定した場合，無期転換後の労働者から見れば，実質的には就業規則の変更に当たるとも考えられる。その場合は，労契法10条が適用又は類推適用されることになると考える。

[4]　既存の就業規則の適用範囲を正社員に限定する就業規則の変更を行うことだけでは，無期転換後の労働者を対象とする就業規則が存在しないため，労働基準法（以下「労基法」という。）89条違反となるおそれがある。同様に，既存の就業規則がもともと正社員のみを適用対象とするものである場合も，無期転換後の労働者を適用対象とする就業規則が存在しないため，労基法89条違反の問題が生じる。

知性が認められれば，無期転換後の労働契約の内容は，原則として当該就業規則で定める労働条件となる。これに対し，無期転換権行使後に当該就業規則を制定した場合には，無期転換権行使により，従前の有期雇用契約と同一の労働条件（定年なし，配転なし等）が契約内容となるため，これを変更する就業規則の制定にあたっては，労契法10条が類推適用されることとなり，就業規則制定の合理性判断にあたっては，就業規則そのものの合理性だけでなく労働者の受ける不利益の程度，変更過程等についても検討が必要となる。企業側とすれば，無期転換権が行使可能となる前に，無期転換後の労働者を対象とする就業規則を制定する方が，合理性判断が比較的緩やかといえる。

2 「別段の定め」において検討すべき事項

　無期転換後の労働者の労働条件を検討するにあたって，少なくとも以下の各事項について，有期労働契約における労働条件を無期転換によって変更するか否か検討する必要がある。そして各事項の検討内容を，無期転換後の労働者に適用する就業規則又は労働者との個別の労働契約に盛り込むこととなる。

---

① 職務の範囲　　職務が限定されていた場合に，当該限定を外すか否か，限定の範囲を変更するか否か

② 職種の変更　　職種の変更を予定していなかった場合に，必要に応じて職種の変更を認めるか否か

③ 所定労働時間　　有期労働契約のうち特にパートタイム契約労働者について，所定労働時間を長くするか否か

④ 所定時間外労働（残業や休日出勤）　　所定時間外労働を「なし」としていた場合に，「ある」に変更するか否か

⑤ 勤務地・配置転換の範囲　　勤務地が限定されていた場合に，当該限定を外すか否か，限定の範囲を変更するか否か。「特定の事業所で配置転換なし」としていた場合に，「特定の事業所で配置転換あり」に変更するか否か

⑥ 役職の上限　　役職に就かせなかった場合に，何らかの役職に登用することも可能にするか否か

⑦ 基本賃金の支払形態　　時給制だった場合に，月給制に変更するか否か

⑧ 基本賃金以外の処遇　　賞与，退職金，家族・住宅などの諸手当について「なし」としていた場合に，それぞれ「あり」に変更するか否か

⑨ 定　　年　　更新の上限年齢を定めていなかった場合に，新たに定年を設け

第4章　雇用・労働

るか否か

⑩ 休 職 休職制度の適用がなかった場合に，適用ありに変更するか否か[5]

3 無期転換にあたっての労働条件の明示

労働契約は，労働者と使用者の合意により成立し，この合意は口頭のもので足り，契約書がなくとも成立する（労契6条）。他方で，使用者は，労働契約締結に際し，労働者に対して賃金，労働時間その他の労働条件を明示しなければならない（労基15条）。労基法15条は，罰則（労基120条1号）を伴う強行法規であるため，厳格な解釈が要請され，同条適用のためには法文どおり「労働契約の締結」が要件となる[6]。

そこで労働者が無期転換権を行使したことにより無期労働契約が成立した場合，労基法15条でいう「労働契約の締結」に当たるのか，労働条件の明示義務が生じるかが問題となる。

この点，従前の有期労働契約と別個の無期労働契約の成立であるとすると，「労働契約の締結」に当たるとも考えられるが，労働条件の変更等，労働契約の展開過程の一つとみれば，「労働契約の締結」には当たらないこととなる。厚生労働省の通達[7]においても，特に無期転換権行使の際に労働条件の明示が義務づけられるとは記載されておらず，労基法15条の適用がないことが前提となっているように思われる。

ただし，前述のとおり，無期転換によって従前の有期労働契約の内容である

---

[5] 私傷病などの業務外の事由による欠勤に対して，有期労働契約の場合には，雇用期間満了日を一つの区切りとして，雇止めか契約更新（欠勤継続・復職）かを検討する機会があり，雇止めの場合，雇用継続の期待の有無等に応じて，雇止め法理の適用の有無が異なる（労契19条）。また，欠勤継続のまま更新するにしても，短縮した契約期間で更新するなど，個別の状況に即した対応が可能である。これに対し無期労働契約の場合，傷病欠勤を経た後に休職制度の適用がなければ，直ちに解雇か否かの判断を迫られることとなり，解雇するにしても解雇権濫用法理の適用は避けられない。多くの企業の場合，傷病欠勤期間は3か月から6か月程度であり，復職に向けた取組みも十分にできないまま欠勤期間が終了しかねず，この段階で復職・解雇いずれを選択した場合であっても，労使双方にとって現実的な負担及び法的リスクが大きい。この点，欠勤後に復職制度を利用できるならば，欠勤・休職期間の中で復職に向けて取り組む機会も増え，復職の実現可能性を高められるとともに，復職に至らずに休職期間満了により退職となったとしても，権利濫用となる可能性を抑え，労使双方にとって法的安定性の高い対応が可能である。無期転換後の労働条件として，休職制度を設けるのが適切と考える。

[6] 土田道夫『労働契約法〔第2版〕』（有斐閣，2016）220頁。

[7] 「労働契約法の施行について」厚生労働省平成24年8月10日付通達基発0810第2号。

労働条件を種々の項目において変更する場合もあり，事後の紛争を回避するためには，労働協約，就業規則又は労働契約書で当該内容を明確化し，労働者と使用者との間であらかじめ書面により労働条件を確認することが適切である（労契4条）。

Ⅳ 「通算5年を超えないように運用する」場合の留意事項

本来，有期労働契約は，期間の定めのある労働契約であり，期間満了により当然に契約が終了する。しかしながら，有期労働契約が実質的に無期労働契約と社会通念上同視できる場合，又は，更新による雇用継続に合理的期待が認められる場合，使用者が行った雇止めに解雇権濫用の法理が類推適用され，客観的に合理的な理由を欠き社会通念上相当と認められない雇止めは無効となり，従前の有期労働契約と同一条件で更新される（労契19条）。

そこで，通算5年を超えないように有期労働契約を運用するには，実質的に無期労働契約と同視されないようにする，すなわち，更新のつど，契約書を再締結するなど更新手続を形骸化させないことが必要であるとともに，5年を超えて契約が更新されることについて合理的期待が生じないようにする必要がある。その方法としては，以下の方法が考えられる[8][9]。

1 当初の有期労働契約の締結時から更新限度を明示する方法

当初の有期労働契約の締結時から「通算5年を超えて更新しない」等，更新限度を就業規則に明記している場合[10]には，当該限度を超える雇用継続の合理

---

[8] 本文1ないし3以外の方法としては，「途中で随時，クーリング（空白）期間を挟み，通算期間をリセットする」，「契約期間を一定の業務（プロジェクト）完了までと設定する」などの方法も可能である。これに対し，あらかじめ無期転換権を放棄させることは，労契法18条の趣旨に反し，原則として公序良俗に反し無効である。

[9] 労契法の特例として，㋐大学等及び研究開発法人の研究者，教員等については，無期転換申込権発生までの期間（原則）5年を10年とする特例が設けられた（「研究開発システムの改革の推進等による研究開発能力の強化及び研究開発等の効率的推進等に関する法律及び大学の教員等の任期に関する法律の一部を改正する法律」）。
また，㋑①高度な専門的知識等を有する有期雇用労働者，②定年後引き続き雇用される有期雇用労働者についても，労働局長の認定を条件として，一定期間，無期転換申込権が発生しないこととする特例が設けられた（「専門的知識等を有する有期雇用労働者等に関する特別措置法」）。認定の申請を行う方法については，厚生労働省作成のパンフレット参照（「高度専門職・継続雇用の高齢者に関する無期転換ルールの特例について」http://www.mhlw.go.jp/file/06-Seisakujouhou-11200000-Roudoukijunkyoku/0000075676.pdf）。

的期待は原則として生じない。

2 就業規則を変更し更新限度を設ける方法

既に契約更新の合理的期待が生じている場合[*11]に，就業規則を変更し，更新限度を設けるには，労契法10条の要件を満たす必要がある。すなわち，①変更後の就業規則を労働者に周知すること，及び②就業規則の変更によって労働者が被る不利益の程度，労働条件の変更の必要性，変更後の就業規則の内容の相当性，労働組合等との交渉の状況，その他の就業規則変更に係る事情に照らして変更に合理性が認められることが必要である。

更新限度を設けることは，雇止めによる契約終了という労働者にとって大きな不利益を生じさせるおそれがあること，更新上限を設ける必要性について十分に説得的な内容を示すことは困難であることを踏まえると，更新限度を設けることの代替措置として，通算5年未満での正社員等への登用機会を充実させることや，契約満了金・退職金の支給を行うなど，不利益の程度を軽減することが合理性を得るために必要であろう。また，労働者の納得を得るために，説明会や個別面談などで十分な説明を行うことも必須である。

3 不更新（更新限度）条項を記載した個別の労働契約を締結する方法

既に契約更新の合理的期待が生じている場合に，契約更新にあたって雇用契約書の「契約更新」欄の「契約更新の有無」に「なし」と記載，又は「通算5年を更新限度とする。」等と記載して個別の労働契約を締結する方法である。

労働者と使用者の合意により，不更新とする（更新限度を設ける）ことにしたのであるから，労働者において契約更新の合理的期待は消滅し，労契法19条の適用を受けないのではないかとも考えられるが，使用者が有期契約更新に際して，労働者に不更新条項を受諾して更新するか，期間満了で終了するかを迫り，労働者がやむなく不更新条項付での更新を承諾せざるを得ない場面なども予想さ

[*10] 就業規則がない場合に，個別の労働契約で明記する場合も含む。

[*11] 契約更新の合理的期待が生じているか否かは，「当該雇用の臨時性・常用性，更新の回数，雇用の通算期間，契約期間管理の状況，雇用継続の期待をもたせる使用者の言動の有無などを総合考慮して，個々の事案ごとに判断されるものである」（前掲注（＊7）改正労契法通達第5の5(2)ウ）。

16 有期労働契約——平成24年労働契約法改正以降の状況を踏まえた実務的対応　**375**

れ*12，単に，雇用契約書上で契約更新の有無について「なし」等と記載するだけでは，労契法19条の適用を回避することはできない*13。

①労働者による不更新条項への同意の意思表示を明確にするために，契約更新の有無について「なし」又は「通算5年を更新限度とする。」等と明記した雇用契約書等に署名・押印することに加え，②使用者によって不更新（更新限度）条項の内容・意味について十分な説明を行い，個別面談などの慎重かつ適切な手続を踏まえて，更新することが必要である*14。

V　有期労働契約と無期労働契約との間に労働条件の相違を設けるにあたっての留意点

労契法20条は，有期契約労働者の労働条件が期間の定めがあることにより無期契約労働者の労働条件と相違する場合，その相違は，職務の内容（労働者の業務の内容及び当該業務に伴う責任の程度をいう。以下同じ。），当該職務の内容及び配置の変更の範囲その他の事情*15を考慮して，有期契約労働者にとって不合理と認められるものであってはならないとする*16。

同条の不合理性の判断は，個々の労働条件ごとに判断され*17，同条違反とさ

---

*12　労働者が使用者の提示した不更新条項を受諾せず，使用者が契約不更新とした場合，当該不更新は使用者による雇止めにあたり，労契法19条に基づき，客観的合理的理由及び社会通念上の相当性が必要である。

*13　土田・前掲注（＊6）777頁，荒木尚志ほか『詳説労働契約法〔第2版〕』（弘文堂，2014）216頁。東京地判平24・2・17労経速2140号3頁〔本田技研工業事件（1審）〕，東京高判平24・9・20労経速2162号3頁〔本田技研工業事件（控訴審）〕。

*14　荒木ほか・前掲注（＊13）219頁では，さらに③使用者が不更新条項を設けることについての人事管理上の合理的理由の存在も，重要な考慮要素となるとしている。例えば，当該会社では，有期労働契約は最長4年間とし，一定の基準に達した者は正社員に登用することとしたため，といった事情は，不更新（更新限度）条項を設ける合理的理由となろう。

*15　最判平30・6・1民集72巻2号202頁・労判1179号34頁〔長澤運輸事件（上告審）〕は，「使用者は，雇用及び人事に関する経営判断の観点から，労働者の職務内容及び変更範囲にとどまらない様々な事情を考慮して，労働者の賃金に関する労働条件を検討するものということができる。また，労働者の賃金に関する労働条件の在り方については，基本的には，団体交渉等による労使自治に委ねられるべき部分が大きいということもできる。」とし，不合理性の判断は，職務内容及び変更範囲に関連する事情に限定すべき理由は見当たらず，有期契約労働者が定年後再雇用であることは「その他の事情」として考慮される事情になると判示する。

*16　労働法20条でいう「労働条件」には，賃金や労働時間等の狭義の労働条件のみならず，労働契約の内容となっている災害補償，服務規律，教育訓練，付随義務，福利厚生等労働者に対する一切の待遇を包含する（前掲注（＊7）改正労契法通達第5の6(2)イ）。

*17　前掲注（＊15）最判平30・6・1〔長澤運輸事件（上告審）〕は，不合理性の判断にあたっては，賃金項目の趣旨を個別に考慮するとしつつ，「ある賃金項目の有無及び内容が他の賃金項目

れた労働条件の定めは無効となり，使用者は労働者に対し，不法行為に基づく損害賠償責任を負う[18]。

　労働条件ごとの不合理性の有無については，平成30年6月1日になされた二つの最高裁判決[19]をはじめとした下級審判決によって具体的に司法判断が積み重ねられる一方，厚生労働省は，平成30年12月に同一労働同一賃金ガイドライン[20]を公布・告示し，問題とならない待遇例と問題なる待遇例を労働条件ごとに示している。

　したがって，使用者においては，無期契約労働者と有期契約労働者との間に労働条件の相違を設けるにあたっては，それぞれの労働条件ごとに，職務の内容，職務の内容及び配置の変更の範囲，その他の事情から，相違を設けたこと及び相違の程度について，不合理となっていないか個別に検討を行い，必要に応じて修正を行う必要がある。

　また，パート・有期労働法の改正により，使用者は，労働者から求められれば労働条件の相違の内容及び理由について説明が義務づけられた点[21]も留意を要する。

1　基　本　給

　裁判例において，基本給の相違を不合理と認めたものは見当たらない[22]。

　ガイドラインにおいては，基本給であって，労働者の能力・経験，業績・成果，勤続年数に応じて支給するものについて，これらの諸要素が通常の労働者と同一といえる短時間・有期雇用労働者には，これらの諸要素に応じた部分に

　　の有無及び内容を踏まえて決定される場合もあり得るところ，そのような事情も」不合理性の判断にあたり考慮すると判示する。

[18]　労契法20条には，同法12条のような補充的効力の規定がないため，無効とされた労働条件について，無期契約労働者と同一の労働条件が自動的に認められるものではない。最判平30・6・1民集72巻2号88頁・労判1179号20頁〔ハマキョウレックス事件（上告審）〕，前掲注（[15]）最判平30・6・1〔長澤運輸事件（上告審）〕。

[19]　前掲注（[15]）最判平30・6・1〔長澤運輸事件（上告審）〕，前掲注（[18]）最判平30・6・1〔ハマキョウレックス事件（上告審）〕。

[20]　正式には，「短時間・有期雇用労働者及び派遣労働者に対する不合理な待遇の禁止等に関する指針」厚生労働省告示第430号。2020年4月1日（中小企業については2021年4月1日）からの適用を予定。

[21]　パート・有期労働法14条2項。施行日は2020年4月1日。中小企業は2021年4月1日。

[22]　東京地判平29・3・23労判1154号5頁〔メトロコマース事件〕のほか，定年後再雇用者の事例について，前掲注（[15]）最判平30・6・1〔長澤運輸事件（上告審）〕，東京地判平30・11・21労経速2365号3頁〔日本ビューホテル事件〕など。

つき，通常の労働者と同一の基本給を支給しなければならない，また，これら
の諸要素に一定の相違がある場合においては，その相違に応じた基本給を支給
しなければならないとされている。

基本給は，ガイドラインの挙げる能力・経験，業績・成果，勤続年数だけで
なく，与えられる役割・責任の程度なども考慮して形成される[23]。

使用者は，これらの諸要素を踏まえて制度の不合理性の有無について確認し，
労働者に対する説明に備える必要がある。

なお，定年後再雇用者との関係については，ガイドラインは前掲注（[15]）
〔長澤運輸事件（上告審）〕を踏まえ，待遇の相違の不合理性を判断するにあた
り，定年後再雇用であることは，パート・有期労働法8条（改正前労契法20条）の
その他の事情として考慮事情となり得るとしつつ，様々な事情が総合的に考慮
されて不合理性が判断される以上，定年後再雇用者であることのみをもって，
直ちに待遇の相違が不合理でないと認められるものではないとされる。

定年後再雇用者の基本給等の決めるにあたっては，漫然と定年後再雇用であ
ることのみを理由に支給水準を下げるのではなく，上述の諸要素を踏まえた不
合理性の有無の検証が必要である。

2　賞　　与

裁判例においては，賞与の相違を不合理と認めたものは見当たらない[24]。

ガイドラインにおいては，賞与であって，会社の業績等への労働者の貢献に
応じて支給するものについて，同一の貢献であれば，貢献に応じた部分につき，
同一の賞与を支給し，貢献に相違があれば，その相違に応じた賞与を支給しな
ければならないとされている。

賞与については，企業の業績等も考慮したうえで基本給を補完するものとし
て支給されるものであることに加え，功労報償的な性質，生活の補助及び将来
の労働への意欲向上へ向けたインセンティブとしての意味合いをも有するもの
であることから，使用者の人事政策上の裁量が及び，使用者において，広い裁
量があるといえる。

使用者としては，会社の業績，労働者の貢献，将来へのインセンティブなど

---

[23]　前掲注（[22]）東京地判平30・11・21〔日本ビューホテル事件〕。
[24]　松山地判平30・4・24判時2383号88頁〔井関松山ファクトリー事件〕など。

第4章　雇用・労働

の諸要素を踏まえ，待遇の相違について不合理性の有無の検証が必要である。

3 手 当

手当については，裁判例においても様々な手当について不合理性の有無の判断がなされ，ガイドラインにおいても，諸手当についてそれぞれ問題とならない例及び問題となる例が示されている。

(1) 役職手当，特殊作業手当，特殊勤務手当

役職手当，特殊作業手当，特殊勤務手当（深夜手当など）は，いずれも特定の職務の内容に着目した手当であり，例えば，有期契約労働者が通常の労働者と同一の役職内容である場合には，同一の役職手当を支給しない場合，基本的に不合理といえる。

これに対し，有期契約労働者の基本給・年棒・時給に，特定の職務に従事することによる負荷分が適切に盛り込まれ，特定の職務に従事しない有期契約労働者に比べ基本給等が高く支給されているのであれば，不合理とはいえない。

(2) 精皆勤手当

精皆勤手当は，皆勤・精勤を奨励する趣旨の手当であるが，通常の労働者と有期契約労働者との間で出勤確保の必要性に相違がない場合には，通常の労働者のみに精皆勤手当を支給することは不合理である。

精皆勤手当の支給について相違を設ける場合には，精皆勤を奨励する必要性について違いがあるか，具体的に検討する必要がある。

(3) 時間外手当，深夜労働・休日労働手当

労働基準法37条に定める割増賃金を支払うことを前提に，通常の労働者に対し労働基準法を上回る割増率で割増賃金を支払う場合，有期契約労働者が通常の労働者と同一の職務の内容で時間外勤務等を行った場合には，同一の割増率で割増賃金を支払うことが必要であり，相違がある場合には不合理性が疑われる[25]。

---

[25] 前掲注（[22]）東京地判平29・3・23〔メトロコマース事件〕は，割増賃金の割増率の相違に関し，「労働基準法37条が時間外労働等に対する割増賃金の支払を義務付けている趣旨は，時間外労働は通常の労働時間に付加された特別の労働であることから，使用者に割増賃金の支払という経済的負担を課すことにより時間外労働等を抑制することにある。かかる割増賃金の趣旨に照らせば，従業員の時間外労働に対しては，使用者は，それが正社員であるか有期契約労働者であるかを問わず，等しく割増賃金を支払うのが相当というべきであって，このことは使用者が法定の割増率を上回る割増賃金を支払う場合にも妥当するというべきである」と判示し，割増率

(4) 通勤手当・出張旅費

通勤手当・出張旅費は，通勤・出張に要する交通費を補填する趣旨の手当であるが，職務の内容及び配置変更の範囲が異なることは，通勤に要する費用の多寡とは直接関連しない。

通勤手当・出張旅費の支給について相違を設けることは基本的に不合理である。

この点ガイドラインは，問題のない例として，それぞれの店舗の採用である労働者に対して，当該店舗の近隣から通うことができる交通費に相当する額に通勤手当の上限を設定して支給しているところ，店舗採用の短時間労働者が，その後，本人の都合で通勤手当の上限額では通えない場所へ転居してなお通い続ける場合に，当該上限の額の範囲内で通勤手当を支給する場合を挙げる。

(5) 住宅手当

住宅手当は，従業員の住宅に要する費用を補助する趣旨で支給されるものである。

最高裁は，正社員のみに支給し契約社員に支給しない場合について，正社員には転居を伴う配転が予定されており，住宅に要する費用が多額となり得ること，及び正社員には幅広い世代の労働者が存在し得るところ，そのような正社員について生活費を補助することには相応の理由があるとし，不合理とはいえないと判示している[26]。

4 福利厚生

(1) 病気休職

下級審の裁判例では，長期雇用の確保及び職務内容の相違を理由として，有期契約労働者について病気休職制度を設けないことは，不合理ではないと判示されている[27]。

これに対しガイドラインにおいては，有期契約労働者には，労働契約が終了するまでの期間を踏まえて，病気休職の取得を認めなければならないとし，問

の相違について不合理とした。この判例の考え方からすれば，職務の内容の相違にかかわらず，割増率を等しくする必要があることになる。

[26] 前掲注（*15）最判平 30・6・1〔長澤運輸事件(上告審)〕，前掲注（*18）最判平 30・6・1〔ハマキョウレックス事件（上告審)〕。

[27] 東京地判平 29・9・11 労判 1180 号 56 頁〔日本郵便（休職）事件〕，大阪地判平 30・1・24 労判 1175 号 5 頁〔大阪医科薬科大学事件〕。

第4章 雇用・労働

題とならない例として，労働契約の期間が1年である有期契約労働者について，病気休職の期間を労働契約の期間が終了する日までとする場合を挙げる。

ガイドラインは，有期契約労働者について病気休職を認めることを前提にしており，下級審裁判例よりも不合理性の評価において厳しい基準を示している。

したがって，有期契約労働者の私傷病による休業については，ガイドラインに沿って病気休職を契約期間の中で認めるか，少なくとも一定期間の病気欠勤を認めるなどの対応が必要といえる。

(2) 法定外休暇

ガイドラインは，法定外の有給休暇その他の法定外の休暇（慶弔休暇を除く。）であって，勤続期間に応じて取得を認めているものについて，通常の労働者と同一の勤続期間である有期雇用労働者には，通常の労働者と同一の法定外の有給休暇その他の法定外の休暇を付与しなければならないとしている。

この点，下級審の裁判例では，正社員に比して一定割合日数の休暇を契約社員に付与することも考えられ，契約社員に法定外休暇を全く付与しないことは不合理と判示した[28]。

したがって，リフレッシュ休暇など，勤続期間に応じて特別休暇を付与する制度については，有期契約労働者に対しても，その職務の内容及び勤続期間を踏まえ，一定日数の休暇を付与するなどの対応が必要といえる。

Ⅵ　民法（債権関係）改正法と有期労働契約

民法（債権関係）改正法のうち有期労働契約に関連する部分について整理すると，以下のとおりである。

1　民法の雇用の節の改正に関する事項
(1) 労務の履行が中途で終了した場合の報酬請求権（改正民法624条の2関係）

> 労働者は，次に掲げる場合には，既にした履行の割合に応じて報酬を請求することができる。

---

[28]　福岡高判平30・5・24労経速2352号3頁〔日本郵便（佐賀）事件〕。

> ① 使用者の責めに帰することができない事由によって労働に従事することができなくなったとき。
> ② 雇用が履行の中途で終了したとき。

①は，使用者の責めに帰すべき事由により労務の履行が不能となった場合に，実際に労務が履行されなくても，具体的な報酬請求権が発生することについて定めたものである。当該解釈は，判例[29]で認められていたものであり，これまでの判例ルールを明文化するものである。したがって，実務的に新たな対応は不要と思われる。

②は，賃金の計算期間の途中で解雇又は退職した場合に，退職日までの賃金を日割りなどで精算する義務があることについて定めたものである。同様の規定が委任にあり雇用になかったため，条文上明確にする趣旨である。既に実務では当然の処理として行われているものであり，特に新たな対応は不要と思われる。

(2) 期間の定めのある雇用の解除（改正民法626条関係）

> ① 雇用の期間が5年を超え，又はその終期が不確定であるときは，当事者の一方は，5年を経過した後，いつでも契約の解除をすることができる。
> ② ①の規定により契約の解除をしようとする者は，それが使用者であるときは3か月前，労働者であるときは2週間前に，その予告をしなければならない。

①は，改正前民法626条における「雇用が当事者の一方若しくは第三者の終身の間継続すべきとき」を改正民法では「終期が不確定であるとき」に変更している。終身の間継続する雇用契約は人身を不当に拘束する契約であり，その有効性を認められないため，当該契約の有効性を認めるかのような改正前の民法を改正するものである。

②は，労働者からの退職も改正前民法が予告期間を3か月としていることを改め，改正民法では2週間前予告で足りることを明記している。

しかしながら，ほとんどの労働契約[30]には雇用期間及び雇用の終了について定めた労基法14条が適用されるため，改正民法の適用場面はほとんどなく，実

---

[29] 最判昭37・7・20民集16巻8号1656頁。
[30] 労働法14条の適用がない「一定の事業の完了に必要な期間を定める」雇用契約については，民法の適用を受ける。

務的に新たな対応はほぼ不要と思われる。

2　民法のその他の箇所の改正に関する事項——定型約款（改正民法548条の2ないし同条の4関係）

　改正民法においては，定型約款に関する規定が新設され，定型約款とは，「定型取引（ある特定の者が不特定多数の者を相手方として行う取引であって，その内容の全部又は一部が画一的であることがその双方にとって合理的なものをいう。……）……において，契約の内容とすることを目的としてその特定の者により準備された条項の総体をいう」。

　労働契約との関係では，就業規則が定型約款に当たる可能性があるが，就業規則の効力及び変更方法については労契法が規定しており，労契法は民法の特別法に当たるため，定型約款に関する民法の規定が適用されることはないと解される[31]。

＊31　荒木ほか・前掲注（＊13）258頁。

17 雇用労働

石 田 明 彦

I　はじめに

　本稿は，労働契約関係における契約実務の実情や実務上の問題点について，裁判において問題となる契約条項とこれに対する裁判所の対応との観点から検討するものである。

　まずは，上記検討に必要な限度で，労働契約関係の特色やこれを踏まえた裁判所の対応の一般的な傾向について整理する。

1　労働契約の定義

　労働契約の定義を明示に定めた法律は存在しないが，労働契約法，労働基準法の各規定を手がかりとして，これを定義することができる。

　労働契約法にいう労働契約は，同法6条の規定に鑑みれば，当事者の一方が相手方に使用されて労働し，相手方がこれに対して賃金を支払うことを合意する契約と定義することができる。

　また，労働基準法にいう労働契約は，同法9条の規定に鑑みれば，当事者の一方が相手方の事業に使用されて労働し，相手方がこれに対して賃金を支払うことを合意する契約と定義することができる。

　以上を踏まえると，労働契約法にいう労働契約も，労働基準法にいう労働契約も，基本的には同一の概念であるということができよう[1]。

　そして，民法にいう雇用契約と上記労働契約との関係については，これらを

---

　* 1　菅野和夫『労働法〔第11版補正版〕』（弘文堂，2017）144頁。なお，労働基準法にいう労働契約は，労働契約法にいう労働契約に比べ，事業に使用されていることが加重的な要件とされているといえる（菅野・前掲144頁）。

別個のものとする見解もあるが，基本的には同一の概念ないし契約の法的性格としては同一と解する立場が有力とみられる[*2]。

2　労働契約関係の特色とこれに対する法的規制のあり方[*3]

　民法は，契約関係に入ろうとする者は，自由な意思を有し，相手方と対等な立場で契約を締結することができるとの発想の下，雇用契約を含む各種の契約につき，その権利義務等に関する規定を置いている。

　しかし，一般に，使用者は法人等の組織であり，経済的な力も強い立場にあることなどから，使用者は，労働契約の締結に際しては，交渉力の面で，労働者よりも圧倒的な優位に立っているといえる。そのため，労働契約における労働条件は，労働者にとって不利なものになりがちである。また，労働契約関係においては，使用者による組織的支配を可能にするため，就業規則によって労働契約の内容を規律することが認められている。すなわち，就業規則は，使用者がいわば一方的に定めることができるものであるが，そうであるにもかかわらず，就業規則は，その内容が合理的であるなどの一定の条件の下でではあるが，労働契約の内容となって労働者を拘束することとされている（労契7条本文）。

　以上のような特色を踏まえ，労働契約関係については，労働者を保護する観点から，各種の法的規制が行われている。この例として，例えば，労働基準法，最低賃金法等の労働者を保護するための立法が挙げられる。これらの法律は強行法規とされ，これにより，労働契約における労働条件の最低限度を画し，労働条件が労働者に不当に不利なものにならないようにしようとしている。また，他の例としては，労働者が労働組合を組織し，労働組合が使用者との交渉の当事者となることを認めることが挙げられる。これにより，労働者側が，組織であることがほとんどである使用者と，対等な立場で交渉することを可能にしようとしている。

3　裁判所の対応

　このような中，裁判所は，労働事件においては，他の民事事件の場合と比べ，

[*2]　菅野・前掲注（*1）144頁。荒木尚志『労働法〔第3版〕』（有斐閣，2016）47頁以下。後者においては，本文に記載した問題について詳細な説明がされている。

[*3]　この項につき，例えば，野川忍＝山川隆一編『労働契約の理論と実務』（中央経済社，2009）2頁以下〔野川忍〕を参照。

契約ないし合意がされたことの事実認定，認定された契約の内容の解釈，契約の有効性の検討，の各場面において，上述のような労働契約関係の特色を踏まえつつ，事案の適切な解決を図ろうと試みる傾向があるものと思われる。

　以下では，上述の3つの場面ごとに，裁判において問題となる労働契約の契約条項とこれに対する裁判所の対応とを検討する。

　なお，就業規則に関しては，労働者と使用者との合意によることなく労働契約の内容となり得る点で，合意を基礎とする契約そのものとは区別されるべきものであるともいい得る。しかるに，就業規則も労働契約の内容となって契約当事者を拘束する点に鑑みれば，これも上述の裁判所の対応を論ずる際の検討対象とすべきものと考えられる。そこで，以下では，就業規則も含めた労働契約の条項を検討の対象とすることとする[4]。

Ⅱ　契約ないし合意の認定について

1　近時の最高裁判決

　最高裁は，労働者が，就業規則に定められている労働条件を，同人の将来の退職金が減額される結果となる可能性がある点で同人の不利益に変更することについて同意をしたかどうかの事実認定につき，以下のような判示をしている[5]。

　「労働契約の内容である労働条件は，労働者と使用者との個別の合意によって変更することができるものであり，このことは，就業規則に定められている労働条件を労働者の不利益に変更する場合であっても，……異なるものではないと解される（労働契約法8条，9条本文参照）。もっとも，使用者が提示した労働条件の変更が賃金や退職金に関するものである場合には，当該変更を受け入れる旨の労働者の行為があるとしても，労働者が使用者に使用されてその指揮命令に服すべき立場に置かれており，自らの意思決定の基礎となる情報を収集する能力にも限界があることに照らせば，当該行為をもって直ちに労働者の同意があったものとみるのは相当でなく，当該変更に対する労働者の同意の有

---

* 4　本文ではほとんど触れていないが，労働協約についても同様に検討の対象となり得るものといえる。
* 5　最判平28・2・19民集70巻2号123頁。以下「平成28年判決」という。

無についての判断は慎重にされるべきである。そうすると，就業規則に定められた賃金や退職金に関する労働条件の変更に対する労働者の同意の有無については，当該変更を受け入れる旨の労働者の行為の有無だけでなく，当該変更により労働者にもたらされる不利益の内容及び程度，労働者により当該行為がされるに至った経緯及びその態様，当該行為に先立つ労働者への情報提供又は説明の内容等に照らして，当該行為が労働者の自由な意思に基づいてされたものと認めるに足りる合理的な理由が客観的に存在するか否かという観点からも，判断されるべきものと解するのが相当である（最高裁昭和44年（オ）第1073号同48年1月19日第二小法廷判決・民集27巻1号27頁，最高裁昭和63年（オ）第4号平成2年11月26日第二小法廷判決・民集44巻8号1085頁等参照）。」

　上記判示は，使用者が提示した労働条件の変更が賃金や退職金に関するものである場合には，①労働者が使用者に使用されてその指揮命令に服すべき立場に置かれていること，②労働者が自らの意思決定の基礎となる情報を収集する能力には限界があること，を理由として，当該変更を受け入れる旨の労働者の行為があるとしても，当該行為をもって直ちに労働者の同意があったものとみるのは相当でなく，当該行為の有無に加え，当該行為が労働者の自由な意思に基づいてされたものと認めるに足りる合理的な理由が客観的に存在するか否かという観点からも判断されるべきとしたものと理解される。

　特に，平成28年判決の事案においては，上記同意につき，いわゆる処分証書とみられる文書があったところ，それにもかかわらず，この文書だけで当該同意を直ちに認定すべきではないとされた点が特徴的である。

2　平成28年判決が示す法理
(1)　検　　討

　処分証書とは，意思表示その他の法律行為が記載されている文書をいうものとされるのが一般的であると思われる[6]。処分証書がある場合には，当該文書自体に意思表示（平成28年判決の事案においては，労働条件の変更を受け入れる旨の意思表示）が記載されているのであるから，何ら他の事実の認定を介在させること

＊6　門口正人編集代表『民事証拠法大系(4)各論Ⅱ書証』（青林書院，2003）12頁〔難波孝一〕。司法研修所編『民事訴訟における事実認定』（法曹会，2007）18頁も同旨か。

なく，上記意思表示がされたことが当然に認められるとも考えられる[*7]。かかる処分証書の作成は，平成28年判決のいう，「(当該変更を)受け入れる旨の(労働者の)行為」の典型例といえよう。

　しかし，最高裁は，上記事案において，上記1の①，②を理由として，上記処分証書から直ちに同意があったものとみるのは相当でないとして，上述のような事実認定の仕方を明確に否定している。

　そこで検討するに，ある文書に意思表示が記載されているように見受けられる場合，伝統的な考え方によれば，当該表示行為(文書の記載)から効果意思を推断ないし推測することによって上記意思表示が行われたと判断することとなるものと考えられる[*8]。そして，かかる推断ないし推測は，これを行う者が，表示行為(例えば，処分証書における意思表示が記されたとみられる記載)[*9]が何らかの効果意思を表したものであるといえるかどうかを検討，判断した結果として行われるものであり，そこには，これを行う者による当該表示行為の意味，内容の吟味，評価といった知的活動が介在することが当然に予定されているものということができよう[*10]。かかる観点に沿っていうならば，平成28年判決の判示を，上記1の①，②のような労働契約関係の特色に鑑み，退職金の減額に関する労働条件の変更に係る同意について，上述のような推断ないし推測を行うことには慎重であるべきとしたものと考えることもできようか[*11]。

　そして，上記推断ないし推測が，結局のところ，経験則に基づいてある表示

　＊7　門口編集代表・前掲注（＊6）12〜13頁〔難波孝一〕。伊藤滋夫『事実認定の基礎』（有斐閣，1996）34頁も同旨か。
　＊8　我妻榮『新訂民法總則（民法講義Ⅰ）』（岩波書店，1965）241頁，四宮和夫＝能見善久『民法総則〔第9版〕』（弘文堂，2018）224頁以下参照。後者は，本文に記載した判断作用を，意思表示の内容の確定ないし意思表示の解釈として説明する。なお，後者においては，表示上の効果意思と内心の効果意思との区別を前提とする説明がされているが，これに沿っていえば，本文で論じているのは，表示上の効果意思があると判断することができるかどうかのレベルの問題である。
　＊9　かかる行為としては，例えば身振りのような，書面への記載以外の行為も考えられる。
　＊10　伊藤・前掲注（＊7）35頁は，ある書面に売買契約書という表題が付けられ，その条項の中に，「甲は乙に対し○○の土地を売り渡し，乙はこれを買い受けた。」旨の記載がある場合においても，当該書面のその他の記載ぶりなどから，当該書面に売買の合意が記載されているといえるか，問題が生ずる余地があるとしたうえ，売買の意思表示の記載があるといえるかは，その書面の趣旨を全体としてよく検討する必要があるであろうと指摘する。
　＊11　なお，平成28年判決の「当該変更を受け入れる旨の労働者の行為の有無だけでなく，」との判示からは，最高裁は，上記同意があったかどうかの事実認定に際し，本文にいう上記同意に係る文書をも事実認定の基礎とすることを肯定しているものと考えられる。そうだとすれば，最高裁は，この問題をいわゆる形式的証拠力の問題としては捉えていないともいえようか。

行為からこれに対応する効果意思があったと判断するプロセスを意味するものとすれば，上述のような，処分証書があればそれに記載された意思表示が当然に認められるとの処分証書からの事実認定の仕方も，経験則に基づくものということができよう。そうだとすれば，平成28年判決の判示を，賃金，退職金に関する労働条件の変更に係る合意については，労働契約関係の特殊性から，上述の処分証書に係る経験則は直ちには働かないことを示したものと理解することもできようか*12。

(2) 学　説

以上に関し，山川隆一教授は，上記1に記載した平成28年判決が引用する2つの最高裁判決*13を指摘されたうえ，これらの最高裁判決が示す判断枠組みにつき，賃金債権の放棄等のような労働者に重大な不利益を生じさせる事項については，その法的効果の発生を欲する意思（効果意思）を労働者が有していない場合も少なくないと考えられるので，そのような効果意思を表明した意思表示があったかどうかの認定を慎重に行う枠組みと理解することもできる旨，表示行為が労働者の自由意思に基づいてされたものであると認めるに足りる合理的理由が客観的に存在するといえない場合には，そもそも当該表示行為が賃金債権の放棄等の効果意思を表示したものとは認められないことになる旨，労働関係の特質を踏まえて，効果意思の厳格な把握を行うことは可能と考えられる旨

---

*12　労働契約法3条1項は，同条2項・3項とともに，いわゆる理念規定と解されており，また，労働契約法の制定前から存する労働基準法2条1項も同様に解されている。労働契約法における合意原則は，「合意」の実体的な内容やその効力の発生を一般の場合と異にすると解することまでを要請しているというよりも，その実質的意義に鑑み，特に使用者の提示する労働者に不利益な労働条件変更に対する労働者の同意の有無の判断のあり方についての示唆を与えるものであると考えることができるように思われる（平成28年判決の判例解説〔曹時70巻1号319頁〔清水知恵子〕〕参照）。そして，その示唆するところは，上記同意の有無を，対等性の確保等の観点から，一般の場合に比べてより慎重に認定判断することによって実現され得るものと考えることもできるのではなかろうか。このように考えることは，個別の労働契約関係において，当該事案に特有の事実関係に応じ，適切妥当な解決を，柔軟にかつ無理なく導くことに資するように思われる。
　　この点に関し，上記判例解説の注14（曹時70巻1号329頁）は，平成28年判決にいう「自由な意思と認める合理的理由の存在」は，労働者の「自由な意思」そのものを探求するのではなく，自由な意思と認めるに足りる「合理的な理由」が「客観的に存在」するか否か（当該事案と同様の状況の下で，普通の労働者であれば，同意したといえるか否か）によって同意の有無を判断しようとするものと解される旨を指摘している。

*13　これらの最高裁判決は，労働者による賃金債権の放棄の効力ないし労働者による労働者の有する賃金債権を相殺に供することへの同意の効力につき，平成28年判決と同様，労働者の自由な意思に基づいてされたものと認めるに足りる合理的な理由が客観的に存在するかとの観点から検討している。

を指摘される*14。平成 28 年判決の登場も踏まえ，今後もこの点に関する議論の更なる深化が期待される。

3　平成 28 年判決の法理の適用範囲

また，有期労働契約におけるいわゆる不更新条項について，学説上，平成 28 年判決が示した法理の適用が示唆されている。

有期労働契約における不更新条項とは，例えば，ある有期労働契約の契約書に記された，当該有期労働契約の契約満了時には契約の更新をしない旨の条項をいう*15。

かかる条項は，有期労働契約を最初に締結する際，更新する際のいずれにおいても契約書に挿入されることがあり得る*16が，その一場面として，例えば，雇用継続への合理的期待が生じていた有期契約労働者が不更新条項を入れることを受諾した場合が挙げられる。この場合の不更新条項の効力やその扱いをどのように考えるかについては，学説，下級審裁判例において，複数の考え方が示されていた。

かかる場面につき，荒木尚志教授は，雇用継続の期待がいったん発生した後にそれを放棄することが禁止されていると解することは困難である旨を指摘されたうえ，更新の期待利益を放棄する合意の効力を形式的な受入れの行為の存在から直ちに肯定するのではなく，当該行為が労働者の自由な意思に基づいてされたものと認めるに足りる合理的な理由が客観的に存在するか否かという観点を踏まえた合意の効力の問題として検討すべき旨を指摘される*17。

平成 28 年判決が示した法理を合意の存否に係る事実認定についてのものとして捉えるとした場合でも，契約の不更新に係る同意があったと認定できるかどうかを，上記 1 に掲げた考慮要素のような実質的な側面からも検討したうえで判断し，最終的に，上記同意があったと認められた場合には更新の期待利益

---

*14　山川隆一「労働条件変更における同意の認定－賃金減額をめぐる事例を中心に」菅野和夫先生古稀記念『労働法学の展望』（有斐閣，2013）272〜273 頁。

*15　不更新条項に類似するものとして，今後の更新の限度回数や更新限度年数を定めるいわゆる更新限度条項があるが，本稿においては，不更新条項で代表させる。

*16　不更新条項の効力について，本文に記載したような場面を始めとして，詳細な場合分けを行って検討した文献として，例えば，荒木尚志ほか『詳説労働契約法〔第 2 版〕』（弘文堂，2014）214 頁以下を参照。

*17　荒木・前掲注（＊2）506 頁。同書においては，平成 28 年判決が引用されている。

が放棄されたと判断して結論を導くとの行き方はあり得よう。

上述のような不更新条項に関する問題に上記法理の適用があるというべきかどうかは，上記法理の適用範囲（平成 28 年判決の射程）をどのように解するかといった点とも関連する問題であり，今後の議論の深化が期待される[*18]。

III　契約内容の解釈について

1　労働関係における契約内容の解釈

労働関係に係る合意が成立したと認められる場合でも，労働基準法等の趣旨等を踏まえ，当該合意の内容につき，また，当該合意が目的とする効力を認めるかどうかにつき，解釈による修正が施されることがまま見受けられる。

このような例として，例えば，就業規則に定められた懲戒処分の要件に係る規定の内容が広範ないし不明確な場合に，これを合理的に限定解釈する場面が挙げられる[*19]。

また，賃金規程等に定められたいわゆる退職金不支給条項についても，限定解釈がされることが一般的と思われる。退職金不支給条項の例としては，例えば，労働者に懲戒解雇事由がある場合には退職金を支給しない旨の条項が挙げられるが，裁判所は，退職金には賃金の後払い的な性格があることなどに鑑み，上記条項を，当該従業員の長年の勤続の功を抹消してしまうほどの著しく信義に反する行為がある場合に限って退職金を不支給とする旨の条項であるなどと限定的に解釈するのが通常であるといってよかろう。

2　問題となる例その1──固定時間外手当

(1)　固定時間外手当の意義

上述のような例として，裁判において近時特に争われることが多いのが，いわゆる固定時間外手当の支払に係る規定によって労働基準法 37 条の定める割増賃金が支払われたと認められるかどうかである。

[*18]　平成 28 年判決が現れた後，下級審においても，賃金，退職金以外の場面である無期労働契約から有期労働契約への変更について，平成 28 年判決が示した法理の適用を肯定したとみられる裁判例が現れている（京都地判平 29・3・30 判時 2355 号 90 頁）。

[*19]　学説においても，就業規則の服務規律，懲戒規定を中心にして，裁判所が労働者の利益に配慮して就業規則の規制内容を合理的に限定解釈することは頻繁に行われる旨が指摘されている（菅野・前掲注（＊1）200 頁等）。

17　雇用労働

固定時間外手当とは，例えば，就業規則上，基本給に30時間分の法定の時間外手当を含む，といった規定がある場合の当該時間外手当分をいう[20]。

固定時間外手当に係る規定の仕方については，大きくいうと，固定時間外手当を基本給に組み込み，基本給の一部を固定時間外手当の支払とする場合（以下「組込型」という。）と，基本給とは別に何らかの手当等の名目で固定時間外手当を支払う場合（以下「手当型」という。）とに分けることができる。上述の具体例は，組込型の典型例ということができよう。これに対し，手当型の具体例としては，例えば，就業規則に，営業に従事する従業員に営業手当を支給する旨，営業手当は月30時間分の時間外手当として支給する旨の規定が置かれている場合が挙げられる。

(2) 明確区分性，対価性

(a) 固定時間外手当に係る規定によって上記割増賃金が支払われたと認められるかについては，いわゆる明確区分性の要件，対価性の要件が充足されているかとの観点から検討されるのが一般である[21]。

この点，契約における私的自治の観点からは，労働基準法37条に定められた割増賃金をどのような形で支払うかについては，契約の当事者間で，合意等によって自由に決められるのが原則である。すなわち，基本給に時間外手当を含んで支払う，とか，営業手当の名目で時間外手当を支給する，といった契約をすることも自由に行うことができるのが原則である[22]。

もっとも，固定時間外手当を支払ったことは，割増賃金請求に対する弁済の抗弁として主張されるのが典型的であるといえようが，弁済の要件事実としては，給付がその債権についてされたこと（給付と債権との結びつき）が必要とされる[23]。上述の明確区分性及び対価性は，かかる弁済の要件として必要とされるものということができよう。

しかるに，これに加え，労働契約関係においては，強行法規である労働基準

---

[20] 1日当たりの所定労働時間として8時間よりも短い時間が定められているような場合には，上記所定労働時間を超えて法定労働時間（1日当たり8時間）まで働いた場合の対価であるいわゆる法内残業代についても固定時間外手当の支払を定めることがあり得るが，本稿では，いわゆる法外残業代に係る固定時間外手当を検討の対象とする。

[21] 例えば，近時の最高裁判決である最判平29・7・7裁判集民256号31頁も，本文に記載したような考え方を前提としているものと考えられる。

[22] 最判平29・2・28裁判集民255号1頁・判タ1436号85頁〔国際自動車事件〕等参照。

[23] 司法研修所編『改訂紛争類型別の要件事実』（法曹会，2006）9〜10頁。

法37条が法によって定められた方法により算定された額を下回らない額の割増賃金を支払うことを義務づけていること[24]に照らし，上記合意等に基づいて労働基準法37条にいう割増賃金が支払われたと認められるためには，上記合意等において通常の労働時間の賃金に当たる部分と割増賃金に当たる部分とを明確に判別することができる（明確区分性）ことが必要とされるものということもできよう。また，ある手当が上記割増賃金として支払われることが就業規則上明示されている場合でも，当該手当が導入された経緯や支払の実態等を検討したうえ，当該手当が上記割増賃金の支払以外の趣旨，目的で支払われたものではないか，当該手当の全部が上記割増賃金に相当するのか，そのうちの一部は他の趣旨，目的で支払われる手当ではないか，といった点（対価性）が検討されるのは，上述の強行法規である労働基準法37条の趣旨に鑑み，同条が要求する割増賃金の支払が確実に行われたといえるかどうかを判断する必要があるとの発想に基づくものと考えることもできよう。

　このような考え方は，上述の明確区分性，対価性をより厳格に把握，判断すべきとの考え方につながりやすいということができよう。

　（b）　このような中，明確区分性の要件に関し，どの程度の明確性が要求されるのかについては，なお議論が分かれている。具体的には，①金額，②残業時間，③①，②の双方，のいずれが明示されることが必要なのか，が問題とされる。

　②に関し，残業時間が明示されている場合には連立方程式を解けば上記割増賃金として支払われている金額を一義的に算出することが可能となることを前提に，このような場合には理論的には明確区分性の要件を満たすと考えられるとする見解[25]もある一方で，上述のような計算式が周知されていない状態では，労働者が，自己の毎月の時間外労働等に対する割増賃金額を具体的に算出して，不足分の清算を各支払期に求めていくことは妥当ではなく，かかる場合は明確区分性の要件は具備されているとはいえないとするのが相当であるとの見解[26]も示されている。

---

[24]　前掲注（＊22）最判平29・2・28〔国際自動車事件〕等参照。
[25]　峰隆之編集代表『定額残業制と労働時間法制の実務』（労働調査会，2016）159頁〔倉重公太朗〕。
[26]　白石哲編『裁判実務シリーズ(1)労働関係訴訟の実務〔第2版〕』（商事法務，2018）133～134頁〔白石哲〕。なお，峰編集代表・前掲注（＊25）159頁も，かかる見解（ただし，初版のもの）を紹介している。

17　雇用労働

また，最判平24・3・8裁判集民240号121頁・判タ1378号80頁には櫻井龍子裁判官の補足意見が付されているところ，上記補足意見においては，③に近い見解が示されている[27]。実務家からは，実務における対応として好ましいのは③の採用であるが，仮に①，②のどちらかとする場合には，明確区分性の要件は，基本給との区別として，基本給ではない固定時間外手当の部分がどの部分かが明確になっているかとの問題であることを理由に，①を採用する方がより上記要件を満たしやすい旨の指摘がされている[28]。

(c)　以上の解釈論を検討するに際しては，理論面もさることながら，上述の強行法規である労働基準法37条が義務づける割増賃金の支払が確実に行われることを担保するために，労働者が，毎月の割増賃金の額を具体的に算出し，不足分があれば清算を求めることを容易にするとの観点をどこまで解釈論に取り込むべきか，との政策的な着眼点をどの程度重視するかがポイントとなるものといえよう。

(3)　固定時間外手当に対応する残業時間の上限

次に，固定時間外手当については，その内容として，極めて長時間の残業（例えば，200時間分の残業）[29]に対応する手当の支払についての条項を定めることもあり得る。例えば，基本給を最低賃金をわずかに超える程度の金額に設定し，他方で，固定時間外手当として長時間の残業に対応する多額の手当（例えば，上記基本給に匹敵し，ひいては，これを上回る規模の金額）を支給する，といった内容の契約条項を策定することも考えられるであろう。

しかし，このような賃金体系においては，労働者保護法制の趣旨に反するような相当長時間の残業をしないと固定時間外手当の金額を超える割増賃金は生じないこととなるが，この結果，使用者は，かかる賃金体系を，労働者に上述のような不当な長時間の残業を恒常的に行わせることを前提に，上記割増賃金の算定の基礎となる基本給を低額に抑え，もって上記割増賃金の支払をできる限り低額に抑えつつ，他方で労働者に総額としては相応の規模の支払をすることで労働者の不満をそらす，といったことを実現するための便法として利用す

---

[27]　上記補足意見は，一定時間分の残業手当が算入された給与が支給される際には，労働者に，支給対象の時間外労働の時間数と残業手当の額が明示されていなければならない旨を指摘する。

[28]　峰編集代表・前掲注（[25]）158頁。③の採用が好ましいとする点は，白石編・前掲注（[26]）148～149頁も同旨と思われる。

[29]　例えば，労働基準法36条にいういわゆる36協定における労働時間の上限は，1か月当たり45時間とされている（平成10年労働省告示第54号）。

ることができてしまうことになる。これは，上述の労働者保護法制の趣旨にそ
ぐわないものというべきであろう。また，労働契約関係においては，使用者は
労働者の健康に配慮し，長時間の残業をさせないようにすべき安全配慮義務を
負うものというべきであるが，上述のような長時間の法定時間外労働を恒常的
に行わせることを前提とするような内容の契約をすることは，使用者の上記義
務に反するおそれがあるとも考えられよう。

そこで，かかる場合においては，基本給等として支給されるべき金員の一部
が固定時間外手当として支払われていたものと考える[30][31]，また，固定時間外
手当を合理的な残業時間分の対価名目で合意されたものと限定解釈する[32]，と
いった修正が施されることがある。

⑷　清算合意，清算実態

さらに，固定時間外手当に係る規定によって労働基準法 37 条の定める割増
賃金が支払われたと認められるためには，固定時間外手当を上回る時間外手当
が発生した場合にはこれを別途支払う（清算する）旨の合意ないしこれが実際に
支払われていることが必要との考え方も提唱されている。

これは，上述の櫻井裁判官の補足意見の流れを汲むものと考えられる[33]。他
方，このような考え方については，学説からも問題点が指摘されているところ
でもある[34]。

契約内容のとおりの効力が認められるかどうかにつき，法の趣旨等に鑑み，
解釈として要件を付加する（厳しくする）との手法自体はあり得るものである[35]。

---

[30]　この点を，契約条項の限定解釈ではなく，固定時間外手当の内容に係る事実認定の問題とみる
　　こ　とも可能であろう。
[31]　京都地判平 24・10・16 労判 1060 号 83 頁・判タ 1395 号 140 頁，東京高判平 26・11・26 労判
　　1110 号 46 頁。なお，後者は，固定時間外手当として支払われていた営業手当の全額が割増賃金
　　の対価としての性格を有すると認めることはできないとしたうえ，同手当は割増賃金に相当す
　　る部分とそれ以外の部分についての区別が明確となっていないから，同手当を割増賃金の支払
　　と認めることはできない旨を判示している。これは，結論として，上記営業手当のすべてについ
　　て明確区分性の要件が欠ける旨を指摘したものと理解される。
[32]　札幌高判平 24・10・19 労判 1064 号 37 頁。
[33]　上記補足意見は，一定時間分の残業手当が算入されているものとして給与が支払われている
　　場合には，当該一定時間を超えて残業が行われた場合には別途上乗せして残業手当を支給する
　　旨もあらかじめ明らかにされていなければならないと解すべきと思われるとしたうえ，上記平
　　成 24 年の最高裁判決の事案においては，上述のようなあらかじめの合意も給付の実態も認めら
　　れない旨を指摘する。
[34]　水町勇一郎「ブラック企業の代償」ジュリ 1472 号 77 頁の注 7 等。
[35]　例えば，出向命令権の法的根拠についての具体的合意説ないし具体的規定説（土田道夫『労働
　　法概説〔第 3 版〕』（弘文堂，2014）179 頁等参照）の考え方も，本文のような解釈手法の例とい

17　雇用労働

上述の櫻井裁判官の補足意見は，労働者に時間外労働の時間数及びそれに対して支払われた法定の割増賃金としての金額が明確に示されることを求めるものといえようが，労働基準法 37 条の趣旨である労働者への補償[36]を確実にするための方法として，例えば同条が上述のような清算合意等を要求していると解することを前提に，上記要件を解釈上付加することも，理論的にはあり得ないことではないであろう。固定時間外手当制度を導入しようとする使用者の中には，固定時間外手当以外には割増賃金は一切支払いたくない，従業員に何時間残業させたとしても人件費は固定化したい，といった目的をもつ者もいないとも限らないが，上記要件を付加することはこのような使用者に対する対応としては有効であるということもできよう。

　他方，上記要件を不要とする実務家からは，真面目に労務管理をしている（つもりであって，差額支払等には若干の不備がある）使用者においても固定時間外手当の支払としての効力が否定されるのは厳しすぎる旨の指摘もされている[37]。近時の実務家の見解には，上述のような清算合意ないし清算実態は固定時間外手当の独立の有効要件としては必要ではないとするものが多いように思われる[38] [39]。

えるのではないか。また，本文の，明確区分性の要件について労働時間が明示されただけではこれを満たすとはいえない場合があるとの見解も，同様の例ということもできようか。

[36]　最判昭 47・4・6 民集 26 巻 3 号 397 頁等。

[37]　本文に掲げたような問題点については，峰編集代表・前掲注（[25]）162 頁・169 頁等を参照。

[38]　白石編・前掲注（[26]）122～123 頁（なお，同書の初版 117 頁も参照），佐々木宗啓ほか編著『類型別労働関係訴訟の実務』（青林書院，2107）128 頁〔佐々木宗啓〕。

[39]　本稿の初校脱稿後に，最判平 30・7・19 労判 1186 号 5 頁に接した。
　　同判決は，定額の業務手当（本稿にいう手当型の固定時間外手当に当たる。）の支払によって労働基準法 37 条の割増賃金が支払われたといえるかどうかの判断に際し，雇用契約においてある手当が時間外労働等に対する対価として支払われるものとされているか否かは，「雇用契約に係る契約書等の記載内容のほか，具体的事案に応じ，使用者の労働者に対する当該手当や割増賃金に関する説明の内容，労働者の実際の労働時間等の勤務状況などの事情を考慮して判断すべきである」としたうえ，「労働基準法 37 条や他の労働関係法令が，当該手当の支払によって割増賃金の全部又は一部を支払ったものといえるために，……原審が判示するような事情（筆者注：固定時間外手当を上回る金額の時間外手当が法律上発生した場合にその事実を労働者が認識して直ちに支払を請求することができる仕組み〔発生していない場合にはそのことを労働者が認識することができる仕組み〕が備わっており，これらの仕組みが雇用主により誠実に実行されていること，基本給と固定時間外手当の金額のバランスが適切であり，その他法定の時間外手当の不払や長時間労働による健康状態の悪化など労働者の福祉を損なう出来事の温床となる要因がないこと）が認められることを必須のものとしているとは解されない」旨を判示している。
　　かかる判示は，手当型の固定時間外手当の支払によって上記割増賃金が支払われたといえるための要件に関し，労働基準法 37 条等の法令の解釈として上記各事情が要件とされているとまではいえない旨を述べたものと理解される。上記判決の内容は，本稿との関係でも多くの示唆

(5) ま と め

以上に固定時間外手当をめぐる議論の現状を通覧したが，本稿の目的との関係でこれを検討するに，固定時間外手当の定め方は，これが契約条項である以上，様々な定め方があり得，また，これを導入する目的も，必ずしも非難されるべきものでもない場合から，法の潜脱となるような悪質なものである場合まで，様々な場合があり得るということができる。

そして，固定時間外手当が労働基準法 37 条の定める割増賃金として支払われたと認められるための要件をどのように解すべきかは，固定時間外手当に関する規制を及ぼすことで，上述のような多種多様なバリエーションのあり得る労働契約関係につき，どの面にどの程度の規制を及ぼし，反面，どの面にどの程度の自由を認めるか，といった，将来の立法にも通じるような政策的な判断をどこまで打ち出すことができるのかという場面であるということができよう*40。固定時間外手当に限らず，労働事件においてはこのような政策的判断に配慮すべき場面にまま遭遇するが，固定時間外手当をめぐる議論は，その好例ということができるように思われる。

3　問題となる例その2――私傷病休職

(1)　私傷病休職制度の概要等

(a)　さらに，いわゆる私傷病休職に関する就業規則の条項についても，その解釈をめぐって実務上問題となる場合がある。

休職とは，ある従業員について労務に従事させることが不能又は不適当な事由が生じた場合に，使用者がその従業員に対して労働契約関係を維持したうえで，労務への従事を免除又は禁止することをいう。休職には様々なタイプがあるが，このうち，私傷病休職とは，労働者が業務外の傷病によって長期の欠勤をし，これが一定期間に及んだ場合に行われるものであり，通常は，労働協約や就業規則の定めに基づき，使用者の一方的な意思表示によって行われる（就業規則等に，使用者がかかる命令をすることができる旨の規定が設けられる。）。そして，

に富むものであるが，特に清算合意，清算実態の要否につき，本文の記載と同様の観点から一定の考え方を示したものということができるように思われる。

*40　固定時間外手当分を超える割増賃金が発生する場合にはこれを確実に支払わせる，という政策目標については，かかる支払が行われない場合には固定時間外手当の支払を割増賃金の支払とは認めないとの行き方とは別の方法でこれを実現するとの考え方をとることもあり得よう。

私傷病休職制度においては，休職を命じられた労働者が休職期間中に私傷病から回復（治癒）して就労可能となれば，休職は終了して復職となり，他方，上記労働者が私傷病から回復しないまま休職期間が満了すれば，自然退職又は解雇となる（就業規則等に，その旨の規定が設けられる。）のが一般的である[41]。

(b)　民間企業における私傷病休職の制度の目的は，解雇の猶予にあるとされる[42]。すなわち，労働者が私傷病によって労働能力を喪失したことは解雇の合理的理由になり得るものというべき[43]ところ，休職制度は，かかる状態に陥った労働者を休職とし，その回復いかんによっては復職を認めることを可能とするものである。この点において，休職制度は労働者に有利な効果をもたらすものということができる。

他方，私傷病休職制度においては，休職中の労働者には賃金が支払われないこととされることも少なくない。また，上述のように，私傷病休職制度において休職を命じられた労働者が私傷病から回復しないまま休職期間が満了すれば，同人は自然退職となることとされる場合も少なくない。これらをはじめとして，私傷病休職制度は，その内容によっては，労働者に看過できない不利な効果をもたらすこともあり得る。

(c)　このような私傷病休職制度につき，その根拠となる，また，その内容を直接規律する実定法上の規定はなく，私傷病休職制度を設けるか，またその内容をどう設計するかは第一次的には使用者に委ねられている[44]。すなわち，私傷病休職制度として具体的にどのような制度を設けるか，就業規則にどのような条項を設けるか，といった点については，使用者が基本的に自由に決められることになる。この結果として，私傷病休職制度は，その内容によっては，使用者の一方的なイニシアチブにより，労働者に賃金の不払や退職といった看過できない不利益をもたらすことを可能にするものであるとの側面を有する場合があるともいうことができよう。

私傷病休職制度は，実定法による明示の規制のない中で，裁判所による事後的な規制が行われ，使用者にもこれを踏まえた同制度の設計，運用をすること

---

[41]　菅野・前掲注（＊１）697頁，荒木・前掲注（＊２）427頁以下等参照。

[42]　菅野・前掲注（＊１）697頁。

[43]　菅野・前掲注（＊１）738頁等。

[44]　石﨑由希子「疾病による労務提供不能と労働契約関係の帰趨－休職・復職過程における法的規律の比較法的考察(1)」法協132巻2号9～10頁。

が期待される分野ということもできよう[45][46]。

　この点につき，学説からは，裁判所は，休職制度につき，その目的，機能，合理性，労働者が受ける不利益の内容等を勘案し，就業規則の合理的解釈という手法で法規制している旨[47]，休職の要件は就業規則等において定められるが，そこでは規程の限定解釈等が問題となり得る旨[48]，の指摘がされているところである。

　私傷病休職制度をめぐっては，上述の治癒の概念や，ひいては，復職の可否につき，最判平10・4・9裁判集民188号1頁・判夕972号122頁を踏まえた議論が盛んに行われているが，労働契約関係において問題となる契約条項とこれに対する裁判所の対応という本稿のテーマに照らし，本稿では，私傷病休職制度に係る就業規則の規定の定め方とその解釈との観点から問題となり得る点を取り上げることとしたい。

(2)　具体例と検討

　上述のとおり，私傷病休職制度の内容については，使用者が基本的に自由に決められるものであるが，例えば，就業規則における私傷病休職に関する規定の仕方として，以下のようなものがあり得る[49]。

(a)　従業員が以下の事由の一に該当した場合は，休職を命じ，その期間は各号記載のとおりとする。

　　(ア)　業務外の傷病（私傷病）による欠勤が継続1か月を超えるとき　　6か月

　　（以下略）

(b)　前項(ア)の場合は，休職中の賃金は，支給しない。

(c)　休職期間満了までに休職事由が消滅した場合は，原則として原職に復帰させる。ただし，必要に応じて，原職と異なる職務に配置することがある。

(d)　(a)(ア)の休職者が，休職期間満了までに復職できないときは，退職するものとする。ただし，特別の事情があれば，休職期間を延長することができる。

(e)　休職者が復職したときは，休職期間を除いて勤続年数を通算する。

---

[45]　ことに，近時，労働者が精神面での不調を訴える中で私傷病休職制度が利用されたが，結果として，同制度に基づく処遇の効力等が裁判で争われることも増えてきているように思われる。

[46]　同様の分野の他の例としては，退職金制度が挙げられよう。

[47]　菅野・前掲注（＊1）698頁。

[48]　山川隆一『雇用関係法〔第4版〕』（新世社，2008）111頁。

[49]　本文の就業規則の規定の例については，山川・前掲注（＊48）312頁以下の就業規則例を参照し，これに一部変更を施した。

17　雇用労働

この点，(c)について，例えば，「会社が，休職期間満了までに，休職事由が消滅したと認めた場合には，……」との規定とすること自体は可能である。実際，使用者側の立場に立った文献においては，上述のような会社を判断主体とする規定を置くことを推奨するものも見受けられる。

　上述のような会社を判断主体とする旨が明記された就業規則を文言に沿って解釈すれば，休職事由が消滅したかどうかの判断については，会社がこれを専断的に行うことができる，又は，上記判断には会社の広範な裁量が認められる，こととなるようにも考えられる。しかるに，私傷病休職制度において上記(d)のような自然退職が定められているような場合に会社に上述のような裁量を認めることは，解雇という会社のイニシアチブによって労働者の地位を失わせる行為について厳しい制限を課した判例上のいわゆる解雇権濫用法理やこれを前提とする労働契約法の諸規定の趣旨にそぐわないようにも思われる。このような観点からは，上記休職事由が消滅したかどうかは客観的に判断されるべきものと考えられ，上述の就業規則の規定は，このような内容の規定であるとして限定的に解釈されるべきであると考えられるのではないか。

　また，上記就業規則例のうち，(a)(ア)は，休職開始の要件について定めた規定といえるが，この規定を文言どおりに解釈すれば，労働者が私傷病を理由に継続して1か月欠勤をすれば，私傷病の程度や同欠勤をめぐる諸事情のいかんを問わず，使用者は上記労働者に対して休職を命じることができることとなる。しかし，上述のような休職命令の発令により，労働者は，賃金の支払を受けられない，また，治癒の立証に失敗すれば退職することになる，といった不利益を受けることを勘案すれば，休職命令の発令のための要件は厳格に解されるべきものといえるのではないか。このような観点からは，上記就業規則にいう「私傷病による欠勤」につき，私傷病の程度が債務の本旨に従った履行の提供が困難であるほど重大なものであることや，欠勤が労働者の完全な任意に基づくものであること，を要求するなど，厳格な解釈をすることも考えられよう[50]。

＊50　石﨑・前掲注（＊44）37頁及び石﨑由希子「疾病による労務提供不能と労働契約関係の帰趨－休職・復職過程における法的規律の比較法的考察（5・完）」法協132巻10号49頁は，学説上，自然退職扱いの効力を認める見解は休職開始の要件については厳格に判断する傾向にある旨，裁判例においては，休職が賞与や退職金算定等の面において労働者にもたらす不利益な効果との関係で，休職開始要件は通常勤務に支障が生じるかどうかという観点から慎重に判断されている旨を指摘する。
　　この点に関し，土田道夫『労働契約法〔第2版〕』（有斐閣，2016）455頁は，いわゆる事故欠

ただし，その具体的な解釈の仕方をどのように考えるかについては，私傷病休職制度の目的が解雇の猶予という労働者に有利な点にもあることや，具体的な休職事由の定め方は多種多様であることといった事情もあり，これを一義的に定立することは相当に困難であるように思われる。かかる観点からは，本文に述べたような休職命令の発令に関する問題については，次項で述べる一般条項（権利濫用）の適用の有無を検討することによって解決を図ることも考えられよう。私傷病休職制度における休職命令の発令に関しては，その規制の法的手法のあり方も含め，今後の議論の深化が期待される[*51]。

Ⅳ　契約の有効性の検討について

従前から，裁判所は，労働契約関係における紛争の適切な解決のために，公序良俗違反（旧民90条）等の一般条項の適用をめぐる法理を発展させ，また，錯誤無効（旧民95条。なお，改正民法（債権関係）では取り消し得るものとされる。）等の民法の意思表示の瑕疵に関する規定を活用してきた。

その典型例は，権利濫用（民1条3項）の規定の適否が検討される中で発展してきた上述の解雇権濫用法理であるといえよう。かかる法理は，現在では，労働契約法に明文化されている。

本稿のテーマとの関係でいえば，労働契約の条項につき公序良俗違反の規定の適用が現在でも問題となる場面として，退職後のいわゆる競業避止義務が問題となる場面が挙げられる。労働契約関係においては，労働契約の内容として，労働者が使用者を退職した後の競業避止義務が定められることがままある。具体的には，就業規則に，労働者は使用者を退職した日から2年間は使用者の同業他社に就職してはならない，といった規定が設けられることがある。かかる競業避止義務の規定については，これを安易に有効と認めると労働者の職業選択の自由（憲22条1項）の制限につながることから，使用者が確保しようとする

　　勤休職につき，休職自体が事実上解雇としての機能を営むので，解雇に準ずる相当性を要すると解すべきである旨を指摘する。また，菅野・前掲注（＊1）701頁は，事故欠勤休職につき，当該休職が期間満了の際の自然退職をもたらすものである場合は，休職の意思表示は実際上解雇予告の意思表示をも含むこととなることを前提に，休職処分の時点で解雇相当性をやや緩和した程度の休職処分相当事由を要求すべきとする。
[*51]　本文に掲げた以外にも，就業規則の定め方によっては，裁判において，使用者，労働者のどちらが何を立証すべきと解するかという，立証責任の分配の問題も生じ得る。

利益の大小，労働者が被る不利益の程度，代償措置の有無及び程度，といった諸要素を勘案のうえ，公序良俗に反して無効とならないかどうかが検討される例が多い。

また，民法の意思表示の瑕疵に関する規定が活用される場面としては，辞職やいわゆる合意退職において労働者が使用者に対してした意思表示や，上述のような労働条件の変更への同意につき，錯誤無効の主張がされる場面が典型的と思われる[52]。

これらの規定は，非定型的な契約条項ないし合意内容についても適宜適用できるものである。労働契約関係においては，これが契約関係である以上，様々な内容の約定を定めることが可能であるが，このような中，労働契約関係において生じ得る新しい問題については，今後も，裁判の場で，これらの規定の適用をめぐる紛争として顕在化することが想定される[53]。

V　おわりに

以上に，労働契約関係において，本稿の冒頭に記した労働契約関係の特色[54]を踏まえ，民法における原則的ともいうべき考え方を修正し，また，労働基準法をはじめとする労働者保護法制に通底する労働者の利益保護の理念を実現しようとする取組みを通覧した。

一方で，当然のことながら，労働契約関係においては，使用者の自由，利益の尊重の要請も無視することはできないが，これはしばしば労働者の利益の保護との相克を生ずる。裁判にまで発展する労使間の紛争は，この相克の縮図，最前線ともいえよう。

---

[52]　近時の裁判例として，例えば，退職の意思表示について東京地判平23・3・30労判1028号5頁，労働条件変更への同意について宇都宮地判平19・2・1労判937号80頁・判タ1250号173頁。

[53]　前掲注（＊22）最判平29・2・28〔国際自動車事件〕においても，就業規則に定められた歩合給の算出方法に係る規定（の一部）が，労働基準法37条の趣旨に反し，ひいては公序良俗に反するものとして無効となるかどうかが争われた。

[54]　本稿では取り上げられなかったが，労働契約関係の特色としては，他に，これが継続的契約関係である点等も指摘される。継続的契約関係との特色は，信義則の機能，解雇規制や，就業規則の不利益変更との関係で議論されることが多いようである（内田貴『契約の時代』（岩波書店，2000）120頁・238頁以下，中田裕康「契約解消としての解雇」新堂幸司＝内田貴編『継続的契約と商事法務』（商事法務，2006）215頁以下等参照）。

かかる紛争の解決のあり方を検討する際には，労働者，使用者それぞれの利益のバランシングが求められる。もちろん，労働者の最低限度の利益を保障するための強行法規に反するようなバランシングはあり得ないが，他方で，このバランシングのあるべき姿も一様ではなく，時代の流れやその時々の政策目標によって変化し得るものであって，個別の事案における紛争の解決のあり方を検討するに際しては，単に過去に蓄積された裁判例の傾向を踏まえればよい（これを踏まえるべきことは当然であるが）というものでもなかろう。そこでは，個別の事案における事情を前提として，説得的な理論と，ときに大きな政策的視座も踏まえた健全な価値判断とに裏づけられた判断が求められているものといえよう。また，ひいては，かかる理論の構築は，上述のようなバランシングを始めとする実務的な要請，感覚を十分に踏まえたうえで行われることが期待されるものといえよう。

このような中，学説においては，労働条件の変更に関する合意につき，労働者の自由意思に基づく同意が合意の成立要件となるといった，労働法独自の意思表示理論を提唱する[55]動きも見られる[56]。この点も含め，上述のような取組みが今後どのように進展していくのかは，今後の労働契約実務のあり方を検討するうえでも，注視されるべきものであろう。

---

[55] 例えば，土田・前掲注（[50]）596頁等。
[56] なお，消費者法の分野においても，意思表示理論の再検討や錯誤等の理論の再構成が試みられている（例えば，大村敦志『消費者法〔第4版〕』（有斐閣，2011）75頁以下を参照）。

17 雇用労働

第5章　保証契約

18　個人保証

黒　木　和　彰

Ⅰ　はじめに

1　個人保証の問題点

　従来より，保証契約の特殊性として，①保証人が，他人（主たる債務者）の債務を負担する利他性，②保証人の責任が保証人の全財産を対象とするという意味における人的責任性，③保証人が保証契約を締結するにあたって対価を得ることがほとんどないという意味においての無償性，④無償性とあいまって，保証人が経済的利益を目的とせず保証債務を負担するという情義性，⑤保証人が実際に保証履行を請求されるかが契約時には不確定であるという未必性，⑥未必性とあいまって，保証人は保証履行を請求されないと軽信して保証契約を締結するという軽率性などが指摘されていた[*1]。

　しかし，いったん，保証契約を締結した以上，保証契約は人的担保であるとして，債務者による抵当権設定の場合と同様に担保としての効力を否定することはできず，保証人はその責任を覚悟している以上，契約は守られなければならないとして，保証履行に応じるべきであるとされていた。

　この結果，契約時には必ずしも想定していなかった多額の保証履行を迫られた個人の保証人について，生活の破綻をきたす，自殺の要因となっているとの指摘がなされていた。また，主たる債務者が法人である場合の経営者保証の弊

＊1　西村信雄編『注釈民法(11)』（有斐閣，1965）150頁〔西村信雄〕。

害として再チャレンジの阻害要因であるとの指摘がされていた。

2　平成16年の民法改正

　このような個人の保証の問題点が意識されたことから，平成16年2月，法務大臣から法制審議会に対し，「保証人が過大な責任を負いがちな保証契約について，その内容を適正化するという観点から，根保証契約を締結する場合に限度額や期間を定めるものとすることなど，保証制度について見直しを行う必要があると思われるので，その要綱を示されたい」という諮問がなされた（諮問第66号）。これを受けて，平成16年の民法改正により保証契約の要式性（民446条2項）や，個人の保証人について貸金等根保証契約という保証類型を定め，極度額の定め（平成16年改正民465条の2第2項），元本の確定期日の定め（平成16年改正民465条の3），元本の確定期日（平成16年改正民465条の4）等の改正がなされた。

　しかし，この改正が保証人保護という観点からは不十分であることは，国会審議中から意識されており，先議となった参議院*2でも，その後可決された衆議院*3でも，今後の検討を求める附帯決議がなされていた。

3　民法（債権関係）の改正に関する中間試案

　このように平成16年の民法改正で個人保証について，一定の保証人保護の

---

*2　参議院法務委員会の附帯決議では，「二　保証人の保護の在り方については，契約締結後に事情変更があった場合の負担等にも配慮し，法施行後の実施状況を勘案しつつ，引き続き検討を行うこと。三　貸金等債務のみならず，継続的な商品売買に係る代金債務や不動産賃貸借に係る賃借人の債務を主たる債務とする根保証契約についても，取引の実態を勘案しつつ，保証人を保護するための措置を講ずる必要性の有無について検討すること。四　契約の書面化，根保証期間の制限，極度額の定め等の今回の改正の趣旨が保証人の保護にあることにかんがみ，保証契約の締結に際し，銀行を始めとする融資機関の保証人への説明責任が十分果たされるよう必要な措置を講じること。」といった保証人保護に関する決議がなされた。

*3　衆議院法務委員会の附帯決議では，「一　根保証契約の適正化については，多数の企業倒産による保証人への責任追及が厳しい現状にかんがみ，個人の保証人が支払能力を超えた保証債務を負担することのないよう，金融機関や保証に依存しがちな企業を始め広く国民に対し，特に極度額の設定や保証期間の制限の制度が創設されたことについて，その周知徹底に努めること。二　根保証契約の適正化にあたっては，担保力に乏しい中小企業者等に対する信用収縮が起きないよう，また，中小企業金融の円滑化が阻害されることのないよう，必要に応じ対応を検討すること。三　個人の保証人保護の観点から，引き続き，各種取引の実態やそこにおける保証制度の利用状況を注視し，必要があれば早急に，継続的な商品売買に係る代金債務や不動産賃貸借に係る賃借人の債務など，貸金等債務以外の債務を主たる債務とする根保証契約についても，個人保証人を保護する措置を検討すること。」という決議がなされている。

第5章　保証契約

制度が制定されたが，更に例えば平成 21（2009）年の民主党のマニフェストでも中小企業の総合支援対策[4]として掲げられる等しており，個人の保証人保護は，制度の見直しが必要な問題であり続けた[5]。

平成 21 年から行われていた法制審議会民法（債権関係）部会でも，保証人保護については，都度議論がなされていた。そして，平成 25（2013）年に公表された「民法（債権関係）の改正に関する中間試案」でも，第 17 保証債務において，個人根保証の規定の適用範囲の拡大，経営者保証を除く個人保証の制限の可否，契約締結時の説明義務，情報提供義務，主たる債務者の履行状況に関する情報提供義務，過大な保証についての責任制限等が検討課題とされていた。

その後，法制審議会は，平成 27（2015）年に「民法（債権関係）の改正に関する要綱」を取りまとめ，政府は，同年 3 月 31 日に「民法の一部を改正する法律案」及び「民法の一部を改正する法律の施行に伴う関係法律の整備等に関する法律案」を第 189 回国会に提出した。

4　民法の一部を改正する法律における個人保証制度の概要

平成 29（2017）年 5 月 26 日に，上記法が成立したことから，民法の一部を改正する法律（以下「改正法」という。）に従い，保証人保護の制度について■表 1 と■図をもとに概要を述べる。なお，個々の制度の詳細については，項を改めて説明を行う[6]。

（1）　すべての保証人に適用される保証人保護の制度

■表 1 及び■図記載のとおり，改正法 446 条から 458 条の 3 までの各制度は，根保証契約以外の保証契約にも適用される。特に，新設された主たる債務者の履行状況に関する情報の提供義務（新民 458 条の 2）は，保証人が法人か個人か問わないものであり，すべての保証契約に適用される。主たる債務者が期限の利益を喪失した場合における情報の提供義務（新民 458 条の 3）は，どのような情報提供を行うべきかをも含めて，実務上検討が必要となろう。

＊ 4　「政府系金融機関の中小企業に対する融資について，個人保証を撤廃する。自殺の大きな要因
となっている連帯保証人制度について，廃止を含めあり方を検討する。」
＊ 5　平成 26（2014）年民主党は，個人については代表者以外の保証を無効とする「融資の連帯保証
を禁止する法案」を提出したが，廃案となった。
＊ 6　筒井建夫＝村松秀樹編著『一問一答民法（債権関係）改正』（商事法務，2018）127 頁。

■表1　保証人保護の各制度

制度	主たる債務の債権の種類	保証契約の種類	保証人の属性 法人	保証人の属性 個人
保証契約の書面性（446条2項）	制限なし	通常保証 根保証	○	○
保証債務の附従性（448条2項）				
主たる債務者の有する抗弁権（457条2項・3項）				
連帯保証人について生じた事由の効力（458条）				
主たる債務者の履行状況に関する情報の提供義務（458条の2）				
主たる債務者が期限の利益を喪失した場合における情報の提供義務（458条の3）			×	
個人根保証契約の保証人の責任（465条の2）	制限なし（一定の範囲に属する不特定の債務を主たる債務とする契約）	根保証のみ	×	○
個人根保証契約の元本の確定事由（465条の4）第1項				
保証人が法人である根保証契約の求償権（465条の5）第1項			○	求償権を保証
個人貸金等根保証契約の元本確定期日（465条の3）	主たる債務の範囲に貸金等債務が含まれるもの	根保証のみ	×	○
個人根保証契約の元本確定事由（465条の4）第2項				
保証人が法人である根保証契約の求償権（465条の5）第2項			○	求償権を保証
公正証書の作成と保証の効力（465条の6）	事業のために負担した貸金等債務を主たる債務とする保証契約又は主たる債務の範囲に事業のための貸金等債務が含まれる根保証契約	根保証 事業のために負担した貸金等債務を主たる債務とする場合の通常保証	×	○
保証に係る公正証書の方式の特則（465条の7）				
公正証書の作成と求償権についての保証の効力（465条の8）			○	求償権を保証
公正証書の作成と保証の効力に関する規定の適用除外（465条の9）			×	○
契約締結時の情報の提供義務（465条の10） ※情報提供義務の債務については，賃金等だけではなく，およそ事業のために負担する債務（売掛金等）が含まれる。	事業のために負担する債務を主たる債務とする保証契約又は主たる債務の範囲に事業のための債務が含まれる根保証契約	根保証 事業のために負担した債務を主たる債務とする場合の通常保証	×	○

408　　　　　第5章　保証契約

■図 保証制度に関する各制度の適用関係図

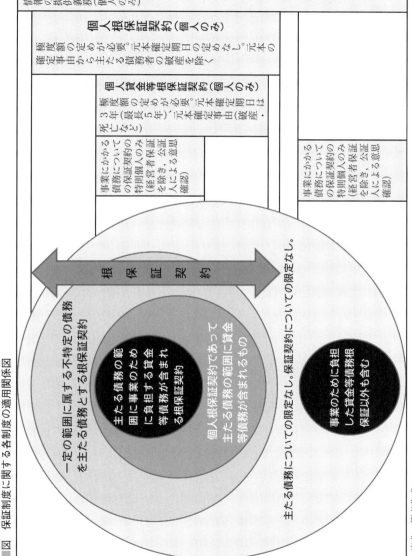

出典：筆者作成。

18 個人保証

■表2　個人根保証契約の対比表

		個人根保証契約	個人貸金等根保証契約
極度額の定め		○	○
元本確定期日		×	○
元本確定事由	債権者が保証人の財産について，金銭の支払を目的とする債権についての強制執行又は担保権の実行を申し立てたとき	○	○
	保証人が破産手続の開始決定を受けたとき	○	○
	主たる債務者又は保証人の死亡	○	○
	債権者が主たる債務者の財産について，金銭の支払を目的とする債権についての強制執行又は担保権の実行を申し立てたとき	×	○
	主たる債務者が破産手続の開始決定を受けたとき	×	○

(2)　個人根保証契約の拡充

(a)　個人根保証一般

　平成16年改正で導入された貸金等根保証契約の適用範囲が拡大された。すなわち，保証人が個人である場合は，「一定の範囲に属する不特定の債務を主たる債務とする」保証契約について，極度額の定めが必要となった。換言すれば，個人を保証人としていわゆる包括根保証契約を締結することができない。

　根保証契約の期間を定める必要はない。元本の確定事由については，■**表2**のとおりである。

(b)　主たる債務の範囲に貸金等債務が含まれるもの

　平成16年改正で導入された貸金等根保証契約の規定が原則的に維持されている。

(3)　事業のために負担する貸金等債務（根保証を含む。）

　今回の改正で極めて重要な改正箇所である。すなわち，個人の保証人保護の必要性が高い事業のために負担した貸金等債務を主たる債務とする（根）保証契約について，保証人の意思を確認するために，改正法465条の9に定める一定の例外者を除く個人である保証人は，保証契約締結の日の1か月前以内に，公証人に対し履行する意思を示す保証意思宣明を作成する必要があり，この公正証書がない保証契約は無効となる（新民465条の6）。

主債務が貸金等に限定されず，売掛金等の事業のために負担する債務が含まれる場合には，主たる債務者は，主たる債務者の委託を受けて保証人になろうとする個人に対し，保証契約締結時に改正法465条の10第1項各号に定める事項について情報を提供しなければならず，仮に主たる債務者がこの義務を怠ったことで，保証人になろうとする者が誤認した場合は，債権者がこの事実について悪意か又は知ることができた場合には取り消すことができる(同条2項)。

II　すべての保証人に適用される保証人保護の制度

1　一般的な保証人保護制度

(1)　書面要件 （新民446条2項）

平成16年改正で，根保証契約を含む保証契約一般について，書面で行わなければ効力が生じないこととして，要式行為としたものである。今回の改正では，電磁的記録の用語を整理しただけで抜本的な改正はない。

(2)　保証債務の附従性 （新民448条2項）

今回の改正で，主債務の目的又は態様が保証契約の締結後に加重された場合でも，保証人の負担は加重されないことを明示した。

保証債務の附従性は，①主債務がなければ成立しないという成立における附従性，②主債務より重くなることはないという内容における附従性，③主債務が消滅すれば消滅するという消滅における附従性を意味する。今回の改正で，内容における附従性のうち，保証契約の締結後に主債務の内容が加重された場合であっても，保証債務の内容は加重されないことを明確にしたものである。

(3)　主たる債務者の有する抗弁等 （新民457条2項・3項）

今回の改正により，相殺の抗弁以外の主たる債務者の有する抗弁を保証人が債権者に対抗することができることが明確になった[7]。

加えて，主債務者が，相殺権を有する場合だけではなく，取消権や解除権を有する場合の効果についても，明確にする必要がある。そこで，主債務者が相殺権，取消権，解除権を有する場合，保証人は，主債務者のこれらの抗弁権を理由に，保証履行を拒絶することができるとして，その効果を明確にしたものである。

---

[7]　最判昭40・9・21民集19巻6号1542頁。

2 主たる債務の履行状況に関する情報の提供義務 (新民458条の2)

　保証人が法人か個人かを問わず，委託を受けた保証人が請求した場合，債権者は，保証人が現時点又は将来に負う責任の内容を把握するために必要な情報を提供しなければならないとした[8]。

　保証人は，主債務者の履行状況について当然に知り得る立場にはない。そのため，主債務者が長期間債務不履行に陥っていても，その事実を把握することができず，多額の遅延損害金を請求されるという酷な結果となることがある。したがって，主債務者の履行状況を保証人に知らせることが，保証人の保護のために必要であり，この情報を確実に得るには，債権者に照会することが有意義である。しかし，債権者が，保証人からの照会に対して回答する義務があるか，どの範囲で回答すべきかについては明確ではない。そこで，主債務者から委託を受けた保証人に限定したうえで，債権者の守秘義務との関係で，照会を受けた場合の債権者の回答すべき対象を明確にしたものである。債権者が，具体的に回答義務を負うのは，①主債務の元本及び主債務に関する利息，違約金，損害賠償などのその債務に係る不履行の有無，②①の残額及び履行期が到来しているものの金額（既払額を除く。）である。

　なお，債権者である金融機関からすれば，主債務者に対し守秘義務を負っていることからすれば，本条があるとしても，あらかじめ本条の回答義務の範囲については主債務者との間でも守秘義務を解除しておくことが望ましいと考えられる。

守秘義務の解除

　乙は，乙が委託をした保証人である丙が，甲に対し下記記載の事項を照会した場合，甲が，遅滞なく丙に回答することを承諾する。

1．甲と乙との金銭債権の元本残額（既払額を除く。）及び弁済期が到来しているものの額
2．甲と乙との金銭債権の利息
3．甲と乙との金銭債権の違約金，損害賠償の有無
4．乙の甲に対する債務についての債務不履行の有無

---

　[8]　筒井＝村松編著・前掲注（[6]）132頁。

3 主たる債務者が期限の利益を喪失した場合における情報の提供義務（新民458条の3）

　個人保証人の場合（新民458条の3第3項），根保証か通常の保証かにかかわらず，債権者は，保証人に対して，通知により主債務者が期限の利益を喪失した旨の情報を提供しなければならないとし（同条1項），また，その通知をしなかった場合には，期限の利益を失ってから通知をするまでの間の遅延損害金を請求できない（同条2項）としている[9]。

　主債務者が，期限の利益を有している間は，保証人は，主債務者の抗弁を債権者に対抗できることから，一括請求されることはない。しかし，主債務者が，期限の利益を喪失していると，保証人は，債権者から一括請求に対し残元本のみならず遅延損害金も含めての履行をする必要がある。ところが，保証人は，主債務者の履行状況を把握しているとは限らず，このような一括請求を受けると保証人の負担が大きい。そこで，保証人が知らないうちに遅延損害金が膨れあがることを避けるため，債権者は，主債務者が期限の利益を喪失した事実を自ら知ってから2か月以内にその旨を保証人に通知する義務を負うこととしている。

　そして，その通知を行わなかったときは，債権者は，保証人に対し，期限の利益を失わなかったとしても生じていた遅延損害金を除く，「主たる債務者が期限の利益を喪失した時からその旨の通知を現にするまでに生じた遅延損害金」に対応する部分について，保証債務の履行を請求することができないとする[10]。

　なお，立法過程では，債権者から保証人に対し通知を怠った場合の効果として，債務者が期限の利益を喪失したこと自体を保証人に対抗できないということも検討された[11]。しかし，保証人との関係で，どのようにして期限の利益を喪失させるのか，保証人が行う一部弁済の充当関係はどうなるのか，主債務と保証債務の消滅時効はどうなるのかといった問題が指摘され，最終的には，遅延損害金を請求できないという現在の制度になった。

＊9　筒井＝村松・前掲注（＊6）133頁。
＊10　具体的には，債務者が，毎月の弁済を怠り，5か月経過した後に債権者の請求により期限の利益を喪失した後，1か月経過して保証人に本条の通知を行った場合，各月の弁済期に支払うべき元金それぞれに発生する遅延損害金と，期限の利益喪失後から1か月間の遅延損害金を除く遅延損害金を請求することになる。
＊11　法制審議会民法（債権関係）部会資料70A・14頁参照。部会資料76B・1頁参照。

Ⅲ　個人根保証契約

1　個人根保証契約の定義

　平成 16 年の民法改正では，融資に関する根保証契約について早急に措置を講じる必要性から，貸金等根保証契約に限定して改正を行い，それ以外の根保証契約については対象外とした。しかし，根保証契約全般についての検討が必要なことは，平成 16 年改正時から意識されており，衆参両院の附帯決議でも，この点について触れられている。そこで，今回の改正において，個人根保証契約という類型を規定して，個人保証人の保護を図ったのである[*12]。

　すなわち，個人が保証人となって締結する「一定の範囲に属する不特定の債務を主たる債務とする契約」が個人根保証契約であって，この契約類型では，極度額の定めが常に必要となり（新民 465 条の 2 第 2 項），極度額の定めのない，いわゆる包括根保証契約は効力が否定される。

　そこで，根保証契約の定義が問題となるが，根抵当権が「一定の範囲に属する不特定の債権を極度額の限度において担保する」（新民 398 条の 2 第 1 項）のと同様に，主たる債務が特定されていないことをもって根保証契約を定義づけているところ，この定義は，平成 16 年の貸金等根保証契約の根保証契約の定義と同様である。根保証あるいは継続的保証をどのように解するかについては，学説上の複数の考え方が呈示されている[*13]。しかし，本条の解釈にあたっては，主たる債務に不特定の債務が含まれているか否かをもって判断すべきということになる[*14]。よって，保証契約における主たる債務の範囲の定め方として，基本となる取引（継続的な売買取引）のほかに，その取引に付随して生じる一切の債務が含まれると規定して，包括的な定めがなされていれば，不特定の債務が含まれることになり，根保証契約となる。

2　個人根保証契約の存続期間と元本確定事由

　■**表2**記載のとおりであり，個人根保証契約には，元本確定期日の定めがな

---

*12　筒井 = 村松編著・前掲注（＊6）135 頁。
*13　詳細は，西村編・前掲注（＊1）145 頁以下〔西村〕を参照のこと。
*14　吉田徹 = 筒井建夫編著『改正民法の解説―保証制度・現代語化』（商事法務，2005）20 頁。

いことから，期間制限はない[15]。したがって基本取引が継続する限り，個人根保証契約による保証人の責任は続くことになる。

　また，個人根保証契約の元本確定事由は，改正法465条の4第1項記載のとおりであるが，債権者が保証人の財産に強制執行等の申立てをして，開始決定がなされた場合（同項1号），保証人が破産手続の開始決定を受けた場合（同項2号），主たる債務者又は保証人が死亡した場合（同項3号）である。主債務者について破産手続が開始した場合が元本確定事由から除外されているのは，主債務者の破産手続開始決定により，継続的供給契約（破55条）や賃貸借契約（破56条）は，直ちに終了せず，債権者と主債務者との契約が継続する以上，根保証人に対して保証履行を請求する必要があるからである。

　また，主債務者の死亡が元本確定事由とされているのは，保証人はあくまでも主債務者との関係で保証を行っており，その相続人の債務まで保証履行の責めに負うことは予定していないことによる[16]。

　以下，個人根保証契約の類型について検討する。

（1）賃貸借契約

　賃貸借契約の保証人は，賃借人の賃料債務以外に原状回復債務についても保証履行を迫られることから，個人根保証契約の典型的な類型として考えられている。したがって，賃貸借契約における保証契約条項では，極度額を定めることが必要となる。

建物賃貸借契約
第1条
　甲はその所有する下記に表示する建物を乙に賃貸し，乙はこれを賃借することを約した。
　　　　　　（中略）
第○条
　連帯保証人丙は，乙と連帯して，本契約より生ずる乙の一切の債務の履行の責に

---

[15] 「民法（債権関係）の改正に関する中間試案」では，元本確定期日の規定の適用拡大（「中間試案」第17，5(2)）が検討され，元本確定期日を保証人が個人である根保証契約一般に適用することが検討された。しかし，建物賃貸借契約の根保証契約等，当初から長期間の契約期間を前提とする契約の場合，契約関係が継続しているにもかかわらず，根保証契約だけが元本が確定するということには不都合であるとして，個人根保証契約には元本確定期日の定めは置かないこととなった。筒井＝村松編著・前掲注（＊6）137頁。

[16] 筒井＝村松編著・前掲注（＊6）138頁。

任ずる。前項に基づき丙が甲に連帯保証する保証債務の極度額は，金※※円とする。

(2) 継続的な供給契約

　売買基本契約を定め，個々の物品の売却については，個別取引ごとに受発注を行うというような継続的供給契約の保証人についても個人根保証契約となる。したがって，継続的供給契約における保証契約条項では，極度額を定めることが必要となる。

売買基本契約（注文書・請書使用型）
第1条（基本契約性）
　この契約に定める事項は，この契約の有効期間中，甲乙間に適用される商品の個別売買契約（以下「個別売買契約」という。）一切につき，共通に適用される。
（中略）
第〇条（連帯保証人）
1　〇〇（以下丙という。）は，乙の連帯保証人となり，この契約及び個別売買契約に基づき乙が甲に負担する一切の債務につき，乙と連帯して支払を保証する。
2　丙は，前項に定める範囲の債務の保証のほかに，甲乙間で行われるすべての取引に基づき乙が甲に負担する一切の債務についても，乙と連帯して保証する。
3　前2項に基づき丙が甲に連帯保証する保証債務の極度額は，金※※円とする。

---

(3) 身元保証契約

　身元保証は，①労務者が被用者の雇入れによって使用者に生じた損害の担保を目的とした将来債務の保証契約である身元保証契約，②労務者に責めに帰すべき事由がなく，労務者に損害賠償義務がなく主たる債務がない場合でも一切の債務を負担するという損害担保契約等に分かれるとされる[17]。このうち，①については，個人根保証契約となることから，身元保証に関する法律の規定が適用されるとともに，極度額の定め（新民465条の2第2項）の適用がなされることになる[18]。

(4) 医療契約

　主債務者である患者が未成年者や認知症の高齢者等のため，判断能力に問題

---

[17]　奥田昌道『債権総論(下)』（筑摩書房，1987）418頁。
[18]　平成16年改正時でも，身元保証契約に貸金等根保証契約の規定の適用があるとした吉田＝筒井・前掲注（＊14）27頁参照。

がある場合もある。そのため，医療契約において医療者は，診療報酬などを請求するために患者の親族などの関係者を契約相手方とすることが行われている。この医療契約の場合も患者以外の契約関係者が診療報酬債務を負担するとすれば，個人根保証契約となる。よって，極度額の定めが必要となる。

入院申込書
　入院者，親族及び連帯保証人は，共同で入院者の医療費と入院費を支払います。
　連帯保証人が，入院者と共同で支払う医療費と入院費は金※※円を限度とします。

---

(5)　施設利用契約

　入居型介護施設契約等で，事業者と入居者との契約に付加して，入居者が医療機関に入院する際の手続や，契約解除等の際の入居者の適切な受入れ先の確保，入居者の死亡後の手続，入居者のサービス利用料金の自己負担部分の滞納の支払などのために身元引受人を定めることがなされる。

　事業者と身元引受人との契約も個人根保証契約となると解されるため，極度額の定めが必要となる。

施設利用契約（身元引受人）
第○条
　乙は，身元引受人※名を定めるものとする。
　前項の身元引受人は，この契約に基づく乙の甲に対する一切の債務について，乙と連帯して金※※円の極度額の範囲で履行の責めを負うとともに，甲が別に定めるところに従い，必要なときは，乙の身柄を引き取るものとする。

3　主たる債務の範囲に貸金等債務が含まれる場合

　この場合は，個人貸金等根保証契約として，平成16年改正により導入された貸金等根保証契約の規定とほぼ同様の規定が適用される。したがって，個人根保証に貸金等債権が含まれ，かつ，その貸金等債権が，後述の「事業のために負担する貸金等債権」が含まれていない場合，従来の貸金等根保証契約と同様の規律のみがなされることになり，今回の改正はあまり大きな影響はない（■図参照）。

　ただ，個人根保証契約であって，主たる債務の範囲に事業のために負担する

18　個人保証　　　　　417

貸金等債務が含まれない個人貸金等根保証契約が，実務上どれほど利用されているのか疑問がある。したがって，改正法 465 条の 2 以下の規律は，事業のために負担する貸金等債務が含まれる場合の根保証契約の規律として，平成 16 年改正で導入された貸金等根保証契約と同様に，極度額の定め（新民 465 条の 2 第 2 項），元本確定期日（新民 465 条の 3），元本の確定事由（新民 465 条の 4）が意味をもつものと考えられる。

Ⅳ　事業に係る債務についての保証契約の特則

今回の民法（債権関係）改正において，保証人保護の方策の拡充として，最も重要な改正がなされたのが，事業に係る債務についての保証契約の特則（新民 465 条の 6 以下）である。

すなわち，保証制度は，不動産等の物的担保の対象となる財産をもたない債務者が事業のための資金の借入れにあたり，自己の信用を補う手段として実務上重要な意義を有している。特に，中小企業向け融資において，企業と経営者との財産関係が完全には分離できていない場合も多いことを背景にして，主たる債務者の信用力の補完や，経営の規律付の観点から重要な役割を担っている（経営者保証）。他方，特に経営に関与しない第三者が自己の責任を十分に認識していないまま安易に保証契約を締結したり，個人的な情誼関係から保証人となり，過大な保証履行の請求を受けたために生活の破綻を来すという事例が後を絶たない（第三者保証）。そのため，融資額が大きくなることが想定される事業用融資について，保証人保護の制度をどのように構築するのか，今回の債権法改正において最も重要な論点であった[19]。

この審議の過程において，経営に関係しない第三者による保証人の問題点とそれを踏まえたいわゆるソフトローとしての金融実務[20][21]の内容を踏まえ，

---

*19　例えば日弁連は，民法（債権関係）の改正にあたって，平成 24（2012）年 1 月 20 日に「保証制度の抜本的改正を求める意見書」，平成 26（2014）年 2 月 20 日に「保証人保護の方策の拡充に関する意見書」の保証人保護のありかたに対する 2 つの意見書をとりまとめ，その中で，第三者保証の原則的禁止，保証契約締結時の説明義務・情報提供義務，主たる債務の履行状況に関する情報提供義務，保証人の責任制限等を求めている。また，平成 21 年 11 月から平成 27 年 2 月まで 99 回開催された法制審議会民法（債権関係）部会で，保証は 15 回審議の対象となっている。

*20　中小企業庁平成 18 年 3 月 31 日付「信用保証協会における第三者保証人徴求の原則的禁止について」では「金融機関が中小企業に融資を行う際に，この企業の経営に直接関係のない第三者を保証人として求める商慣行については，現在は減少傾向にあるものの，今なお存在しておりま

契約としての保証契約の成立のための厳格な書面要件，情報量が債権者と主債務者に比較すると劣位にある保証人に対する情報提供のあり方等が検討され，今回の法改正となった。なお，金融庁の監督指針と，今回の改正法による保証人保護制度の対比は，■**表3**を参照されたい。

1 事業のために負担した（負担する）貸金等債務の意味

対象となるのは，「事業のために負担した（負担する）貸金等債務」を対象とする個人の保証契約全般であり，根保証契約か否かにはかかわらない。そこで，この「事業のために負担した（負担する）貸金等債務」の意味が重要になる[22]。

(1) 「事業」とは

「事業」とは，一定の目的をもってなされる同種の行為の反復的継続的遂行を意味し，営利という要素は必要ではない。そして，「事業のために負担した（負担する）債務」とは，事業の用に供するために負担した（負担する）債務を意味する。

(2) どのような債務が該当するか

では，具体的にどのような債務が，「事業のために負担した（負担する）貸金等債務」に該当するであろうか。

金銭の貸渡しや手形の割引を受けることによって負担する債務で，事業のために負担する（負担した）ものは対象となることは明らかである。他方，居住用住宅ローンは，反復的継続性を欠くと考えられるので，対象外となる[23]。賃貸用不動産の建築や購入資金の借入を目的とする不動産投資ローンは，賃貸物件を建築又は購入したうえで賃貸に供することは同種行為の反復継続的行為であるから，原則として事業のために負担する債務に該当すると解される可能性が

す。事業に関与していない第三者が，個人的関係等により，やむを得ず保証人となり，その後の借り手企業の経営状況の悪化により，事業に関与していない第三者が，社会的にも経済的にも重い負担を強いられる場合が少なからず存在することは，かねてより社会的にも大きな問題とされてきております。このため，中小企業庁では，信用保証協会が行う保証制度……について，平成18年度に入ってから保証協会に対して保証申込を行った案件については，経営者本人以外の第三者を保証人として求めることを，原則禁止とします。」としている。

[21] 金融庁平成28年3月付「主要行向けの総合的な監督指針」Ⅲ−9「『経営者保証に関するガイドライン』の融資慣行としての浸透・定着等」においても，金融機関には経営者以外の第三者の個人連帯保証を求めないことを原則とする融資慣行を確立することが指摘されている。

[22] 筒井＝村松編著・前掲注（＊6）147頁。

[23] 名藤朝気ほか「保証に関する民法改正と金融機関の実務対応」金法2019号45頁，中原利明（司会）ほか「パネルディスカッション債権法改正と金融実務への影響」金法2004号21頁以下〔中原利明・三上徹発言〕。

■表3　現在の個人連帯保証に関する監督指針との対比

改正民法と現在の金融庁の監督指針との対比	
改正民法	監督指針
465条の10 　主たる債務者からの保証人に対する情報提供と，債権者が虚偽の事実を告げていることを知り又は知ることができた場合の保証契約の取消権の付与	金融機関に対し説明態勢の強化を求める。
465条の9 　公正証書の作成と保証の効力に関する規定の適用除外として規定 　同条1号・2号	実質的な経営権を有している者
465条の9第3号 　主たる債務者（法人であるものを除く。以下この号において同じ。）と共同して事業を行う者又は主たる債務者が行う事業に現に従事している主たる債務者の配偶者	営業許可名義人又は経営者本人の配偶者（当該経営者本人と共に当該事業に従事する配偶者に限る。）
なし	経営者本人の健康上の理由のため，事業承継予定者が連帯保証人となる場合
465条の6 　事業のために負担した貸金等債務を主たる債務とする保証契約又は主たる債務の範囲に事業のために負担する貸金等債務が含まれる根保証契約は，その契約の締結に先立ち，その締結の日前1か月以内に作成された公正証書で保証人になろうとする者が保証債務を履行する意思を表示していなければ，その効力を生じない。	財務内容その他の経営の状況を総合的に判断して，通常考えられる保証のリスク許容額を超える保証依頼がある場合であって，当該事業の協力者や支援者から積極的に連帯保証の申出があった場合（ただし，協力者等が自発的に連帯保証の申出を行ったことが客観的に認められる場合に限る。）
なし 　「中間試案」では，第17「保証債務」，6保証人保護の方策の拡充(4)その他の方策として，いわゆる比例原則等について検討されたが，最終的には法案とはなっていない。	保証履行時における保証人の履行能力等を踏まえた対応の促進 　「金融機関に対し，保証人の責任の度合い（保証債務弁済の履行状況及び保証債務を負うに至った経緯など）に留意しつつ，各保証人の生活実態を十分に踏まえて判断される各保証人の履行能力に応じた合理的な負担方法とするなど，きめ細やかな対応を求める。」

420　　　　第5章　保証契約

高いので，実務上は注意を要する[24]。

　主たる債務の融資目的が特定されておらず，その債務が事業のために負担するものである可能性が否定されない場合の根保証（例えば，その使用目的が特定されていないキャッシングカードを用いた貸金債務の根保証）は，個人保証の制限の対象となると解される[25]。

　なお，融資時には，融資目的からして「事業のために負担した（負担する）貸金等債務」に該当しないと判断された保証契約について，主債務者がこれを事業目的に用いた場合の保証契約の効力が問題となる。原則として，契約締結後の事情は，契約成立の効力を左右しないと考えられるが，最終的には，契約締結時の真の融資目的は何かという事実問題として判断されることになる。

2　保証意思宣明公正証書（新民465条の6）

(1)　保証意思宣明公正証書

　改正法465条の9の適用除外とならない限り，事業のために負担した（負担する）貸金等債務の（根）保証人は，公正証書により保証意思を表明している保証意思宣明公正証書を作成していなければ，保証契約は効力を生じない。

　いわゆる第三者保証人が，十分にリスクを把握できないまま，保証人となって，事後に過大な保証履行を請求されることを避けるためである[26]。

(2)　公正証書の作成時期

　公正証書による保証意思の確認は，①その契約に先立つこと，②その契約の日前1か月以内であることが必要である。

　また，口授する内容は，保証契約では（新民465条の6第2項1号イ），債権者，債務者のみならず，「主たる債務の元本，利息，違約金，損害賠償その他その債務に従たる全てのものの定めの有無及びその内容」である。根保証契約では（同

---

[24]　名藤ほか・前掲（[23]）45頁では，一定の場合には該当性を否定すべきであるとしている。

[25]　部会資料78A・20頁。松嶋一重「保証債務（その1）」金法2012号46頁。なお，名藤ほか・前掲（[23]）46頁では，融資目的が特定されないカードローンはない等として反対の立場をとる。

[26]　第三者保証を原則的に禁止している金融庁のガイドラインでも，「財務内容その他の経営の状況を総合的に判断して，通常考えられる保証のリスク許容額を超える保証依頼がある場合であって，当該事業の協力者や支援者から積極的に連帯保証の申し出があった場合（ただし，協力者等が自発的に連帯保証の申し出を行ったことが客観的に認められる場合に限る。）」には第三者保証を認めている。この「積極的に連帯保証の申し出があったことが客観的に認められる場合」の要件を，保証意思宣明公正証書により明確にしたものである。

項1号ロ），債権者，債務者のみならず，「主たる債務の範囲，極度額，元本確定期日の定めの有無や，元本確定時までに生ずべき主たる債務の元本，利息，違約金，損害賠償その他その債務に従たる全てのものの定めの有無及びその内容」となっている。したがって，保証人となろうとする者が，これだけの内容を口授するためには，債権者と主債務者との間で，融資に関してかなり詳細な内容が決定されていることが前提となる。さらに，この口授による保証意思宣明公正証書は，保証契約の締結に先立つことが必要であり，この保証意思宣明公正証書を添付して保証契約を締結することが，今後の実務となろう[27]。

(3) 「公証人に口授」することと公証人の説明

保証意思宣明公正証書を作成するためには，保証人となろうとする者が，公証人に対し「口授」し（新民465条の6第2項1号柱書），公証人が口述を筆記して，読み聞かせたうえで（同項2号），保証人となろうとする者が筆記の内容が正確であることを承認して署名押印し（同項3号），公証人が方式に従ったものである旨付記して署名押印する（同項4号）という方式をとる[28]。

この規定からすれば，公証人は保証人となろうとする者の口述内容を筆記するという受動的な役割で，保証人となろうとする者が口授する「債務の残額について履行する意思を有している」という内容も，形式的に要件を整えれば足りるとも考えられよう。しかし，公証人法26条[29]や公証人法施行規則13条[30]によると，公証人は当事者が相当の考慮をしたかなどに疑いがある場合には，関係者に注意をして，説明をさせる必要がある。とすれば，公証人は，保証人となろうとする者に対し，保証のリスクについて十分に説明をして，その意思を確認したうえで，口授させることが，今後の実務となると解される。

---

[27] なお，保証人が保証意思宣明公正証書を作成したのと同日に，同一公証人役場で執行認諾文言付の公正証書による保証契約が作成されることになると，かえって保証人保護に欠けるという批判がなされている（全国クレサラ・生活再建問題対策協議会拡大幹事会 IN 前橋参加者一同『公正証書保証』及び『消費貸借』の規律に反対する決議」消費者法ニュース104号235頁）。今後の公証人実務がどのようになるかを注視することが必要である。

[28] 筒井＝村松編著・前掲注（＊6）145頁。

[29] 公証人法26条「公証人ハ法令ニ違反シタル事項，無効ノ法律行為及行為能力ノ制限ニ因リテ取消スコトヲ得ヘキ法律行為ニ付証書ヲ作成スルコトヲ得ス」。

[30] 公証人法施行規則13条「公証人は，法律行為につき証書を作成し，又は認証を与える場合に，その法律行為が有効であるかどうか，当事者が相当の考慮をしたかどうか又はその法律行為をする能力があるかどうかについて疑があるときは，関係人に注意をし，且つ，その者に必要な説明をさせなければならない。
　2　公証人が法律行為でない事実について証書を作成する場合に，その事実により影響を受けるべき私権の関係について疑があるときも，前項と同様とする。」

3　公正証書の適用除外の対象者（新民 465 条の 9）

　個人の場合，保証契約の締結に先立って，保証人となろうとする者が，公正証書による意思確認証書を作成するというのが原則となる。しかし，いわゆる経営者による保証の場合には，経営者は，主債務者の経営状態等を把握しており，第三者保証人のような情義性も弱く，保証契約締結の意思決定にいたる十分な情報を得ている。また中小企業の場合，主債務者と経営者の財産関係が明確に分離されていないこともあり，融資に際して経営者を保証人とすることにより経営の規律付を行うことができる面がある。そのため，改正法 465 条の 9 では，経営者保証の場合の例外として，事実確認公正証書の作成を不要としている[31]。

(1)　主たる債務者が法人である場合のその理事，取締役，執行役又はこれらに準じる者（新民 465 条の 9 第 1 号）

　これらの者は，代表権を有しているか，業務執行権を有しているか否かにかかわらず，法人の業務に関与していることから，情義性も弱く，主債務者の情報を得ることができ保証のリスクも合理的に判断可能である。加えて，経営者保証による経営の規律という点からも除外する必要はない。よって，これらの者は，いわゆる経営者として，第三者保証の原則的禁止の例外となっている[32]。

(2)　主たる債務者が法人である場合のその総社員又は総株主の議決権の過半数を有する者（同条 2 号）

　主たる債務者が法人である場合に，総社員又は総株主の議決権の過半数を有している者がいるときは，その者は実質的に法人を支配していると考えられ，また，経営情報へのアクセスも容易である。よって，これらの者（同条 2 号イ〜ニ）は，第三者保証の例外として保証が可能としている。

(3)　個人の主債務者の共同事業者又は主債務者が行う事業に現に従事している配偶者（同条 3 号）

(a)　共同事業者

個人事業者の共同事業者は，実質的に経営者と同様であり，例外が認められる[33]。

(b)　現に事業に従事している配偶者

---

[31]　筒井＝村松編著・前掲注（＊6）151 頁。
[32]　筒井＝村松編著・前掲注（＊6）153 頁。
[33]　筒井＝村松編著・前掲注（＊6）154 頁。

配偶者を例外とするか否かは，法制審議会の検討事項として最も議論が続いたところである[34]。

そもそも，夫婦であってもそれぞれの名義の財産はその者の特有財産である（民762条1項）。したがって，主債務者の配偶者であるという一事で，第三者保証の例外を認める根拠は乏しい。しかし，個人事業者の場合，経営と家計とが未分離の場合が多いことから，中小事業者の融資の必要性から配偶者を例外とする必要性があり[35]，現に業務に従事している配偶者に限定すれば，主債務者の事業内容を知ることができること，事業の継続資金の融資を得ることは保証人の利益にもなること等が理由である[36]。

しかし，例えば配偶者が離婚したような場合には，少なくとも根保証契約については事情変更による解除が認められると解すべきであろう[37]。

(4) 事業承継予定者

金融庁の監督指針では「経営者本人の健康上の理由のため，事業承継予定者が連帯保証人となる場合」には，第三者保証が認められている。今回の民法（債権関係）改正では，いわゆる事業承継予定者は，第三者保証の例外となっていない。

事業承継予定者を法的に定義することが困難であることに加えて，取締役や理事等にも就任していない者については，情義による保証の可能性や情報を得ていないという問題があるため，例外とはしていない[38]。

4 契約締結時の情報提供義務 (新民465条の10)

(1) 「中間試案」までの検討状況

「中間試案」までは，保証人保護の方策として，事業者である債権者が，個人を保証人とするに際しては，主たる債務の内容（元本の額，利息・損害金の内容，条件・期限の定め等）や，債務者の委託を受けている場合には主たる債務者の信用状

---

[34] 部会第86回（平成26年3月18日）で検討された「部会資料76A」（要綱案のたたき台(10)）6頁では，個人保証の制限の例外としては，配偶者は規定されていなかった。ところが，部会第88回（同年5月20日）で検討された「部会資料78A」（要綱案のたたき台(12)）18頁では，事業に現に従事している配偶者が例外規定の対象となった。筒井＝村松編著・前掲注（＊6）155頁。

[35] 潮見佳男『民法（債権関係）改正法案の概要』（金融財政事情研究会，2015）129頁。

[36] 部会資料78A・21頁。

[37] 最判昭39・12・18民集18巻10号2179頁等の法理を援用することが検討されよう。

[38] 部会資料78A・21頁。

況を説明する義務を課すか否かが検討されていた[39]。しかし，債権者が，このような情報を提供し，これについて保証人が誤信した場合に，錯誤との関係がどのようになるかといった問題等[40]があり，主債務者からの情報提供を規定することとなった[41]。

(2) 主債務者が事業のために負担する義務

本条項で対象となる保証は，事業のために負担する資金等債務についての保証に限定されていない。事業のために負担する売買代金債務等債務一般についての保証（事業のために負担する債務を主たる債務とする保証又は主たる債務の範囲に事業のために負担する債務が含まれる根保証）である。

(3) 主たる債務者からの情報提供の内容 (新民 465 条の 10 第 1 項)

主たる債務者が提供するべき情報は，本条 1 項記載の内容である。これらの内容は，主債務者自身が，当然把握したうえで債権者に融資を申し込んでいる事項であるし，また，保証人にとっても自ら履行を請求されるか否かを判断するためには必要な情報である。

(4) 保証人の取消権 (新民 465 条の 10 第 2 項)

主債務者が保証人に対して本条 1 項記載の説明義務を履行しなかった場合に，保証人に保証契約の取消権を与えているものである。

しかし，保証契約は，債権者と保証人との間の契約であるから，主債務者という第三者の義務違反で直ちに当該契約の取消権が発生するということはできない。そのため，第三者詐欺（新民 96 条 2 項）の規定と同様に，債権者がこの事実を知り又は知ることができたときに取り消すことができるとしている。

この債権者が「知ることができた」をどのように判断すべきであろうか。債権者，とりわけ金融機関が主債務者の保証人に対する説明内容やその正確さについて調査義務を負っているかが問題となる。主債務者が保証人に説明しなければならない事項は，債権者が主債務者に「事業のための融資」を行うか否かを判断するために必要な情報である。したがって，主債務者が，債権者に提供した情

---

[39] 「中間試案」第 17 保証債務，6 保証人保護の方策の拡充，(2)契約締結時の説明義務，情報提供義務。

[40] 最判昭 32・12・19 民集 11 巻 13 号 2299 頁は，他の保証人の有無は動機の錯誤にすぎないとしている。他方，最判平 14・7・11 裁判集民 206 号 707 頁・判タ 1109 号 129 頁は，空クレジットの場合の保証人の錯誤無効を認め，東京高判平 17・8・10 判タ 1194 号 159 頁は，主債務者が，実質的に破綻していた場合，保証人の錯誤無効を認めている。

[41] 部会資料 70 A・14 頁，筒井 = 村松編著・前掲注（＊6）157 頁。

18 個人保証

民法 465 条の 10 に基づく情報提供確認書

年　　　月　　　日

債権者　　　○○株式会社御中

主債務者　　　　　　　㊞

　私は，私が貴行との間で締結予定の金銭消費貸借契約の（連帯）保証人予定者である★★（以下，「保証人予定者」という。）に対し，（連帯）保証契約の契約締結前に，主たる債務者として保証人予定者に民法 465 条の 10 に基づき以下の情報を提供します。

　私は，保証人予定者に提供する下記情報が真実かつ正確であること，また，下記情報を保証人予定者に正確に提供したことを誓約いたします。

記

1　**財産及び収入の状況**
　⑴　財産状況　　別紙貸借対照表及び財産目録記載のとおり
　⑵　収入の状況　　別紙損益計算書及びキャッシュフロー計算書記載のとおり

2　**主たる債務以外に負担している債務の有無並びにその額及び履行状況**
　⑴　主たる債務以外に負担している債務の有無
　　　□　有り　　　□　無し
　⑵　有りの場合，その金額　　金　　　　　　　　　　　　　　　円
　⑶　有りの場合の履行状況
　　　□　約定とおりの弁済をしている。
　　　□　かつて遅延したが，弁済条件を見直して現在遅延していない。
　　　□　現在遅延している（期限の利益を喪失していない）。
　　　□　現在遅延している（期限の利益を喪失している）。
　　　□　その他

3　**主たる債務の担保として他に提供し，又は提供しようとするものがあるときは，その旨及びその内容**
　⑴　主たる債務の担保として他に提供し，又は提供しようとするものの有無
　　　□　有り　　　□　無し
　⑵　有りの場合，その内容

以上

上記のとおりの説明を受けたことを確認します。

年　　　月　　　日

保証人予定者　　　　　　　㊞

報と保証人に提供した情報を突き合わせ，その内容の正確性をチェックすることは可能であることから，一定の調査義務の存在を認めることができよう[42]。

なお，実務上は，前頁のような主債務者と保証人の連名による確認書を徴収する等を検討すべきであろう[43]。

V　連帯保証と請求（新民458条）

連帯保証について，連帯債務における絶対的効力・相対的効力事由に関する連帯債務の規定にあわせて，458条を改正したものである。この結果，連帯保証人に対する履行の請求と免除が相対的効力事由となった。

ただ，これに反する特約は有効であると考えられることから，従前と同様に連帯保証人に対する請求の効力を主債務者に及ぼすのであれば，その旨の特約を行うことで可能となる。

> **第○条（連帯保証人に対する履行請求の効力）**
> 　甲が，丙に対して履行請求したときは，乙に対してもその請求の効力が及ぶものとする。

VI　その他の論点

1　根保証契約の譲渡

根保証契約において，主債務の元本確定前に債権者が保証債務の履行を請求することができるか，また，元本確定前に根保証の被担保債権に含まれる債権が譲渡された場合に，譲受人が保証人に請求できるかについて議論がある。

この点，最判平24・12・14民集66巻12号3559頁は，別段の事情がない限り，元本確定前に根保証契約の主たる債務の範囲に含まれる債務に係る債権の譲受人は，保証人に請求することができると判示した。ただ，この判例は，評

---

[42]　最判平28・1・12民集70巻1号1頁は，金融機関と保証協会との信用保証契約に関する基本契約上の付随義務として主債務者の属性についての調査義務を認めている。改正法465条の10の場合，個人である保証人は，業として保証を行うことはあり得ないことからすれば，当該事案よりより強度な調査義務を認めることも可能であろう。

[43]　名藤ほか・前掲（[23]）51頁参照。

18　個人保証

価をめぐって争いがあったため，今回の改正で条文化することは見送られている。ただし，仮に債権者と根保証人との間で，譲渡を認める合意を行った場合に，その合意の効力を否定するということでもない。よって，下記のような合意をすることが可能であろう。

第〇条（元本確定前の被保証債務の譲渡）

1　甲が被保証債権の全部又は一部を第三者に譲渡する場合，甲は，当該第三者（以下譲受人という）との合意により，主債務の元本が確定する前であっても，当該保証債権に係る本契約に基づき保証債務履行請求権もあわせて譲渡することができる。

2　丙は，前項により甲が譲受人に被保証債権を譲渡した場合，主たる債務の元本確定前であっても，譲受人から，極度額の範囲で本契約に基づく保証債務の履行の請求を受けることを承認する。

2　保証人の責任制限（経営者保証のガイドライン）

「中間試案」では個人保証人の責任制限の方策について検討されていた[44]。この保証人の責任制限については，平成26年3月18日開催の第86回法制審議会民法（債権関係）部会[45]でも，同年5月20日開催の第88回同部会でも[46]，対象となる保証債務の範囲，責任財産の限度を決定する時点，具体的な責任財産の限度などについて結論を得ることが困難であるとして，立法化が見送られている。

他方，金融庁の監督指針というソフトローでは，「保証履行時における保証人の履行能力等を踏まえた対応の促進」として，「金融機関に対し，保証人の責任の度合い（保証債務弁済の履行状況及び保証債務を負うに至った経緯など）に留意しつつ，保証人の生活実態を十分に踏まえて判断される各保証人の履行能力に応じた合理的な負担方法とするなど，きめ細やかな対応を求める。」とされている（■表3）。そして，平成25年12月に公表され，平成26年2月1日より適用が開始された「経営者保証のガイドライン」[47]では，金融機関などとの協議のうえで，経営者保証の場合も第三者保証の場合も含めて，一定の財産を残し

---

[44]　「中間試案」第17保証債務，6保証人保護の方策の拡充，(4)その他の方策。
[45]　部会資料76B・3頁。
[46]　部会資料78B・3頁。
[47]　経営者保証に関するガイドライン（http://www.chusho.meti.go.jp/kinyu/keieihosyou/）。

ながら過剰な保証債務を整理することがなされている*48。したがって，今後は，この実務の推移を見守ることとなろう。

---

*48　経営者保証のガイドラインを利用した保証債務整理の実務については，小林信明監修『経営者保証のガイドラインと保証債務整理の実務〔銀行法務21 増刊号〕』に収録された各論文を参照されたい。

事項索引

あ

アレンジメント……………………………321，322
アレンジャー………………321‑323，325，326
一括決済方式（手形廃止にともなう代替手段）
…………………………………………………355
一般財団法人不動産適正取引推進機構（RETIO）
…………………………………………………2
一般条項（Miscellaneous）………………62
一般媒介契約………………………………92
委任契約……………141‑143，153，322，332
委任事務……………139，141‑143，158
印鑑照合………………145，154，155
インコタームズ（Incoterms）………42，53，60
インスペクション…………………95‑98
インターネットバンキング…………145，157
ウィーン統一売買法条約…………40，45‑47，60
エージェント………311，312，315，323，331
エスクロー………………………………100
エスクロー・エージェント………………100
エスクロー・オープン……………………100
エスクロー・クロージング………………100
オーバーヘッジ……………………………274
オペレーティング・リース契約……………123
親事業者………………………………354

か

外国為替証拠金取引……………………279
介護報酬……………………………………367
買戻請求権……………………………………202
書替継続（定期預金）……………144，147
確定測量図…………………………………6，9
貸金等根保証契約……………………………406
瑕疵担保……………………………………133
瑕疵担保責任……………………8，14，345
瑕疵担保責任制度………………………………7
瑕疵担保保険制度……………………………96
活断層マップ…………………………………86

カバー取引……………………………………270
空リース……………………………………131
為替デリバティブ……………………272，274
期限の利益の喪失……………………198，306
期限の利益の喪失事由………199，200，257
期限の利益の当然喪失事由…………199，200
危険負担（Transfer of Risk）……3，4，52，133
期限前終了（Early Termination）………258
偽造カード……………………146，155
基本給……………………………………377
基本契約（Master Agreement）………48，58
逆相殺（取引先からの相殺）………………205
共同生活に関する細則………………………68
銀行代理業……………………………216，217
銀行代理店制度……………………………215
銀行取引約定書…………187，286，294，306
──の締結理由……………………………188
──の適用範囲……………………………192
──のひな型の廃止………………………191
──の利用範囲……………………………192
銀行の占有物の処分………………………198
金融ADR……………………………274，284
金融機関等が行う特定金融取引の一括清算に関
する法律……………………………………259
金融デリバティブ……………………………271
金利スワップ……………………272，280
クレジットカード取引………………………23
クローズアウト・ネッティング（Close‑Out
Netting）………………………………………258
クロス・デフォルト（Cross Default）………259
経営者保証……………………………418，423
契約自由の原則……294，301，311，318，351，352
契約上の地位移転……………………………340
契約上の地位譲渡……………………………347
契約内容の自由………………………301，317
契約不適合責任…8，14，15，97，306，335，349
ゲートキーパー……………………………329
原状回復をめぐるトラブルとガイドライン……70
現に事業に従事している配偶者………………423
更新限度……………………………374，375

更新料支払特約……………………………………**73**
抗弁権接続（支払停止の抗弁）………**24, 27, 33**
抗弁切断………………………………………**348**
合理的解釈の原則…………………………**189**
国際売買契約………………………………**38**
個人根保証契約…………………………**410, 414**
固定時間外手当…………**391, 392, 394, 395, 397**
個別契約（Individual Agreement）………**48, 58**
コベナンツ…………………………………**307**
コミットメントライン取引………………**295**
コミットメントライン契約………………**298**

さ

債権譲渡登記………………………………**358, 366**
債権の準占有者……………………………**145, 155**
債権売買……………………………………**338**
再リース……………………………………**136**
作成者不利の原則…………………………**189**
三角相殺……………………………………**261**
37条書面……………………………………**1**
三者間相殺…………………………………**261**
シェアハウス………………………………**81, 82**
敷金精算問題等……………………………**68**
敷引特約（敷金控除特約）………**73, 75, 76**
事　業………………………………………**419**
　　——に係る債務についての保証契約………**418**
　　——のために負担する貸金等債務（根保証を含む）………………………………………**410**
事業承継予定者……………………………**424**
事業用建物賃貸借の原状回復特約………**72**
事業用賃貸借契約の原状回復特約………**73**
仕組債………………………………………**276**
私傷病休職制度…………………**397, 398, 400, 401**
下請事業者…………………………………**354**
下請代金支払遅延等防止法（下請法）………**354**
自動継続（定期預金）………**139, 147, 157**
自動支払（各種料金）………………**139, 149**
指導助言義務………………………………**283**
自動的期限前終了（Automatic Early Termination）…………………………………………**260**
社　債………………………………………**292, 312**
周旋業者……………………………………**89**
充当指定権…………………………………**207, 208**

終了事由（Termination Event）……………**257**
主たる債務者が期限の利益を喪失した場合における情報の提供義務………………………**413**
主たる債務者からの情報提供の内容…………**425**
主たる債務の履行状況に関する情報の提供義務………………………………………………**412**
出資法………………………………………**299**
守秘義務……………………………………**330, 341**
準拠法（Governing Law）………………**38, 60**
紹介営業取締規則…………………………**89**
少額訴訟……………………………………**71**
証拠金規制…………………………………**267**
譲渡禁止特約…………………**150, 163, 164, 340**
譲渡制限特約の物権効……………………**177, 178**
消費寄託……………………………………**139, 141, 142**
消費寄託契約………………………………**143, 176**
消費者契約…………………………………**140, 318**
消費者契約法…………**68, 71, 73, 103, 305**
　　——8条……………………………………**15**
消費者リース………………………………**122, 133**
消費貸借契約………………………………**296**
　　——の予約…………………………………**322**
商品先物取引………………………………**271**
消滅時効……………………………………**153, 158**
賞　与………………………………………**378**
将来債権譲渡………………………………**358**
所属銀行制…………………………………**216, 217**
処分証書……………………………………**387-389**
所有権移転外リース取引…………………**125, 136**
所有者責任…………………………………**133**
シンジケートローン………………………**285**
真正売買……………………………………**357, 361, 367**
信認義務……………………………………**326**
信用状………………………………………**44, 55**
診療報酬……………………………………**367**
スペキュレーター…………………………**270**
制限的解釈の原則…………………………**189**
清算規定……………………………………**135**
製造物責任…………………………………**63**
接続事業者の義務…………………………**232**
全会一致方式（意思結集条項）………**316, 317**
専任媒介契約………………………………**92**
相　殺………………………………………**314**
　　——の担保的機能………………………**204**

相続された預貯金債権の仮払いの制度‥‥‥‥ 185
相続預貯金の差押え‥‥‥‥‥‥‥‥‥‥‥‥‥ 180
相殺予約‥‥‥‥‥‥‥‥‥‥‥‥‥‥‥203, 204
双方未履行双務契約‥‥‥‥‥‥‥‥ 30, 115, 127

た

代金減額請求‥‥‥‥‥‥‥‥‥‥‥‥‥‥‥‥ 16
第三者のためにする契約‥‥‥‥‥‥‥‥‥‥ 133
第三者保証‥‥‥‥‥‥‥‥‥‥‥‥‥‥418, 423
諾成的消費貸借契約‥‥‥‥‥‥‥‥‥‥‥‥ 296
武富士メリル事件‥‥‥‥‥‥‥‥‥‥‥‥‥ 280
多数決方式（意思結集条項）‥‥‥‥315, 318
多数当事者間相殺‥‥‥‥‥‥‥‥‥‥‥‥‥ 261
宅建業者売主用の売買契約書‥‥‥‥‥‥‥‥ 4
宅建業法40条‥‥‥‥‥‥‥‥‥‥‥‥‥‥‥ 15
団体性（契約における貸付人間の）
‥‥‥‥‥‥‥ 309, 312, 315, 320, 338
担保権消滅許可‥‥‥‥‥‥‥‥‥‥‥‥‥‥ 117
中央清算機関（CCP）‥‥‥‥‥‥‥‥‥‥ 266
仲　　裁‥‥‥‥‥‥‥‥‥‥‥‥‥‥‥‥‥ 61
賃貸住宅標準契約書‥‥‥‥‥‥‥‥‥‥‥‥ 66
定期預金取引‥‥‥‥‥‥‥‥‥‥‥‥‥‥‥ 142
定期預金取引規定‥‥‥‥‥‥‥‥‥‥‥‥‥ 143
定型約款‥‥‥‥129, 172, 173, 180, 189, 291, 318
提携リース‥‥‥‥‥‥‥‥‥‥‥‥‥‥129, 133
手形割引‥‥‥‥‥‥‥‥‥‥‥‥‥‥‥‥‥ 355
適合性原則‥‥‥‥‥‥‥‥‥‥‥‥‥‥‥‥ 282
　狭義の――‥‥‥‥‥‥‥‥‥‥‥‥‥‥ 283
　広義の――‥‥‥‥‥‥‥‥‥‥‥‥‥‥ 283
デリバティブ契約‥‥‥‥‥‥‥‥‥‥‥‥‥ 255
典型契約‥‥‥‥‥‥‥‥‥‥‥‥285, 301, 308
電子記録債権‥‥‥‥‥‥‥‥‥‥‥‥‥‥‥ 355
電子決済等代行業‥‥‥‥‥‥‥‥‥‥219, 221
電子決済等代行業再委託者‥‥‥‥‥‥‥‥ 239
当座貸越‥‥‥‥‥‥‥‥‥‥‥‥‥‥‥‥‥ 356
倒産解除特約‥‥‥‥‥‥‥‥‥‥‥‥‥‥‥ 118
倒産債権‥‥‥‥‥‥‥‥‥‥‥‥‥‥‥‥‥ 115
当然喪失事由‥‥‥‥‥‥‥‥‥‥‥‥199, 200
盗難カード‥‥‥‥‥‥‥‥‥‥‥‥‥‥146, 155
盗難通帳‥‥‥‥‥‥‥‥‥‥‥‥146, 155, 157
独占禁止法‥‥‥‥‥‥‥‥‥‥‥‥‥‥‥‥ 309
特約事項‥‥‥‥‥‥‥‥‥‥‥‥‥‥5 , 7 , 8
土砂災害警戒区域‥‥‥‥‥‥‥‥‥‥‥‥‥ 86

取引先からの相殺（逆相殺）‥‥‥‥‥‥‥ 205

な

仲立契約‥‥‥‥‥‥‥‥‥‥‥‥‥‥‥‥‥ 325
荷為替信用状‥‥‥‥‥‥‥‥‥‥‥ 43, 44, 55
　――に関する統一規則及び慣例‥‥‥‥‥ 43
荷為替手形‥‥‥‥‥‥‥‥‥‥‥‥‥‥43, 55
２国間協定（FTA）‥‥‥‥‥‥‥‥‥‥‥ 98
入居のしおり‥‥‥‥‥‥‥‥‥‥‥‥‥‥‥ 68
ニューヨーク条約‥‥‥‥‥‥‥‥‥‥‥‥‥ 61
任意規定‥‥‥‥‥‥‥‥‥‥‥‥‥‥‥‥‥ 302
任意法規‥‥‥‥‥‥‥‥‥‥‥‥‥‥‥‥‥ 313
根保証契約の元本確定事由‥‥‥‥‥‥‥‥ 414
根保証契約の譲渡‥‥‥‥‥‥‥‥‥‥‥‥‥ 427
ノックイン‥‥‥‥‥‥‥‥‥‥‥‥‥‥‥‥ 277
ノンリコースローン‥‥‥‥‥‥‥‥‥‥‥ 100

は

媒介契約‥‥‥‥‥‥‥‥‥‥‥‥‥‥89, 102
　――の内容の純化‥‥‥‥‥‥‥‥‥‥‥ 102
　――の歴史‥‥‥‥‥‥‥‥‥‥‥‥‥‥ 89
排除の論理‥‥‥‥‥‥‥‥‥‥‥‥‥‥‥‥ 283
ハーグ統一売買法条約‥‥‥‥‥‥‥‥‥‥‥ 39
パラレルデット‥‥‥‥‥‥‥‥‥‥‥‥‥‥ 311
反社・ドラッグ‥‥‥‥‥‥‥‥‥‥‥‥‥‥ 78
引渡し（Delivery）‥‥‥‥‥‥‥‥‥‥‥‥ 52
　――前の滅失・毀損‥‥‥‥‥‥‥‥‥‥‥ 4
病気休職‥‥‥‥‥‥‥‥‥‥‥‥‥‥‥‥‥ 380
標準媒介契約約款‥‥‥‥‥‥‥‥‥‥‥‥‥ 91
平等性（契約における貸付人間の）
‥‥‥‥‥‥‥ 309, 312, 314, 320, 338
表明条項‥‥‥‥‥‥‥‥‥‥‥‥‥‥‥‥‥ 342
表明保証‥‥‥‥‥‥‥‥‥‥‥‥292, 303, 349
品質保証（Warranty）‥‥‥‥‥‥‥‥‥‥‥ 50
ファイナンス・リース契約‥‥‥‥‥‥‥‥ 122
ファクタリング‥‥‥‥‥‥‥‥‥‥‥‥‥‥ 354
不合理な労働条件の禁止‥‥‥‥‥‥‥‥‥ 369
普通預金取引‥‥‥‥‥‥‥‥‥‥‥‥‥‥‥ 141
普通預金取引規定‥‥‥‥‥‥‥‥‥‥‥‥‥ 141
物件借受証‥‥‥‥‥‥‥‥‥‥‥‥‥‥‥‥ 130
物件の瑕疵‥‥‥‥‥‥‥‥‥‥‥‥‥‥‥‥ 132
物的納税責任‥‥‥‥‥‥‥‥‥‥‥‥‥‥‥ 356

事項索引　　433

不適合顧客勧誘の不法行為⋯⋯⋯⋯⋯⋯ 284
不適合商品勧誘の不法行為⋯⋯⋯⋯⋯⋯ 284
不動産流通業務のあり方研究会⋯⋯⋯⋯ 94
プライシング⋯⋯⋯⋯⋯⋯⋯⋯279, 282
振込入金⋯⋯⋯⋯⋯⋯⋯139, 148, 161
振り込め詐欺⋯⋯⋯⋯⋯⋯⋯⋯⋯⋯ 163
プレミアム⋯⋯⋯⋯⋯⋯⋯⋯⋯⋯⋯ 276
ブローカー⋯⋯⋯⋯⋯⋯⋯⋯⋯⋯⋯ 89
分割債権⋯⋯⋯⋯⋯⋯⋯⋯⋯⋯⋯⋯ 310
紛争解決（Dispute Resolution）⋯⋯⋯ 60
ヘッジニーズ⋯⋯⋯⋯⋯⋯⋯⋯274, 283
偏頗弁済⋯⋯⋯⋯⋯⋯⋯⋯⋯⋯⋯⋯ 312
貿易取引条件⋯⋯⋯⋯⋯⋯ 42, 53, 60
法定外休暇⋯⋯⋯⋯⋯⋯⋯⋯⋯⋯⋯ 381
暴力団排除条項⋯⋯⋯166-168, 171-173, 213
補償（Indemnity）⋯⋯⋯⋯⋯⋯ 56, 57
保証意思宣明公正証書⋯⋯⋯⋯⋯⋯⋯ 421
保証契約
　——締結時の情報提供義務⋯⋯⋯⋯ 424
　——の要式性⋯⋯⋯⋯⋯⋯⋯⋯⋯ 406
保証人の取消権⋯⋯⋯⋯⋯⋯⋯⋯⋯ 425

ま

前払リース料⋯⋯⋯⋯⋯⋯⋯⋯⋯⋯ 132
マクロヘッジ⋯⋯⋯⋯⋯⋯⋯⋯⋯⋯ 270
増担保条項⋯⋯⋯⋯⋯⋯⋯⋯⋯⋯⋯ 197
マルチラテラル・ネッティング（多数当事者間の
　一括清算）⋯⋯⋯⋯⋯⋯⋯⋯259, 261
みなし喪失条項⋯⋯⋯⋯⋯⋯⋯⋯⋯ 201
みなし到達条項⋯⋯⋯⋯⋯⋯⋯⋯⋯ 210
民　泊⋯⋯⋯⋯⋯⋯⋯⋯⋯⋯⋯78, 81
　——問題⋯⋯⋯⋯⋯⋯⋯⋯⋯⋯⋯ 81
無期転換後の労働者の労働条件⋯⋯⋯ 371
無期労働契約への転換⋯⋯⋯⋯⋯⋯ 369
免責文言⋯⋯⋯⋯⋯⋯⋯⋯⋯⋯⋯⋯ 330
免責約款⋯⋯⋯⋯⋯⋯⋯145, 154, 155
メンテナンス・リース⋯⋯⋯⋯⋯⋯ 123

や

「雇止め法理」の法定化⋯⋯⋯⋯⋯⋯ 369
有期労働契約⋯⋯⋯⋯⋯⋯⋯⋯⋯⋯ 369
譲受人制限特約⋯⋯⋯⋯⋯⋯⋯⋯⋯ 345

ユニドロワによる国際商事契約原則⋯⋯⋯ 41
預金契約⋯⋯⋯⋯⋯⋯⋯⋯⋯⋯⋯⋯ 175
預金者の認定⋯⋯⋯⋯⋯⋯⋯⋯⋯⋯ 179
預金者保護法⋯⋯⋯⋯⋯146, 155, 157
預金取引⋯⋯⋯⋯⋯⋯⋯139, 140, 173
　——経過⋯⋯⋯⋯⋯⋯⋯⋯⋯⋯⋯ 153
預金約款⋯⋯⋯⋯⋯⋯⋯⋯⋯⋯⋯⋯ 140
預貯金債権⋯⋯⋯⋯⋯⋯⋯⋯⋯177, 182
　——に係る譲渡制限⋯⋯⋯⋯⋯⋯ 177
　——の準共有持分に対する強制執行⋯⋯ 182

ら

利益喪失事由（Event of Default）⋯⋯ 257
リース期間⋯⋯⋯⋯⋯⋯⋯⋯⋯⋯⋯ 132
リスク分配機能⋯⋯⋯⋯⋯⋯⋯304, 305
リース契約⋯⋯⋯⋯⋯⋯107, 111, 112, 120
リース標準契約書⋯⋯⋯⋯⋯⋯⋯⋯ 124
リース料⋯⋯⋯⋯⋯⋯⋯⋯⋯⋯⋯⋯ 132
リース料債権⋯⋯⋯⋯⋯⋯⋯⋯⋯⋯ 127
　——の流動化・証券化⋯⋯⋯⋯⋯ 126
利息制限法⋯⋯⋯⋯⋯⋯⋯299, 300, 324
リーマンショック⋯⋯⋯⋯⋯⋯272, 273
連鎖接続⋯⋯⋯⋯⋯⋯⋯⋯⋯226, 239
連帯債権（パラレルデット）⋯⋯⋯310, 352
連帯債務⋯⋯⋯⋯⋯⋯⋯⋯⋯⋯⋯⋯ 311
レンタル契約⋯⋯⋯⋯⋯107, 109, 110, 120
労働契約⋯⋯⋯⋯⋯⋯⋯⋯⋯⋯384, 386
労働契約法
　——18 条⋯⋯⋯⋯⋯⋯⋯⋯⋯369, 371
　——19 条⋯⋯⋯⋯⋯⋯⋯⋯⋯369, 374
　——20 条⋯⋯⋯⋯⋯⋯⋯⋯⋯369, 376
労働条件の明示義務⋯⋯⋯⋯⋯⋯⋯ 373
ロスカット⋯⋯⋯⋯⋯⋯⋯⋯⋯⋯⋯ 279

アルファベット

API（Application Programming Interface）
　⋯⋯⋯⋯⋯⋯⋯⋯⋯222, 223, 236, 249
API 利用規定⋯⋯⋯⋯⋯⋯⋯⋯223, 249
API 利用契約⋯⋯⋯⋯⋯⋯⋯⋯223, 224
CCP（中央清算機関）⋯⋯⋯⋯⋯⋯ 266
CFR（Cost and Freight）⋯⋯⋯⋯⋯⋯ 53
CIF（Cost, Insurance and Freight）⋯⋯⋯ 53

CONFIRMATION ……………………………… 257
CSA（CREDIT SUPPORT ANNEX）……257, 260
DIY（DO IT YOURSELF）…………… 66, 81, 83
FOB（Free on Board）……………………………53
FTA（Free Trade Agreement）………………98
ISDA（International Swaps and Derivatives Association）（国際スワップ・デリバティブズ

協会）……………………………………256, 278
ISDA MASTER AGREEMENT ……………256, 257
MASTER AGREEMENT（基本契約書）…… 256
RETIO（一般財団法人不動産適正取引推進機構）
…………………………………………………… 2
UCP600……………………………………………44

判例索引

大　審　院

大判明 43・12・13 民録 16 輯 937 頁······························153
大判大 5・10・13 民録 22 輯 1886 頁····························153
大判大 9・6・24 民録 26 輯 923 頁······························198
大判大 12・11・20 新聞 2226 号 4 頁·······················144, 180
大判昭 10・2・19 民集 14 巻 137 頁····························153

最高裁判所

最判昭 23・10・14 民集 2 巻 11 号 376 頁·····················195
最判昭 28・5・29 民集 7 巻 5 号 608 頁·······················150
最判昭 29・4・8 民集 8 巻 4 号 819 頁·························153
最判昭 30・5・31 民集 9 巻 6 号 793 頁···················153, 182
最判昭 32・12・19 民集 11 巻 13 号 2278 頁···················152
最判昭 32・12・19 民集 11 巻 13 号 2299 頁···················425
最判昭 33・7・22 民集 12 巻 12 号 1805 頁···················310
最判昭 35・6・28 民集 14 巻 8 号 1547 頁····················69
最判昭 36・11・21 民集 15 巻 10 号 2507 頁···················308
最判昭 37・7・20 民集 16 巻 8 号 1656 頁····················382
最判昭 37・8・21 民集 16 巻 9 号 1809 頁····················145
最大判昭 39・5・27 民集 18 巻 4 号 676 頁···················169
最判昭 39・10・27 民集 18 巻 8 号 1801 頁···················210
最判昭 39・12・18 民集 18 巻 10 号 2179 頁···················424
最判昭 40・9・21 民集 19 巻 6 号 1542 頁····················411
最判昭 40・10・7 民集 19 巻 7 号 1705 頁····················144
最判昭 41・10・4 民集 20 巻 8 号 1565 頁····················145
最判昭 43・11・21 民集 22 巻 12 号 2741 頁···················69
最判昭 45・4・10 民集 24 巻 4 号 240 頁·····················178
最判昭 45・6・24 民集 24 巻 6 号 587 頁··················200, 204
最大判昭 45・6・24 民集 24 巻 6 号 625 頁···················334
最判昭 46・6・10 民集 25 巻 4 号 492 頁·····················145
最判昭 46・7・1 裁判集民 103 号 327 頁・判タ 269 号 195 頁····148, 161
最判昭 47・4・6 民集 26 巻 3 号 397 頁·······················396
最判昭 48・1・19 民集 27 巻 1 号 27 頁·······················387
最判昭 48・3・16 金法 683 号 25 頁···························296
最判昭 48・3・27 民集 27 巻 2 号 376 頁··················145, 152
最大判昭 48・4・4 刑集 27 巻 3 号 265 頁····················169
最判昭 48・7・19 民集 27 巻 7 号 823 頁··················150, 164

判例索引　　437

最判昭 50・10・24 裁判集民 116 号 389 頁 ……………………………… 164
最判昭 50・11・7 民集 29 巻 10 号 1525 頁 ……………………………… 182
最判昭 51・11・25 民集 30 巻 10 号 939 頁 ………………………… 202, 204
最判昭 52・3・17 民集 31 巻 2 号 308 頁 ……………… 151, 165, 178
最判昭 52・8・9 民集 31 巻 4 号 742 頁 ………………………………… 152
最判昭 53・1・23 民集 32 巻 1 号 1 頁 …………………………………… 195
最判昭 54・9・25 裁判集民 127 号 475 頁・判タ 400 号 148 頁 ……… 145
最判昭 57・3・30 金法 992 号 38 頁 ……………………………………… 152
最判昭 57・3・30 民集 36 巻 3 号 484 頁 ……………………… 118, 120
最判昭 57・10・19 民集 36 巻 10 号 2130 頁 ……………… 108, 114, 135
最判昭 58・1・25 金法 1034 号 41 頁 ………………………… 144, 180
最判昭 59・2・23 民集 38 巻 3 号 445 頁 ……………………………… 145
最判昭 60・7・16 金法 1103 号 47 頁 …………………………………… 189
最判昭 61・2・14 裁判集民 144 号 109 頁・判タ 553 号 150 頁 …… 200
最判昭 62・10・16 民集 41 巻 7 号 1497 頁 …………………………… 195
最判昭 62・11・26 民集 41 巻 8 号 1585 頁 …………………………… 30
最判昭 62・12・17 金法 1189 号 27 頁 ………………………………… 152
最判昭 62・12・18 民集 41 巻 8 号 1592 頁 …………………………… 208
最判昭 63・10・13 裁判集民 155 号 5 頁・判タ 684 号 171 頁 ……… 145
最判平 2・2・20 裁判集民 159 号 151 頁・判タ 731 号 91 頁 …… 24, 25
最判平 2・11・26 民集 44 巻 8 号 1085 頁 …………………………… 387
最判平 3・4・19 民集 45 巻 4 号 477 頁 ……………………………… 152
最判平 3・11・19 民集 45 巻 8 号 1209 頁 ………………… 148, 161
最判平 5・7・19 裁判集民 169 号 255 頁・判タ 842 号 117 頁 …… 145
最判平 5・7・20 裁判集民 169 号 291 頁・判タ 872 号 183 頁 …… 296
最判平 5・11・25 裁判集民 170 号 553 頁・金法 1395 号 49 頁 … 108, 131
最判平 6・4・21 裁判集民 172 号 379 頁 …………………………… 57
最判平 7・4・14 民集 49 巻 4 号 1063 頁 ……………… 108, 115, 127
最判平 7・7・18 裁判集民 176 号 415 頁・判タ 914 号 75 頁 …… 262
最判平 8・4・26 民集 50 巻 5 号 1267 頁 ……………… 149, 162, 179
最判平 9・6・5 民集 51 巻 5 号 2053 頁 …………………… 165, 178
最判平 10・4・9 裁判集民 188 号 1 頁・判タ 972 号 122 頁 …… 399
最判平 10・4・30 裁判集民 188 号 385 頁・判タ 980 号 101 頁 …… 331
最判平 10・7・14 民集 52 巻 5 号 1261 頁 …………………………… 198
最判平 11・1・29 民集 53 巻 1 号 151 頁 ………………… 359, 360
最判平 11・4・22 裁判集民 193 号 159 頁・判タ 1002 号 114 頁 …… 184
最判平 12・4・21 民集 54 巻 4 号 1562 頁 …………………………… 361
最判平 13・3・16 裁判集民 201 号 441 頁・判タ 1059 号 56 頁 … 147, 158
最判平 13・11・22 民集 55 巻 6 号 1056 頁 ………………………… 364
最判平 13・11・27 民集 55 巻 6 号 1090 頁 ………………………… 364
最判平 14・1・17 民集 56 巻 1 号 20 頁 ……………………………… 152
最判平 14・7・11 裁判集民 206 号 707 頁・判タ 1109 号 129 頁 …… 425
最判平 15・2・21 金法 1678 号 61 頁 ………………………………… 313
最判平 15・2・21 民集 57 巻 2 号 95 頁 …………………… 152, 179

最判平 15・2・28 裁判集民 209 号 143 頁・判タ 1127 号 112 頁······························52, 331
最決平 15・3・12 刑集 57 巻 3 号 322 頁··162
最判平 15・4・8 民集 57 巻 4 号 337 頁··146
最判平 15・6・12 民集 57 巻 6 号 563 頁···152, 179
最判平 15・12・19 民集 57 巻 11 号 2292 頁··357
最判平 16・4・20 裁判集民 214 号 13 頁・判タ 1161 号 294 頁····························153, 181
最判平 17・7・11 裁判集民 217 号 329 頁・判タ 1192 号 253 頁····························145
最判平 17・7・14 民集 59 巻 6 号 1323 頁······························272, 279, 282, 283
最判平 17・12・16 裁判集民 218 号 1239 頁・判タ 1200 号 127 頁··············72, 73, 110
最判平 18・4・18 金判 1242 号 10 頁··201, 306
最判平 19・4・24 民集 61 巻 3 号 1073 頁··153
最判平 19・6・7 裁判集民 224 号 479 頁・金法 1818 号 75 頁····························153, 158
最決平 19・12・11 民集 61 巻 9 号 3364 頁···325
最判平 20・10・10 民集 62 巻 9 号 2361 頁···149
最判平 20・12・16 民集 62 巻 10 号 2561 頁····················108, 119, 120, 136
最判平 21・1・22 民集 63 巻 1 号 228 頁·············139, 141, 147, 149, 153, 158, 175, 176
最判平 21・3・27 民集 63 巻 3 号 449 頁···178, 346
最判平 22・6・1 民集 64 巻 4 号 953 頁··7
最判平 23・3・24 民集 65 巻 2 号 903 頁···74, 77
最判平 23・4・22 民集 65 巻 3 号 1405 頁···328
最判平 23・7・12 裁判集民 237 号 215 頁・判タ 1356 号 87 頁···············73, 88
最決平 23・9・20 民集 65 巻 6 号 2710 頁···154
最判平 23・12・15 民集 65 巻 9 号 3511 頁···198
最判平 24・3・8 裁判集民 240 号 121 頁・判タ 1378 号 80 頁····························394
最決平 24・7・24 裁判集民 241 号 29 頁··180
最判平 24・11・27 裁判集民 242 号 1 頁・判タ 1384 号 112 頁·········322, 324, 327, 330, 331
最判平 24・12・14 民集 66 巻 12 号 3559 頁···427
最決平 25・1・17 判タ 1386 号 182 頁・金法 1966 号 110 頁····························154
最判平 25・3・7 裁判集民 243 号 51 頁・判タ 1389 号 95 頁·············275, 280-282
最判平 25・3・26 裁判集民 243 号 159 頁・判タ 1389 号 99 頁·············275, 280-282
最判平 25・11・29 民集 67 巻 8 号 1736 頁···185
最判平 28・1・12 民集 70 巻 1 号 1 頁··427
最判平 28・2・19 民集 70 巻 2 号 123 頁···386-391
最判平 28・3・15 裁判集民 252 号 55 頁・判タ 1424 号 103 頁·············280-282
最判平 28・7・8 民集 70 巻 6 号 1611 頁···262, 279
最大決平 28・12・19 民集 70 巻 8 号 2121 頁·············149, 153, 175, 176, 180, 181
最判平 29・2・28 裁判集民 255 号 1 頁・判タ 1436 号 85 頁·············392, 393, 402
最判平 29・4・6 裁判集民 255 号 129 頁・判タ 1437 号 67 頁·············153, 180, 181, 184
最判平 29・7・7 裁判集民 256 号 31 頁··392
最判平 30・6・1 民集 72 巻 2 号 88 頁···377, 380
最判平 30・6・1 民集 72 巻 2 号 202 頁···376-378, 380
最判平 30・7・19 労判 1186 号 5 頁··396

判例索引　　　　439

高等裁判所

東京高判昭31・8・31下民集7巻8号2318頁・判タ62号70頁‥‥‥‥‥‥‥‥‥70
福岡高判昭33・3・29下民集9巻3号542頁‥‥‥‥‥‥‥‥‥‥‥‥‥‥‥‥140
大阪高判昭42・1・30金法468号28頁‥‥‥‥‥‥‥‥‥‥‥‥‥‥‥‥‥‥161
東京高判昭43・5・29金法519号30頁‥‥‥‥‥‥‥‥‥‥‥‥‥‥‥‥‥‥205
東京高判昭50・5・7判時786号42頁・金法758号36頁‥‥‥‥‥‥‥‥‥‥164
東京高判昭53・1・25判タ369号372頁‥‥‥‥‥‥‥‥‥‥‥‥‥‥‥‥210
東京高判昭57・4・27下民集32巻1～4号369頁・判タ476号101頁‥‥‥‥‥132
東京高判昭58・1・25判タ492号62頁‥‥‥‥‥‥‥‥‥‥‥‥‥‥‥‥‥210
東京高判昭62・3・23金法1163号28頁‥‥‥‥‥‥‥‥‥‥‥‥‥‥‥‥160
東京高判平9・5・28判タ982号166頁・金法1499号32頁‥‥‥‥‥‥‥‥264
東京高判平10・2・19判タ1004号138頁‥‥‥‥‥‥‥‥‥‥‥‥‥‥‥‥357
東京高判平11・5・18金判1068号37頁‥‥‥‥‥‥‥‥‥‥‥‥‥‥‥‥153
東京高判平12・12・27判タ1095号176頁‥‥‥‥‥‥‥‥‥‥‥‥‥72, 73
東京高判平15・4・23金法1681号35頁‥‥‥‥‥‥‥‥‥‥‥‥‥‥‥‥153
大阪高判平16・12・2判タ1189号275頁・判時1898号64頁‥‥‥‥‥‥‥‥86
東京高判平17・8・10判タ1194号159頁‥‥‥‥‥‥‥‥‥‥‥‥‥‥‥‥425
大阪高判平18・5・23（平成17年（ネ）第3567号）裁判所ホームページ‥‥‥73
東京高判平18・7・13金法1785号45頁‥‥‥‥‥‥‥‥‥‥‥‥‥‥‥‥146
東京高決平20・11・7判タ1290号304頁‥‥‥‥‥‥‥‥‥‥‥‥‥‥‥‥180
東京高判平22・10・27金判1360号53頁‥‥‥‥‥‥‥‥‥‥‥‥‥‥‥‥266
東京高判平24・9・20労経速2162号3頁‥‥‥‥‥‥‥‥‥‥‥‥‥‥‥‥376
札幌高判平24・10・19労判1064号37頁‥‥‥‥‥‥‥‥‥‥‥‥‥‥‥‥395
東京高判平25・4・17判時2250号14頁‥‥‥‥‥‥‥‥‥‥‥‥‥‥‥‥264
大阪高判平25・12・26判時2240号88頁‥‥‥‥‥‥‥‥‥‥‥‥‥‥‥‥277
東京高判平26・4・17金法1999号166頁‥‥‥‥‥‥‥‥‥‥‥‥‥‥‥‥277
東京高判平26・11・26労判1110号46頁‥‥‥‥‥‥‥‥‥‥‥‥‥‥‥‥395
福岡高判平28・10・4金判1504号24頁・金法2052号90頁‥‥‥‥168, 169, 171
福岡高判平30・5・24労経速2352号3頁‥‥‥‥‥‥‥‥‥‥‥‥‥‥‥‥381

地方裁判所

京都地判昭32・12・11下民集8巻12号2302頁・金法163号27頁‥‥‥‥‥191
東京地判昭36・5・10下民集12巻5号1065頁‥‥‥‥‥‥‥‥‥‥‥‥‥‥69
東京地判昭47・6・28金法660号27頁‥‥‥‥‥‥‥‥‥‥‥‥‥‥‥‥‥205
大阪地判昭51・3・12判タ341号210頁・判時838号71頁‥‥‥‥‥‥‥‥‥69
東京地判昭59・12・12判タ548号159頁‥‥‥‥‥‥‥‥‥‥‥‥‥‥‥‥‥2
大阪地判昭60・7・5判タ567号210頁‥‥‥‥‥‥‥‥‥‥‥‥‥‥‥‥133
奈良地葛城支判昭60・12・26判タ599号35頁‥‥‥‥‥‥‥‥‥‥‥‥‥‥‥2
大阪地判平2・8・3判タ741号165頁‥‥‥‥‥‥‥‥‥‥‥‥‥‥‥‥‥80
東京地判平8・5・13判タ953号287頁・判時1595号77頁‥‥‥‥‥‥‥‥‥85
東京地判平9・3・12判時1618号43頁‥‥‥‥‥‥‥‥‥‥‥‥‥‥‥‥357

大阪地判平 9・5・28 判タ 957 号 230 頁 ······································364

東京地判平 11・1・13 判時 1676 号 75 頁 ·································85

札幌地判平 11・12・24 判タ 1060 号 223 頁 ·······························70

東京地八王子支判平 12・8・31 判例集未登載 ·····························10

さいたま地熊谷支判平 13・6・20 判時 1761 号 87 頁 ·····················153

大阪地決平 13・7・19 金法 1636 号 58 頁 ·································116

東京地判平 14・2・22 家月 55 巻 7 号 80 頁・金法 1663 号 86 頁 ·········153

東京地判平 15・12・22 判タ 1141 号 279 頁 ·······························116

東京地判平 17・3・29 金法 1760 号 40 頁 ·································163

東京地判平 17・3・30 判時 1895 号 44 頁・金法 1741 号 41 頁 ···········163

東京地判平 18・8・30（平成 17 年（ワ）第 3018 号）WLJ ···········12, 104

宇都宮地判平 19・2・1 労判 937 号 80 頁・判タ 1250 号 173 頁 ···········402

東京地判平 19・2・14 金法 1806 号 58 頁 ·································140

東京地判平 19・8・10（平成 19 年（ワ）第 4855 号）WLJ・RETIO 2009. 4（NO. 73）196 頁 ······87

東京地判平 20・3・13（平成 18 年（ワ）第 10495 号）WLJ・RETIO 2009. 10（NO. 75）84 頁 ·····79

東京地判平 21・10・29（平成 20 年（ワ）第 25627 号）WLJ・RETIO 2010. 10（NO. 79）98 頁 ·····12

東京地判平 23・3・30 労判 1028 号 5 頁 ··································402

東京地判平 24・1・25 判時 2147 号 66 頁 ·································153

東京地判平 24・2・17 労経速 2140 号 3 頁 ·······························376

大阪地判平 24・5・16 金判 1401 号 52 頁 ·································131

京都地判平 24・10・16 労判 1060 号 83 頁・判タ 1395 号 140 頁 ···········395

京都地判平 25・3・28 判時 2201 号 103 頁 ·······························277

東京地判平 25・8・20（平成 24 年（ワ）第 27197 号）WLJ ···············69

東京地判平 25・11・26 金判 1433 号 51 頁 ···························327, 331

東京地判平 26・12・18（平成 25 年（ワ）第 1211 号）RETIO 2015. 10（NO. 99）62 頁 ·····2

東京地判平 26・12・25（平成 26 年（ワ）第 6864 号）RETIO 2015. 10（NO. 99）60 頁 ·····2

福岡地判平 28・3・4 金判 1490 号 44 頁・金法 2038 号 94 頁 ·············168

東京地判平 28・5・18 金判 1497 号 56 頁・金法 2050 号 77 頁 ·····168, 169, 171

神戸地尼崎支判平 28・7・20 金法 2056 号 85 頁 ·························205

東京地判平 28・12・20（平成 28 年（レ）第 693 号）WLJ ···············76

東京地判平 29・3・23 労判 1154 号 5 頁 ······························377, 379

京都地判平 29・3・30 判時 2355 号 90 頁 ·································391

東京地判平 29・9・11 労判 1180 号 56 頁 ·································380

岡山地判平 30・1・18 金法 2088 号 82 頁 ·································205

大阪地判平 30・1・24 労判 1175 号 5 頁 ·································380

松山地判平 30・4・24 判時 2383 号 88 頁 ·································378

東京地判平 30・11・21 労経速 2365 号 3 頁 ··························377, 378

簡易裁判所

東京簡判平 17・8・26（平成 17 年（少コ）第 1527 号）裁判所ホームページ ·····················73

編集代表

内　田　　貴　　早稲田大学特命教授，東京大学名誉教授，弁護士
門　口　正　人　　弁護士，元名古屋高等裁判所長官

編集委員

大　村　敦　志　　学習院大学法務研究科教授
岡　　正　晶　　弁護士
近　藤　昌　昭　　東京高等裁判所部総括判事
中　原　利　明　　株式会社三菱ＵＦＪ銀行法務部部長

講座　現代の契約法　各論1

2019年5月21日　初版第1刷印刷
2019年6月15日　初版第1刷発行
2020年3月25日　初版第2刷発行

編集代表　　内　田　　貴
　　　　　　門　口　正　人

発　行　者　　逸　見　慎　一

発　行　所　　株式会社　青　林　書　院
電話（03）3815－5897
振替　00100-9-16920
〒113-0033　東京都文京区本郷6－4－7
印刷／製本・藤原印刷株式会社

検印廃止　落丁・乱丁本はお取り換えいたします。

© 2019　内田貴　門口正人　Printed in Japan

ISBN978-4-417-01761-5

JCOPY〈㈳出版者著作権管理機構　委託出版物〉
本書の無断複写は著作権法上での例外を除き禁じられています。
複写される場合は，そのつど事前に，㈳出版者著作権管理機構
（電話　03-5244-5088，FAX　03-5244-5089，e-mail: info@
jcopy. or. jp）の許諾を得てください。